A Ideia de Cidade

Coleção Estudos
Dirigida por J. Guinsburg

Painel de mármore mostrando dois homens vestidos em togas guiando uma parelha de dois bois (touros?) com quatro figuras vestidas de modo similar seguindo-os. Século 3 d.C. Encontrado em Aquilea.
Considerando que a toga dificilmente seria uma roupa de trabalho do camponês, o relevo foi criado para representar uma cena ritual do seu descobrimento, O DESENHO DO SULCUS PRIMOGENIUS, ainda que o modo de vestir a toga (as cabeças não estão cobertas) não se conforma às descrições do rito. "Notizie Scavi", 1931, p. 472 e ss.; "Archäologischer Anzeiger" 1932, p. 454. Museo Civico, Aquilea.

Equipe de realização – Tradução: Margarida Goldsztajn; Revisão técnica: Anat Falbel; Edição de texto: Marcio Honorio de Godoy; Revisão de provas: Iracema A. Oliveira; Sobrecapa: Sergio Kon; Produção: Ricardo Neves e Raquel Fernandes Abranches.

Joseph Rykwert

A IDEIA DE CIDADE
A ANTROPOLOGIA DA FORMA URBANA EM ROMA, ITÁLIA E NO MUNDO ANTIGO

Tradução de Margarida Goldsztajn

 PERSPECTIVA

Título do original em inglês:
The Idea of a Town: The Anthropology of Urban Form in Rome, Italy and the Ancient World

Dados Internacionais de Catalogação na Publicação (CIP)
(Câmara Brasileira do Livro, SP, Brasil)

Rykwert, Joseph
    A Ideia de Cidade. a antropologia da forma urbana em Roma, Itália e no mundo antigo / Joseph Rykwert; [tradução Margarida Goldsztajn e Anat Falbel]. – São Paulo: Perspectiva, 2006. – (Coleção estudos; 234 / dirigida por J. Guinsburg)

        Título original: The idea of a town
        ISBN 85-273-0768-5

        1. Planejamento urbano – História 2. Cidades e vilas antigas I. Título.

06-5845   CDD-307.1209

        Índices para catálogo sistemático:

    1. Planejamento urbano : História 307.1209

1ª edição 1ª reimpressão
[PPD]

Direitos reservados em língua portuguesa à
EDITORA PERSPECTIVA LTDA.

Av. Brigadeiro Luís Antônio, 3025
01401-000 São Paulo SP Brasil
Telefax: (011) 3885-8388
www.editoraperspectiva.com.br

2006

Sumário

Índice de Ilustrações

A Cidade de Rykwert.
Cosmogonia de uma Ideia

A IDEIA DE CIDADE DE JOSEPH RYKWERT

> *[...] resurrección de realidades enterradas, reaparición de lo olvidado y lo reprimido que, como otras veces en la historia, puede desembocar en una regeneración. Las vueltas al origen son casi siempre revueltas: renovaciones, renacimientos[1].*

Conforme anotou Octavio Paz em 1972[2], a modernidade que havia se identificado com a mudança e a crítica, e essas duas últimas com o progresso e a criação, apresentava naquele momento uma nova *mutação* "seus poderes de negação transformados em repetições rituais: uma rebeldia convertida em procedimento, uma crítica em retórica, a transgressão em cerimônia".

Mais do que uma ressurreição de tradições locais e religiosas, antigos e novos particularismos despertados pela modernidade europeia[3], fazendo frente à pretendida universalidade dos sistemas elaborados no Ocidente, a renovação – para um homem de letras como Octavio Paz – se dava na recuperação de significados assim como ocorria na

---

1. Octavio Paz, La casa de la presencia, em *Obras completas*, México: Fondo de Cultura Econômica, 1994, v.1, p. 584.

2. Idem, p. 463.

3. Idem, *Tempo Nublado*, Barcelona: Seix Barral, 1983, p. 105-106.

metáfora poética "as portas se abrem de par em par: o homem regressa. O bosque dos significados é o lugar da reconciliação"[4].

Percorrendo a obra de Joseph Rykwert, identificamos como constante a mesma busca pelo significado da arquitetura, que pode se encontrar muito além do alcance do historiador ou do arqueólogo "em algum lugar que devo chamar de Paraíso. E o paraíso é uma promessa tanto quanto uma rememoração"[5]. Para ele a casa constitui o espaço de reconciliação das constantes essenciais de nossa existência – nascimento e morte[6], e ao mesmo tempo o lugar da memória que abriga nossas raízes mais profundas e nossos sonhos – "a casa natal construída sobre a cripta da casa onírica", conforme sugeriu Bachelard[7], referência em sua obra. Entretanto, se o protótipo conceitual da cidade é a casa, ou seja, a casa é sentida como gostaríamos que fosse a cidade, conforme escreveu Rykwert parafraseando Alberti[8], o entendimento da presente obra de Joseph Rykwert, que, como poucos autores, revela-se a cada novo texto, não pode ser dissociada de sua trajetória e da busca – ou então do reencontro[9] – de sua própria singularidade, assim como suas raízes mais profundas e ancoragem nas vivências espaciais de seu exílio[10].

O arquiteto Louis Kahn (1901-1974) ao qual Rykwert faz referência na introdução a este texto, e sobre o qual publicou um ensaio[11], escreveu certa vez que "uma cidade é o lugar onde um menino, ao percorrê-la, pode descobrir algo que lhe diga o que gostaria de fazer com a sua vida"[12]. Nascido na Estônia, a memória e os sonhos de menino de Kahn foram marcados pelo exílio de sua família, a partir de 1906, na vibrante e liberal Filadélfial, a cidade configurada pela

4. Idem, *Obras completas*, v.1, p. 317.

5. Joseph Rykwert, *A Casa de Adão no Paraíso*, São Paulo: Perspectiva, 2002, p. 218-219.

6. Idem, One Way of Thinking about a House, em *The Necessity of Artifice*, Nova York: Rizzoli, 1982, p. 85-87.

7. Gaston Bachelard, La maison natale et la mains onirique, em *La Terre et les Raveries du Repos*, Paris: Librairie Joé Corti, 1963, p. 95-128.

8. "se... a cidade é como uma grande casa, e a casa a seu turno é como uma pequena cidade..." Alberti, Leon Battista, *On the Art of Building in Ten Books*, tradução de J. Rykwert; Neil Leach; Robert Tavernor, Cambridge: The MIT Press, p. 23.

9. Se, conforme escreveu Bernard Salignon, a busca se entende a partir de uma perda, o encontro deve ser entendido como um reencontro: "donde a ideia de que aquilo que o sujeito acredita ser novo, não é mais que a renovação retornando ao mesmo lugar que é o lugar do mesmo", citado por Frédérique Malaval, Fondement de la parole et parole fundatrice de l'être, em *Noesis*, n. 7, maio, 2004, Nice.

10. Conforme escreveu Bernard Salignon em *Qu'est-ce qu'habiter*, Niza: Z'editions, citado por Rafael Iglesias em *Borges Urbanista*, Bueno Aires: Checau, 1997, p. 7: "A relação entre o homem e o espaço, particularmente com o espaço de seu 'habitar' é uma função radicalmente trans-histórica, é o modo unificante e diversificante que tem o ser humano no habitat de reencontrar suas ancoragens e suas raízes profundas, ao mesmo tempo que a sua própria singularidade".

11. J. Rykwert; L. I. Kahn, *Louis Kahn*, Nova York: Harry N. Abrams, 2001.

12. Vincent J. Scully, *Louis Kahn*, Nova York: Goerge Braziller, 1962, p. 12.

iniciativa utópica de William Penn, e caracterizada pelos excitantes e desafiadores projetos de Frank Furness[13].

A bela imagem de cidade proposta por Kahn foi utilizada por outros autores como o escritor, filho de imigrantes, Alfred Kazin, ao descrever os passeios que quando criança fazia junto ao seu pai pelos espaços públicos de Nova York, passando pelo Metropolitan, pelo Museu do Brooklin, a grande Livraria da Quinta Avenida, e assim por diante[14]. Também Anne Teut[15] utilizou a mesma imagem ao se referir às vivências do arquiteto Alfred Mansfeld entre São Petersburgo, sua cidade natal, Berlim, Paris e Israel.

E, no entanto, não podemos deixar de evocá-la novamente ao nos referirmos a Rykwert. Sua proximidade em relação à figura do arquiteto Kahn ultrapassa a mediação do professor Paul Philippe Cret[16] (1876-1945), reconhecido por Kahn como seu mestre na Escola de Arquitetura da Universidade da Pensilvânia[17], e cuja cadeira o arquiteto americano ocupou anos mais tarde, entre 1957 até a sua morte em 1974. A mesma cadeira seria ocupada por Rykwert a partir de 1988. Kahn desenvolveu seus projetos a partir de uma origem fundamental e irredutível que chamou de "volume zero", o princípio do qual o homem poderia apreender o sentido do maravilhoso, propriedade dos inícios[18]. Para Rykwert[19], a procura de Kahn – longe de qualquer atitude nostálgica ou de inclusões ecléticas para seus projetos[20] – coincidia por vezes com a busca das invariantes e dos princípios eternos presente nas suas

13. Idem, p.12

14. Alfred Kazin, *The Art City Our Fathers Built. The American Scholar*, v. 67, 2, 1988, p. 17.

15. Anne Teut (org.), *Al Mansfeld: Architekt in Israel*, Berlim: Ernst, 1998, p. 145. Nascido em São Petersburgo, Mansfeld foi criado em Berlim, onde estudou até 1933, quando se transferiu para a ESA (Ecole Speciale d'Architecture), em Paris. Em 1937 ele imigrou para a então Palestina, construindo uma sólida carreira como arquiteto e professor de arquitetura na Universidade Technion de Haifa.

16. Paul Philippe Cret (1876-1945), nascido em Lions, França, estudou arquitetura na *École de Beaux-Arts* de sua cidade natal, e na *École de Beaux Arts* de Paris. Convidado pela escola de Arquitetura da Universidade da Pensilvânia, Cret chegou aos Estados Unidos em 1903, mantendo o cargo de professor de desenho até sua aposentadoria em 1937, ao mesmo tempo em que desenvolveu uma bem sucedida carreira profissional.

17. Louis Kahn também trabalhou por um breve período no escritório de Paul Cret, em 1929.

18. "[...] esta é a razão pela qual é bom para a mente retornar aos inícios, porque os inícios de qualquer atividade do homem, constitui seu momento mais maravilhoso. Pois é nas origens que encontramos todo o espírito e desembaraço dos quais extraímos a inspiração do nosso presente. Se pudermos oferecer às nossas instituições uma arquitetura impregnada pelo sentido dessa inspiração elas se tornarão notáveis". Em V. J. Scully, op. cit., p. 115-116.

19. J. Rykwert; L. I. Kahn, op. cit., p. 19.

20. Ver J. Rykwert, Meaning and Building e The Sitting Position – A Question of Method, em *The Necessity of Artifice*, p. 9-16; 23-31.

próprias indagações, de modo que talvez o "paraíso" de Rykwert não esteja muito distante do "volume zero" conjeturado por Kahn.

Nesse sentido, se a asserção de Italo Calvino através de seu personagem Marco Polo for verdadeira, ou seja, se "de uma cidade não desfrutarás as sete ou as setenta e sete maravilhas, mas a resposta que dá a uma pergunta tua..."[21] a cidade da memória de Kahn, aquela que o levou à arquitetura, assemelha-se ao espaço vivido por Rykwert, a cidade que, como os sonhos, foi construída sobre desejos e medos[22]. As imagens de praças, ruas, calçadas, edifícios e apartamentos, envolvem suas lembranças, pois para Rykwert "o lugar tem precedência sobre a minha memória... e o mapeamento desses muros evoca aqueles que entre eles viveram, e por eles passaram"[23].

Rykwert, filho de Szymon Mieczyslaw, engenheiro, e Elizabeth (Melup) Rykwert nasceu em Varsóvia, em 1926, no seio de uma família pertencente à próspera e cosmopolita classe média judaica. No fim da primeira guerra, quando a Polônia encontrou a sua independência, o legado do domínio russo havia deixado suas marcas no tecido histórico da cidade, cruzamento comercial e cultural secular. O embate entre os monumentos imperiais e a decadência das referências polonesas contribuiu para aguçar o espírito nacionalista. A cidade superlotada, a deficiência dos sistemas de comunicação e o desenvolvimento comercial caótico desafiavam os arquitetos e políticos no sentido da construção de uma cidade moderna, a partir do fim da década de 1920. Enquanto os monumentos czaristas eram demolidos, novos edifícios públicos surgiam refletindo o debate da busca por um estilo nacional, após mais de cem anos de dominação estrangeira. Ao mesmo tempo, estratégias de planejamento urbano, incluindo a construção de conjuntos habitacionais, foram postas em prática.

As lembranças de Rykwert de sua cidade natal movem-se pelo apartamento ensolarado do avô em Varsóvia, com seus refinados móveis de estilo império em mogno e ouropel; percorrem os passeios ao lado da sinagoga Nozyk ou da igreja São Jakub, e acompanham os edifícios de tijolos vermelhos e os apartamentos avarandados à caminho da escola Rej'a com suas paredes cinzas revestidas de estuque. Suas lembranças ainda guardam o som abafado dos cascos dos cavalos no asfalto forrado pelos blocos de madeira e as comemorações do 1 de Maio na praça central da cidade, em frente ao palácio Saxão, sede do governo polonês durante o entre guerras. O cosmopolitismo do *milieu*, no qual passou a infância, comparece nas evocações de paisagens estrangeiras como Marienbad ou Franzesbad, na Tchecoslováquia, Abbazia na Itália, ou

---

21. Italo Calvino, *As Cidades Invisíveis*, São Paulo: Companhia das Letras, 1990, p. 44.
22. Idem, ibidem.
23. J. Rykwert, *Remembering Places*, manuscrito, 2005.

cidades litorâneas como Brighton e Bournemouth na Inglaterra, onde a família passava as férias. No entanto, a estas paisagens estrangeiras somar-se-ão as memórias traumáticas do exílio, que se iniciam com a fuga de Varsóvia, durante uma madrugada no início de setembro de 1939, em direção a Vilna e Kaunas. É nessa passagem, na fronteira lituana, que sua memória cristalizará a véspera do dia do Jejum judaico, o *Kol Nidre*, comemorada em uma pequena e abarrotada sinagoga de madeira da pequena aldeia de Kajsadaris, poucos dias antes da rendição polonesa em 27 de setembro, enquanto o fantasma do inenarrável pairava sobre as comunidades judaicas da Europa. Seguem-se as passagens por Riga, Estocolmo, a cidade de Saltsjpdbaden, Copenhagem, Amsterdam e, finalmente, a Inglaterra do exílio.

Porém, se as vivências urbanas de Rykwert marcaram sua atuação como historiador e crítico, efetivamente a consciência do prazer e da excitação provocada pela construção e pela possibilidade de tornar-se arquiteto surgiria ainda quando menino, nas brincadeiras entre andaimes e tijolos durante as visitas à casa da família em construção em Soplicowo, a sudoeste de Varsóvia[24]. Teria sido então, numa conversa com o responsável pelo projeto da casa, o arquiteto Lucjan Korngold[25], que o jovem teria perguntado qual poderia ser, entre Oxford e Cambridge, a melhor opção para sua formação profissional, ao que Korngold teria respondido que, na Inglaterra, a melhor opção seria a *Architectural Association*, efetivamente a escola que dez anos mais tarde Rykwert iria cursar.

A primeira versão do presente texto de Rykwert foi publicada originalmente em 1963, em um número especial da revista *Forum* holandesa, editada pelo arquiteto Aldo Van Eyck (1918-1999). Fundada em 1946 pela sociedade de arquitetos *Architectura et Amicitia* a revista que, nos seus inícios, se apresentava como uma plataforma pluralista para todas as tendências arquitetônicas na Holanda, havia, no final da década de 1950, assumido por completo a linguagem moderna do CIAM. Com o objetivo de torná-la mais dinâmica, uma jovem equipe de arquitetos foi convidada para assumir a sua direção. Formada por Jaap Bakema, Aldo van Eyck, Joop Hardy, Jurriaan Schofer e Herman Hertzberger, sua linha editorial ficou polarizada entre Bakema e Van Eyck[26]. Entre 1959 e 1963 a nova *Forum* publicou 20 edições cujo cerne compreendia a formulação de Van Eyck da "outra ideia", versão holandesa do *Team 10*, conforme sugeriu Francis Strauven, o biógrafo

24. Idem, p. 48-50

25. O arquiteto Lucjan Korngold (1897-1963), partícipe reconhecido do movimento moderno polonês no período do entre guerras, chegou ao Brasil como refugiado do nazismo em 1940, estabelecendo-se em São Paulo onde continuou a desenvolver a sua atividade profissional com grande sucesso. Ver Anat Falbel, *Lucjan Korngold: a Trajetória de um Arquiteto Imigrante*, tese de doutorado, São Paulo: Fauusp, 2003.

26. A esse respeito ver Francis Aldo Strauven, *Van Eyck The Shape of Relativity*, Amsterdam: Architectura & Natura, 1998, p. 337-406.

do arquiteto[27]. Para Van Eyck, a "outra ideia" vinha de encontro à visão esquemática do modernismo, estimulando uma modernidade poética e multifacetada que tinha como inspiração Picasso, Joyce, Stravínsky e Brancusi[28]. Ao mesmo tempo, a formulação do arquiteto holandês oferecia uma arquitetura e um urbanismo geradores de um ambiente significativo refletindo a identidade pessoal e coletiva do indivíduo, em oposição às ideias e métodos preconizados pelo CIAM do período do entre guerras, voltados à solução dos problemas funcionais específicos como a higiene, o tráfego e a insolação.

Por outro lado, a formulação da "outra ideia", também compreendia o conceito da configuração do "entre-lugar" (*in-between*)[29], que Van Eyck interpretava diferentemente tanto da proposição inicial do casal de arquitetos Smithson de uma soleira – *doorstep* –, entendida como uma extensão da casa no espaço público, como do conceito do filósofo Martin Buber do diálogo entre os homens que inspirou a percepção dos elementos fronteiriços tais como a porta, a janela, os balcões ou a soleira enquanto espaços de encontros ou chaves de uma arquitetura que se pretendia humanizada[30]. Para Van Eyck, o "entre-lugar" representava qualquer relação entre o homem e seu semelhante, ou então entre o homem e as coisas, desde o nível mais elementar da relação interpessoal até a escala da comunidade urbana – uma metáfora espacial, onde se reconciliariam as polaridades ou ambivalências da mente humana – emoção e intelecto, espírito e desejo, indivíduo e coletividade, dentro e fora, permanência e mudança, a parte e o todo[31], ou, como definiria o próprio arquiteto, "um espaço feito à imagem do homem [...] no qual este último pudesse reconhecer-se"[32].

Conforme escreveu Alan Colquhoun[33] a literatura arquitetônica parece seguir alguns padrões definidos, no sentido de que textos produzidos em um mesmo período, mesmo apresentando uma aparente diversidade de temáticas, tendem a refletir temas e obsessões similares. A colocação do historiador inglês que encontra paralelos na concepção

27. Idem, p. 345

28. J. Rykwert, Preface, em Vincent Ligtelijn (org.), *Aldo Van Eyck Works*, Berlim: Birkhauser, 1999, p. 11.

29. Ver F. A. Strauven, op. cit., p. 243.

30. O segundo número da *Forum*, editado por Joop Hardy, tinha como temática a "soleira", que o editor identificava como elemento essencial na configuração de uma arquitetura humanizada fundamentado na definição de Buber da esfera do "entre". Ver Martin Buber, em *Between Man and Man*, Londres: Routledge, 2002, p. 240-242.

31. F. A. Strauven, op. cit., p. 260.

32. Idem, p. 357. A esse respeito ver H. Hertzberger, The Mechanism of the Twentieth Century and the Architecture of Aldo van Eyck, em V. Ligtelijn (org.), op. cit., p. 22-25; Alan Colquhoun, Centraal Beheer, em *Essays in Architectural Criticism*, Cambridge: The MIT Press, 1991, p. 95-109.

33. A. Colquhoun, Frames to Frameworks, em *Essays in Architectural Criticism*, Cambridge: The MIT Press, 1981, p. 120-127.

do pensamento coletivo de Ludwik Fleck, que, por sua vez, foi inspiradora da formulação de paradigma por Thomas Kuhn[34], nos permite explicar a convergência das inquietações de alguns arquitetos que iniciaram sua prática profissional entre as décadas de 1950 e 1960. No depoimento publicado em homenagem a Aldo Van Eyck, no qual relata seu encontro com o arquiteto holandês, Joseph Rykwert fornece um retrato do envolvimento profissional do arquiteto e do urbanista com o seu objeto de estudo durante aqueles anos[35]:

era esperado que os arquitetos fossem não somente racionais, mas também científicos [...] o que significava uma sociologia do tipo mais empírico baseada em pesquisas de mercado que procuravam identificar onde as pessoas gostariam de estacionar seus carrinhos, ou onde pendurar suas roupas para secar [...] na escala urbana essas questões se traduziam em qual poderia ser a forma de transporte urbano mais eficiente de uma dada cidade, ou onde localizar um supermercado.

Assim, frente ao modelo de uma arquitetura homogênea e diagramática, e da prática profissional proposta pelas agências do governo para a reconstrução da Europa assumida como modelo pelos grandes escritórios de projetos e planejamento[36], o encontro entre Rykwert e Van Eyck, ou então mesmo com um arquiteto como Kahn, se fez na contramão de seus pares, a partir do entendimento comum de que as experiências do passado arquitetônico deveriam ser incorporadas ao pensamento projetual contemporâneo. Sob uma perspectiva moderna, e sem incorrer no risco das reproduções ecléticas, o passado fortificaria o presente pelo aprofundamento temporal e pela perspectiva associativa, que Van Eyck definiria como "a interiorização do tempo, ou o tempo que se fez transparente"[37] e Rykwert explicitaria no seu texto *The Sitting Position*, de 1958[38], ao considerar a impossibilidade de dissociação da arquitetura da história:

34. Ver Thomas S. Kuhn, *A Estrutura das Revoluções Científicas*, São Paulo: Perspectiva, 2006.

35. J. Rykwert, Preface, em V. Ligtelijn (org.), op. cit., p.10-11.

36. Idem, p. 10. Conforme sugere George Baird em sua introdução ao livro comemorativo dos 75 anos de Joseph Rykwert – "A Promise as Well as a Memory". Towards an Intellectual Biography of Joseph Rykwert, em George Dodds e Robert Tavernos (orgs.), *Body and Building. Essays on the Changing Relation of Body and Architecture*, Cambridge: The MIT Press, 2005, p. 14-15, contribuem para o revisionismo do arquiteto a sua insatisfação com a superficialidade do discurso da arquitetura inglesa do período, especialmente a tradição pitoresca promulgada por um grupo de escritores ligado à revista *Architectural Review*, acrescida da sua maturação intelectual que compreendeu a passagem pelo *Student Christian Movement* (SCM), um centro de atividade intelectual daquele período, onde o arquiteto conheceu o escritor Elias Canetti, que se tornará seu amigo; também são apontados como fatores que concorrem a esse revisionismo a sua aproximação com a fenomenologia e a crescente italianofilia.

37. Ver Aldo van Eyck, La interioridad del tiempo, em C. Jencks e G. Baird (orgs.), *El significado en arquitectura*, Madri: Hermann Blume, 1975, p. 187-188.

38. J. Rykwert, The Sitting Position – A Question of Method, em *The Necessity of Artifice*, p. 23-31.

A memória é para o indivíduo, aquilo que a história é para um grupo. Assim como a memória condiciona a percepção, sendo por ela modificada, da mesma forma a história do design e da arquitetura contém tudo que já foi desenhado ou construído, sendo continuamente modificada. Não existe humanidade sem memória assim como não existe arquitetura sem referência histórica.

Em tal contexto, a publicação do ensaio de Rykwert a respeito da cidade etrusca-romana, no último número da *Forum*, confirmava, através de um sólido estudo de caráter arqueológico e antropológico, que a implantação e o desenho das cidades antigas do Ocidente não eram fundamentados em princípios funcionais ou utilitários, mas em uma visão cosmológica presente como um fenômeno universal entre todos os povos[39]. Rykwert buscava demonstrar a concepção de cidade dos antigos romanos figurada como reflexo do universo, de modo que a fundação de cada novo assentamento constituía um ritual da afirmação da cosmogonia, ou da criação original do mundo. O ritual consistia basicamente no estabelecimento da intersecção de dois eixos, o *cardo* e o *decumanu*, que, alinhados com os eixos primevos do universo, pretendiam evocar, juntamente com o plano no qual se articulavam os edifícios institucionais e monumentos, o drama, a estrutura e o equilíbrio cósmico, que por sua vez eram comemorados pela renovação do ritual em festividades recorrentes e regulares[40]. O paralelismo encontrado nas civilizações mediterrâneas, no Oriente e nas sociedades tribais da África e das Américas no tocante às correspondências entre assentamentos e cosmos, implicava para Rykwert na existência de um modelo fundamental do pensamento humano enraizado na estrutura biológica do homem, e cuja essência estaria na reconciliação do indivíduo com seu próprio destino[41]. Efetivamente, o plano das cidades antigas e do "mundo primitivo" entendido como a representação da ambivalência do homem urbano como um indivíduo e como uma personalidade social – encarnação do fundador da cidade e sua divindade protetora durante os rituais de regeneração e reconciliação –, assim como foi sugerido por nosso autor, aproximava-se da definição de Van Eyck do "entre-lugar" como metáfora espacial da reconciliação da mente humana, ou do "espaço feito à imagem do homem... no qual este pudesse reconhecer-se", conforme vimos acima.

Nesse sentido, a proposição de Rykwert, de que qualquer moradia humana ou edifício comunal e, como consequência, a própria cidade, constituía de certa forma uma anamnésia, ou a memória da fundação do centro do mundo[42], inseria-se perfeitamente no âmbito maior da formulação da "outra ideia" de Van Eyck, forjada a partir das pesquisas

39. F. A. Strauven, op.cit., p. 390.
40. J. Rykwert, *A Ideia de Cidade*, p. 240.
41. Idem, ibidem.
42. Idem, p. 96.

deste último a respeito dos povos dogon no Sudão ou dos zuni no Novo México[43]. Do mesmo modo, o entendimento dos rituais de passagem[44], como o *mundus* ou o *pomoerium*, conforme relatados por Rykwert, poderiam ser interpretados no corpo da uma temática específica como a da "soleira", materialização do "entre-lugar", assim como esta foi tratada no projeto da revisão crítica do Movimento Moderno da revista *Forum*.

Comprometidas com essa mesma revisão, as hipóteses levantadas por Rykwert e fundamentadas nas pesquisas mais recentes tanto no campo da antropologia, da psicanálise e da filosofia, especialmente em Maurice Merleau-Ponty, cuja obra conheceu durante sua estada em Ulm[45], pretendiam não somente uma descrição histórica, mas a construção de um modelo que pudesse ser aplicado na contemporaneidade mesmo que, conforme escreveu Colquhoun, o autor tenha reconhecido a imensa dificuldade em proceder à transição do mundo antigo para o mundo moderno[46].

Subjacente à tese de Rykwert estava a noção de que toda forma apresentava um significado simbólico. Nesse sentido, se no mundo antigo descrito por J. P. Vernant, tanto a ortogonalidade do plano urbano de Hipódamo, para Mileto, como o plano de Metão, para uma cidade circular, narrado por Aristófanes em *As Aves*[47], eram representações de um pensamento único sobre o espaço físico, político e urbano, configurando "as estreitas relações entre a organização do espaço social no quadro da cidade e a reorganização do espaço físico nas novas concepções cosmológicas"[48], a questão colocada por Rykwert para a contemporaneidade dizia respeito à eficácia da manipulação da estrutura física e estética da cidade moderna desvinculada dos significados simbólicos que teriam sido transformados ou perdidos com o aprofundamento da sua complexidade física e social[49]. A crítica antifuncionalista nada mais era que a continuidade, no plano da cidade, do argumento levantado durante a metade dos anos de 1950 no texto *Meaning and Building*[50], no qual o autor propunha a recuperação do elemento inconsciente no homem e seus arquétipos como critério de viabilidade do espaço como habitat.

43. Ver A. van Eyck, Un milagro de moderación con ensayos de Paul Parin y Fritz Morgenthaler, em C. Jencks e G. Baird (orgs.), op. cit., p. 189-213.

44. Ver Arnold van Gennep, *Ritos de Passagem*, Rio de Janeiro: Vozes, 1978. Conforme relata George Baird op. cit. p. 14-15, o texto de van Gennep foi apresentado a Rykwert pelo escritor Elias Canetti no final da década de 1950.

45. Sobre a formação intelectual de Rykwert durante os anos do pós-guerra, ver G. Baird, op. cit., p. 14-15.

46. A. Colquhoun, op. cit., p. 124.

47. Aristófanes, *As Aves*, São Paulo: Editora 34, 2001, v. 993-1020.

48. Ver J. P. Vernant, *Mito e Pensamento entre os Gregos*, São Paulo: Paz e Terra, 1990, p. 255; J. Rykwert, *A Ideia de Cidade*, p. 91.

49. A. Colquhoun, op. cit, p. 124.

50. Publicado pela primeira vez em 1957, na revista *Zodiac*, o texto "Meaning and Building" comparece na coletânea *The Necessity of Artifice*, p. 9-16.

Em 1958, em suas conferências como convidado na *Hochschule für Gestaltung* de Ulm, Rykwert havia ampliado o tema – publicado posteriormente sob o título *The Sitting Position – A Question of Method*[51] – sugerindo que a história e a memória coletiva, como condicionadores da percepção, deveriam ser entendidas como método e instrumento de trabalho do arquiteto. Nesse aspecto, a atuação do historiador e, particularmente, do historiador da arte seria desvendar os significados contidos no ambiente de formas simbólicas no qual vivemos, exercício comparado ao de um psicanalista da sociedade[52], donde a importância do tratamento das obras de arte individuais – entre elas as da arquitetura – e dos temas iconológicos em seu contexto social e temporal, a partir do discurso que os gerou: "a forma pela qual seus produtores buscaram dirigir-se aos seus contemporâneos, comunicando-se em um determinado contexto; e talvez, como essa comunicação pode ser transformada com a mudança de contexto..."[53]. A hipótese proposta por Rykwert seria exposta logo no início de sua introdução ao presente livro, conforme observamos abaixo:

o ponto de partida natural [...] era o livro *La Cité Antique*, de Numa Fustel de Coulanges [...] parecia estranho que nenhuma tentativa posterior tivesse sido feita para desenvolver seu enfoque e examinar a estrutura nocional da cidade antiga, e como *esta última poderia ter sido transmitida e compreendida por seus cidadãos*[54].

E entretanto, a análise do texto da *Ideia de Cidade* constitui um exercício rico não somente porque condensa as obsessões temáticas similares de um mesmo período conforme a expressão de Colquhoun acima mencionada, mas também porque permite identificar algumas das principais influências na formação intelectual de seu autor. A primeira delas vincula-se ao historiador e crítico Siegfried Giedion (1888-1968), que Rykwert conheceu durante o encontro do CIAM 7 em Bergamo (1949), e com o qual manteve laços de amizade que continuaram até a morte do historiador suíço. Apesar da "apologia por uma leitura engajada da história" – conforme escreveu Alina Payne[55] desde *Space, Time and Architecture* (1941), Giedion já apontava para uma relação entre o passado e o presente na escritura da narrativa histórica, como condição fundamental do fazer a história:

51. O texto The Sitting Position vai de encontro ao racionalismo neofuncionalista que Rykwert encontra na escola de Ulm Rykwert O texto foi publicado posteriormente na revista *Edilizia Moderna* e consta da coletânea *The Necessity of Artifice*, p. 23-31.

52. J. Rykwert, The Sitting Position, em *The Necessity of Artificie*, p. 31.

53. Idem, ibidem.

54. Idem, *A Ideia de Cidade*. Nosso grifo.

55. A. Payne, Rudolf Wittkower and the Architectural Principles in the Age of Modernism, *Journal of Society of Architectural Historians*, 53:322, 1994.

o historiador deve ser parte íntima de seu próprio período para conhecer quais das questões referentes ao passado são significativas para o presente [...] entretanto, é sua única e intransferível missão revelar para sua própria época a vital inter-relação com o passado. Para planejar devemos ter consciência do passado e sentir o que vem no futuro. Esse não é um convite à profecia, mas a urgência de um olhar universal sobre o mundo[56]

Poucos anos depois, em *Mechanization Takes Command* (1947) – obra que Rykwert identificou como modelo historiográfico atento em relacionar memória à experiência presente[57] –, Giedion estendia suas hipóteses, alertando para o papel do historiador no despertar do sentimento de continuidade histórica e destacando a importância da perspectiva contextual, ou das inter-relações entre os eventos históricos e seus desenvolvimentos – para o entendimento das tendências e dos significados de um período[58]. Contudo, no contexto da ascendência de Giedion sobre a formação intelectual de Rykwert, devemos observar especialmente a questão do método, ou da "perspectiva tipológica" sugerida pelo arquiteto suíço que parece ter sido exercitada por Rykwert em "Meaning and Building", "The Sitting Position", e seus escritos posteriores.

Nesse sentido, é interessante examinar alguns dos temas destacados por Rykwert em sua resenha do *Mechanization Takes Command* para o *Burlington Magazine*[59], em 1953. Em seu texto intitulado "Siegfried Giedion and the Notion of Style", Rykwert distinguia especialmente dois aspectos da obra. O primeiro deles dizia respeito à desarmonia da sociedade contemporânea apontada por Giedion como consequência do divórcio – maturado ao longo de um século dedicado especialmente à produção – entre o pensamento e o sentimento; e o segundo, tratava do método historiográfico desenvolvido desde *Space, Time and Architecture*, no qual, a partir da análise de uma peça aparentemente insignificante daquilo que Giedion havia denominado "vida anônima" – que podia assumir a forma de um objeto qualquer, como uma fechadura ou então um hábito como o banho –, o historiador poderia demonstrar o processo que operava

56. Siegfried Giedion, *Space, Time and Architecture*, Cambridge: Harvard University Press, 1982, p. 5-7.

57. J. Rykwert, The Sitting Position, em *The Necessity of Artificie*, p. 31.

58. S. Giedion, *Mechanization Takes Command. A contribution to anonymous history*. Nova York: Oxford University Press, 1948, p. v-vii; 1-4. "O significado da história apresenta-se na descoberta das relações. Assim, a escritura da história refere-se menos aos fatos que aos seus relacionamentos [...] [que] variam conformem diferentes pontos de vista [...] [o historiador] deve observar os objetos não como eles apresentam-se no uso cotidiano, mas como o inventor os viu ao tomarem forma. Ele necessita do olhar intocado dos contemporâneos aos quais esses objetos pareciam maravilhosos ou assustadores [...] [o historiador] deve estabelecer as constelações [posições] dos objetos antes e depois, para então estabelecer seus significados".

59. Sobre o convite para a resenha do *Mechanization Takes Command* e o relacionamento entre Rykwert e Giedion, ver G. Baird, op. cit., p. 11.

num campo mais amplo[60]. Para o historiador suíço, a percepção de que fenômenos de diferentes campos podiam surgir espontaneamente e apresentar semelhanças evidentes como resultado das tendências e dos significados de uma época[61], permitia propor uma perspectiva tipológica acompanhando as transformações do tipo ao longo de vários períodos e campos simultânea e panoramicamente[62]. A metodologia formulada por Giedion, constitui uma chave importante para a compreensão de projetos como *A Ideia de Cidade* (1963) ou *A Casa de Adão no Paraíso* (1972) e *The Dancing Column* (1996), através dos quais Rykwert revela seu compromisso com o reconhecimento da longa aculturação das formas arquitetônicas, ao mesmo tempo em que permite identificar as origens do reconhecido débito do "aluno rebelde" para com seu mestre, conforme ele anota na introdução de sua coletânea de ensaios *The Necessity of Artifice* [63].

Entretanto, essa mesma dedicatória também contemplava uma segunda personalidade importante em sua formação; o historiador de arte alemão Rudolf Wittkower (1901-1971), cujas conferências sobre "A Tradição Clássica" Rykwert começou a frequentar ainda estudante secundário, retomando mais tarde por dois anos no Instituto Warburg em Londres, ao deixar a *Architectural Association* de Londres, em 1947[64]. A ascendência de Wittkower sobre o jovem arquiteto pode ser avaliada pela edição anotada, publicada em 1955, da tradução inglesa de Giacomo Leoni dos *Dez Livros de Arquitetura* de Alberti (1755), em cujo texto introdutório Rykwert agradecia especialmente a Wittkower, reconhecendo *Principles of Architecture in the Age of Humanism* (1949) como o "mais importante estudo sobre a obra de Alberti como arquiteto em relação ao seu ensinamento"[65]. Anos mais tarde, em 1988, Rykwert voltaria a Alberti como responsável por uma nova tradução do Tratado do arquiteto italiano para o inglês[66].

60. J. Rykwert, Siegfried Giedion and the Notion of Style, *Burlington Magazine*, p. 123-124.

61. Conforme S. Giedion em *Mechanization Takes Command. A contribution to anonymous history*, p. 3: "cada problema, cada quadro, cada invenção tem como fundamento uma atitude, sem a qual ela jamais seria uma realidade [...] é a orientação do período, sua inclinação com relação àquele determinado problema e àquela forma particular".

62. Idem, p. 11.

63. Conforme a dedicatória publicada por Joseph Rykwert em *The Necessity of Artifice*.

64. Ver G. Baird, op. cit., p. 13.

65. Leone Battista Alberti, em J. Rykwer (ed.), *Ten Books on Architecture*, tradução de J. Rykwert; Neil Leach; R. Tavernor, Londres: A. Tiranti, 1955, p. vi-viii. O texto de Rudolf Wittkower, *Architectural Principles in the Age of Humanism*, foi desenvolvido a partir de três artigos sobre Alberti e Palladio, respectivamente, publicados no *Journal of the Warburg and Courtland Institute*, entre 1940 e 1945.

66. L. B. Alberti, *Ten Books on Architecture* , tradução de J. Rykwert; Neil Leach; R. Tavernor, Cambridge: The MIT Press, 1988.

Se algumas das propostas de Giedion ressoavam os tópicos e as questões metodológicas gerados no seio do Instituto Warburg a partir das pesquisas do seu criador Aby Warburg (1866-1929)[67], parece ter sido especialmente Wittkower o responsável pela aproximação entre Rykwert e os historiadores de Warburg. Como eles, Rykwert também faria uso das fontes originais, buscando o verdadeiro significado dos seus objetos nos escritos dos contemporâneos ao período estudado[68], em conformidade com seu "mestre" Wittkower, que, em *Interpretation of Visual Symbols"* (1955) – um dos seus textos mais reveladores –, assim identificou a questão historiográfica relativa ao significado da representação: "cada geração não somente projeta seus próprios significados nos antigos símbolos pelos quais é atraída por afinidade, mas cria novos símbolos utilizando, modificando e transformando os símbolos do passado"[69]. Frente a uma arquitetura e a um urbanismo voltados ao homem universal, como função direta dos instintos humanos conforme sugeriu Le Corbusier[70], Wittkower intentava uma historiografia "para além da descrição e da classificação dos fenômenos, enfatizando a investigação das funções e do significado [dos objetos"[71]. Wittkower partia do entendimento de função não apenas como propósito de comunicar ideias e conceitos, mas num amplo espectro, cujos extremos

67. Ver E. Panofsky, In memória di Aby Warburg, em Maurizio Ghelardi (org.), *Aby Warburg-Ernst Cassirer Il Mondo di Ieri Lettere*, Turim: Nino Aragno Editore, 2003, p. 121-126; E. H. Gombrich, *Aby Warburg an Intellectual Biography*, Londres: The Warburg Institute/University of London, 1970, p. 307-324. Ao noticiar o falecimento de Aby Warburg, Panofsky escreve que desde a sua tese de doutorado – na qual pretendia apresentar o confronto entre Botticelli e as expressões literárias de seus contemporâneos – o historiador alemão expressou a necessidade da ampliação dos tradicionais domínios da história da arte em direção a outros campos como a história das religiões e das festas, da cultura literária, da magia e da astrologia, de modo a revelar as tensões internas sob as quais um determinado objeto fora criado. A expressão por ele cunhada "o bom deus se encontra nos detalhes" era fruto da sua compreensão do "artefato esquecido", ou das obras de arte menores, como instrumentais para clarear os conflitos que nelas se manifestavam de modo mais contundente que nas grandes obras, cuja perfeição de formas escamoteava os problemas enfrentados pelo autor, pois, mais do que os aspectos artísticos de uma obra, Warburg estava interessado em seu conteúdo e nas imagens visuais consideradas como documentos da civilização humana. Para A. Payne, em op. cit., Giedion fez uso das hipóteses warburgianas de uma Renascença moderna e científica, caracterizada pela síntese das artes, validando-a como modelo e origem do movimento moderno.
68. L. Lefaivre; Alexander Tzonis, *The Emergence of Modern Architecture: a Documentary History from 1000 to 1800*, Nova York: Roudlege, 2003, p.3.
69. R. Wittkower, Interpretations of Visual Symbols in the Arts, em University College (org.), *Studies in Communication: contributes to the Communication Research Centre*, Londres: Secker & Warburg, 1955, p. 119-120.
70. Ver Françoise Choay, *Le Corbusier*, Nova York: G. Baziller, 1960, p. 19-20; Panayotis Tournikiotis, *The Historiography of Modern Architecture*, Cambridge: The MIT Press, 1999, p. 254-260.
71. R. Wittkower, op. cit., p. 124.

opostos variavam entre o mágico e o puramente estético[72], um procedimento e, por que não, um argumento que Rykwert recuperou ao longo de sua obra como o fez no presente livro, até anos mais tarde em *The Dancing Column* (1996).

Inserida no conjunto das releituras da cultura renascentista propostas por Erwin Panofsky, Edgar Wind e Ernst Gombrich, seus colegas de Warburg, a grande obra de Wittkower, *Principles of Architecture in the Age of Humanism*, interpretava a arquitetura como exercendo um papel destacado entre as artes ao materializar uma *Weltanschauung* fundamentada na concepção matemática do universo. Para ele, a ciência como cosmologia expressava-se através da forma arquitetônica, ao mesmo tempo em que a espacialidade da Renascença afirmava o símbolo da harmonia universal e da configuração geométrica do cosmos anunciada pela ciência[73]. E, mesmo que dedicada à análise do significado da teoria da proporção nos séculos XV e XVI, *Principles* exerceu uma considerável influência durante a década de 1950, especialmente na Inglaterra, servindo como referência tanto para a discussão da construção modular, como para as questões da forma e das proporções relativas à prática contemporânea que envolveu arquitetos como Peter Smithson e James Stirling, nos mesmos anos da publicação do *Le Modulor* (1950)[74] de Le Corbusier, e de "Mannerism and Modern Architecture" (1950)[75] do discípulo de Wittkower, Colin Rowe.

Entretanto, para Joseph Rykwert e os de sua geração, a fundamental importância da obra de Wittkower e sua ênfase no significado social e cultural das formas, métodos e proporções empregadas no Renascimento, foi a sua contribuição para o reexame da arquitetura moderna a partir de seus objetivos culturais, sociais e políticos, conforme demonstrou Henry Millon[76]. O modelo metodológico que relacionava arquitetura e sociedade seria instrumental para aqueles que como Rykwert, Colin Rowe ou Alan Colquhoun formaram-se sob a tutela de Wittkower na Inglaterra, bem como para seus alunos em Columbia, nos Estados Unidos, entre eles Stanford Anderson e historiadores como Reyner Banham e William Jordy, que durante as déca-

---

72. Idem, p. 122-123.

73. Conforme sugeriu Alina Payne, em op. cit., confirmando as estreitas relações entre arte e ciência, Wittkower corroborava a tese do paralelismo completo entre a teoria da arte e a teoria da ciência como o tema mais candente da cultura renascentista.

74. Le Corbusier, *Le Modulor. Essai sur une mesure harmonique applicable universellement a l'architecture et a la mécanique*, Paris: L'Architecture d''Aujourd'hui, 1950.

75. O texto de Colin Rowe, *Mannerism and Modern Architecture*, foi publicado pela primeira vez na *Architectural Review*, 107 (1950), e em seguida na coletânea *The Mathematics of the Ideal Villa and Other Essays*, Cambridge: The MIT Press, 1976.

76. Henry A. Millon, Rudolf Wittkower, *Architectural Principles in the Age of Humanism*: Its Influence on the Development and Interpretation of Modern Architecture, *Journal of the Society of Architectural Historians* 31 (1972), p. 83-91.

das de 1950 e 1960 questionaram a interpretação e os limites dos três textos seminais do Movimento Moderno – *International Style* de H. R. Hitchcock e P. Johnson (1932), *Pioneers of the Modern Movement*, de N. Pevsner (1936), *Space, Time and Architecture* de S. Giedion (1941) – apresentando a arquitetura dos anos 20 e 30 como parte do panorama mais complexo e significativo da cultura, que compreendeu as aspirações e os desenvolvimentos da sociedade que promoveu e projetou as vanguardas.

Assim, é no contexto do modelo metodológico proposto por Wittkower que poderíamos inserir a proposição de Rykwert a partir de sua interpretação do desenho das cidades pré-modernas, como a materialização de uma visão cosmológica segundo os arquétipos que permitiam a legitimação da cultura urbana. Neste sentido, o conceito de anamnésia de Rykwert aproxima-se da hierofania de Mircea Eliade[77], mais uma entre as fontes de sua formação humanista, que nosso autor dispõe de modo consciente para desenvolver uma história cultural a partir da qual, de forma diacrônica e sincrônica, busca "algum fundamento para [...] dar forma ao ambiente humano"[78].

Entretanto, se para o mestre os conceitos de ordem em civilizações adiantadas como a nossa revelavam-se apartados do *constructo* de significados da cultura que os havia gerado, desvinculados da religião, e, nesse aspecto, devendo assumir uma nova ordem essencial, a partir da relação entre a natureza e o intelecto do homem[79], para o "aluno rebelde": "perdemos todas as belas certezas acerca de como o universo funciona [...] [o que] nos obrigará a buscar o sentido dentro de nós mesmos, na constituição e na estrutura do ser humano"[80]. Essa "busca do sentido dentro de nós mesmos" encontra-se subjacente no âmago da obra de Rykwert e é como um fio que perpassa sua notável elaboração teórica que projeta num plano mais elevado o significado da arquitetura como resultado ou fruto de um diálogo interior que não exclui o transcendental, mas que se inspira numa filosofia da liberdade.

Anat Falbel

77. Mircea Eliade, *El mito del eterno retorno: arquétipos y repetición*, Buenos Aires: Emecé, 1968, p. 13-19 "[para o homem arcaico] os objetos do mundo exterior [...] [assim] como os atos humanos, não têm um valor intrínseco autônomo [...] porque participam, de uma maneira ou outra, de uma realidade que os transcende [...] sua forma acusa uma participação em um símbolo determinado [...] porque constitui uma hierofania [...] comemora um ato mítico".

78. J. Rykwert, A Ideia de Cidade, p. 252.

79. H. A. Millon, op. cit., p. 87.

80. J. Rykwert, A Ideia de Cidade conclusão última página, p. 252.

JOSEPH RYKWERT, *THE IDEA OF A TOWN*

Apesar de um ou outro livro de Joseph Rykwert estar presente em minhas estantes desde cedo, confesso que minha real introdução à sua obra aconteceu tardiamente, em meados dos anos de 1990, poucos anos antes de ser seu aluno. Na empreitada de conhecer detidamente sua obra, tive o privilégio, durante alguns anos, de poder contar com o próprio autor sempre disposto a tirar dúvidas e a esclarecer passagens de seus trabalhos.

Coincidentemente, em uma de suas primeiras aulas, ele fez turma uma pergunta sobre quais os motivos que levariam os homens a escolher os locais de suas cidades. Após alguns segundos de silêncio, atrevi-me a responder que a defesa e os interesses comerciais eram um dos principais fatores. Ele retrucou: "Hmmm... você esta sendo muito racional..." e iniciou sua exposição. No final da aula, sempre com suas poucas mas suficientes palavras, aconselhou-me a ler um velho livro seu intitulado *The Idea of a Town*. Avidamente peguei a cópia ainda não lida que estava na minha estante e embarquei em uma leitura que me fez mudar a forma de pensar as cidades.

Publicado inicialmente nas páginas da revista holandesa *Forum*, editada por Aldo van Eyck, *The Idea of a Town* ganhou realmente notoriedade a partir de sua publicação inglesa revisada, de 1976. Não é apenas um livro sobre cidades da antiguidade, mas, como todos os bons livros de história da arquitetura e da cidade, é instigado por questões atuais, questões que continuam a desafiar o arquiteto preocupado com a cidade.

Muitas vezes somos levados a pensar que, se o estado atual de nossas cidades é fruto apenas das pressões de mercado, nós, arquitetos-urbanistas, estaríamos absolvidos de qualquer culpa. Rykwert, entretanto, não concorda em aderir a esse pacto conivente. O livro é uma crítica aos urbanistas que consideram a cidade "exclusivamente pela perspectiva da economia, da higiene, dos problemas de tráfego ou dos serviços", como sabiamente notou Van Eyck na apresentação da publicação original. É uma crítica àqueles profissionais que reduziram a cidade a abstrações, quando adotaram critérios estritamente funcionais, e a observaram pelo prisma único da habitação.

Rykwert mostra que o tecido urbano que estrutura a vida da cidade precisa ser mais duradouro do que aquela sociedade específica que o gerou. Os tecidos urbanos devem ser claramente reconhecíveis de modo a permitir ao cidadão de uma época ler sua cidade, entender seus níves superpostos, e, o mais importante, situar-se em relação aos seus antepassados e aos seus concidadãos. O objetivo de Rykwert não consiste em mostrar como era o planejamento das cidades na Antiguidade, mas sim, como os planejadores de cidade pensavam seu ofício e como recorreram aos rituais e mitos para formar o ambiente urbano. Longe de adotar uma visão idílica, mostra-se ele plenamente consciente das mazelas e problemas da cidade antiga e não advoga um retorno a uma suposta ordem adotada naqueles tempos.

Rykwert dedica-se primordialmente à cidade etrusca e romana como uma obra simbólica que fazia sentido para seus cidadãos, que correspondia ao seus anseios simbólicos. A forma da cidade, suas muralhas e entradas, seus espaços urbanos e seus edifícios públicos principais eram construídos tendo como base uma série de rituais e cerimônias. Esses rituais situavam os romanos dentro de um universo reconhecível por eles próprios.

Contrariando os historiadores que identificam nas estratégias de defesa, no controle de rotas de comércio e nos motivos de ordem higiência e econômica as razões de fundação de uma cidade, Rykwert mostra que nem sempre esses imperativos racionais foram deteminantes na fundação das cidades. Apoiado em vários autores da era clássica, ele detalha com precisão todo o conteúdo ritualísitico de fundação das cidades, começando pela escolha do seu local, por meio dos exames dos augúrios, que incluíam o voo de pássaros, o comportamento dos animais, o exame das vísceras de animais, os trovões e outros sinais oriundos da natureza, interpretados como mensagens divinas que referendavam ou não a escolha dos homens.

Com o término das cerimônias, a cidade tinha recebido as bênção dos deuses que tinham demonstrado sua benevolência para com a comunidade, mas os ritos continuavam com o gesto de arar a terra e demarcar os limites do mundo urbano. Após estar o sítio purificado e claramente delimitado, a comunidade apossava-se da cidade. Admitindo que cada passo no crescimento da cidade era acompanhado de rituais, Rykwert analisa o caráter sacro atribuído às muralhas, que a protegiam, e às portas que lhe guardavam o acesso e lhe marcavam o adentrar. Os elementos defensivos (fossos, muralhas) suplantavam sua dimensão material e adquiriam um carater simbólico, visto que guardavam, asisistidos pelos deuses e deusas, a unidade social e religiosa da comunidade.

Em um dos ultímos capítulos, Rykwert transcende os exemplos romanos e etruscos e procura paralelos em outras sociedades ditas 'primitivas'. Ele foi bem sucedido ao encontrar nesses exemplos uma poética de construir moradas e espaços comuns que conectariam a comunidade ao seu cosmo. Rykwert mostra como a disposição de aldeias de tribos ditas primitivas refletiam uma forma de interpretar o mundo e de se estruturar socialmente, como os Dogon na África ocidental, que tanto fascinaram Aldo Van Eyck, e as tribos Bororó do Alto Xingu, estudadas por Claude Lévi-Strauss, dentre outros povos. No caso brasileiro, Rykwert utiliza as conclusões de Lévi-Strauss em *Tristes Trópicos* para mostrar como a reorganização espacial proposta pelos missionários, alocando os Bororós em vilas formadas por série de filas paralelas, destruiu totalmente a organização social da tribo baseada em uma disposição circular que estava em harmonia com sua visão de mundo. Além de Lévi-Strauss, Rykwert serviu-se exaustivamente de textos clássicos das ciências sociais, como os de Fustel de Coulanges, em seus estudos sobre como a estrutura da cidade antiga era entendida e transformada por seus cidadãos, e Mircea Eliade, em seus estudos das crenças religiosas, dos mitos e da dimensão sacra.

Os ritos de fundação de cidades, portanto, estavam muito próximos das experiências religiosas. Cada fundação de uma cidade romana, por exemplo, reiterava a fundação da própria Roma que, por sua vez, representava a própria criação do mundo. De fato, a construção de uma cidade, ou mesmo de uma casa, em muitas culturas é feita à semelhança de uma instituição divina que simboliza o centro do mundo. Os rituais de fundação detinham uma importância capital para a vida de uma comunidade, pois afirmavam que a estrutura urbana estava em harmonia com as forças que regem o cosmo. Esses rituais eram constatemente rememorados em seus monumentos e templos. Rykwert mostra como esses rituais sobreviveram, embora transformados e atenuados, até o fim da Idade Média e o início da Era Moderna.

O que preocupa Rykwert é a perda de uma atitude sacra diante do ambiente e do mundo devido ao advento da razão iluminista e do progresso científico a partir do século XVIII. O fim das cosmologias e das religiões tradicionais parece ter privado o homem de se situar dignamente em relação ao universo, tendo efeitos desagregadores sobre a forma como nós nos comportamos em sociedade e como nos sentimos em nossas cidades. O que Rykwert sugere é que as pessoas só se sentem parte de uma comunidade se há uma correspondência entre seu cosmo e o mundo construído que as rodeia.

The Idea of a Town faz parte de um conjunto de livros publicados entre o final dos anos de 1950 e a década de 60, os quais criticaram os ambientes produzidos no pós-guerra. Adotando diferentes perspectivas, autores como Jane Jacobs, Herbet Gans, Kevin Lynch, Gordon Cullen, Aldo Van Eyck, Henri Lefébvre e Aldo Rossi contribuíram para transformar a maneira de se pensar as cidades. Apesar de *The Idea of a Town* fazer parte desse conjunto, consegue, mais do que eles, transcender o contexto no qual foi feito.

O lançamento desse livro acontece em um momento oportuno no Brasil, sobretudo para as nossas escolas dominadas por um pragmatismo que se recusa a olhar para a própria cidade se esse olhar não for forjado por critérios ou metodologias pretensamente científicas. Quando pensamos em nossas cidades – engolfadas em um violento conflito social, comprometidas pela falta de infraestrutura e sacrificadas cada vez mais por estacionamentos, muros, guaritas e anúncios – as discussões presentes nesse livro parecem estar muito distantes. No entanto, cabe a nós pensar em como dar um novo significado às nossas cidades, um significado que transponha o prosaico objetivo do cumprimento de nossas obrigações do dia-a-dia. Um tema que transparece em vários daqueles rituais analisados por Rykwert é o tema da reconciliação: a reconciliação entre o cosmo e a terra, o sacro e o mundano, a cidade e a natureza, os cidadãos e as suas instituições, e entre seus próprios cidadãos. Esse tema parece surgir como uma chave de leitura para que se reestabeleça a cidade como o grande *locus* da experiência do homem enquanto ser civilizado, uma parte inalienável de nossa cultura.

Fernando Diniz Moreira[1]

1. Ph.D. em Arquitetura pela Universidade da Pensilvânia e professor do Departamento de Arquitetura da Universidade Federal de Pernambuco (UFPE)

Agradecimentos

Gostaria, antes de tudo, de expressar minha gratidão ao sr. Simon Nowell-Smith, que tornou possível a tarefa de escrever este livro, e continuou me auxiliando em todos os estágios. O manuscrito foi lido, na sua primeira redação, pelo prof. Christopher Cornford, pelo sr. Eric John, dr. Christopher Ligota, condessa Benita de'Grassi e pela sra. Agatha Sadler, aos quais sou grato. O prof. Aldo van Eyck o publicou em sua forma original como uma monografia para a revista *Forum*, da qual era então editor, honrando-o com um prefácio generosíssimo. O sr. Jurriaan Schröfer foi o entusiasta e simpático responsável pelo projeto da publicação original.

O tema deste livro foi discutido com o dr. Franz Elkisch, prof. Sigfried Giedion, prof. Colin Rowe e com o sr. Edward Wright. O sr. Michael Ayrton muito me ajudou e encorajou. Infelizmente, só pude usufruir do conhecimento extraordinário de W. F. Jackson-Knight sobre o mundo da *Eneida* em seu último ano de vida. O prof. Frank E. Brown permitiu que eu trabalhasse com ele durante dois verões na Academia Americana de Roma. O prof. G. A. Mansuelli, Soprintendente alle Antichità Bologna mostrou-se sumamente generoso com seus materiais procedentes das escavações de Marzabotto. Discuti vários pontos com o prof. Richard Brilliant, com o dr. Gordon Brotherston, dr. Anthony Bulloch, prof. William L. MacDonald, prof. Mario Napoli, sr. Lawrence Nield, prof. G. Vallet, dr. Dalibor Vesely e dr. Giuseppe Vosa. Contei com a ajuda e a paciência dos funcionários de várias bibliotecas: Warburg Institute, Hellenic and Roman Societies, London

Library, The University of Essex e da Academia Americana de Roma. A princesa Margharita Rospigliosi facilitou-me a entrada em numerosos lugares de difícil acesso em Roma.

A Nonesuch Press permitiu-me amavelmente citar a tradução da quarta *Ode Pítica* de Píndaro, de H. T. Wade-Gray e C. M. Bowra; a Manchester University Press, um trecho da obra de A. J. Graham, *Colony and Mother City*; e a Sigmund Freuds Copyrights Ltd., o Institute of Psycho-Analysis, a Hogarth Press Ltd. e a Liveright Publishing Corporation, um trecho das *Cinco Conferências* sobre Psicanálise por Sigmund Freud, revisadas e publicadas por James Strachey.

As ilustrações de Wang-Ch'eng e Hsia-T'un são reproduzidas do *The Pivot of the Four Quarters*, da autoria de P. Wheatley, por autorização da Edinburgh University Press; a do manto dogom, de *La parole chez les Dogon*, de G. Calaume-Griaule, por autorização dos senhores Gallimard; os fragmentos do mapa de Orange e os diagramas, por autorização de *Gallia*, do suplemento de A. Piganiol; e as reconstruções da ágora de Cirene, por autorização de L'Erma di Bretschneider, de *L'Agora di Cirene*, de autoria de Sandro Stucchi.

A sra. Sybilla Haynes e o sr. Andrew Saint tiveram a amabilidade de ler o manuscrito final e eliminaram seus erros mais crassos. Pude prosseguir meus estudos iniciais graças a uma ajuda concedida pelo Phoenix Trust e pela Bollingen Foundation.

Gostaria de agradecer ao sr. Giles de la Mare e à sra. Valerie Griffiths por seu labor editorial exemplar, e ao sr. Eugene Sandersley, cuja paciência ajudou-me a não incorrer em inúmeros erros e deslizes.

Todos os autores casados contraem uma nova dívida com suas esposas a cada livro novo publicado. Em poucos casos isso será tão certo como no meu, com o surgimento deste.

Para A & A & A e em memória de Michael Ayrton

"...è inutile stábilire se Zenobia sia da classificare tra le città felici o quelle infelici. Non è in queste due specie, che ha senso dividere le città, ma in altre due: quelle che continuano attraverso gli anni e le mutazioni a dare la loro forma ai desideri e quelle in cui i desideri o riescono a cancellare la città , o ne sono cancellati".

ITALO CALVINO, *Le Città Invisibili*

Prefácio

Imaginamos a cidade como um entremeado de edifícios que cresce de maneira mais ou menos imprevisível, atravessado por ruas e praças, ou também como uma malha de avenidas orlada por edifícios nas periferias e por eles enredada no centro. Embora consideremos as cidades como um fenômeno natural, regido por uma lei de crescimento ou de expansão independente, incontrolável e, às vezes, imprevisível, como a que rege os organismos naturais, a verdade é que o crescimento das cidades não obedece a impulsos interiores e inescrutáveis. As cidades são erguidas gradativamente por seus habitantes, ou numa escala maior, por obra dos especuladores ou das autoridades. Ocasionalmente, sobretudo quando da fundação de uma nova cidade, as autoridades locais ou nacionais, assessoradas por seus especialistas, exibem ao público o espetáculo de seu próprio constrangimento. Dir-se-ia que as autoridades cívicas, ou mesmo os urbanistas, são incapazes de pensar a nova cidade como um todo, como um modelo que envolveria outros significados, distintos dos tópicos habituais de zoneamento (indústria, habitação, lazer etc.) ou de circulação. Em contraposição aos antigos, parece totalmente estranho e sem propósito considerar a cidade como um modelo simbólico. Quando hoje dizemos que algo é "simbólico", praticamente sempre se trata de um objeto ou de uma ação que podemos captar de um só golpe de vista.

A pobreza conceitual de nosso discurso sobre a cidade se manifesta inclusive quando consideramos o passado recente. Durante o século XIX, os critérios para estabelecer sua terminologia eram talvez ainda mais diretamente "positivos" do que na atualidade. A distinção entre cidade (*town*) e municipalidade (*city*), por exemplo, costumava ser determinada por referência à pavimentação das ruas.

Se retrocedermos ainda mais, muda o tom do discurso, como era de esperar. Charles Daviler, teórico francês do século XVII, define a cidade em seu dicionário de termos arquitetônicos como "um ordenamento de quadras e bairros dispostos com simetria e decoro, de ruas e praças públicas que se espraiam em linhas retas com orientação bela e salubre, e com declives adequados para a drenagem das águas"[1]. Mas esta descrição pertence a uma tradição do passado. "A cidade" – propõe um autor mais recente – "é antes de tudo uma realidade física: um grupo de construções de tamanho considerável, de habitações e edifícios públicos [...] A cidade começa unicamente quando os caminhos transformam-se em ruas"[2]. Este autor segue seus predecessores do século XIX, e sua definição está muito distante das palavras exaltadas pronunciadas por Nícias para os soldados atenienses, nas praias de Siracusa: "Vós mesmos sois a cidade, onde quer que decidis assentar-vos [...] são os homens, não os muros e os navios sem eles, que formam a cidade"[3].

O tráfego na cidade é atualmente tão denso e obstruído que não é surpreendente ver nossos contemporâneos dedicando toda a sua atenção à rede viária. A engenharia de tráfego substituiu o urbanismo; as redes viária, ferroviária, ou metroviária sobrepõem-se umas às outras, e em conjunto constituem o elemento urbano de maior relevância teórica e conceitual. À medida que aumenta o congestionamento do tráfego, e os problemas decorrentes, a tarefa de remediá-los adquire importância crescente aos olhos do público. Mas este não é o único aspecto do urbanismo que se transformou na arte de manter-se apenas um passo atrás do desenvolvimento real. Os economistas, por quase duzentos anos, nos encorajaram a pensar que a taxa de crescimento da população urbana deve acompanhar o crescimento do produto interno bruto (que eles consideram, ao que parece, bom por si mesmo, independente do modo em que isso afeta os indivíduos). Por conseguinte, não obstante as queixas relacionadas a crises no tráfego ou à crescente escassez de espaço urbano, formuladas reiteradamente pelos urbanistas sempre que estes problemas são discutidos, quando uma cidade deixa de se expandir num ritmo constante (como aconteceu no caso de Randstadt, na Renânia), os mesmos urbanistas confessam estar desanimados por tal sintoma da crise econômica.

---

1. C. A. Daviler, *Explication des Termes d'Architecture, Cours d'"Architecture*, II, Paris, 1691, s. v. Ville, p. 336: "C'est par rapport à l'Architecture civile un comparti- ment d'Isles et de Quartiers disposés avec symétrie et décoration, des Rues et Places publiques percées d'alignement en belle et saine exposition avec pentes nécessaires pour l'écoulement des eaux". Voyez Vitruve, *liv.* I, chap. 6.

2. Pierre Lelièvre, *La Vie des Cités de l'Antiquité à nos Jours*, Paris, 1950, p. 11.

3. *Thucydides*, trad. de Thomas Hobbes, VII, 63, p. 308-309.

Não só os urbanistas, como também as autoridades e mesmo o público em geral, costumam pressupor que a futura expansão se manterá no mesmo ritmo atual, e preveem o futuro pela simples inferência estatística. A possibilidade de orientações diferentes de evolução é omitida do argumento por meio do silêncio. O marco conceitual, no qual operam os urbanistas, foi formulado com o propósito de eliminar a possibilidade de impor à cidade qualquer ordem de caráter extraeconômico. O temor à restrição manifesta-se com frequência sob a forma de receio de sufocar um crescimento autônomo. Por esta razão, os urbanistas, quando começam a falar sobre o modo em que a cidade vive e cresce, invocam imagens tiradas da natureza ao analisar o traçado da cidade: uma árvore, uma folha, um pedaço de tecido epitelial, mãos etc., com incursões no campo da patologia quando aludem a crises. Mas a cidade não se assemelha a nenhum fenômeno natural. É uma criação artificial, se bem que de um gênero curioso, composta de elementos devidos tanto à vontade consciente como aleatórios, controlados imperfeitamente. Se a cidade deve ser relacionada com a fisiologia, mais do que com outra coisa, ela se parece com um sonho.

Nos acostumamos a considerar os sonhos como objeto de estudos sério e mesmo científico, mas as conotações fantasiosas que o termo implica são consideradas pejorativas no contexto do urbanismo. Isso se deve, em parte, ao fato de que se trata de uma questão na qual os investimentos de capital são imensos, e em parte ao fato de estar em jogo o bem-estar das massas, um bem-estar equiparado ao conforto material.

Uma vez mais confrontamos a pobreza de uma parte considerável do discurso urbanístico. A forma de ocupar o espaço é estudada com muita atenção, porém exclusivamente em termos físicos de ocupação e comodidade. Os espaços psicológico, cultural, jurídico e religioso não são tratados como aspectos do espaço ecológico, de cuja administração o urbanista deve tratar. Sua atenção está focada nos problemas físicos mais imediatos, cuja resolução parece mais premente. No entanto, as soluções propostas, devido à sua presença material, violam o universo simbólico dos cidadãos; e via de regra, as formas arbitrárias impostas por alguns urbanistas e arquitetos atormentados, desenvolvem-se sobre um resíduo de irracionalidade, motivadas por preconceitos espirituais e estéticos não formulados, cuja própria irracionalidade contribui para intensificar a instabilidade da comunidade, correndo inclusive o risco de estabelecer um esquema de interação entre a comunidade e sua carapaça externa que será desastrosa para ambas.

Alguns sociólogos criticaram tais procedimentos[4]. Creio que têm razão e que, de algum modo, deve-se levar em conta o modelo, o protótipo conceitual da cidade que seus habitantes constroem mentalmente

---

4. P.-H. Chanbart de Lauwe, S. Antoine, L. Couvreur e J. Gauthier, *Paris et l'Agglomération Parisienne*, Paris, 1952, i, p. 247 e ss.

e que, com frequência, é exemplificado em suas próprias casas. A casa, efetivamente, é sentida como uma cidade em miniatura, não como a cidade é, mas como desejaríamos que ela fosse. Certos padrões de comportamento, ou inclusive de movimento, são às vezes explicados como tentativas de conciliar o modelo conceitual com o real, com a estrutura física da cidade, da qual mesmo seus habitantes podem ter consciência unicamente sob a forma de diagramas – como as linhas de metrô ou de ônibus.

O modelo conceitual de que falei raramente deriva-se de tais diagramas. Usualmente está associado a perspectivas que formamos a respeito do espaço e do tempo em que vivemos. Seu objetivo é ancorar nossas vidas num lugar concreto: um determinado lar, uma cidade específica.

A própria formulação do problema sugere que não podemos contar com uma solução imediata. Proponho, pois, analisar uma situação fechada (porque pertence ao passado), com a qual estamos aparentemente familiarizados, mas que na realidade está repleta de implicações para quem quer que pense sobre a maneira pela qual tomamos posse de nossos lares. Os padrões retilíneos das cidades romanas, que sobrevivem no traçado das ruas e inclusive nas vias rurais dos velhos territórios imperiais, da Escócia ao Sudão, são considerados em geral um sub-produto de uma técnica de agrimensura utilitária. Mas os romanos não viam as coisas deste modo: sua cidade era organizada segundo leis divinas. O lar era governado pelo chefe da família, do mesmo modo que a cidade pelos magistrados; e o *pater familias* oficiava em seu lar os elaborados ritos da religião estatal que os colégios sacerdotais oficiavam em nome do Estado. Os romanos, e provavelmente os etruscos antes deles, conheciam muito bem a analogia entre cidade e lar, e entre cidade e território.

Antes que as cidades romanas adotassem o esquema de grelha que hoje conhecemos, a ideia de um planejamento urbano regular tinha que ser formada em sua mente. A cidade retilínea não foi algo a que chegaram por meio de experimentação casual e que em seguida trataram de explicar. Ao contrário, creio que este procedimento surgiu justamente a partir do modelo ao qual me referi. Suas origens, portanto, interessam-me sobremaneira, porque revelam a elaborada estrutura geométrica e topológica da cidade romana, que surge de um sistema de costumes e crenças, desenvolve-se ao redor dele e converte-se no veículo perfeito de uma cultura e de um estilo de vida.

Ao longo de um milênio de ascensão e queda do Império Romano, a cidade passou por muitas mudanças, foram dadas interpretações cada vez mais refinadas e até conflitantes e os ritos, cujo significado fora ocasionalmente esquecido, receberam outras interpretações anacrô-nicas. Não penso ocupar-me da história romana ou etrusca a não ser pontualmente e na medida em que seja concernente ao desenvolvimento do modelo e às suas transformações ao longo do tempo, que são muito mais lentas e graduais (como sempre ocorre no caso da arte e dos procedimentos ritualizados) que as mudanças na política e, às vezes, também nas ideias religiosas. Optei por ocupar-me primordialmente das cidades romanas porque aquela foi uma civilização decididamente urbana, inteiramente diferente da nossa e, apesar disso, muito acessível e com ampla documentação. Entretanto, não creio que seja possível compreender os costumes e as ideias dos romanos sem compará-los com os de outros povos, em geral mais fracos e às vezes primitivos e selvagens – ou pelo menos assim pareceria aos próprios romanos. Os romanos não foram os únicos dentre os povos antigos que praticaram uma forma de planejamento e orientação retilíneos. Todas as grandes civilizações conheciam essa prática, todas possuíam relatos míticos sobre suas origens e rituais complexos que guiavam o planejador e o construtor. Proponho também analisar três relatos paralelos para compreender o enorme valor que os romanos, e os demais povos antigos que nos legaram uma documentação sobre suas crenças, atribuíam não só àquelas formas como também aos procedimentos para configurá-las. Contudo, o que sempre me interessa é o modelo conceitual e sua relação com o lugar e a configuração do plano, mais que os resquícios materiais aos quais o arqueólogo dedica sua atenção. Interessam-me, em suma, esquemas definidos, configurações claras e assertivas, impostas a ruas e praças e aos edifícios particulares e públicos, que não revelariam seu significado com o uso dos métodos comuns da análise urbana.

Prefácio à Segunda Edição

Muitas mudanças ocorreram nos trinta anos desde que o livro foi concebido e escrito pela primeira vez. Os arqueólogos têm estado ocupados em Roma, no Lácio e nos assentamentos etruscos; do mesmo modo vem sendo realizado um grande trabalho histórico e filológico que deve ser levado em consideração. Porém, ainda mais importante, o contexto no qual o livro será lido é totalmente diferente. Por conseguinte, abordarei esta questão em primeiro lugar.

O livro é, novamente, deveras oportuno. Quando apareceu pela primeira vez, como uma edição especial da revista holandesa *Forum*, seu editor Aldo van Eyck sugeriu que ele serviria para lembrar os arquitetos de algo que eles pareciam ter esquecido: de que a cidade não era simplesmente uma solução racional para os problemas de produção, comercialização e distribuição, circulação e higiene – ou uma resposta automática à pressão de certas forças naturais e de mercado – mas que deveria igualmente cultuar as esperanças e os temores de seus cidadãos.

Os teóricos urbanos favoreciam a imagem de uma cidade que reage instintiva e irrefletidamente às pressões internas e externas. Se a cidade era um produto "natural", depreendia-se que a descoberta e o cumprimento das "leis" do crescimento técnico, da ação das forças de mercado sobre o valor da terra, ou do fluxo de tráfego isentavam urbanistas e arquitetos da responsabilidade do gesto de projetar e, por conseguinte, de qualquer juízo de valor – e do artifício; eles não deveriam preocupar-se com os cânones de qualquer arte.

Naquele momento, a grande preocupação dos que planejavam e construíam cidades era a "moradia", e praticamente não se questionava o pressuposto de que construir era fazer moradias e que estas, inevitavelmente, significavam pontos de eletricidade e blocos de vigas. Durante a grande euforia de construção na década de 1960, um grupo de arquitetos mais ou menos de vanguarda (ou seja, aqueles que desenhavam muito e construíam pouco) produziu uma pletora de projetos que pressupunham um crescimento exponencial da produção e da técnica. Constant Niewenhuis, pintor e utopista holandês; Yona Friedman, que trabalhava em Paris; e o grupo soviético NER foram, separadamente, os pioneiros desta abordagem. Ao mesmo tempo, importantes arquitetos "de prestígio" como Kenzo Tange e Paul Rudolph – e posteriormente, até mesmo escritórios "comerciais" – elaboraram projetos seguindo esta corrente. Uma vez que obras deste tipo inevitavelmente recorreriam à pré-fabricação altamente industrializada, tais projetos atraíram a indústria da construção. O grupo inglês Archigram e seus seguidores inundaram o mundo com um frenesi de projetos para complexos urbanos, compostos de moradias-cápsulas alimentadas por cabos. "Plug-in City" (Cidade Interconexa) e "Walking City" (Cidade Andante) converteram-se tanto em *slogans* como em projetos. Quase igualmente influentes, os metabolistas japoneses queriam que o plano urbano fosse um programa para um processo de constante mudança, como o próprio nome do grupo sugeria. Também eles tentaram reduzir a moradia à cápsula individual; não obstante, seus projetos assemelhavam-se a unidades justapostas, formando estruturas arbitrárias e quase que agressivas. Tudo isso era inebriante, e jovens arquitetos no mundo inteiro apresentaram inúmeros projetos similares.

Neste tipo de atmosfera, a ideia de que o planejamento urbano pudesse, de alguma maneira, ser chamado de "arte" era considerada ridiculamente *passé*, ao passo que a noção de que pudesse haver algo "simbólico" na tessitura da cidade parecia quase uma frivolidade ofensiva. A cidade era uma complexa peça de maquinário, que produzia e funcionava do mesmo modo que os organismos descritos e estudados por alguns biólogos. Todas essas imagens de coisas robóticas, pré--fabricadas para serem conectadas, simbolizavam e representavam exatamente essa visão.

Para que a cidade pudesse funcionar, não só tinha que parecer um motor, mas suas diferentes funções deveriam ser ordenadas, classificadas, divididas em zonas isoladas, para que funcionassem de forma mais eficiente. De acordo com o mais popular de tais esquemas, concebido no final dos anos de 1930 pelo Congresso Internacional de Arquitetura Moderna (Ciam), tais funções eram a habitação, o lazer, o trabalho e o transporte. À luz desta análise, inúmeros projetos foram aplicados a cidades já existentes, com resultados devastadores, e durante as décadas de quarenta, cinquenta e sessenta, muitos projetos urbanos foram construídos segundo este modelo, nos quais a segregação era viabilizada de modo simples, acumulando frequentemente a zona habitacional em edifícios altos, enquanto outras funções permaneciam ao nível do solo. Isso, naturalmente, significava isolar as habitações do espaço público, à exceção de uma rua-corredor, colocada num nível elevado, e que passou a substituir os corredores internos das antigas moradias; entrementes, os edifícios destinados ao trabalho, sobretudo todos aqueles voltados ao lazer – que de toda forma incluíam igrejas, bibliotecas e mesmo tribunais, bem como cinemas e piscinas – eram eclipsados pelas habitações. Por mais estranho que pareça, Le Corbusier, que foi um dos principais promotores do Ciam e defensor das propostas de zoneamento, rompeu com estas regras na sua famosa unidade de habitação em Marselha, ao incluir uma rua comercial em nível elevado, à meia altura do bloco, colocando uma creche e um cinema na cobertura. Suas ações foram simbólicas e isoladas – e não foram encaradas com simpatia pelos administradores ou por seus colegas.

Uma série de acontecimentos discrepantes abalou essas convicções ou, de todo modo, fez com que fossem questionadas, antes mesmo que a maré de usuários decepcionados com as torres de habitação atingisse o nível de descontentamento atual. A crise econômica e energética provocada pela Guerra dos Seis Dias no Oriente Médio em junho de 1967, e o medo da escassez de energia (que neste caso provou ser infundado) desencadearam uma reação de desconfiança da ideologia positiva da construção industrial, e do aperfeiçoamento técnico como uma solução para os males da cidade. De modo geral, aumentou a convicção de que o crescimento econômico não era a benção social perfeita como se acreditava que fosse. Estes sentimentos foram perfeitamente sumariados na obra *Small is Beautiful*, da autoria de Ernst Schumacher, publicado, pela primeira vez, no ano de sua morte, em 1977.

A rejeição dos esforços dos planejadores, por parte daqueles que supostamente deles se haviam beneficiado, coincidiu com grandes movimentos no mundo "exterior". O modelo mecânico/orgânico implicou o abandono decisivo da história ao considerá-la irrelevante para os negócios dos planejadores; eles trabalhavam, no final das contas, com a convicção de que métodos estatísticos e outras pesquisas lhes permitiriam projetar as necessidades atuais dos cidadãos num futuro previsível. A pressuposição de que as funções sociais poderiam ser estudadas mecanicamente ou, pelo menos "modeladas", baseava-se na premissa de que as necessidades eram função de todo o conjunto social, ou por ele eram "sentidas". Na realidade, as necessidades "sentidas" somente podem ser conhecidas como parte da experiência individual de cada cidadão. Ora, tal experiência, não pode ser tabulada ou capturada de forma diagramática, mas unicamente narrada. E a narração, independentemente do nível do narrador, é sempre histórica. A rejeição da história como método de estudo da tessitura urbana, e o postulado de uma cidade eficiente e sem conflitos, foram projetados num futuro histórico, no qual a experiência da dor e da angústia, sina comum inevitável da espécie humana, não encontrou acolhida ou reconhecimento numa cidade zoneada e administrada sem percalços[1].

Entre os profissionais, o artigo de Christopher Alexander, "The City is Not a Tree" revelou a grave falha que era considerar a complexidade urbana em termos de um modelo matemático simplista. A pesquisa realizada em Cambridge por Lionel March demonstrou que a escolha de torres, em vez de edifícios baixos, baseava-se numa pressuposição errônea sobre a economia de espaço, que poderia ser obtida concentrando moradias em complexos residenciais de grande altura. Kevin Lynch começou a estudar a imagem da cidade formada por seus habitantes, por assim dizer, subjetivamente. O estudo da tipologia arquitetônica e da morfologia urbana – termos e projetos associados com Aldo Rossi – concentrou-se no estudo detalhado das configurações invariáveis das unidades nas quais viviam os cidadãos, e na tessitura que tais unidades criavam nas cidades, porém sem considerar a tensão entre a periferia e o centro da cidade. Vários sociólogos, como Peter Wilmot na Inglaterra e, mais tarde, se bem que de forma muito mais radical, Erving Goffman nos Estados Unidos, preocuparam-se com a relação existente entre o modelo social e a estrutura física da habitação.

Todas essas formas de criticar a situação urbana atual – que pareciam mais conspícuas à medida que eram mais integradas e "holísticas" – tinham um inconveniente: todas elas eram descritivas e analíticas. Tratavam de explicar onde é que a cidade falhara em seu funcionamento e quais tinham sido as suas desvantagens. No entanto, não havia mediação, nenhum discurso racional que permitisse ao planejador passar dos fracassos do passado para os sucessos futuros. Os escritores que tentaram fazer um relato geral e positivo de todo o complexo fenômeno urbanístico eram muito raros e deprimentes: um deles – melhor que permaneça aqui no anonimato – queixou-se, por volta de 1980, que "esta grande quantidade de literatura acerca da forma da cidade destaca-se por seu embotamento assombroso". "O fato de aquela teoria urbana ser tão enfadonha é desanimador. Deve ser sinal de dificuldades mais profundas", ele acrescentou. "O planejamento urbano estagnou-se", escrevera outro teórico proeminente vinte anos antes: "causa agitação, mas não progride".

O enfado devia-se, pelo menos em parte, às abstrações teóricas – ou talvez, para sermos mais exatos, a um distanciamento que ocultava um sentimento de impotência insuperável. Por várias décadas, durante os anos cinquenta, sessenta e setenta (o hábito pode ainda persistir aqui e ali), criadores dos mais banais complexos urbanos davam palestras

---

1. Um ensaio sucinto, porém valioso, acerca deste problema encontra-se na obra de Richard Sennett, *The Uses of Disorder: Personal Identity and City Life*, Nova York, 1971, p. 96 e ss.

sobre seus projetos – normalmente criados por uma mera manipulação mais ou menos cuidadosa das pressões comerciais e "especulativas"– e não obstante, durante suas palestras, exibiam slides de modelos urbanos "ideais" ou "atemporais", como a praça S. Marcos em Veneza, Dubrovnik ou qualquer uma das cidades nas encostas italianas ou ainda aldeias localizadas em ilhas gregas (lugares visitados pelos planejadores urbanos em férias), a fim de justificar algum elemento do seu projeto ou metodologia. Não havia forma de aceitar ou rejeitar tais paralelos, pois a linguagem dos planejadores era inteiramente composta de superficialidades que podiam (inevitavelmente) aplicar-se tanto aos seus próprios projetos como aos exemplos que escolhiam para ilustração. Parecia que contrariá-los ou questioná-los refletia maus modos ou mesmo má fé. Nos livros de urbanismo, as discussões de projetos históricos eram igualmente desconcertantes: o uso de um traçado misto – uma estrutura quadriculada de ruas atravessadas por avenidas diagonais – feito por Pierre-Charles L'Enfant no seu projeto para Washington, por exemplo, foi considerado o culpado pela falta de lustre da vida urbana daquela cidade, ao passo que o mesmo traçado misto foi considerado o segredo do grande sucesso de Ildefonso Cerdá, ao traçar o desenvolvimento de Barcelona a partir do seu *Ensanche*.

Esta falta de consenso, no que tange à forma de articular teorias socioeconômicas com a trama física, é apenas um aspecto do embotamento monumental presente nas queixas mencionadas anteriormente. Um problema muito mais sério era a convicção dos planejadores de que o planejamento não era apenas um processo a-histórico como também apolítico. Inevitavelmente, o crescimento da estrutura física ao longo do último século fez com que o planejador tivesse que se defrontar com problemas para os quais não estava preparado.

A maior mudança de enfoque no urbanismo desenvolveu-se a partir de uma crescente apreciação de que a estrutura física de uma cidade não mais poderia ser discutida em termos de planificação. Mesmo que as teorias de planejamento ainda não haviam se apercebido de forma coerente, o perfil urbano convertera-se no elemento mais importante da nossa visão da cidade. Montgomery Schuyler, o mais arguto crítico americano de arquitetura de seu tempo, assinalou o problema há cerca de um século, quando disse sobre a silhueta dos edifícios de Nova York que "não era uma visão arquitetônica, mas apresenta uma terrível aparência de negócios"[2].

Este aspecto da cidade já fora reconhecido por projetistas há algum tempo, ainda que não tivesse entrado no discurso teórico. Em alguns de seus primeiros esboços, especialmente no complexo projeto para

---

2. Em The Skyline of New York, 1881-1897, *Harper's Weekly*, 20 de março, p. 295; ver William Taylor, New York et l'Origine du Skyline, *Urbi III*, março de 1980, p. XII e ss.; e T. A. P. van Leeuwen, *The Skyward Trend of Thought*, Haia, 1986, p. 84 e s.

a Argélia, Le Corbusier aludiu a ele, mas foi Louis Kahn quem mais explicitamente se aproximou disso em seus vários projetos para a cidade de Filadélfia. Hans Hollein e seus colegas vienenses sentiram-se inspirados pelo poder metafórico, enigmático e sinistro, das grandes estruturas erguidas num cenário agreste ou rural. Inúmeras tentativas foram feitas para construir fragmentos de uma cidade tridimensional, das quais *Habitat* (projetada por Moshe Safdie para a exposição de Montreal de 1967) e o centro da cidade de Cumbernauld, projetado por uma equipe liderada por Geoffrey Copcutt, foram os mais conspícuos; no entanto, nenhuma destas tentativas logrou total êxito, seja do ponto de vista social ou econômico. Entrementes, várias autoestradas europeias têm sido atravessadas por grandes e complexos edifícios (como o Centro de Congressos de Berlim), criando-se intrincadas relações internas entre as várias formas de movimento, se bem que sem arte. De toda forma, parece-me que este é o âmbito no qual o arquiteto-planejador deve intervir. Este livro foi concebido pela primeira vez nos anos cinquenta, no auge do *boom* da construção do pós-guerra e da arrogância profissional dos planejadores. Seu objetivo era propiciar, de forma polêmica, um relato racional da estrutura e das intenções dos construtores daquelas cidades italianas cujas belezas eram exibidas pelos teóricos anglo americanos, de orientação pitoresca, por meio de palestras nostálgicas e líricas, acompanhadas de fotografias supercontrastadas. Deveria ter sido parte de uma publicação mais ampla, descrevendo o surgimento e a transformação das cidades ao longo dos séculos, e que eu pretendia escrever em colaboração com o sociólogo italiano Carlos Doglio.

Evidentemente, o ponto de partida natural para tal obra era o livro *La cité antique*, de Numa Fustel de Coulanges, publicado pela primeira vez em 1859. Na época, parecia estranho que nenhuma tentativa posterior tivesse sido feita para desenvolver seu enfoque e examinar a estrutura nocional da cidade antiga, e como esta estrutura poderia ter sido transmitida e compreendida por seus cidadãos. É isso que eu estava determinado a escrever. Naquela época, li casualmente *Tristes tropiques* (Tristes Trópicos), o relato de Claude Lévi-Strauss sobre suas viagens pela bacia amazônica, e fiquei impressionado com a sua descrição da unidade existente entre o plano da aldeia, o sistema de família e a visão de mundo dos bororós, uma tribo de grande pobreza material, assim como pela forma com que a sua descrição registrava com habilidade grande parte do pensamento e ação desta tribo[3]. Li também *Black Elk Speaks, Being the Life Story of a Holy Man of the Oglala Sioux*, de John Neihardt, que descrevia a consternação do xamã-visionário com

---

3. Paris, 1955, p. 227 e ss., p. 249 e ss. Em *Anthropologie structurale*, Paris, 1958, p. 147 e ss., Claude Lévi-Strauss concentra sua atenção nas analogias com a organização bororó para demonstrar seu caráter essencialmente dual, que ele considera uma característica fundamental de toda organização social. Ver, entretanto, R. Caillois, *L'Homme et lê sacré*, Paris, 1950, p. 80 e ss.

o modo pelo qual o homem branco conseguira destruir todo o poder do seu povo, fazendo com que vivesse em casas de planta quadradas, de forma tal que os privava da saúde e do vigor que extraíam da harmonia entre o ambiente físico que os rodeava e sua visão de mundo circular: "Nossas tendas eram redondas como ninhos de pássaros, sempre dispostas em círculo, o aro da nação, um ninho de muitos ninhos, onde o Grande Espírito queria que chocássemos nossos filhos"[4]. Para mim, tais leituras foram enquadradas no capítulo sobre o espaço sagrado no livro *Treatise on the History of Religion*[5] (Tratado sobre História da Religião), de Mircea Eliade que, apesar de todas as críticas recebidas, ainda é o mais extenso e convincente estudo de tais temas. Reflexões bem mais recentes acerca da natureza do simbolismo, do mito, do ritual e de sua inter-relação não modificaram a minha opinião.

A revisão do texto para a segunda edição, bem mais extensa, foi realizada nos anos sessenta. Alguns estudos recentes iluminaram bastante o pano de fundo teórico deste ensaio. *Natural Symbols*, de Mary Douglas, por exemplo, e a obra correlata *Class, Codes and Control*[6], de autoria de Basil Bernstein, empenham-se em uma espécie de história econômica do símbolo, que possa fornecer indicações sobre o modo como entendemos o nosso próprio corpo – e como tal compreensão e, de fato, toda aceitação e interpretação de uma mensagem linguística ou de outro tipo, está condicionada pela forma na qual percebemos nosso papel no contexto social. As obras de Jean Baudrillard[7], se bem que escritas a partir de um ponto de vista totalmente diferente do meu, sugeriram algumas questões a respeito da natureza do simbolismo numa cultura de massas. Em *Rethinking Symbolism* (Simbolismo Refletido), Dan Sperber faz uma crítica explícita do enfoque semiótico de Lévi-Strauss no que concerne ao tema do símbolo como peças num sistema fechado, e que a meu ver, é totalmente complacente[8]. Ele sugere que a semiologia é um método inapropriado para examinar o simbolismo, já que:

> Os símbolos não são signos [...] suas interpretações não são significados [...] Os dados que um indivíduo emprega para aprender simbolismo não constituem uma amostra de um conjunto fixo semelhante às frases de uma língua [...] Um corolário desta natureza cognitiva é que não há um multissimbolismo análogo a um multilinguismo [...] Os dados simbólicos, qualquer que seja a sua origem, integram-se num sistema único dentro de um determinado indivíduo.

4. Lincoln, Nebraska, 1932, p. 198 e ss.

5. *Traité d'histoire des religions*, Paris, 1953, p. 315 e ss. Desenvolvido em *Images et symboles*, Paris, 1952, p. 48 e ss; *Mythes, rèves et mystères*, Paris, 1957, p. 206 e ss.

6. Londres, 1973, esp. p. 27 e ss., 94 e ss.; St. Alban's, 1973, esp. p. 193 e ss. Ver uma discussão acerca deste problema da autoria de S. C. Humphreys, *Anthropology and the Greeks*, Londres, 1978, p. 265 e ss.

7. *Système des objects*, Paris, 1968; *Pour une Critique de l'economie politique du signe*, Paris, 1972.

8. Cambridge, 1975, p. 85 e ss.

A concepção do simbolismo em Sperber, que é cognitivo e evocativo ao mesmo tempo, ainda que fechado a qualquer leitura semiótica, é o enfoque adotado neste livro.

Numa reflexão sobre o relato de Tito Lívio acerca dos primórdios de Roma, para a qual escolheu como subtítulo "filosofia de corpos numa combinação", Michel Serres[9] também parece adotar uma visão similar do simbolismo, e apresenta a cidade como um palimpsesto de "leituras" sobrepostas, nas quais o reticulado do tecido urbano serve como matriz de evocações ao longo da história da cidade e do repetido padrão de assassinatos e violência. Aqueles que me criticaram por apresentar uma visão por demais idílica da cidade antiga estavam certos apenas na medida em que meu objetivo era mostrar como os fundadores de cidades levaram a cabo seus planos e como os racionalizaram. Eu não estava aqui preocupado em saber se os seus planos haviam falhado parcial ou mesmo totalmente.

Talvez de forma inevitável, a crítica da cidade na literatura antiga não fosse melhor que na moderna, como parte do eterno etos urbano. "Deus criou o primeiro Jardim e *Caim*, a primeira Cidade"[10].

À semelhança de Caim, Rômulo foi um fratricida, e o crime do fundador foi somente o primeiro de muitos outros com os quais a cidade ficaria maculada. Cito este exemplo a fim de fazer duas ressalvas.

Em primeiro lugar, devo lembrar os leitores de que para os poetas e moralistas romanos, a cidade era um lugar ruim: abarrotado, sujo, malcheiroso, barulhento, violento, corrupto. Nesse aspecto era como a cidade da literatura moderna. Cícero, Horácio, Ovídio, Plínio o Jovem, Juvenal e Marcial discorrem constantemente sobre este tema. Não é pelo fato de a cidade antiga estar sendo apresentada como um ambiente ideal que a antiga urbanofobia tem lugar neste livro. Este não foi absolutamente o meu objetivo. É claro que a cidade antiga estava repleta de sofrimento, vícios e maldade. É claro que seus cidadãos com frequência dela se ressentiam, odiavam-na e desprezavam-na. O que eu queria demonstrar é que ela estava projetada de modo a absorver tudo isso sem fragmentar-se, embora na realidade ainda deva ser feito um estudo sobre o antiurbanismo antigo, semelhante ao estudo realizado por Morton e Lucia White sobre o fenômeno nos Estados Unidos[11].

Em segundo lugar, devo deixar bem claro que este livro não advoga um retorno à ordem antiga. Estou plenamente consciente de que a brecha entre a cidade "fechada" da Antiguidade e a cidade "aberta" da minha época é instransponível. Como cidadão, dou indubitavelmente meu consentimento para a cidade aberta, e minha concepção do assunto

9. *Rome, le livre des fondations*, Paris, 1983.
10. A. Cowley, The Garden, *Works*, Londres, 1710, p. 735.
11. Morton e Lucia White, *The Intellectual versus the City*, Cambridge, Mass., 1962.

não difere muito da aceitação teologicamente justificada que Harvey Cox faz da sociedade dessacralizada de nosso tempo atual[12].

Por conseguinte, resumirei aqui tudo o que o leitor encontrará claramente (se bem que de forma sucinta) formulado no último parágrafo do livro, uma vez que alguns dos meus críticos possam considerar minha alegação insincera. Não obstante suas diferenças e os fracassos ocorridos, o planejador dos dias de hoje ainda tem uma importante lição a aprender do seu antigo predecessor: especificamente, que qualquer "padrão" que a cidade ofereça, deve ser forte o suficiente para sobreviver a todos os seus inevitáveis distúrbios e a outras vicissitudes, e deve estruturar a experiência urbana; esta estrutura deve ser de natureza tal que permita ao cidadão "interpretá-la" por meio do tipo de imagens que Kevin Lynch deduziu da resposta de seus concidadãos para a cidade de Boston[13], se bem que o planejador deve aprender a oferecer ao cidadão um domínio maior sobre sua própria cidade do que os entrevistados de Lynch receberam da caótica Boston.

O livro está sendo reimpresso numa época em que a história voltou à voga. Multiplicam-se os estudos de "tipologias" inertes e de morfologias sem causa. As livrarias de arquitetura estão repletas de livros de história. Entretanto, a história apresentada para o uso de arquitetos e urbanistas não é a do tipo produzida e lida pelos historiadores. É uma história de catálogo, desprovida de narrativa, na qual o passado fenomenal é reduzido a um conjunto de temas atemporais que o planejador pode empregar para adornar o seu projeto numa roupagem que produzirá, como geralmente se pensa, a espécie correta de resposta denotativa no público. Enquanto as forças de mercado, o engenheiro de tráfego e os administradores do planejamento atuam como antes, seus pecados são agora recobertos por uma película ornamental tomada dos livros de história. Seria uma situação grotesca se não fosse também sinistra, pois uma vez mais o padrão da cidade é esquecido. Considerando que os pecados do passado recente foram a imposição de uma ordem excessiva e uma certa concentração na habitação, a tendência corrente é tratar o edifício (particularmente o edifício de caráter administrativo ou para especulação) como um objeto desprovido de caráter "arquitetônico", sem referência à tessitura da cidade. Nas décadas de cinquenta e sessenta a trama urbana oprimia e castrava o objeto. Nos anos setenta e oitenta, é o objeto, livre de toda norma, que deforma e deteriora o tecido.

Hoje em dia é preciso recordar a importância da trama da cidade. Se os cidadãos devem perceber a cidade como "legível", devem ser capazes de fazer a leitura de pelo menos um padrão, porém, de preferência, de diversos padrões sobrepostos e facilmente reconhecíveis. Deveria haver

---

12. *The Secular City*, Harmondsworth, 1968; ver também Enrico Castelli (ed.), *Herméneutique de la secularization*, Paris, 1976.

13. *The Image of the City*, Cambridge, Mass., 1960.

espaço público disponível para o desdobramento de uma variedade dentro desses padrões. A cidade também deveria mostrar-se aos cidadãos em instituições que façam parte conspícua, flagrante mesmo, do espaço público. É muito provável que isso apenas possa ser feito no fim do século XX se a cidade for tratada como uma entidade tridimensional. Usando as palavras de Montgomery Schuyler, o perfil urbano já não pode mais "ter um tremendo aspecto de negócios" que se elevaram sobre a trama arbitrária do plano da cidade: deve converter-se numa "visão arquitetônica".

Esta sugestão só pode ser aqui proposta para uma discussão posterior. Este livro estava primordialmente centrado na antiga Roma, e algumas escavações e pesquisas recentes modificaram em parte a ênfase de minhas afirmações. A escavação mais importante foi a do arcaico santuário junto à velha igreja de S. Ombono, ao lado do Fórum Romano, agora identificado com os templos gêmeos de Mater Matuta e Fortuna, fundados, de acordo com os cronistas e historiadores, pelo rei Sérvio Túlio (que reinou em 577-534 a.C.) e reconstruídos de forma mais esplêndida por Tarquínio, o Soberbo (534-509 a.C.). O exame por radiocarbono da madeira do local confirmou a datação dos historiadores[14].

Quase tão importante foi o fato de o arqueólogo Frank Brown – que trouxe à luz os restos da Régia no Fórum Romano, a renomada casa do rei Numa – tê-los reexaminado, modificando o desenho do edifício mais antigo tal e qual eu havia sugerido na legenda da figura 82[15]. Hoje parece que as primeiras cabanas de madeira no local ficaram soterradas no fim do século VII, depois de uma enchente. A verificação da madeira por radiocarbono indica a data de aproximadamente 680 a.C. para o corte das árvores. Isso se insere no contexto do tradicional reinado de Numa (713-679 a.C.), de acordo com as crônicas. Depois da inundação, durante a monarquia, houve quatro etapas na construção, quando a Régia aparentemente abrigava um santuário duplo, se bem que não rigorosamente orientado (à exceção do muro sul). A grande lareira circular estava de fato colocada na sua posição atual no início do período republicano, quando a Régia foi completamente reconstruída por volta do ano 510 a.C.

À parte a Régia em si, algumas mudanças no realinhamento e na identificação de vários edifícios do Fórum Romano[16] foram registradas

---

14. Antonio M. Collini e outros, L'Area Sacra di S. Ombono, em *La Parola Del Passato* XXXII, Nápoles, 1977, p. 9 e ss.; sumariado por F. Coarelli, *Roma Sepolta*, Roma, 1984, p. 8 e ss.

15. Frank E. Brown, La Protostoria della Regia, *Rendiconti della Pontificia Academia di Archeologia* XLVII, Roma, 1974, p. 8 e ss. Acerca da datação da madeira, ver p. 19. Brown pressupõe (p. 35) que os dois santuários, assim como a Régia é posterior, tinham sido dedicados a Marte e Ops Consiva. De todo modo, nunca foi considerado como o palácio do rei: os endereços particulares dos reis romanos, inclusive de Numa, foram dados por diversos autores. Ver Brown, p. 36 nota 15, e Filippo Coarelli, *Il Foro Romano*, Roma, 1986, v. I (2ª edição; v. II, 1985), p. 57 e ss.

16. O Volcanal/Lapis Niger/Tumba de Rômulo, é analisado por F. Coarelli, op. cit., 1986, 5 , v. I, p. 161 e ss.

num estudo recente conduzido por Filippo Coarelli. O Lapis Niger, que eu havia sugerido que fosse uma possível "tumba de Rômulo", é por ele nomeada de Volcanal; no entanto, é mais apropriado chamá-lo aqui de *heroon*, o lugar em que o suposto assassinato de Rômulo ocorreu, pois qualquer "tumba" de Rômulo deveria ser figurativa, uma vez que as tradições concordam que, depois do seu desaparecimento, ele foi "recebido pelos deuses" ou divinizado como Quirino.

A pavimentação do Lapis Niger, provavelmente realizada na época de Sula, teve lugar ao mesmo tempo que a ampliação e o realinhamento do Fórum Romano, e a remoção do pressuposto *comitium* circular. Os fragmentos de um vaso ático de inusitada beleza com figuras negras (datado com bastante precisão entre os anos de 570 e 560 a.c.) propicia uma data *ante quem* para a edificação do pequeno santuário na forma em que está enterrado sob o *Lapis*[17].

Existe muito material comparativo descoberto desde a minha publicação. Descobriu-se que o jazigo dos doze altares em Lavínio, onde os magistrados romanos ofereciam sacrifícios ao deixar o seu cargo, continha um *heroon*, na forma de um túmulo circular, provavelmente construído em 675-650 a.c., do tipo que analisei em Paestum e Cirene. Bem poderia ser o *heroon* de Eneias, ao qual Dionísio de Halicarnasso aludiu[18]. Um *auguraculum*, mais impressionante que o exemplar fragmentado encontrado em Cosa, foi descoberto em Bantia (atualmente S. Maria di Banzia, perto de Venosa, na Lucânia)[19], e as ruínas do *eyrie* ou *templum* dos augúrios romanos foram temporariamente identificadas na colina do Capitólio. Atualmente, parece que os pontos cardeais dos augúrios estavam vinculados com determinados monumentos e que existiam vários desses santuários em Roma, talvez todos eles situados sem o *pomoerium*, que limitavam a cidade como *liberatum et effatum*[20]. Fora de Roma, os planos de Cosa alcançaram uma forma bem mais definida e o desenvolvimento da cidade foi traçado por Frank Brown, já mencionado como o arqueólogo que conduziu as escavações no Fórum Romano[21].

Nada tenho de novo a relatar sobre as questões mais amplas: as origens etruscas, a língua etrusca, a dívida relativa dos romanos para com

17. F. Coarelli, op. cit., 1985/6. p. 177 e s.

18. Dionísio de Halicarnasso, ɪ, 37. Ver Geneviève Dury Moyaers, *Enée et Lavinium*, Bruxelas, 1981. Acerca da influência grega no Lácio, ver E. La Rocca e M. Torelli, Território Laziale e Gravisca, *La Parola Del Passato* xxxɪɪ, Nápoles, 1977, p. 375 e ss. Acerca da influência etrusca, ver Larissa Bonfante, *Out of Etruria: Etruscan Influence North and South*, Séries ʙᴀʀ, 103.

19. M. Torelli, Un Templum Augurale d'Età Republicana a Bantia, em *Rendicoti dell'Accademia dei Lincei* xxɪɪ, 1966, p. 293 e ss.

20. Frank E. Brown, *Cosa: The Making of a Roman Town*, Ann Arbor, Mich., 1980.

21. *Scrivere Etrusco: Della Legenda alla Conoscenza*, Milão, 1985; G. Colonna, *Santuari d'Etruria*, Florença, 1985. Sobre a lenda dos etruscos, ver G. Morolli, *Vetus Etruria*, Florença, 1985.

as tradições gregas e etruscas. O "Ano Etrusco" de 1985 testemunhou uma série de exposições e publicações mais ou menos importantes, que mostraram a problemática com maiores detalhes, porém não aportaram soluções[22]. Se bem que seja possível compilar um pequeno vocabulário etrusco e exista um esboço de sintaxe, a gramática permanece obscura. Está claro que não se trata de uma língua indo-europeia ou semítica. Parece pertencer a um grupo de línguas protomediterrânicas – do qual pouco se conhece[23]. Até que mais seja descoberto, a questão linguística não será de grande valia para resolver o problema das origens etruscas[24].

Muito embora a contribuição grega para Roma tenha sido imensa, o relatório sobre a escavação de Mégara Hibléa, a norte de Siracusa, uma das primeiras, se não a mais antiga, das colônias gregas na Sicília, revela que certamente em Mégara a disposição não era *quadratus*; ao ter claramente desde o início a ágora no centro, e ao distinguir entre as ruas principais e as secundárias (por sua orientação diferente), o relatório destaca a diferença entre os métodos de traçado grego e etrusco[25].

As línguas grega e latina fazem essa distinção de maneira bastante explícita: a própria palavra *urbs* é provavelmente de origem etrusca, e está relacionada apenas indiretamente a *civitas*, o coletivo de *cives*. *Civis* é normalmente traduzido, de forma correta, por "cidadão", contudo significa mais que isso: um homem livre, o chefe de uma família. *Urbs* indica de que modo a cidade era física, ritual e legalmente construída. A palavra grega *polis*, por outro lado, significa um lugar defensível, e *polites* são aqueles que vivem dentro de suas muralhas. Os termos para designar a cidade e o cidadão possuem, por conseguinte, referências muito distintas no grego e no latim: isso se deve em parte ao fato de a palavra *urbs*, derivada do etrusco, ter substituído *tota*, termo mais primitivo de origem indo-europeia, que sobrevivera numa língua vizinha, o osco[26].

22. F. Coarelli, op. cit. (1986/5), v. I, p. 100 e ss., e A. Magdelain, L'Auguraculum de l'Arx à Rome et dans d'Autres Villes, *Revue des Etudes Latines*, XLVII, 1969, p. 253 e ss.

23. Para um sumário de evidências e vocabulário, ver R. Staccioli, *La Língua degli Etruschi*, Roma, 1969. Para uma resenha sucinta, ver Alain Hus, *Les Etrusques et Leur Destin*, Paris, 1980, p. 152 e ss.

24. Ver Luciana Aigner Foresti, *Tesi, Ipotesi e Conziderazioni sull'Origine degli Etruschi*, Viena, 1974; Gertrud Kahl-Furthmann, *Die Frage nach dem Ursprung der Etrusker*, Meisenheim am Glan, 1976.

25. G. Vallet, François Villard e Paul Auberson, *Megara Hyblaea: I. Le Quartier de l'Agora Archaique*, Roma, 1976. Reflexões adicionais acerca deste problema, sobre a introdução de um *comitium* grego de forma arredondada (de onde o *Graecostasis* no Fórum Romano), em F. Coarelli, op. cit., 1985/6, v. I, p. 138 e ss. Acerca da proto-história dos contatos greco-italianos, ver Dominique Briquel, *Les Pélasges en Italie: Recherches sur l'Histoire de la Légende*, Roma & Paris, 1984.

26. E. Benveniste, *Le Vocabulaire des Institutions Indo-Européennes*, Paris, 1969, v. I, p. 335 e ss.

As relações entre as fundações das cidades romanas e gregas e seus fundadores continuam sendo uma questão interessante e pendente. Apesar de os nomes dos heróis-fundadores e re-fundadores de cidades gregas serem muito conhecidos, é difícil conseguir informações sobre o que eles realmente fizeram, do ponto de vista ritual[27]. Com os romanos, acontece exatamente o oposto. Quando os fundadores da cidade (ou de todo modo, da colônia) são bem conhecidos, não são venerados nem transformados em heróis. É quase como se a fundação e refundação das cidades gregas fosse obra de uma figura independente, sob inspiração divina, ao passo que a fundação das cidades romanas sempre fora uma substituição, um ato vicário[28]. Todo fundador de uma cidade romana era sempre um substituto de Rômulo: pois cada cidade, cada fundação, era uma repetição de Roma. Se Plutarco tivesse dedicado umas de suas *Questões Romanas* a este enigma, provavelmente não estaríamos mais sábios; todavia, apesar de não haver nos esclarecido totalmente, poderia pelo menos ter-nos dado uma pista.

Se eu fosse escrever o livro agora, me atreveria a dizer que seria melhor, ou que pelo menos teria mais informações, mas duvido que seria muito diferente, não obstante os meus críticos. Eu estaria muito mais consciente do papel e da apreciação da engenhosidade enquanto realização técnica, até mesmo em termos de ritual e divinação[29], por exemplo; porém meu enfoque ainda seria sincrônico, pois ao longo das mudanças socioeconômicas da República e do Império, certas noções religiosas, transmitidas de forma ritual, sofreram poucas modificações, embora tenham sido usadas para diferentes fins políticos e inclusive sociais[30]. Acontece com o ritual o mesmo que com o mito – sua origem

27. C. Berard, L'Héroisation et la Formation de la Cité: Un Conflict idéologique, *Architecture et Societé*, Paris, 1983, p. 43 e ss. François de Polignac, *La Naissance de la Cité Grecque*, Paris, 1984, esp. p. 118 e ss.

28. É interessante observar que o imperador Adriano foi heroizado como um *ksistes* do tipo grego em Atenas. Esse era o significado tanto da inscrição no Arco de Adriano perto do Templo de Olímpia, como do seu surgimento como o epônimo de uma tribo. Ver Pausânias, I, 5, v., que menciona duas outras tribos "modernas".

29. Marcel Detienne e Jean-Pierre Vernant, *Cunning Intelligence in Greek Culture and Society*, Hassocks, Sussex, 1978. Ver, contudo, M. Schofield, Cícero for and Against Divination, *Journal of Roman Studies*, LXXVI, 1986, p. 47 e ss.

30. Devo essa formulação a Mary Beard: The Sexual Status of Vestal Virgins, *Journal of Roman Studies*, LXX, 1980, p. 12 e ss. A situação da mitografia romana é ilustrada pela reiteração feita por Georges Dumézil do seu relato dos primórdios da história de Roma enquanto uma invenção mitográfica em *Mythe et Epopée*, Paris, 1968-1973, v. I, p. 261 e ss., v. III, p. 93 e ss. Não posso acrescentar aqui bibliografia sobre material comparativo, simplesmente porque esta é agora por demais extensa. No entanto, a respeito da cidade islâmica devem ser mencionados os capítulos de Oleg Grabar sobre a cidade em *Formation of Islamic Art*, New Haven e Londres, 1973; e Paolo Cuneo, *Storia dell'Urbanistica: Il Mondo Islamico*, Roma, 1986; sobre a configuração da cidade durante a Renascença, Paolo Marconi (ed.), *La Città come Forma Symbolica*, Roma, 1973.

está fora de alcance; sua transmissão é que é importante. A forma pela qual o mito e o ritual configuram e até mesmo originam o ambiente criado pelo ser humano, e o modo pelo qual eles o racionalizam e explicam é o que me interessa aqui.

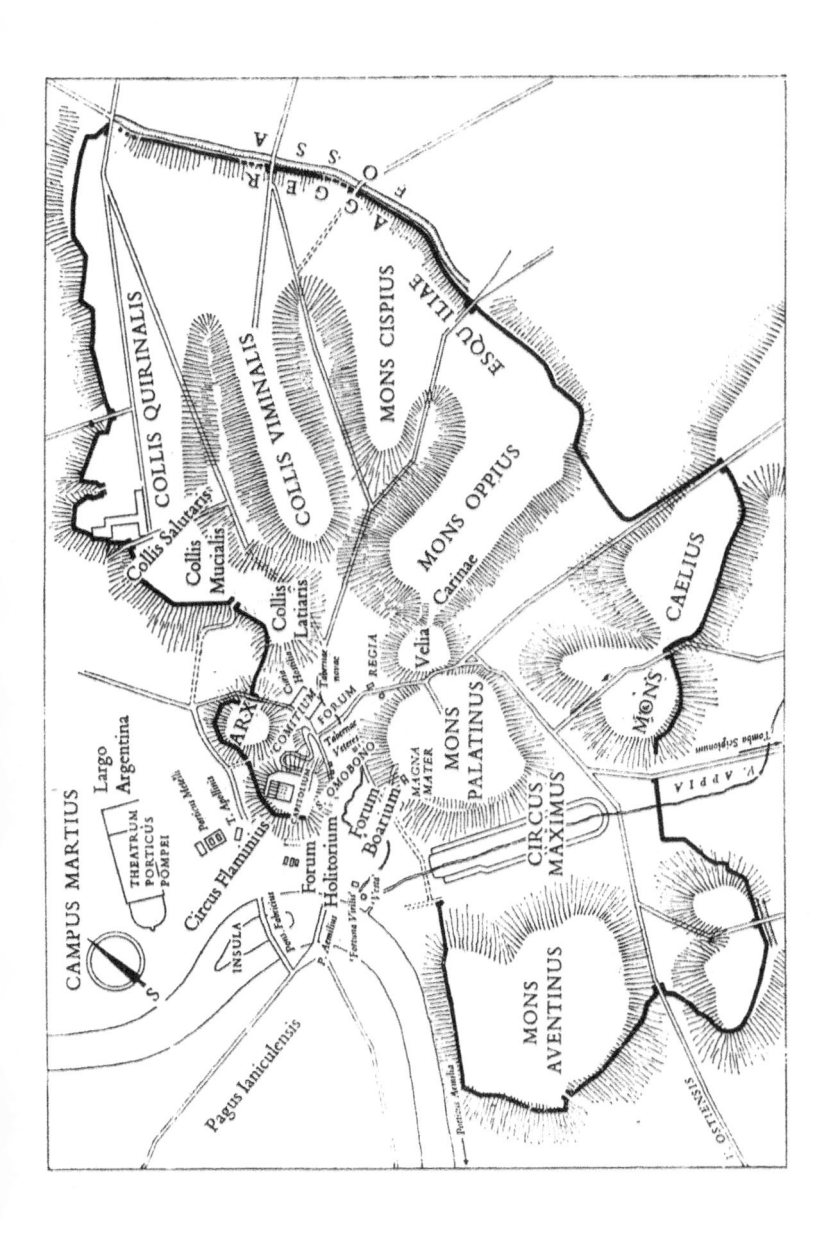

1. TOPOGRAFIA DA ROMA ANTIGA. *A linha em negrito mostra o traçado do muro conheci-do como o Agger, de Sérvio Túlio. As sete colinas do Septimontium original eram o Pa-latino, a Velia, Cermal, Fagutal, Cispiano e Opiano, o Capitólio e o Vale de Suburra. O Fagutal é uma proeminência entre o Opiano e a Velia. Enumerações posteriores das sete colinas são diferentes. Segundo L. Benevolo, Corso di Disegno, v. 2, fig. 226.*

1. Cidade e Rito: Roma e Rômulo

2. RÔMULO E REMO, *Denário de L. Papius Celsus, Cortesia do Instituto Warburg.*

As ruínas das cidades romanas ainda são visíveis e fazem parte da experiência cotidiana nos países da Europa Ocidental e ao redor do Mediterrâneo, e quanto mais minuciosamente as contemplamos, mais intrigantes nos parecem. Ao analisá-las, recorrerei com frequência a associações definidas por assonância e ritmo, rima, aliteração, alusão ou simplesmente semelhança física – na verdade, a todo o aparato da análise dos sonhos. Estamos tão acostumados a que uma palavra tenha um só significado, e que a cada significado corresponda uma só palavra, em qualquer contexto, que o leitor talvez demonstre uma certa resistência em aceitar um sistema de referências aparentemente tão desconexas. Na Antiguidade, entretanto, aceitava-se a ideia de que todas a coisas possuem outro significado além do próprio. Era algo subentendido. No caso concreto do plano de uma cidade, seu traçado correspondia a um esquema que incluía um cerimonial elaborado, cujas palavras e ações constituíam o modelo conceitual correspondente. A fundação da cidade era comemorada com celebrações periódicas, e consagrada permanentemente em monumentos cuja presença física ancorava o ritual à terra e à configuração física das ruas e dos edifícios.

3. Homem nu segurando um bastão curvo. Possivelmente, UM ÁUGURE. *Estatueta de bronze encontrada sob o Lapis Niger, no Fórum Romano.* Antiquário Forense, Roma.
4. Estatueta de bronze representando um homem que leva na mão um bastão curvo, tendo a cabeça coberta. Possivelmente, UM ÁUGURE. *Etrusco, c. 600 d.C. Segundo D. Strong,* The Early Etruscans, *Evans Bros., Londres, 1968.*

RÔMULO E REMO

O relato mais conhecido sobre a fundação de uma cidade é a lenda da morte de Remo que Plutarco inclui na sua obra *Vida de Rômulo.* "Enquanto Rômulo cavava um fosso", diz Plutarco, "para marcar o local onde seriam erguidas as muralhas da cidade, (Remo) zombava do trabalho, perturbando-o; finalmente, quando transpôs desrespeitosamente o fosso de um salto, foi abatido pelo próprio Rômulo, ou por um de seus companheiros, segundo diferentes versões. De todo modo, ele morreu"[1].

Não há nada de extraordinário nesta combinação de assassino, fratricida e fundador de uma cidade. Também na *Bíblia*, o primeiro fundador de uma cidade é Caim, o fratricida arquetípico[2]. No entanto, desde o começo da lenda, verificam-se claras anomalias: o fosso e a muralha, de dimensões muito pequenas, o assassinato gratuito e a explicação hesitante, fazem com que se suspeite que esta seja uma alusão a um ritual esquecido. A alusão parece refletir-se em duas lendas mais obscuras: na primeira Eneu, o deus calidônio do vinho, matou seu filho Toxeu por este ter transposto o fosso que Eneu cavara ao redor

1. Plutarco, *Life of Romulus*, John Dryden (ed.), A. H. Clough (rev.), Londres, 1927-28, I, p. 36.
2. *Gênesis* 4:17.

da sua vinha[3]; na segunda, o herói Poimandro lançou uma pedra no arquiteto cínico Policrito, que saltara as recém-construídas muralhas de sua fortaleza. Entretanto, errou o alvo e acertou Leucipo, filho do arquiteto, matando-o[4]. O próprio Plutarco sabia que sua descrição do acidente em *Vida de Rômulo* era incongruente. Em outro livro, *Questões Romanas*, ele afirma acerca de Rômulo e Remo: "Parecia ser esta a causa que levou Rômulo a matar seu próprio irmão Remo, por este ter ousado saltar sobre um lugar sagrado e inviolável". Remo, portanto, foi assassinado por ter cometido um sacrilégio.

Isso explica o assassinato, porém não dá razão para as dimensões da muralha, pequena o suficiente para ser transposta, nem tampouco para o seu caráter sagrado. Na realidade, Plutarco reflete aqui "por que razão eles (os romanos) consideravam sagradas e invioláveis as muralhas da cidade, mas não os seus portões", e conjetura: "Será (como disse Varrão), porque devemos acreditar que as muralhas são tão sagradas, que temos de estar dispostos a morrer generosamente em sua defesa [...], por outro lado, não era possível consagrar e abençoar os portões, através dos quais muitas mercadorias são transportadas, em particular os corpos dos mortos"[5], o que não o satisfaz inteiramente. Todavia, as *Questões Romanas* não pretendem ser conclusivas, e Plutarco diz pouco mais acerca do tema, mas descreve o rito de fundação ao qual o incidente chama a atenção: "E, portanto, aqueles que começam a fundar uma cidade, primeiro circundam e marcam com uma charrua todo o espaço e o recinto, delimitando o lugar no qual desejam construir". Ele se refere a este rito com maiores detalhes na *Vida de Rômulo*. "O fundador", ele diz, referindo-se a Rômulo,

encaixou uma relha de bronze à charrua e, jungindo a ela um touro e uma vaca, traçou uma linha ou sulco ao redor dos limites; todos os outros que o seguiam encarregavam-se de pôr tudo o que a charrua levantava no interior do recinto, de modo que nenhum montinho de terra ficasse de fora. Com este sulco definiam o muro e chamavam-no, por contração, de *pomoerium* – isto é, *postmurum*, depois ou além do muro; e no local em que planejavam fazer um portão, levantavam a relha, passando a charrua por cima,

3. Apolodoro, I, 18; ver, porém, Papínio Estácio, *A Tebaida*, I, 282, para a variante na qual Tideu mata Toxeu.

4. Plutarco, *Questões Gregas*, 37, onde duas lendas adicionais são citadas. Milcíades ficou gravemente ferido quando saltava o muro do santuário de Ceres Thesmoforos, sentiu "um temor inefável" e morreu pouco depois (Heródoto VI, 134). Mas o santuário estava, de toda forma, proibido aos homens, e o fato de saltar a sua cerca fazia aqui parte de um ato de sacrilégio de proporções mais amplas, de maneira que o incidente não é estritamente relevante. Também Capaneu, o segundo dos "Sete contra Tebas" (Ésquilo, *Sete contra Tebas*, p. 420 e ss.) e inventor das escadas de escalada, que jurou vencer Tebas contra a vontade de Zeus, foi ferido por um raio enquanto escalava o muro. Esta profanação do muro também fazia parte de um gesto de desafio maior contra os deuses. Cf. também Higino, *Fábulas*; Flavio Vegetio Renato, *Sobre a Estratégia*, IV, p. 21.

5. Plutarco, *Questões Romanas*, p. 27.

e deixavam um espaço; por esta razão consideram a muralha sagrada, exceto o local onde estão os portões[6].

E nas *Questões Romanas*, ele finaliza sua descrição ainda de forma mais abrupta, com um apêndice que fala por si mesmo: "Porque consideravam toda terra arada, sagrada e inviolável". Muitos outros autores gregos e latinos aludem a, ou descrevem, este rito, que os romanos teriam trazido da Etrúria. Ele era oficiado quando da fundação ou refundação de qualquer cidade que aspirasse ao título de "urbs"[7]. Os antigos o consideravam de importância capital para toda a vida religiosa e social da comunidade; hoje nos é difícil aceitar esta sua apreciação. Toda apresentação desta cerimônia deve, inevitavelmente, começar por um cotejo destas fórmulas rituais com o corpo da literatura religiosa romana. Os romanos herdaram a maior parte de suas "escrituras" dos etruscos. Estas foram aparentemente escritas num estágio inicial das letras latinas, num latim arcaico. Consistiam de tabuinhas, presumivelmente de osso ou de bronze, e ficavam sob a custódia do colégio de pontífices. São textos que adotam a forma de prescrições e fórmulas rituais, formulários de contrato com as potências divinas (muitas orações romanas eram deste tipo), e alguns hinos. Em várias ocasiões, os historiadores registram o caso de um pontífice que vai ditando a fórmula de uma oração para o magistrado oficiante a partir de um texto escrito, como o *devotio* de Decio Mus antes da sua carga suicida durante a batalha de Veseris[8]. As "Tábuas de Gubbio" podem bem ser um fragmento dos "livros rituais" análogos que possuíam os iguvinos.

OS LIVROS RITUAIS

Os livros rituais romanos estão comumente divididos em duas partes: os *libri tagetici* devem seu nome a Tages, um anão que surgiu subitamente sob o arado do áugure ou *lucumon* Tarcão[9] de manhã, ditou as suas leis e desapareceu ao anoitecer[10]; os *libri vegoienses*, as-

6. Plutarco, *Vida de Rômulo*, XI, 2, III.

7. Varrão, *Da Língua Latina*, V, p. 143; cf. Festo, s.v. *Urvat*, e Sérvio, *Comentário sobre Virgílio, Eneida* I, 16.

8. Em 340 a.C.; Lívio, VIII, 9.

9. Sobre Tarcão, ver infra, p. 183; Plínio, *História Natural* (XIII, 13, lxxxiv), descreve como Cn. Terêncio, arando o campo que possuía no Janículo em 181 a.C., encontrou uma arca que continha os "livros de Numa"; Numa gozava, na prática religiosa romana, de uma autoridade semelhante à que a tradição etrusca atribuía a Tages; cf. S. Weinstock, Libri Fulgurales, em *Papers of the British School in Rome*, 1951 (XIX), p. 142 e ss.

10. Cícero, *Sobre a Divinação*, II, 50; Ovídio, *Metamorfoses*, XV, 533; Amiano Marcelino, *Histórias*, XVII, 10, ii: "Os gregos chamavam-no Ερμῆς Χθόνιος (Hermes Chtonikos)", João, o Lídio, *De Ostentis*, 3.

sim denominados pela misteriosa ninfa Vegoia ou Begoia[11]. Os livros tagéticos tratam essencialmente da leitura de augúrios em geral e do apaziguamento dos deuses (*libri fatales*); dos mortos e do submundo *(libri acheruntici)*; e da interpretação das vísceras das vítimas sacrificadas (*libri haruspicini*)[12].

Os *libri vegoienses* continham instruções para a interpretação dos fenômenos elétricos da atmosfera (*libri Fulgurales*)[13], e o conjunto de preceitos rituais que mais nos interessam, os *libri rituales*[14]. Festo, lexicógrafo da Antiguidade, nos diz algo a respeito do seu conteúdo:

> Aqueles livros dos etruscos chamados *rituales*, nos quais são prescritas as normas para os ritos da fundação das cidades e a consagração de altares e templos, a santificação dos muros, as normas para distribuir as portas e para organizar tribos, cúrias e centúrias; para constituir exércitos, e tudo o demais que seja pertinente à guerra e à paz[15].

Se compararmos esta exposição com os relatos de Plutarco ou de Lívio sobre as façanhas de Rômulo, este sumário parecerá um bom registro imparcial da sua legislação. Consequentemente, não é de se admirar que a primeira coisa mencionada por Festo seja o ritual da fundação de cidades. O que acontece antes deste rito diz respeito a um período anterior à história escrita, e pertence ao âmbito da tradição oral,

---

11. Sobre Vegoia-Begoia e sua relação (na qualidade de *las*) com *gens* Vecu, ver C. Clemen, *Die Religion der Etrusker*, Bonn, 1936, p. 31; cf. também J. Heurgon, The Date of Vegoia's Prophecy, *Journal of Roman Studies*, xix, 1959, p. 41-45.

12. Aparentemente, com o passar do tempo adquiriram numerosas adições: ver S. Weinstock, C. Fonteius, Capito and the Libri Tagetici, em op. cit., 1950 (xviii), p. 44 e ss.; isto é, se é possível dizer que alguma vez tiveram uma forma "original".

13. O caráter da sabedoria etrusca acerca do raio e sua interpretação, particularmente no que tange à sua relação com as tradições romanas, foi analisado por S. Weinstock em Libri Fulgurales, op. cit. p. 122 e ss. Este saber não era estático, e em tempos históricos já estava muito "adulterado". No entanto, Weinstock afirma: "Uma diferença fundamental separava os arúspices dos romanos: enquanto o espírito grego tornou os romanos receptivos a uma cultura secular por si mesma, influenciou os etruscos unicamente no sentido de ajudá-los a aperfeiçoar e a modernizar seus livros sagrados; e como os gregos, por boas razões, não podiam satisfazê-los plenamente, preferiram recorrer aos textos dos orientais helenizados" (op. cit., p. 123). O que Weinstock afirma acerca das tradições sobre o raio e os arúspices pode ser aplicado, de maneira mais generalizada, à *interpretatio graeca* do restante do saber etrusco.

14. O estudo de C. O. Thulin, *Die Etruskische Disziplin*, Göteborg, 1906-1909, ainda é o mais detalhado sobre essa questão; ver também C. Clemns, op. cit., e A. Grenier, La Religion des Etrusques et Romains, *Les Religions de l'Europe Ancienne*, Mana 2, iii, Paris, 1948. Para uma observação curiosa sobre Begoia como uma feiticeira ou espírito maligno recente na Toscânia, ver L. G. Leland, *Etruscan Remains in Popular Tradition*, Londres, 1892, p. 112 e ss. Uma breve observação sobre Tages em idem, p. 96 e ss.

15. Rituales nominantur Etruscorum libri in quibus praescritum est quo ritu condantur urbes arae aedes sacrentur, qua santictate muri, quo iure portae quomodo tribus, curiae centuriae distribuantur, exercitus constituant(ur) ordinentur, ceteraque eiusmodi ad bellum ac pacem pertinentia. Festo, s. v. *Rituales*.

das lendas. Ao comentar sobre um tema semelhante em outro contexto, o grande historiador Fustel de Coulanges escreveu:

A história antiga era história sagrada e local. Começava com a fundação da cidade, porque tudo o que a ela antecedeu carecia de interesse – é por esse motivo que os antigos olvidaram-se das origens de sua raça. Toda cidade possui seu próprio calendário, religião e história[16].

Os ritos de fundação de uma cidade fornecem uma chave para sua história. Os romanos contavam os anos *ab urbe condita*[17]. Se o relato circunstancial dos analistas sobre a fundação é comparado com as vagas e precipitadas referências aos primeiros dias de Rômulo e Remo e com as alusões ainda mais imprecisas aos seus antecessores, ficará evidente a importância que os antigos atribuíam aos ritos de fundação como chave da história da cidade. De mais a mais, muitas das características desconcertantes que percebemos nas cidades antigas podem ser explicadas quando associadas a tais ritos. Este cotejo poderia inclusive nos fornecer um guia da fisionomia da cidade antiga, pois a execução dos ritos, na verdade, determinava a configuração física da cidade.

As observações de Plutarco nas *Questões Romanas* e na *Vida de Rômulo* têm apenas breves alusões ao rito da fundação. E embora ele tenha mais a dizer sobre isso alhures, a fundação de uma cidade romana ou etrusca era muito mais impressionante e cerimoniosa do que ele

16. Fustel de Coulanges, *La Cité Antique*, Paris, 1880, p. 198-199.

17. A primeira data concreta sobre a qual estão de acordo tanto os analistas como os *Fastos* não é a da fundação da cidade, mas a da inauguração do templo de Júpiter Óptimus Maximus no Capitólio pelo cônsul Marco Horácio Pulvilo, ou seja, 13 de setembro de 509, um ano depois da expulsão dos reis. A história da consagração é narrada por Plutarco em *Vida de Poplícola*. Levava-se em conta os anos transcorridos mediante o recurso de fixar um prego no muro situado entre a cela de Júpiter e a de Minerva a cada *dies natalis* do templo (Lívio, VII, 3). Segundo Lívio, encarregava-se disso o *praetor maximus*, um cargo sobre o qual os antiquários se mostram indecisos; cf. Festo, s. v. *Major*. Este rito, insiste Lívio, era de origem etrusca e cumpria uma função propiciatória. De fato, parece que os pregos eram fixados por ditadores especialmente designados para esta função em tempos de crises. Os três *dictatores clavi fingendi causa* conhecidos são estudados por Krister Hannell em *Das Altrömische Eponyme Amt*, Lund, 1946, p. 125 e ss. Este rito induziu Th. Mommsen, em *Römische Chronologie bis auf Caesar*, Berlim, 1859, a questionar a fixação regular dos pregos como sistema para contar o tempo transcorrido (p. 176 e ss., p. 217). Mommsen não aceita os dados dos analistas que, na forma em que foram transmitidos, não poderiam ser anteriores ao século III a.C., pois nesta época, a cerimônia de fixar pregos tinha sido suprimida e substituída possivelmente por um *epulum Jovi* (um banquete oferecido ao deus no *dies natalis*). Contudo, o sistema duplo de contar o tempo fixando um prego e pelos nomes de alguns magistrados epônimos foi reabilitado por Oscar Leuze, em *Die Römische Jahrzähltung*, Tübingen, 1909, p. 293 e ss. A data tradicional foi totalmente "restabelecida" por R. Bloch; cf. Le Départ des Etrusques de Rome selon l'Annalistique, et la Dédicace du Temple du Jupiter Capitolin, *Revue de l'Histoire des Religions*, 1961 (159) p. 141 e ss, especialmente p. 149, seguido por A. J. Pfiffig, *Einführung in die Etruskologie*, Darmstadt, 1972, p. 50.

possa ter nos levado a crer. Infelizmente, é bastante difícil ter uma visão clara do que acontecia em tais ocasiões. Os *libri rituales* perderam-se; qualquer estudo sobre o tema deve recorrer aproximadamente a vinte ou mais descrições fragmentárias[18]. Meu estudo tem o intuito de dar alguma ideia do que os antigos pensavam e sentiam com relação às suas cidades, e de que modo tais ideias estavam relacionadas à sua concepção geral do mundo, dos mortos e dos imortais.

A NOVA COMUNIDADE

As novas comunidades podiam formar-se de várias maneiras. Ao que parece, era costume geral na Itália, por exemplo, que os vitoriosos impusessem como tributo a entrega de um terço do território derrotado, e ali fundassem colônias[19]. Os romanos, provavelmente, conferiam este poder primeiro ao rei; procedimentos posteriores seriam iniciados por um cônsul ou um tribuno da plebe, ou talvez mesmo pelo senado, corporativamente; no fim, tornou-se uma prerrogativa do imperador. Havia, contudo, um costume relacionado com este uso, atribuído à ampla expansão dos povos osco-úmbrios[20], que é de particular interesse: o Ver Sacrum[21]. Como seu nome implica, tratava-se de uma consagração primaveral, aparentemente de origem itálica. Em caso de extrema emergência nacional, toda a produção de uma determinada cidade e de seu território durante a primavera, deveria ser consagrada a um deus. Decorrido um tempo, sacrificavam-se os animais e os cereais; e as crianças nascidas durante a época especificada eram expulsas de sua cidade natal. Lívio registrou os detalhes do rito ao descrever a última vez em que ele foi realizado em Roma[22]. Nesta última ocasião, seres humanos não foram incluídos no sacrifício. Autores antigos, no entanto, anotam a presença habitual de vítimas humanas[23]. Alguns povos referem suas origens a um Ver Sacrum, particularmente os povos

18. Baseio-me , sobretudo, em C. O. Thulin, op. cit., III, p. 8-9 e em K. O. Müller, *Die Etrusker*, Stuttgart, 1877, p. 146 e ss. Cf., no entanto, Fustel de Coulanges, op. cit., p. 152-157.

19. *Real-Encycloädie der Klassischen*, s. v. *Colonia* (III, Beschreibung der Coloniegründung).

20. R. Bloch, *The Origins of Rome*, Londres, 1960, p. 36.

21. Cf., em geral, *Real-Encycloädie der Klassischen*, s. v.; também G. Wissowa, *Religion und Kultus der Römer*, Munique, 1902, p. 54, 132 e *passim*; Kurt Latte, *Römischen Religionsgeschichte*, Munique, 1960, p. 124, 253, 378; também W. Warde Fowler, *The Religious Experience of the Roman People*, Londres, 1911, p. 240 e ss.

22. No ano de 217 a.C., imediatamente após a derrota romana no lago Trasimene. O voto cumpriu-se no ano de 195 a.C., porém, como os pontífices declararam a sua invalidade, repetiu-se no ano seguinte. Lívio, XXII, 10, iii; XXXIII, 44, i; XXXIV, 44, i. Este voto foi feito depois de uma consulta aos livros sibilinos (um *graecus ritus*) e, diferentemente de outros votos de caráter similar, era dirigido a Júpiter, e não a Marte.

23. Assim Festo (Paulo), s. v. *Ver sacrum*.

osco-úmbrios meridionais: os hirpinos[24], os samnitas[25], os picentes[26], os marsos[27], os mamertinos[28] e os sacros[29]. Na maioria destes nomes, são reiteradas as referências a Marte e aos animais a ele consagrados, o lobo e o pica-pau. Março era também o mês durante o qual o sacrifício era normalmente realizado, e ainda leva o nome do deus ao qual era em particular consagrado entre os vários povos na Itália.

Os gregos não possuíam um costume exatamente correspondente. Os calcídios, num certo momento, consagraram cada décimo homem a Apolo "para a fertilidade dos campos", enviando-os a Delfos onde o oráculo lhes ordenou que fundassem uma nova cidade em Bruttium, a atual Calábria; este é o mito da origem de Régio[30]. Embora Estrabão diga que este é um caso único na Grécia, Dionísio de Halicarnasso descreve esse costume como sendo muito popular entre os gregos e os bárbaros; de mais a mais, o sacrifício do dízimo era, por sua vez, intimamente associado a Apolo[31].

TÉCNICAS DE PLANEJAMENTO: O RACIONAL E O IRRACIONAL

Os autores modernos sempre verão disparates irrelevantes por detrás do que lhes parecem motivos prosaicos: evitar a superpopulação

24. Sérvio, *Comentário sobre Virgílio, Eneida*, xi, 785; Estrabão, v, 4, 12.

25. Estrabão, v, 4, iii-xii, e em particular sobre sua capital Bovilium (nome curioso, já que o touro não está absolutamente associado a Marte); Estrabão, v, 6,xii.

26. Plínio, *História Natural*, iii, 110; Estrabão, v, 4, ii; Festo (Paulo), s. v. *Oscinum*.

27. Corruptela de Martii, mas nas fontes antigas não há registro de nenhum rito de fundação. Cf. *R. E.*, s. v.

28. Mamers é o Marte osco; sobre a origem dos mamertinos, ver Festo (Paulo), s. v.

29. Sacri, *Sacrani*; Festo (Paulo), s. v. *Picum, Sacrani*; também Sérvio, *Comentário sobre Virgílio, Eneida*, vii, 796.

30. Estrabão, vi, 56.

31. Dionísio de Halicarnasso, i, 12; também i, 16 e ii, 1. O dízimo em honra a Apolo e o Ver Sacrum em honra a Marte apresentam certos paralelismos, mas os autores modernos identificaram o Ver Sacrum com o sacrifício grego de um Φάρμαχος (*pharmakos*), que tinha uma função meramente purificadora e assemelha-se mais ao bode expiatório dos semitas que ao Ver Sacrum italiota. Isso é esclarecido no artigo de Eisenhut (s. v. *Ver sacrum, R. E.*) e mais ainda no comentário de J. E. Harrison, *Prolegomena to the Study of Greek Religion*, Londres, 1922, p. 94-114. Existe, todavia, um costume romano, a "expulsão de Mamúrio Vetúrio", uma cerimônia própria também do mês de março, intimamente relacionada com Marte. Ela é descrita unicamente por um autor tardio, João, o Lídio (*Sobre os Meses*, iv, 49) e poderia tratar-se de uma interpolação helenística e arcaizante, apesar de seu aspecto ingenuamente primitivo. Constitui um eco do costume ateniense das Targélias, mas o uso de peles na mesma sugere uma ênfase ligeiramente distinta. Sobre Mamúrio Vetúrio como "Ano Velho" que é expulso para assegurar a fertilidade, cf. J. E. Harrison, *Themis*, Londres, 2ª edição, 1963, p. 195-197, seguindo J. G. Frazer, *The Golden Bough*, Londres, 1911-1915, v. iii, p. 122 e ss.

ou impulsionar a expansão econômica. Eles estão certos, é claro, e tampouco é meu desejo contrapor considerações econômicas a rituais. No entanto, fatores econômicos e de higiene sempre foram vistos pelos antigos sob uma perspectiva mítica e ritual. Cícero, por exemplo, enumera as diversas e notórias razões de ordem geográfica, econômica e higiênica que induziram Rômulo a fundar sua nova cidade no local em que o fez[32], mas ele prefacia este relato com a lenda sobre a escolha do lugar, da qual me ocuparei posteriormente[33].

As relações entre fatores práticos, tais como os listados por Cícero, e a celebração ritual são com frequência resolvidas sumariamente pelos autores modernos. Eles consideram os deveres religiosos como uma introdução perfunctória à verdadeira questão em si. Esta nunca poderia ter sido a atitude dos antigos. Se aceitarmos de modo imaginativo suas premissas, ficaremos surpresos ao comprovar até que ponto seu tratamento do mito e do ritual é meticuloso e racional, mesmo no que tange à uma questão tão complexa, do ponto de vista cerimonial, como a fundação de uma cidade. Por outro lado, sua abordagem das questões técnicas é geralmente vacilante e nebulosa, e seu ordenamento confuso. O mito e o ritual são analisados racionalmente e em detalhes, ao passo que tudo o que exploraríamos atualmente parece confuso e incerto. Na base desta confusão subjaz a pressuposição relativamente moderna da continuidade entre a explicação científica e o desenvolvimento tecnológico[34]. Na Antiguidade, entretanto, nunca se chegou a tal situação. O pensamento científico movia-se no plano preciso da explicação matematicamente formulada, mas a técnica nunca superou o estágio mais básico da aproximação. Num certo sentido, a técnica estava mais estreitamente relacionada com a formulação do ritual, com sua interferência na ordem natural, e não com o pensamento científico. De todo modo, mesmo quando as duas formas de pensamento se sobrepunham, sua relação sempre se mantinha articulada. Num relato esclarecedor, contado por Plutarco em *Vida de Péricles*, aquela maneira de atuar está manifesta; o exemplo por mim aduzido, portanto, muito embora se refira ao período clássico na Grécia, foi escrito na época dos imperadores flavianos, ainda que seu autor seja um intelectual helenista. "Conta-se", diz ele, "que em certa ocasião Péricles trouxe, de sua propriedade rural, uma cabeça de carneiro com um só chifre, e que Lampon, o adivinho, ao ver que o chifre crescia forte e firme no meio da testa, formulou sua sentença a respeito afirmando que, por haver na época duas facções poderosas [...] na cidade, a de Tucídides e a de Péricles, o governo recairia nas mãos daquele em cujas terras ou propriedades este símbolo ou

32. Cícero, *Da República*, II, 2.
33. Ver infra, p. 29.
34. *Mythe et Pensée chez les Grecs: Etudes de Psychologie Historique*, Paris, 2ª edição, 1966, p. 233 e ss.

indicação de destino revelara-se, mas que Anaxágoras, partindo o crânio ao meio, mostrou aos espectadores que o cérebro não havia preenchido seu lugar natural, mas que, tendo a forma oblonga como a de um ovo, de todas as partes do recipiente que o continha, havia-se recolhido até o ponto do qual brotava a raiz do corno. Naquele momento todos os presentes admiraram muito a explicação de Anaxágoras, e não menos a de Lampon pouco tempo depois, quando Tucídides foi derrotado e todos os assuntos de Estado e governo passaram às mãos de Péricles.

Ainda assim, na minha opinião, não seria absurdo afirmar que ambos estavam corretos, tanto o filósofo da natureza como o adivinho, um dos quais detectou a *causa* deste sucesso, aquela que o havia *produzido*, enquanto o outro averiguou o *objetivo* para o qual foi *planejado*. Pois a um deles correspondia averiguar e explicar o sucedido, e de que modo e por quais meios crescera daquela forma, e ao outro correspondia predizer para que objetivo e propósito aquilo sucedera, e o que poderia significar ou anunciar. Aqueles que dizem que averiguar a causa de um prodígio equivale, de fato, a destruir o seu suposto significado como tal, não se dão conta de que, ao mesmo tempo, juntamente com os prodígios divinos, acabam por abolir os signos e sinais da arte e da harmonia humanas, como são, por exemplo, o choque dos discos, os sinais de fogo e as sombras dos quadrantes solares, pois cada uma destas coisas tem a sua causa, e em virtude desta mesma causa e intenção, passa a ser signo de outra coisa distinta[35].

Plutarco adota uma posição defensiva em duas frentes: a ciência natural não é blasfema, e a divinação não é irracional. Esta defesa teria sido inimaginável antes do surgimento da escola eleática ou, mesmo nos dias de Péricles, fora de alguns círculos intelectuais movidos por um certo interesse científico. A crença na divinação é uma das mais fortes e ousadas das convicções primitivas do homem e, apesar de ter sido desaprovada por cerca de dois milênios pelas "grandes religiões", continua a ser praticada, de uma forma ou de outra, por uma grande parte da humanidade.

Num certo sentido, a previsão estatística é uma forma esquematizada de divinação e por sua própria esquematização, leva a um excesso de confiança muitas vezes fatal para os que formulam este tipo de cálculos. A atitude dos antigos no que concerne a muitas questões que nós abordamos com uma confiança sistemática era com frequência bastante insegura. Via de regra, o único recurso era a conjetura ou uma série de "truques" tradicionais; acima de tudo, a única maneira de compreender as forças erráticas da natureza era personalizando-as; para tratar delas havia que propiciá-las ou reconciliar-se com elas mediante o recurso do drama.

A ESCOLHA DO LUGAR

Os autores modernos sempre consideram a escolha de um lugar para a fundação de uma cidade em termos de economia, higiene, problemas de tráfego e serviços. O fundador de uma cidade antiga, quando

---

35. Plutarco, *Vida de Péricles*, p. 230-231.

tinha de abordar esses mesmos problemas, não podia fazê-lo antes de tê-los traduzido em termos míticos. Mesmo quando confrontavam diretamente a questão, como ocorreu com Arquias e Miscelo, a escolha era de uma vantagem em contraposição a outra. A Pítia de Delfos ofereceu aos dois fundadores potenciais a escolha entre saúde e riqueza. Arquias optou pela riqueza (preferência lógica para um coríntio) e foi enviado a Siracusa, enquanto Miscelo tornou-se fundador de Crotona, a cidade na qual Pitágoras se estabeleceria e que fomentou a criação de uma famosa escola de medicina[36].

Ainda que o tradicional pronunciamento délfico citado por Estrabão acerca da autoridade de Antíoco seja uma falsificação[37], está claro que mesmo numa data posterior, as vantagens de um lugar particular eram reveladas aos colonizadores como um dom direto e arbitrário dos deuses, e não como um ganho calculado obtido pelo herói fundador para a sua colônia. Miscelo, segundo outra tradição, fez mais duas visitas ao oráculo de Delfos, a primeira porque não conseguiu localizar o sítio que o oráculo lhe "dera", e a segunda porque ao ali chegar, pareceu-lhe que Síbaris fosse preferível. Ele retornou a Delfos, mas o oráculo o tratou com desprezo e repreensão: "Miscelo, de costas curtas, perseguindo outras coisas além do comando dos deuses, encontrarás lamentações. Louva o obséquio concedido pelos deuses"[38].

Na história de Arquias e Miscelo, o *oikistes* escolhe diretamente em nome dos colonos. O fundador costumava ser o líder de uma facção dissidente da metrópole ou, se esta tomava a iniciativa de fundar a colônia mediante uma decisão legislativa, um magistrado nomeado encarregava-se da missão. Em todo caso, depois de sua morte, recebia habitualmente as honras de um herói, inclusive um banquete oficial no qual estava ritualmente presente. O próprio *oikistes*, porém, podia às vezes ser ofuscado por um herói epônimo ou por algum outro pai fundador extraído do mito, como Hércules ou qualquer dos heróis da Guerra de Troia, fosse ele grego ou troiano, os *nostoi*[39], os argonautas, ou mesmo figuras cretenses. O herói ou o fundador epônimo era igualmente cultuado na metrópole. Conhecemos o caso de Clístenes, o reformador da constituição ateniense, que consultou a Pítia a fim de selecionar dez heróis epônimos de uma lista de cem nomes que

---

36. Estrabão, VI, p. 269-270.

37. H. W. Parke e D. E. Wormell, *The Delphic Oracle* I, Oxford, 1956, I, p. 68 e ss. Cf., entretanto, Jean Bérard, *La Colonisation Grecque de l'Italie Méridionale et de la Sicilie dans l'Antiquité*, Paris, 1957, p. 117, 153 e ss. Pude consultar a importante discussão da literatura oracular como evidência, e a seletiva sobrevivência dos textos em M. Miller, *The Sicilian Colony Dates*, Albany, N. Y., 1970, v. I, p. 43 e ss., quando o livro estava em prova.

38. Cf. Estrabão, VI, 262; J. Bérard, op. cit., p. 151, nota 4 e p. 152, nota 1; Parke e Wormell, op. cit., I, p. 70, nota 44. Cf. também Hippys de Regio em *Die Fragmente der Griechischen Historiker*, F. Jacoby, Berlim e Leyden, 1923-1958, III B, p. 554.

39. J. Bérard, op. cit., p. 323 e ss.

5. A Porca com os Trinta Leitões, *Estátua de mármore da época antonina, Museu do Vaticano, Roma.*

submeteu à consideração do oráculo[40]. Na ágora ateniense havia um altar consagrado àqueles heróis, e em Delfos lhes foram dedicadas estátuas, da autoria de Fídias, segundo as palavras de Pausânias[41]. Na ágora havia inclusive um altar para os *archegetes*, heróis epônimos das doze tribos em que os atenienses estavam organizados antes da reforma de Clístenes, ou das doze cidades que tomaram parte na *synoikia* de Teseu. Não longe dali estavam a tumba e o altar do mesmo Teseu[42], cujo corpo havia permanecido antes oculto em Ciros, onde morrera, e de onde Címon trasladou seus restos mortais a Atenas, atendendo à exigência de um oráculo antigo[43]. Resta ainda alguma dúvida a respeito das doze cidades que Teseu unificou, pois a *synoikia* foi uma destruição, se bem que apenas nominal, das cidades separadas, e desta forma a

40. Aristóteles, *Constituição de Atenas*, xxi, 3 e 4; Heródoto, v, 66. Cf. Parke e Wormell, op. cit., p. 147 e ss; P. Levèque e P. Vidal-Naquet, *Clisthène l'Athénien*, Paris, 1964, p. 23 e ss.

41. Pausânias, i, 5,1-3. Cf. J. E. Harrison, *Mythology and Monument of Ancient Athens*, Londres, 1890, p. 57 e ss. Cf. também H. A. Thompson e R. E. Wycherley, *The Agora of Athens*, Princeton, 1972.

42. Sobre este tema e Teseu como antítipo mítico de Clístenes, ver Lévèque e Vidal-Naquet, op. cit., p. 119 e ss. Acerca do santuário de Teseu e dos deuses e heróis epônimos, ver Al. N. Oikonomides, *The Two Agoras of Ancient Athens*, Chicago, 1964, p. 64, 70, 98; ver também p. 69 e ss., e p. 87 e ss.

43. Plutarco, *Vida de Címon*, viii.

concebiam os gregos[44], de modo que de fato perderam a sua identidade. A *apoikia*, ou a tradição sobre a fundação de colônias e cidades, nos seria muito mais familiar se o livro dedicado por Aristóteles ao tema das colônias tivesse subsistido, ou talvez o livro acerca da fundação de cidades da autoria do misterioso Trisímaco[45]. Por ora, podemos apenas conjeturar a respeito do papel que efetivamente correspondia ao oráculo nas fundações, o procedimento e o cerimonial que se seguiam à própria fundação, se é que havia uma forma "normal" de procedimento para o caso, ao estilo do *ritus etruscus*, e sobre a condição heroica do fundador a partir de alusões dispersas em resquícios literários e epigráficos.

O FUNDADOR E A CIDADE

Acerca da relação do fundador com sua cidade temos, por exemplo, a afirmação categórica de um antigo escoliasta de Píndaro: "de acordo com o costume, o fundador era enterrado no centro da cidade"[46]. Trata-se de um comentário à descrição feita por Píndaro do monumento erigido a Pélops em Olímpia: "Perto do curso do Alfeu, junto ao altar que tantos estrangeiros veneram, encontra-se sua tão visitada tumba"[47]. Pausânias[48] descreve este monumento e os arqueólogos[49] o localizaram, porém a prática de enterrar o herói-fundador não estava tão generalizada como o escoliasta parece implicar. À semelhança dos romanos, os gregos desaprovavam o enterro dentro dos muros da cidade, se bem que esta proibição não fosse tão categórica entre os gregos como a que estabelecem as Doze Tábuas[50]. No caso dos heróis, contudo, tal proibição não vigorava. Em certa ocasião, o oráculo de Delfos ordenou que se edificasse um *bouleuterion* sobre os locais do sepultamento de certos heróis inespecificados[51]. O número de heróis sepultados ou aos que se rendia culto nas ágoras de diversas cidades gregas é bastante

---

44. V. Tscherikower, *Die Hellenistische Stadtgründungen von Alexander dem Grossen bis auf die Römerzeit*, Leipzig, 1927, figura 113.

45. Plutarco, *Par.*, 6.

46. *Escólios, Comentário Antigo* (sobre as odes de Píndaro), A. B. Drachman (ed.), Leipzig, 1903, 149 b.

47. Píndaro, I, Ol, 92.

48. Pausânias, V, 13.

49. A. Boetticher, *Olympia*, Berlim, 1886, p. 82, 322 e ss. Sobre bibliografia recente, ver H.-V. Herrmann, *Olympia*, "Heiligtum und Wettkampfstätte", Munique, 1972, p. 50 e ss., 226 e ss.

50. Ver infra, p. 181. Cf. E. Rohde, *Psyche*, p. 166 e ss.

51. Em Megara: Pausânias, I, 43, 3; cf. Parke e Wormell, op. cit., v. I, p. 351; II, p. 222. Sobre outras tradições megarenses acerca de sepultamentos de heróis em cidades, ver op. cit., v. I, p. 62, 346 e s. Uma tradição tarentina sobre um oráculo semelhante é citada por Políbio, VIII, 38; cf. Parke e Wormell, op. cit., v. II, p. 222.

considerável[52]. Nem sempre se tratava dos fundadores da cidade; eram às vezes atletas, especialmente os vencedores de jogos nacionais, ou grande poetas, ou simplesmente indivíduos de beleza excepcional[53]. O certo é que com a fundação de cidades, o fato de haver dado origem a uma tribo ou a invenção de técnicas e ofícios estão entre as características "típicas" dos heróis[54]. Os heróis são apresentados com grande frequência como guerreiros, mas este é unicamente um aspecto da vida heroica; suas conexões mais fortes nos remetem à morte, à caça, aos jogos, à divinação, às curas e aos cultos misteriosos. Os fundadores de cidades, por conseguinte, ao atingir a categoria de heróis, tendiam a assumir conexões com todas as questões mencionadas. Daí segue-se um corolário que deve ser levado em consideração: as cidades que não contavam com um herói "histórico" como fundador, inventavam um cuja imagem compunha-se de fragmentos de mitos. Porém, às personagens históricas que fundaram cidades era atribuído em vida um status semi-heroico, sendo elas honradas como heróis depois de sua morte.

Não há por que averiguar as causas. A cidade tinha de ser fundada por um herói, e somente um herói podia fundar uma cidade. Do mesmo modo, a afirmação do escoliasta de Píndaro implica uma polaridade: o herói-fundador tinha de ser enterrado no coração da cidade, pois apenas a tumba do herói-fundador poderia garantir a existência da cidade. Na verdade, a assembleia da ágora primitiva, na medida em que o termo significa os indivíduos e não o lugar, estava vinculada na literatura arcaica a uma tumba preexistente[55]. A ágora grega manteve suas conexões com os cultos funerários por todo o tempo em que a *polis* conservou sua força religiosa e política. A comemoração do fundador, que mencionei anteriormente[56], é o exemplo mais impressionante deste aspecto da vida religiosa cívica. Em Anfípolis, o *oikistes* Brásidas foi sepultado com todas as armas "num lugar defronte ao que hoje está a ágora"[57]. Tucídides segue descrevendo o monumento e a festa: "E cercaram o seu monumento e, desde então, fizeram-lhe oferendas como a um herói, venerando-o e instituindo jogos e sacrifícios anuais". Brásidas, vencedor da batalha de Anfípolis no ano de 422 a.C., foi adotado como patrono e *ktistes* da cidade, num gesto de desafio por uma colônia que havia sido fundada por Hagnon, o ateniense[58],

52. R. Martin, *Recherches sur l'Agora Grecque*, Paris, 1951, p. 195 nota 2, e p. 200, nota 5; também p. 194-201 e *passim*. E R. E., s. v. *Ktistes*; também Brelich, op. cit., p. 130, notas 169 e 170, para materiais comparativos.

53. A. Brelich, *Gli Eroi Greci*, Roma, 1959, p. 263.

54. Brelich, op cit., *passim*. Sigo a interpretação de Brelich sobre o herói como personalidade mítico-ritual.

55. Brelich, op. cit., p. 80 e ss.

56. Ver supra, p. 13.

57. Tucídides, v, 11.

58. Sobre Hagnon, cf. A. J. Graham, op. cit., p. 37 e ss.

cujo santuário fora destruído. Aqui, o ato ritual é usado para afirmar a independência política. Um monumento recentemente descoberto em Paestum parece exemplificar outra variante dessa característica da cidade grega. Pouco depois da Segunda Guerra Mundial, foi descoberto, contíguo à ágora e ao grande *temenos*, um pequeno santuário cercado (18 x 15,6 m), um diminuto *temenos* independente. Em posição ecêntrica, havia uma pequena construção, completamente fechada. Um curto *dromos* conduzia a uma entrada que tinha sido bloqueada. O telhado de duas águas, e uma estrutura de vigas de pedra era coberto de telhas. No interior havia um banco de pedra que servia de suporte para seis vergas de ferro, às quais estava conectada uma rede de metal e couro, que se assemelhava à armação de uma cama sobre a qual, aparentemente, estava estendido um lençol de linho. Ao lado das paredes havia oito ânforas de bronze de grande beleza, e duas hídrias, também de bronze; todas elas continham favos de mel ainda bem conservados. Havia ademais uma ânfora ática de figuras negras, representando de um lado a apoteose de Hércules, e de outro, Hermes e Dionísio observando a dança de um sátiro. O vaso tinha o seu pedestal quebrado e depois chumbado, evidentemente antes de o santuário ter sido selado, o que faz pensar que se tratava de um objeto considerado de especial importância e valor no que tange ao lugar em que deveria ser depositado. Caracteriza-se por uma referência inequívoca ao culto heroico, já que Hércules era o herói arquetípico. O mel contido nos recipientes de bronze nos faz pensar uma vez mais que o santuário "enterrado" guardava alguma relação com o culto de um morto, um herói[59], enquanto o leito vazio sugere que se trata de um cenotáfio. Algum erudito interpretou este santuário como o cenotáfio de Is, o *ksistes* de Síbaris, a cidade-mãe de Poseidônia; este cenotáfio havia sido erigido quando a tumba original foi destruída, juntamente com Síbaris, no ano de 510 a.C. De qualquer modo, essa teoria é adequada à datação dos objetos ali depositados[60]. Não está de

59. Sobre o mel como substância sacrificial no mundo clássico, ver *Real-Encyclopädie der Klassischen Alterumwissenschaft*, s. v. Opfer, e S. Eitrem, *Opferritus und Voropfer der Griecher und Römer*, Kristiana, 1915, p. 102 e ss. Muito material comparativo pode ser encontrado em Claude Lévi-Strauss, *Du Miel au Cendres*, Paris, 1967, Cf. H. Usener, *Milch* e *Honig* em *Rheinisches Museum der Philologie*. (Neue Folge), p. 57 e p. 177-192.

60. Para a descrição e interpretação do escavador, ver Paulo Claudio Sestieri, "Il Sacello-Heroon Posidonate", *Bolletino d'Arte*, XL, 1955, p. 53-61. Ele sugere que o santuário é dedicado a Hera, como o avatar de "A Grande Mãe". Esta interpretação toma como base, excessivamente na minha opinião, só um óstraco e o "caráter feminino" das hídrias, das quais há duas na tumba. Uma interpretação baseada, ademais, na iconografia do material é proposta por Bernhard Neutsch em τας νμνφας εμι ηιαρον, "Ein Vasengrafitto: zum unterirdischen Heiligtum von Paestum" (*Abhandlungen der Heidelberger Akademie der Wissenschaften, Philosophisch-Historische Klasse*, 2 Abh), Heillderberg, 1957, que sugere (interpretando o mesmo óstraco que Sestieri) que o santuário é dedicado, do mesmo modo, às ninfas em geral, a uma ninfa específica, da qual este seria o cenotáfio, ou às ninfas relacionadas com algum outro culto funerário.

todo claro se o santuário encontra-se totalmente sepultado sob o solo do *temenos*, ou se o telhado de duas águas sobressaía acima do nível da pavimentação. No século v a.C. existia um *temenos* parecido em Cirene. Encontrava-se situado no lado oriental da ágora, cercado por uma mureta e continha uma tumba aberta de pedra, coberta por lajes inclinadas. Substituía um túmulo mais antigo, que se encontrava um pouco mais a oeste, e que seu escavador data do primeiro quarto do século vi. O santuário existiu até o período dos imperadores Severos, quando aparentemente ficou enterrado sob uma *stoa*. Seus escavadores identificam-no como a tumba do rei *oikistes* Battos i, descrito por Píndaro e seus escoliastas[61]. Em Cirene, havia ademais uma *tholos* a céu aberto, no lado ocidental da ágora, que anteriormente havia sido identificada como a tumba de Battos. No momento em que escrevo, este monumento ainda não foi reexaminado: ao que parece, continha um *bothros* e possuía uma relação com um culto oracular[62].

Menciono essa *tholos* específica porque Battos de Cirene é um fundador cujas façanhas parecem especialmente interessantes. Não se trata tanto de suas várias transformações ou de sua relação peculiar com o oráculo de Delfos, nem da composição dos seus colonos ou ainda da população nativa da Líbia e os diversos fundadores da cidade que o precederam[63], mas do que Píndaro nos transmite acerca do argonauta Eufemo, antepassado de Battos, e da profecia de Medeia:

> O augúrio que converterá
> Thera em mãe de cidades poderosas
> Foi dado no lugar onde o lago Tritonis flui para o mar,
> A Eufemo, hóspede em tempos,
> um dom do deus em figura humana.
> Um montinho de terra: Eufemo, saltando pela borda,
> o tomou, e o pai Zeus, filho de Cronos,
> satisfeito se fez ouvir no trovão....
> Eurifilo, filho do imortal
> Que sacode e sustenta a Terra

Embora não haja dúvida acerca da interpretação do óstraco, a meu ver a análise geral da iconografia proposta por Neutsch não é satisfatória, e prefiro em conjunto a de Paola Zanconi-Montuoro em "Il Poseidonion di Poseidonia", *Archivio Storico per la Calabria e la Lucania*, xxiii, 1954, p. 165 e ss. Sobre orações privadas diante da tumba do herói, ver W. K. Guthrie, *The Greeks and their Gods*, Londres, 1950, p. 232 e ss. Outras interpretações deste monumento são sugeridas por Mario Napoli em seu *Paestum*, Novara, 1967, p. 43.

61. Sandro Stucchi, *L'Agora di Kyrene*, Roma, 1965, p. 58 e ss., 139 e ss., 278 e ss.

62. F. Chamoux, "Cyrene sous la Monarchie des Battides", *Bibliothèque des Écoles Françaises d'Athènes et de Rome*, 177, Paris, 1953, p. 131, 285 e ss.

63. Sobre este e outros relatos mitológicos da fundação de Cirene, bem como acerca da personalidade de Aristóteles-Battos, ver Chamoux, op. cit., p. 69-114; cf. Bérard, op. cit., p. 367, 416 e ss; e Parke e Wormell, op. cit., i, p. 70, 73 e ss, 155 e ss, ii, p. 18 e s., 32, 168 e, mais recentemente, C. M. Bowra, *Pindar*, Oxford, 1964, p. 137 e ss, 329 e s.

...Tal foi nossa pressa: ali e então
tomou um monte de terra em sua mão direita, ansioso para oferecer
o dom que pudesse
e o herói não o recusou.
Saltou para a areia, e estreitando mão com mão
Tomou o monte de terra maravilhosa.
Porém quebrou uma onda
Segundo ouvi contar, e o arrastou
Sobre a borda até o mar...
A esta ilha foi lançada a semente imortal
Dos amplos prados da Líbia fora do seu tempo.
Pois se ele tivesse retornado à pátria, lançando-a
Por terra na boca do inferno,
Se ele tivesse chegado à sagrada Tenaron,
Eufemo....
Com a hoste daneana, tomou esta terra larga....
Mas agora jazerá com mulheres estrangeiras
E dará origem a uma raça eleita, que chegará a esta ilha....[64]

Medeia continua a profetizar a consulta de Batto de Thera ao oráculo, e a fundação de Cirene. O que mais me interessa deste fragmento
épico é o relato de Píndaro acerca do dom divino (o herói Eurifilo era
realmente Triton disfarçado), e o descuido de Eufemo, que não chegou
a lançá-lo pela boca do inferno em Tenaron, sua pátria[65].

A versão do mito citada por Píndaro, como era de se esperar, é sucinta e alusiva; é repetida de forma mais extensa, se bem que com menos
detalhes, por Apolônio de Rodes[66], que parte com toda probabilidade da
mesma fonte hesiódica[67]. O caráter etiológico deste mito, como ocorre
tantas vezes, nos remete a um ritual. O fato de Píndaro contá-lo sugere
que, de todo modo, esta história era amplamente conhecida. Se esse
era o caso, teria sido naturalmente registrado não só no curso de uma
ação, porém plasmado na decoração dos edifícios públicos da cidade.
A menção da mão direita, com que se apanha o torrão, e o aperto de
mãos entre os dois heróis, assim como o dever que se impõe a Eufemo,
que o entende mas de cujo cumprimento descuida, de lançar o torrão
pela boca do inferno na sua cidade natal, indicam que a fundação da
cidade foi postergada devido a um lapso da prática ritual. A bênção
que continha o torrão não se distanciou definitivamente de Eufemo,
mas mesmo que este tenha sido milagrosamente conduzido a Thera, a
bênção ficou associada a outra cidade.

64. Píndaro, *Odes Píticas*, IV, v. 20 e ss., seguindo a tradução (ligeiramente modificada) de H. T. Wade-Gray e C. M. Bowra, Londres, 1928.
65. Sobre a "boca do inferno" e o santuário de Posseidon em Tenaron, ver *Real-
Encyclopädie der Klassischen*, s. v. Tenaron.
66. Apolônio de Rodes, IV, 1537-1571 e 1731-1772
67. .Cf. R. W. Burton, *Pindar's Pythian Odes*, Londres, 1962, p. 135 e ss.

No rito etrusco, segundo Plutarco[68], a terra procedente da cidade natal era jogada num poço especialmente preparado, chamado *mundus*, o mundo, um homônimo de outra instituição que era a boca do inferno[69]. O acontecimento mítico narrado por Píndaro é, num certo sentido, uma transposição simétrica do rito descrito por Plutarco. O punhado de terra, dado por um aborígine ao herói fundador que visita sua terra (ainda que se trate aqui de um herói fundador *manqué*), deverá ser levado à pátria do herói e ali lançado na boca do inferno, assinalando que ele toma posse do território a ser colonizado.

Não é fácil atribuir valor a essa hipótese. Não poderíamos dizer, por exemplo, se o rito era peculiar às colônias de Thera ou à própria Cirene, ou se fazia parte dos ritos geralmente associados a todas as fundações. Devido à falta de evidências confirmadoras, não podemos ir mais adiante.

Em Cirene, entretanto, temos provas de outro rito, em forma epigráfica. Trata-se da chamada "Estela dos Fundadores", um monumento em parte mutilado, provavelmente esculpido na primeira metade do século IV[70]. Depois de uma invocação ao deus (Apolo) e a Tyche, e recordando a prosperidade prometida por Apolo a Batto e aos fundadores de Cirene, oriundos de Thera, na condição de que cumprissem os juramentos pronunciados quando abandonaram sua terra natal sob as ordens de Apolo Archegetes[71], a estela consigna certas resoluções concernentes à organização social de Thera e Cirene, bem como o direito dos habitantes de Thera de ir para lá, e prossegue:

Este decreto será gravado numa estela de mármore branco que será erigida no santuário ancestral de Apolo Pítico. Nesta mesma estela serão também gravadas as palavras do juramento pronunciado pelos fundadores quando se lançaram ao mar para ir com Batto para a Líbia, deixando Thera por Cirene. O dinheiro necessário para o mármore e a inscrição será tomado daqueles que estão encarregados das contas das rendas de Apolo.

O Juramento do Fundador:

Resolução da Assembleia: Uma vez que Apolo profetizou espontaneamente a Batto e aos de Thera para que colonizassem Cirene, resolveram enviar Batto à Líbia como *archegetes* e rei [...] que fosse tomado um filho de cada família; que os que devem embarcar estejam na flor da vida. Quanto aos demais habitantes de Thera, todo homem livre que assim o desejar, poderá embarcar. Se os colonos conseguirem estabelecer-se, cada um dos seus compatriotas que quiser partir mais tarde para a Líbia, gozará de plenos direitos civis e políticos, e lhe será consignado, por sorteio, um pedaço de terra que não tenha dono. Se os colonos não conseguirem estabelecer-se,

68. Plutarco, *Vida de Rômulo*, 11.

69. Ver infra, p. 53.

70. *Supplementum Epigraphicum Graecum*, IX, 3. Cf. também Chamoux, op. cit., p. 105 e ss.

71. Sobre Apolo como *archegetes*, cf. *Real-Encyclopädie der Klassischen Altertumwissenschaft*, s. v. *Ktistes*.

e no caso de os de Thera serem incapazes de ajudá-los, vendo-se oprimidos pela necessidade por cinco anos, estarão livres para retornar à sua pátria, Thera, sem temor, e recuperarão suas posses e seus direitos cívicos. Aquele que se recusar a embarcar, tendo sido designado colono pela cidade, estará sujeito à pena de morte e ao confisco de todos os seus bens. Quem o ocultar ou ajudá-lo a escapar, mesmo que se trate de um pai que ajude ao filho, ou de um irmão que ajude outro irmão, será punido da mesma forma.

Tanto os que permaneciam na pátria como aqueles que partiam para fundar a colônia, pronunciavam o juramento de acordo com o decreto, e lançavam maldições sobre aqueles que quebrassem o juramento e não o mantivessem fielmente, tanto no que diz respeito aos que deveriam ir viver na Líbia, como aos que permaneceriam em Thera. Fizeram efígies de cera e as queimaram, pronunciando maldições em uníssono; homens, mulheres, meninos e meninas:

> Quem não for fiel a estes juramentos, mas os quebrar, que derreta e liquefaça como estas efígies, ele e seus filhos e seus bens. Quanto àqueles que permanecerem fiéis a estes juramentos, tanto os que partem para a Líbia como os que permanecem em Thera, que desfrutem eles e seus filhos, de toda prosperidade.

Muito embora este texto acerca do juramento da fundação de uma colônia seja único até o momento, os diversos elementos que o compõem são bem conhecidos na literatura religiosa grega: imprecações pronunciadas em uníssono contra aquele que quebra o juramento comum[72], por exemplo, ou o uso de imagens de cera do tipo que sugere o juramento, estão atestadas em outro documento religioso de Cirene[73], bem como nos cultos funerários da Grécia continental[74].

A *Lex Cathartica*, segundo seu primeiro editor, nos oferece a mais antiga fórmula ritual escrita no idioma grego[75]. Também o caso de Cirene possui ressonância arcaica, por tratar-se de um reino helênico estabelecido na Líbia durante o século VII a.C. e governado por reis de sua dinastia fundadora até a segunda metade do século V a.C. Foi indubitavelmente esse caráter arcaico da cidade que atraiu a atenção de Píndaro. Contudo, nada indica, pelo menos por tais datas, que a religiosidade cirenaica tenha sofrido uma contaminação radical a partir de elementos africanos[76]; os documentos citados e os mitos da cidade fazem parte da tradição helênica comum.

---

72. Heródoto, I, 165. Cf. Marcus N. Tod, *A Selection of Greek Historical Inscriptions*, Oxford, 1933, 23, 25.

73. *Supplementum Epigraphicum Graecum*, IX, 3.

74. Cf. Marcel Detienne e Jean-Pierre Vernant, *Cunning Intelligence in Greek Culture and Society*, Hassocks, Sussex, 1978, p. 258 e ss.

75. S. Ferri, "La Lex Cathartica di Cirene", *Notiziaro Archeologico*, Roma, 1927, IV, p. 93 e ss.

76. Cf., entretanto, Platão, *Leis*, 738.

O REGISTRO DA FUNDAÇÃO

Lamentavelmente, todas as demais inscrições conservadas acerca de fundações de cidades referem-se, principalmente, a questões constitucionais e legais, se bem que também propõem maldições e castigos contra os transgressores. O tratado entre Locri e Naupacto é o mais explícito e extenso de tais documentos[77], e o decreto referente a Brea de Trácia, colônia ateniense, contém implicações interessantes. "Os ajudantes do *oikistes*", começa a primeira das frases completas,

proverão o necessário para que se ofereçam sacrifícios a fim de obter augúrios favoráveis para a colônia. Serão escolhidos dez distribuidores da terra, um de cada tribo. Demóclides estabelecerá a colônia com plenos poderes, segundo sua melhor capacidade. Os recintos sagrados que foram segregados serão deixados do modo em que se encontram, porém não serão consagrados novos recintos. A colônia deverá oferecer uma vaca e uma panóplia para as grandes Panateneias e um falo para as Dionísias... Este decreto será inscrito sobre uma estela e colocado na acrópole. Os colonos fornecerão a estela a seu próprio custo[78].

Naturalmente, não havia nada de singular ou excepcional nesses documentos. Platão nos relata o uso de uma inscrição semelhante, feito pelos reis da Atlântida, que atuavam conforme "os comandos de Posseidon, que a lei havia transmitido. Eles tinham sido inscritos pelos primeiros reis sobre uma coluna de bronze[79], erigida no meio da ilha, junto ao templo de Posseidon". Os reis convocam e julgam, porém antes de pronunciar a sentença, oferecem um sacrifício como garantia, que consiste em capturar um dos touros do templo, que pastavam soltos, sujeitando-o com estacas e com um laço, sem utilizar armas, "e o touro que acabavam de capturar era levado até a coluna e sobre ela degolado, de modo que o sangue escorresse sobre a inscrição sagrada. Sobre a coluna, além das leis, estava inscrito um juramento no qual eram invocadas poderosas maldições contra o desobediente". O julgamento e o juramento são então descritos em detalhe: a única característica que eu gostaria de destacar aqui é que o juramento das leis mediante o sacrifício realizado diante da coluna na qual estavam inscritas (prática muito frequente na Grécia) e o pronunciamento da sentença, deveriam realizar-se unicamente à luz do fogo sacrificial, à noite[80].

77. Tod, op. cit., n. 24.

78. Tod, op. cit., n. 44. Para a tradução e comentário, segui A. J. Graham, *Colony and Mother City*, Manchester, 1964, Apêndice II. Uma inscrição muito posterior registra a ampliação dos limites da cidade de Colophon, que recuperara a sua independência. A cerimônia e a administração desta ampliação, realizadas antes do ano 300 a.C., foram tratadas quase como se se tratasse de uma nova fundação. Ver R. Martin, op. cit., p. 55 e ss.

79. Mais propriamente de oricalco, provavelmente de cobre. Este termo serve ocasionalmente para designar o bronze. Mas a estela de Platão é feita de um metal mítico, e foi erigida numa cidade mítica.

80. Platão, *Crítias*, p. 119 e ss. Sobre o pano de fundo desta paisagem, ver Platão, *Oeuvres Complètes*, x, p. 244 e ss; cf. também Paul Friedländer, *Plato*, Londres, 1958, v. I, p. 314 e ss.

A norma de pronunciar a sentença unicamente à luz do fogo nos remete a outro costume relacionado com a fundação de cidades, o de transferir o fogo da lareira cívica da metrópole para o da nova colônia. Acerca da Liga Jônica das doze cidades, ou Dodecápolis, Heródoto diz que entre os jônios considerava-se mais nobres aqueles que haviam partido "do Pritaneu dos atenienses", o lugar em que se achava instalada a lareira sagrada[81]; dando assim a entender aquilo que o velho escoliasta da *XI Ode Nemeia* de Píndaro diz, explicitamente, que os colonos levavam consigo o fogo da cidade mãe para acender o fogo de sua própria lareira sagrada[82].

O quadro que consegui recompor aqui é deveras fragmentário. Todavia, mesmo a partir dos fragmentos que citei, se vê claramente que os gregos haviam estabelecido certos costumes no que tange à fundação de cidades, aos quais aludem poetas e historiadores[83]. Tucídides diz que, de acordo com o "antigo costume", o heráclida Falias, um coríntio, foi convocado de Corinto, cidade mãe de Córcira, quando decidiram fundar Epidamnus em terra firme[84]. Os elementos do rito aparecem fragmentariamente. É possível que os usos fossem diferentes entre povos distintos, e que os jônios da Ásia não praticassem o mesmo rito que os gregos continentais[85]. No entanto, os historiadores gregos reconhecem que mesmo povos não gregos comportavam-se de forma análoga. Heródoto afirma que quando Cambises quis atacar Cartago, os fenícios, habitantes da pátria-mãe da colônia, negaram-se a participar da expedição, aduzindo que "estavam ligados aos cartagineses por grandes juramentos, e que seria uma impiedade travar uma guerra contra seus próprios filhos"[86].

O que temos que compilar, a partir de fragmentos dispersos, aportados por evidências literárias e epigráficas, é algo que estava claro para qualquer habitante de toda cidade grega. Na ágora, este podia ver inscritos nas estelas de mármore ou de bronze, os decretos e juramentos

81. Heródoto, I, cxvlvi 2.

82. *Escólios, Comentário Antigo* (sobre Píndaro, *Odes Nemeias* XI, I. Sobre a questão de carregar uma "chama velha" e a continuidade do fogo sagrado, em contraposição ao fogo "novo" que Rômulo acendeu no Palatino, ver G. Devoto, *Tabulae Iguvinae*, p. 175 e s.

83. Para um caso em que esses costumes foram ignorados, com consequências desastrosas, ver infra, p. 27, o sucedido com Dorieo, o espartano.

84. Tucídides, I, XXIV, 2; em outro trecho (VI, IV, 2, 3) ele registra o mesmo costume sendo seguido igualmente na fundação de Selinunte (628 a.C.) de Mégara Hibléa, por um *oikistes* enviado da Mégara original, Pamillus.

85. Sobre um rito especificamente macedônico, observado por Alexandre Magno, ver infra, p.159

86. Heródoto, III, 19. Muito se conhece acerca dos ritos de fundação de templos e tumbas na Mesopotâmia e Egito antigos. Também em Jerusalém, a construção do Templo (com ajuda fenícia) e sua inauguração são consideradas atividades sagradas (I Reis, 5-9; II Reis, 5-9; Crônicas, 1-8). Não são conhecidos costumes análogos referentes a cidades inteiras.

que ligavam sua cidade às suas colônias ou, no caso de ele próprio ser um colono, sua colônia com a metrópole, descrevendo detalhadamente a parte que correspondia a cada um na vida política e econômica da outra cidade, que estava simbolizada na vida religiosa comum.

2. A Cidade e o Lugar

O julgamento cirenaico que descrevi antes[1] parece um reflexo, uma analogia dos grandes juramentos e leis inscritos sobre a coluna de bronze que se erguia no centro da Atlântida de Platão. É indicativo de um aspecto do problema que os comentaristas modernos, em geral, preferiram ignorar.

Costuma-se citar com frequência Platão e Aristóteles em apoio a uma visão de planejamento dos antigos baseada no "senso comum". Na sua *Política*, por exemplo, Aristóteles formula recomendações muito explícitas sobre o lugar:

> O terreno sobre o qual a cidade será assentada deve ser inclinado, mas devemos ter em mente quatro considerações. A primeira e mais essencial, o local deve ser salubre. Um declive que esteja de fronte para o leste, com ventos que sopram da direção do nascer do sol, proporciona um local salubre, melhor que o sotavento do lado norte, se bem que este ofereça um estado atmosférico bom. A segunda é que deve estar bem situado para desenvolver todas as suas atividades civis e militares[2],

e assim por diante; esta passagem é repetida por Vitrúvio, que também parece estar familiarizado com Hipócrates, a fonte de Aristóteles[3], se

1. Ver supra, p. 19.
2. Aristóteles, *Política*, VII, p. 276, 1330a.
3. Hipócrates, *Aforismos*, III, 4 e 5; também *Ares, Águas*, ed. Littre, II, p. 130. Mesmo que este tratado não tivesse nenhuma influência sobre o planejamento de cidades, certamente atraiu a atenção dos médicos gregos sobre a natureza dos lugares como causa direta de saúde ou doença.

bem que Vitrúvio atente mais aos pormenores do que o primeiro e menos que o segundo. "A escolha de um lugar salubre deve vir primeiro", diz ele:

tal lugar será elevado, nem úmido e nem exposto em excesso às geadas; seu clima não deve ser demasiado quente e nem demasiado frio, mas temperado. Por outro lado, não deve haver pântanos nas suas imediações. Se a cidade encontra-se sobre a costa, exposta ao sul ou ao oeste, não será salubre. Em resumo, ao fundar cidades, há de se evitar os lugares onde os ventos quentes possam soprar sobre seus habitantes[4].

COMO ESCOLHER O LUGAR

Os Teóricos

Se bem que tais noções ditadas pelo senso comum fossem bastante correntes nos tempos de Vitrúvio, nem sempre eram aplicadas na prática. No século V a.C., quando foram formuladas por Hipócrates, devem ter parecido tão excêntricas quanto revolucionárias, pois pareciam ir diretamente contra os conselhos da Pítia aos primeiros colonizadores dos quatro séculos precedentes. Agrigento (Αχραγας), por exemplo, cidade fundada por volta do ano 580 a.C. por colonos procedentes de Gela, dava diretamente para o sudoeste sobre o Mediterrâneo e estava protegida, ao longo de seu limite setentrional, por uma escarpa rochosa, a rocha Ateneia. Em algum momento na Antiguidade, criou-se uma ruptura na escarpa, de modo a deixar passar o vento norte. A tradição popular afirmava que tal obra fora levada a cabo a conselho de Empédocles, cerca de um século e meio após a fundação da cidade, cujo local não teria absolutamente satisfeito as condições ditadas por Hipócrates. O mesmo poderia ser dito acerca de muitas cidades situadas na costa meridional da Sicília, na orla italiana do Tirreno e em outros lugares. A própria cidade de Roma foi fundada sobre a colina do Palatino, é verdade, mas com vista aos notórios pântanos infestados de malária que cobriam o vale do Fórum. No que concerne à orientação, nem todos os teóricos estavam de acordo. O próprio Aristóteles (em outra obra), apenas considerava aceitável um lugar voltado para o sul[5], e Xenofonte, citando Sócrates, faz a mesma recomendação[6]. Havia aparentemente um consenso geral no que diz respeito à importância de "tomar o maior cuidado para escolher um clima bem temperado para o lugar

---

4. Vitrúvio, I, 4, I. A insistência de Vitrúvio sobre a importância do vento é uma sequela das doutrinas clássicas acerca do tema, tal como podemos observar, por exemplo, no breve tratado hipocrático "sobre os ventos" (versão mais recente em R. Joly, *Hippocrates*, Paris, 1964, p. 26 e ss). Remonta, contudo, a pensadores anteriores, que viam no ar a "substância" primária do mundo, tais como Anaxímenes ou Diógenes de Apolônia. Cf. G. S. Kirk e J. E. Raven, *The presocratic Philosophers*, Cambridge, 1957, p. 151 e s., 434 e ss.

5. Aristóteles, *Política*, 1345a.

6. Xenofonte, *Economia*, IX, 4.

da cidade, pois a salubridade é o primeiro requisito"[7], porém grande desacordo no que tange ao modo de consegui-lo. Consideremos ainda outra questão, a relação que deve haver entre o traçado das ruas e a direção dos ventos. Vitrúvio, seguindo uma vez mais seus mestres gregos, adverte os planejadores que

se as ruas correm diretamente na direção dos ventos, suas constantes rajadas correm com ímpeto e [...] varrem as ruas com grande violência. O alinhamento das casas, por conseguinte, deve ser orientado nas direções opostas às quais sopram os ventos, de modo que estes se choquem contra os ângulos dos blocos e sua força se rompa e disperse[8].

Vitrúvio propõe ao planejador uma disposição conforme um esquema de dezesseis rádios, que lhe servirá para orientar as ruas em ângulo oblíquo com relação aos ventos mais fortes. Oribásio, que publicou e revisou os textos de Galeno e escreveu trezentos anos depois de Vitrúvio, recomenda exatamente o contrário:

Quando as ruas de uma cidade são paralelas, umas no comprimento e outras na largura, de modo que as primeiras correm de leste a oeste e as outras de sul a norte, cortando a cidade no comprimento e na largura sem nenhum obstáculo, de forma que nenhum dos ventos se depare com algum edifício que possa obstruir seu curso [...] (tal cidade) será bem arejada e iluminada pelo sol, salubre e límpida. Pois todos os ventos, Bóreas e Noto, Euro e Zéfiro, que são os ventos dominantes e mais regulares, sopram pelas ruas sem encontrar obstáculos e passam livremente sem causar nenhuma perturbação. Este tipo de traçado converte a cidade num excelente solário, pois tanto ao nascer como ao se pôr, o sol ilumina as ruas que correm de leste a oeste e, ao meio-dia, as que vão de norte a sul[9].

Tais fragmentos de conceitos sanitários que conhecemos, portanto, estão em direta contradição entre si; é claro que não há material suficiente que permita formular uma explicação generalizada sobre o planejamento de uma cidade desde esta perspectiva. A arqueologia tampouco aporta evidências para estabelecer a relação entre a teoria e a prática. No que diz respeito à orientação, conhecemos muitos traçados ortogonais de todos os períodos e em diversas localizações geográficas, que parecem adaptar-se à norma hipocrática: por exemplo, Mileto, Nápoles, Pompeia, Selinunte ou Aosta. Há inclusive fundações deste tipo numa época imperial tardia, como Tréveris, Avranches, Turim, Zara (Zadar), Carnutum. Por outro lado, parece haver um igual número de traçados ortogonais que responderiam à fórmula de Oribásio, alguns inclusive muito antigos: Marzabotto, Cápua, Laodicea, Priene,

---

7. Vitrúvio, I, 4, VIII.
8. Vitrúvio, I, 6, I-V e IX-XIII.
9. Oribásio, ed. Daremberg, II, p. 318 e ss. Cf. Também Max Neuberger, *History of Medicine*, Oxford, 1910, p. 293-303, e T. Clifford Owen, *Greek Medicine in Rome*, Londres, 1921, p. 324 e ss.

Paestum; e também da época imperial: Colônia, Silchester, algumas partes de Constantinopla, Lucca.

Com base em nossos conhecimentos atuais, é impossível concluir se os gregos (ou os romanos) estabeleceram alguma relação sistemática entre a orientação de suas cidades e os ventos dominantes, ou fatores similares. Não há registro de nenhum recurso para levar tal coisa à prática. É possível que, se todo o material disponível fosse adequadamente tabulado, surgissem indícios de que existia um sistema ou vários sistemas conflitantes. Entretanto, a partir da informação disponível, devo concluir que os conselhos dos teóricos sobre a escolha do lugar nada mais são que uma glosa sem nenhum valor real.

Não há dúvida que um lugar ideal deveria ser bonito e salubre, como diz Vitrúvio. Mas a escolha, quando explicável em termos racionais, costumava ser feita por motivos muito diferentes da higiene como, por exemplo, por razões comerciais e militares. Aparentemente, as prescrições dos teóricos não eram seguidas. Na lenda de Arquias e Miscelo, temos de fato o relato de um *oikistes* que preferiu a riqueza à saúde; as teorias soam como racionalizações *post-facto* mais que como preceitos verdadeiros.

Os autores modernos que se ocupam do planejamento de cidades, e buscam o desenvolvimento progressivo de um método de planejamento lógico na Antiguidade, tendem a enfatizar desproporcionalmente as escassas evidências que possuímos – que na maior parte dos casos nada mais são que observações acidentais. Eles tendem a ignorar os obscuros rituais mágicos e religiosos que a seu ver, assim como na opinião da maioria dos nossos contemporâneos, são pouco atraentes, nada edificantes e, de todo modo, irrelevantes. Roland Martin, por exemplo, no primeiro capítulo de sua bela obra sobre as cidades gregas[10], cita esta passagem sobre a cidade ideal das *Leis* de Platão:

Há lugares sujeitos a estranhas e fatais influências em razão dos ventos contrários e do calor sufocante; outros por causa das águas; ou também pela natureza do sustento que a terra lhes provê, que não só afeta os corpos dos seres humanos para o bem ou para o mal, mas que neles produz efeitos semelhantes[11].

Martin conclui sua citação neste ponto, porém Platão, que neste trecho analisa a influência moral e psicológica do ambiente físico, prossegue: "No que diz respeito a todas essas qualidades, destacam-se aqueles lugares nos quais há uma inspiração divina, e nos quais os deuses têm seus lotes designados, mostrando-se propícios aos que ali habitam"[12]. O que se transmite nas condições físicas favoráveis é a

---

10. Roland Martin, *L'Urbanisme dans la Grèce Antique*, Paris, 1956, p. 2-29. A segunda edição (Paris, 1974) apareceu quando este livro encontrava-se em provas.

11. Platão, *Leis*, trad. Jowett, p. 747.

12. Idem.

benevolência dos poderes divinos, e a melhor maneira de assegurá-la, se é que entendemos corretamente as interpretações recentes do urbanismo platônico, consiste em estabelecer uma harmonia entre a cidade e a estrutura do universo criado, e não por outros meios[13]. Inclusive em tempos históricos, o fundador de uma cidade preferia confiar cegamente nesses poderes divinos imprevisíveis, porém acessíveis, e seguir suas alusões obscuras. Não temos notícias de nenhum fundador que tenha buscado um lugar ponderando sobre as vantagens teóricas das distintas opções, tal como as expunham os teóricos. Heródoto relata um caso excepcional. O espartano Dorieo[14] pensou que poderia fundar uma cidade no lugar que melhor lhe parecesse, sem se preocupar com a sanção divina e sem oficiar os ritos usuais, se bem que, ao que parece, mesmo ele havia consultado privadamente um adivinho. Dois anos depois da fundação, sua cidade sucumbiu diante da ofensiva aliada de líbios e cartagineses, apesar de ter sido erguida no "melhor lugar de toda a África". Numa segunda tentativa, ainda que com o respaldo de uma revelação particular, Dorieo preferiu consultar o oráculo. Também nesta ocasião a profecia "cumpriu-se" num fracasso, a morte do próprio Dorieo e a dispersão de sua segunda colônia, fundada desta vez na Sicília ocidental[15].

Este segundo fracasso não é realmente desconcertante, pois o mito recordou, em todo caso, o cumprimento prematuro da profecia numa vitória ocasional de Dorieo no caminho, de modo que seu fracasso definitivo poderia ser atribuído ao fato de ele não ter obedecido o oráculo ao pé da letra. Se a segunda fundação, no entanto, tivesse resultado num êxito incondicional, não haveria lugar para tirar conclusões de maior ou menor importância. O que agora me preocupa, contudo, não é analisar se a Pítia conseguiu ou não prever o futuro exato de uma colônia. Ao contrário, interessa-me saber por que o fundador procurava a sanção do oráculo, em que medida esta afetava suas relações com seus concidadãos e como tal situação inseria-se no padrão mais amplo de fundação de cidades. Averiguar o que o fundador de uma cidade pensava estar fazendo e sua "retidão" mítica, ou o que seus seguidores viam-no fazer, é mais interessante nesse contexto do que o seu sucesso ou fracasso históricos. O que agora me preocupa é a *ideia* da cidade: suas motivações ostensivas são, a partir desta perspectiva, tão ou mais válidas que quaisquer argumentos aceitos atualmente como convincentes pela comissão financeira de uma nova cidade.

13. P. Lévèque e P. Vidal Naquet, *Clistene l'Athénien*, p. 120. Cf. Platão, op. cit., p. 747.

14. Heródoto, v, p. 42-43. Cf. H. Parke e G. E. W. Wormell, *The Delphic Oracle*, I, p. 152; II, p. 72; também J. Bérard, *La Colonisation Grecque de l'Italie Méridionale*, p. 259.

15. Heródoto, v, p. 44-45; J. Bérard, op. cit., p. 156 e 259.

Os Ritos Cumpridos

"A escolha de um lugar", diz Fustel de Coulanges, "uma questão grave da qual dependia o destino de um povo [...] era sempre deixada à decisão dos deuses"[16]. O papel histórico desempenhado pelo oráculo de Delfos na fundação das colônias foi salientado minuciosamente pelas duas fontes que citei com frequência[17]. Por outro lado, não parece que os inumeráveis mitos referentes à intervenção divina na fundação das cidades, mediante um animal sacrificado, por exemplo, possam reduzir-se a uma mera mistificação etiológica. Essa intervenção fazia claramente parte integral dos processos de fundação e sempre ficava incorporada ao conjunto de ideias que os moradores tinham acerca de sua pátria. O animal escolhido podia ser qualquer um dos destinados habitualmente ao sacrifício, como um bode ou cabra[18], uma vaca[19], ou uma ave, como um falcão[20], um corvo[21], ou ainda um animal da terra, como a cobra[22], ou um enxame de abelhas[23]; também servia um animal aquático, como o golfinho[24]. Em épocas tardias, foram empregados métodos de divinação mais complexos, como o que consistia em sacrificar animais e expor os seus despojos para as aves de rapina; o lugar era então fixado onde a primeira daquelas aves deixava cair a porção arrebatada[25]. Eneias seguiu uma porca prenhe até o local em que pariu, e ali fundou Alba Longa, num lugar que, do ponto de vista de salubridade, teria sido totalmente inaceitável[26].

16. F. des Coulanges, *La Cité Antique*, p. 153.

17. H. W. Parke e G. E. Wormell, op. cit., p. 49-81; J. Bérard, op. cit., p. 100 e ss. e *passim*.; também Martin P. Nilsson, *Geschichte der Griechischen Religión* I, Munich, 1941, p. 604-607.

18. O lugar do oráculo délfico: A. Bouché-Leclercq, *De La Divination* I, p. 146.

19. Numerosos exemplos; cf. G. R. Levy, *The Gate of Horn*, Londres, 1948, p. 250-251.

20. Cápua: Sérvio, *Comentário sobre Virgílio, Eneida*, x, p. 145, e C. Clemen, *Die Religion der Etrusker*, p. 52.

21. Como Plateia: A. B. Cook, *Zeus*, Cambridge, 1924-1940, v. II, p. 898, nota 6 (Estrabão).

22. Pitópolis de Misia, fundada por Teseu. Cf. Plutarco, *Vida de Teseu*, e G. R. Levy, op. cit., p. 251.

23. O oráculo de Trofônio em Lebadéa: Pausânias, IX, 40, p. 1-2. Cf. A. Bouché-Leclercq, *De La Divination*, III, p. 321 e ss.; sobre outros episódios em que as abelhas guiam os colonos, idem, I, p. 146.

24. Os cretenses foram guiados a Delfos por Apolo encarnado em um golfinho. *Hinos em Homenagem a Apolo*, I, p. 397 e ss. Apolo Delphinios como epônimo de Delfos em A. Bouché-Leclercq, op. cit., p. 55 e ss.; cf. também A. B. Cook, op. cit., p. 189.

25. A. Bouché-Leclercq, op. cit., I, p. 143.

26. Varrão, *Da Língua Latina*, v, II, p. 144. Em Delfos, centro de toda divinação, coincidem numerosos oráculos deste tipo. Encontram-se ali a serpente Píton, as águias libertadas por Zeus, o golfinho dos cretenses, as cabras que foram as primeiras a encontrar o abismo, etc.

RÔMULO UMA VEZ MAIS

Rômulo também se ateve a esta prática ao fundar Roma. "Se fosse grego", diz Fustel de Coulanges,

Rômulo teria consultado o oráculo de Delfos; se fosse samnita, teria seguido o rastro de um animal sagrado, como o lobo ou o pica-pau. Contudo, como era latino, vizinho dos etruscos e iniciado na ciência dos augúrios, pediu aos deuses que lhe revelassem a sua vontade por intermédio do voo das aves[27].

Por outro lado, dois dos autores que narram esta história acrescentam outro pormenor, de ressonâncias italiotas. Dizem que Rômulo e Remo concordaram em fundar a cidade perto do local em que tinham sido recolhidos pela loba. O ponto exato em que isso ocorrera, segundo o que se dizia, era o lugar do santuário Lupercal[28]. Ali os dois irmãos se separaram e cada um deles subiu ao topo de uma colina para observar as aves de bom augúrio. Nisso consistia a *inauguratio*[29], um ritual complexo. Compreendia uma oração[30], a designação de sinais e uma descrição do campo de visão do áugure. Ele procurava atentamente os sinais e, quando estes se manifestavam, determinava seu significado preciso. Os termos específicos aplicados aos atos culminantes eram *conregio, conspicio* e *cortumio*[31]. O áugure cumpria seu dever da

27. F. De Coulanges, op. cit., p. 153.

28. Plutarco, *Vida de Rômulo*, p. 35. Dionísio de Halicarnasso, I, p. 79. Cf. também G. de Sanctis, *Storia dei Romani* I, Roma, 1907, p. 187. Descrição das Lupercais em G. Lugli, *Roma Ântica*, Roma, 1946, p. 420-430.

29. Plutarco diz que Rômulo dirigiu-se ao Palatino, enquanto Remo foi ao Aventino (*Vida de Rômulo*, p. 35; cf. também Ovídio, *Fastos*, V, p. 145 e ss); este segundo lugar, no qual os auspícios não foram favoráveis, seria mais tarde consagrado à Bona Dea, cujos mistérios e culto não eram abertos aos varões (Plutarco, *Vida de Cícero*, p. 28; *Vida de César*, p. 9 e s.; Cícero, *Cartas a Pompônio Ático*, I, 12). De todo modo, o Aventino ficou fora do *pomoerium* (termo que analisarei posteriormente) de Roma até o reinado de Cláudio. Cf. Aulo Gelio, XIII, p. 14. Também L. Horno, *Rome imperiale et l'Urbanisme dans l'Antiquité*, Paris, 1951, p. 94. Cf. E. Gjerstardt, *The Fortification of Early Rome: Opuscula Romana* I, Estocolmo, 1941, p. 56, especialmente nota 1.

30. A oração distinguia entre a *inauguratio* realizada por um áugure num *auguraculum*, especialmente o do Capitólio (*ex arce*, como diz Lívio, IV, 18, VI; X, 7, X), e a *inauspicatio*, que podia ser feita por muitos outros magistrados. Assim, Sérvio, *Comentário sobre Virgílio, Eneida*, I, p. 402, sobre esta e outras diferenças entre os dois ritos. Acerca dos aspectos legais e institucionais dessa distinção, cf. P. de Francisci, *Primordia Civitatis*, Roma, 1959, p. 518 e ss. Cf. também Werner Muller, *Die Heilige Stadt*, Stuttgart, 1961, p. 38-39.

31. Varrão, *Da Língua Latina*, VII, 8. O texto aqui utilizado é o restaurado e interpretado por Edouard Norden em seu *Aus den Altrömischen Priesterbüchen*, Lund-Leipzig, 1939, p. 71 e ss.; ulteriormente corrigido por Kurt Latte em Augur und Templum in der Varronischen Auguraformel, *Philologus* XCVII (1948), p. 143-159, e Römische Religionsgeschichte, p. 42 n. 3. Cf., em contraposição, à leitura de R. G. Kent, *Varro on the Latin Language* I, Londres-Cambridge (Mass.), 1958, p. 275; P. Goidanich, *Il Tempio Augurale*: Historia XII (1934), p. 579-593; também W. Muller, op. cit., p. 40 e ss.

seguinte maneira: para a *conregio*, traçava sobre o solo um diagrama com seu bastão curvo, o *lituus*[32]. Lívio descreve esta parte do rito ao narrar a consagração de Numa como rei de Roma:

> O áugure, com a cabeça coberta, sentou-se à esquerda (de Numa), empunhando na mão um bastão curvo e sem nós chamado *lituus* [...] Rezou aos deuses (*deos precatus*) e traçou as regiões de leste a oeste, dizendo que as partes meridionais estavam à direita e as setentrionais, à esquerda[33].

A *conregio* consistia em delimitar as regiões e nomear pontos de referências que as circundavam, como árvores, enquanto o áugure apontava para cada um deles com o seu bastão. A *conspicio*, aparentemente, desenvolvia-se em paralelo à *conregio*. O olhar do áugure seguia a direção que seus próprios gestos marcavam e, ao abarcar de um golpe de vista a cidade e o território situado mais além, contemplava tudo e deste modo unia os quatro *templa* distintos num grande *templum* único, por meio da visão e do gesto. Como observa Lívio, "ele fixava em sua mente o sinal orientador[34] até onde seus olhos podiam alcançar"[35]. Ele mesmo determinava os marcos, se bem que em alguns casos este fossem estabelecidos pela tradição, depois de ter traçado o seu diagrama. Só então pronunciava a norma – *legem dixit*[36] – ou seja, anunciava o

32. O mesmo *lituus* com que Rômulo agiu na fundação de Roma era conservado na Cúria *saliorum*, no Palatino. Assim, Plutarco, *Vida de Camilo*, p. 216, e Cícero, *Sobre a Divinação* I, p. 30, que observa ademais que o termo *lituus* possuía um significado duplo, trombeta e vara, devido ao fato de que um bastão com a extremidade curva assemelha-se a uma trombeta. De fato, o *Tubilustrium* (23 de março) coincidia com a festa do descobrimento do *lituus Romuli*, depois que a *Curia saliorum* foi incendiada pelos gauleses. Tudo isso, juntamente com uma observação de João, o Lídio (*Sobre os Meses*, IV, p. 42), levou Mommsen (*Römischen Staatsrecht* III, Leipzig, 1881-1887, p. 386) a pensar que a vara fosse, na realidade, uma trombeta. G. Wissowa se mantém indeciso: *Religion and Kult der Römer*, p. 482, nota 1) sog. *Lituus Romuli der tatsächlich viel mehr* (als baculus) *eine Tuba war*". Este argumento é desconsiderado, um tanto sumariamente, por N. Turchi, *La Religione di Roma Ântica*, Bolonha, 1939, p. 82-83. Acerca da origem etrusca do *lituus*, no sentido em que era uma vara com a extremidade curva, cf. K. Latte, op. cit., p. 157, n. 3. W. Muller, op. cit., tenta provar a origem exclusivamente indo-europeia da vara augural e descarta suas origens etruscas, na minha opinião, sem conseguir prová-lo. Sobre o simbolismo do *lituus* e da vara em geral, cf. Cícero, *Sobre a Divinação*, ed. A. S. Pease, Urbana, III, 1920, p. 190 e ss. E, mais em geral, F. J. M. de Waele, *The Magic Staff or Rod in Graeco-Italian Antiquity*, Haia, 1927; também E. Benveniste, *Le vocabulaire des Institutions Indo-Européennes* I, Paris, 1963, p. 29 e ss (tradução inglesa: E. Palmer, *Indo-European Language and Society*, Londres, 1973).

33. Lívio, I, 18; ver comentário minucioso deste trecho em H. J. Rose, "The Inauguration of Numa", *Journal of Roman Studies*, XIII (1923), p. 82-90.

34. *Signum... animo finivit*: parece ser um termo técnico da divinação; cf. E. Norden, op. cit. P. 84.

35. Tanto Varrão, loc. cit., VII, 8, como as Tábuas Iguvinas (VI a, 1 e ss), especificam tais signos.

36. Sérvio, *Comentário sobre Virgílio, Eneida*, III, p. 89; Festo, s. v. *Templum*.

assunto sobre o qual dispunha-se a decidir e os acidentes que deveriam ser interpretados como prodígios. Prossegue Lívio: "

> Depois de passar seu báculo (da direita à esquerda), o áugure colocou sua mão direita sobre a cabeça de Numa, e orou: "Pai Júpiter, se é justo (*fas*) que este Numa Pompílio, cuja cabeça toco, seja o rei de Roma, que teus sinais se mostrem claros e inequívocos dentro dos limites que assinalei".

Anunciou então quais os sinais que desejava obter[37]. Estes foram enviados, Numa foi devidamente proclamado rei, e todos desceram do lugar elevado sobre o qual os auspícios tinham sido recebidos.

O TEMPLUM

A competição entre Rômulo e Remo foi decidida em virtude do aparecimento de abutres voando. Rômulo ganhou porque viu um número maior deles[38], se bem que a tradição não se mostre unânime neste ponto. De qualquer modo, quando os animais portentosos surgiram, o áugure teve de avaliar o evento conforme as regras de sua ciência. Nisso consistia a *cortumio*[39], e com ela, toda a cerimônia da *contemplatio* era finalizada[40]. A *contemplatio* assim era chamada pelo diagrama que o áugure havia traçado, o seu *templum*, termo solene, diz Norden, que se havia convertido em motivo de discórdia entre os eruditos. Recorrerei

37. Lívio, I, 18. Outra fórmula, muito mais elaborada, de uma *lex* augural, é conservada nas Tábuas Iguvinas; este conjunto incompleto de lâminas de bronze inscritas com fórmulas rituais, foi descoberto em Gubbio no ano de 1444, e muito escreveu-se sobre tal documento. Devemos sua mais recente edição com comentários a Ambrose Josef Pfiffig, *Religio Iguvina*, Osterreichische Akademie der Wissenschaften, Philosophisch – Historische Klasse, Denkschriften 84, Viena, 1974. Porém, cf. também *Tabulae Iguvinae* I, ed. G. Devoto, Roma, 1937; I. Rosenzweig, *Ritual and Cults of Pré-Roman Iguvium*, Londres, 1937.

38. Aqueles abutres foram muitas vezes identificados com a águia romana. Esperaria-se o surgimento de uma ave identificada com a divindade protetora da cidade (como a águia com Júpiter), mas aparentemente, o abutre aqui é interpretado como uma ave de bom agouro em geral. Os augúrios derivados das águias e dos abutres eram muito diferentes. Assim, Sérvio, *Comentário sobre Virgílio, Eneida* I, p. 398; cf. também Plutarco, *Questões Romanas*, p. 93 e 286; Apolodoro, I, 9, XII e Escólios; Homero *Odisseia*, XI, p. 287-290; também A. Bouché-Leclercq, *Histoire de la Divination*, p. 134. Um eco curioso da lenda foi a identificação de alguns dos ossos encontrados por Boni na "Tumba de Rômulo" (i. e., sob o Lapis Niger) no Fórum, no ano de 1899, como os de um abutre, uma ave que, segundo observou Plutarco, era muito rara na Itália; cf. G. A. e A. C. Blanc, "Bones of a Vulture", *Natura* CXXVIII (5 de julho de 1958), p. 66. Sobre o abutre como ave de bom agouro em Roma, cf. Plutarco, *Vida de Rômulo*, p. 35.

39. Sobre este termo, cf. K. Latte, op. cit. e E. Norden, op. cit.; também v. Pisani, "Cortumio", *Glotta* XXXIV (1955), p. 296; "Demnach wird c. in der Auguralsprache das Koordinieren der verschiedenen Zeichen oder fines usw. Seitens des Augurs bezeichner haben".

40. A demarcação da *contemplatio* como elemento ritual não figura claramente descrita em nenhuma autoridade antiga.

em primeiro lugar a um antigo autor, Varrão, que até agora foi de grande valia. Ao analisar as palavras que denotam distintos lugares, começa por *templum* e cita um verso de Ênio referente a Rômulo: "Haverá um que elevareis até os resplandecentes templos do céu". E prossegue: "*Templum* é usado de três modos distintos: com referência à natureza, à divinação e à semelhança; com referência à natureza, no céu; com referência à divinação, sobre a terra; com referência à semelhança, no subterrâneo"[41]. Ele deriva essa palavra de *tueri*, olhar, perscrutar, encarar, observar. Os etimologistas modernos, no entanto, tendem a estabelecer uma conexão entre *templum* e a palavra grega τέμενος (*temenos*), um recinto sagrado, que por sua vez deriva de τέμνω (*temno*), eu corto, talho, golpeio. A partir destes dados, sugeriu-se que o termo implica inclusive a ideia de uma cabana fixa, de tábuas de madeira serradas e cortadas, de onde se observava os augúrios[42]. Tudo isso, porém, me afastaria do argumento e, de todo modo, existe aqui claramente uma analogia. *Temenos* é um pedaço de terra definido por limites e dedicado a um propósito particular, um santuário. Varrão, ao analisar o *templum* terrestre, diz que era "um lugar preparado conforme certas fórmulas definidas de palavras para o recebimento dos auspícios ou dos augúrios"[43]. Todavia, como o próprio Varrão dá a entender mais adiante, neste mesmo trecho, o termo tinha outras aplicações mais amplas e gerais. Um *templum* podia ser qualquer espaço separado para determinadas funções do Estado e da religião. Por exemplo, um *senatusconsultum* não era válido a menos que tivesse sido promulgado dentro de um *templum,* entre o nascer e o pôr do sol[44]. Do mesmo modo que a tenda do general erguida num acampamento romano chamava-se *auguraculum,* pela tenda do áugure, que este às vezes erigia sobre o *templum*, para que o próprio acampamento pudesse ser considerado um *templum.* À semelhança de toda cidade devidamente consagrada, e até mesmo de certas regiões rurais, estava certamente *liberatum et effatum,* livre de influências malignas e consagrada[45]. O *templum* normal, segundo Varrão, "deveria ter uma cerca contínua e não mais de um acesso"[46]. A

41. Varrão, *Da Língua Latina*, VII, 7.

42. S. Weinstock, "Templum", *Mitteilungen des Deutschen Archäologischen Institut, Römische Abteilung*, XLVII (1932), p. 95-121; p. 100 e ss. Em que se supõe que *templum*, na linguagem de Vitrúvio, significa "viga cruzada".

43. Se bem que isso não era válido para todos os lugares deste tipo, como no caso do templo de Vesta: Aulo Gelio, XIV, 7.

44. Idem.

45. Cícero, *Sobre as Leis*, II, 8, XXI. O termo *effatus* é quase que intraduzível. Festo, s. v., sugeriu que *effatus* e *liberatus* eram termos praticamente equivalentes; com certeza eram complementares. Sérvio o explica de forma mais restrita (em *Comentário sobre Virgílio, Eneida*, III, p. 463; VI, p. 197), e o mesmo fizera anteriormente Varrão, *Da Língua Latina*, p. 53. Pode ser que "consagrado", termo aqui utilizado, implique um certo anacronismo. No latim existe, obviamente, a palavra *consecratus*, da qual o moderno "consagrado" se aproxima mais.

46. Varrão, *Da Língua Latina*, VII, 13.

cidade, a *urbs*, por sua vez, tinha por exigências rituais três entradas, mas era indubitavelmente um *ager effatus*, um "lugar que fora consagrado"[47], partilhando muitas de suas características com o *templum*. Sem atribuir importância excessiva ao tema, vale a pena enfatizar o valor desta ideia de "separação". "Esta insistência", diz Kurt Latte, "sobre uma área cercada purificadora é característica do pensamento religioso romano"[48]. Contudo, a cidade e o *templum* compartilhavam outras características, à parte o fato de a primeira ser ritualmente cercada. A mais importante delas era a *conrectio*, a divisão em quatro partes, como as do diagrama traçado pelo áugure, assim como a reunião das quatro partes mediante a fórmula e o gesto. Num lugar a partir do qual pudesse desfrutar, sem obstáculos, da visão das redondezas[49], o áugure desenhava uma figura dividida em quatro partes, para a frente e para trás, à direita e à esquerda, separada por linhas que iam de leste a oeste, de norte a sul[50]. Escolhi deliberadamente uma descrição mais nebulosa, em vez de dizer que se tratava de um círculo dividido em quatro partes por linhas que iam de norte a sul e de leste a oeste, pois no contexto da divinação, as palavras direita e esquerda, para frente e para trás são termos técnicos, o que suscita outro problema: Qual era exatamente a figura que o áugure desenhava e dividia? Certamente possuía um contorno, e todos os indícios assim o asseguram. Varrão fornece implicitamente a pista essencial ao levar em consideração o *templum* celeste em primeiro lugar[51]. Este era circular e estava dividido em quatro partes. Muitos povos antigos, inclusive os romanos, é claro, acreditavam que a Terra era circular e

---

47. Aulo Gélio XIII, p. 14. Cf. Também G. Wissowa, *Religion und Kultus der Römer*, p. 455 e ss.

48. K. Latte, *Römische Reliongeschichte*, p. 41.

49. Festo, 38 M. Sobre a destruição do bloco de andares que Tito Cláudio Centual vendeu a Públio Calpúrnio Lanario, e que atrapalhava a visão a partir do *auguraculum* capitolino (se bem que estivesse situado sobre o Célio, ou seja, a um quilômetro e meio de distância), cf. Cícero, *Sobre os Ofícios*, III, p. 66.

50. Para um estudo abrangente deste sistema, cf. H. Nissen, *Das Templum*, Berlim, 1869. Mais recentemente, foi abordado de novo por S. Weinstock, em "Martianus Capella and the Cosmic System of the Etruscans", *Journal of Roman Sudies* (1946), pp. 101-109. Os pontos de vista de Weinstock são criticados em A. Grenier, *Les Religions de l'Europe ancienne*. As divisões para frente – para trás e esquerda-direita costumavam ser associadas aos pontos cardeais. Segundo P. Goidanich, op. cit., p. 25 e ss., o áugure ficava no *decussis* do *templum*, É muito mais verossímil que ficasse precisamente na extremidade "norte" do mesmo, de frente para o "sul", ou seja, ao longo do cardo. É difícil, para mim, conciliar a ideia do áugure situado no centro do *templum* observando, com tudo o que sabemos a respeito de seu modo de atuar. O áugure observava os sinais tendo a cabeça coberta; todos os textos concordam em afirmar que devia prestar a máxima atenção ao que via. Tinha que permanecer, sentado ou de pé, completamente imóvel (Sérvio, *Comentário sobre Virgílio, Eneida*, VI, p. 197); não podia, por conseguinte, ter o *templum* ao seu redor, mas diretamente à sua frente.

51. Varrão, *Da Língua Latina*, VII, p. 6 e ss.

que o céu formava sobre ela uma abóbada ou cúpula[52]. Já se discorreu tanto a esse respeito que não há necessidade de voltar ao tema.

A associação entre o *templum* celeste e sua linhas divisórias suscita ainda outro problema não resolvido, concretamente, o da relação entre as linhas divisórias do *templum* e os pontos cardeais. Trata-se de uma questão que nunca foi examinada como deveria. Varrão decididamente situa o áugure no ponto "norte" do seu diagrama, de frente para o "sul"[53]. Frontino, aplicando a mesma terminologia à agrimensura e alegando explicitamente ter utilizado o sistema dos arúspices, dá ao esquema de Varrão um giro de noventa graus, de forma que o agrimensor e o arúspice estavam de frente para o oeste. Se bem que concordassem no que concerne à terminologia para designar as linhas do augúrio e da agrimensura (cardo e *decumanus*), aplicavam os termos com que desig-navam os quartos (direita e esquerda, para cá e mais além) de maneira completamente distinta[54]. Infelizmente, o sistema suscita problemas ainda mais complexos, como demonstrado pelo minucioso relato de Lívio acerca da coroação do rei Numa. Seguindo explicitamente o exemplo de Rômulo na fundação da cidade, Numa ordenou que fos-sem consultados os augúrios revelados pelas aves: "Um áugure, cujos serviços nessa ocasião foram posteriormente recompensados com a concessão de um sacerdócio permanente no Estado, acompanhou Numa até a cidade (i. e., o Capitólio, presumivelmente onde o *auguraculum* foi depois erigido), onde sentou-se sobre uma pedra de frente para o sul". Em seguida, Lívio descreve a cerimônia que já analisei[55]. Refiro-me a ela aqui uma vez mais como "tipo" de procedimento augural, que, apesar da análise, permanece tão hermético como a própria ciência dos áugures, que era secreta[56]. Entretanto, algo ficou esclarecido acerca do caráter do *auguraculum*, já que os de algumas cidades romanas foram

52. Cf., por exemplo, R. Eisler, *Weltmantel und Himmelszelt*, Munique, 1910, *passim*; ou E. Baldwin Smith, *The Dome*, Princeton, 1950.

53. Varrão, op. cit, VII, p. 7.

54. Julio Frontino, *Sobre os Limites*, O. Thulin, (ed.), p. II. Sobre a diferença entre os dois sistemas direcionais, cf. O. A. W. Dilke, *The Roman Land Surveyors: an Introduction to the Agrimensores*, Londres, 1971, p. 32 e ss. Ver também infra, nota 58.

55. Ver infra, p. 36-37

56. Mesmo que subsistam inúmeros detalhes da prática augural, comenta Var-rão, talvez num tom áspero, que *augures augurium agere dicuntur, quam in eo plura dicant quam faciant*; é dito que os áugures *praticam* os augúrios, se bem que neles é mais o que dizem do que o que fazem (Varrão, op. cit. VI, p. 42). Em sua defesa dos direitos dos plebeus frente aos patrícios, o tribuno C. Canuleyo, dirigindo-se ao senado no ano de 445 a.C., atribuía a fundação dos colégios tanto augurais como pontificiais nativos a Numa; tal como sugerem os cronistas, supõe-se que até então, os adivinhos e peritos em práticas rituais eram estrangeiros, ou tinham aprendido sua arte fora de Roma. Lívio, que relata o discurso de Canuleyo (IV, 4, II), apresenta também a coroação de Numa, citada no texto, como um "tipo" de prática augural. Este texto foi minu-ciosamente analisado por S. Weinstock em "Templum", *Mitteilungen des Deutschen Archäologischen Institut, Römische Abteilung*, XLVII (1932), p. 99 e ss.

examinados; como elas, os *auguracula* não possuíam uma orientação fixa[57]. Na verdade, é como se as linhas divisórias do *templum* traçadas pelo áugure estivessem, à semelhança das linhas mestras posteriores dos agrimensores, relacionadas fortuitamente aos pontos cardeais. Apesar disso, os termos esquerda-direita, para frente-para trás, aparentemente já haviam passado, na época imperial, para o discurso comum, como sinônimos dos pontos cardeais[58].

Os textos não dizem com absoluta clareza como o áugure desenhava seu diagrama ou a posição que ocupava com relação a ele. Às vezes, o desenhava gesticulando com seu bastão no ar: Sérvio diz ex-

Vários autores pressupõem, com base na autoridade de G. Wissowa (*Religion und Kultur der Römer*, p. 452), que o áugure ficava de frente para o leste, enquanto o rei olhava para o norte. Entretanto, é suficiente observar o mapa de Roma e o lugar que nele ocupa o *auguraculum* capitolino para verificar que isso é impossível. Nem o *auguraculum* capitolino e nem os *auguracula* restantes conhecidos (em Cosa, Iguvium, Norba) davam vista aos pontos cardeais. O traçado do *Templum*, por conseguinte, não era o reconhecimento da ordem cósmica pelo áugure, nem tampouco sua projeção sobre o *auguraculum*. Uma tradução mais exata do literal "declarou que a parte frente ao sul era a 'direita', e a parte para o norte era a 'esquerda'(*dextras ad meridiem partes, levasque ad septemtrionem esse dixit*)" significa exatamente o oposto: "Chamou as partes que tinha à sua direita 'sul' e as que tinha à esquerda, 'norte'". Lívio, consequentemente, segue a ordem do *templum* de Frontino, e não a de Varrão. Este tema foi analisado em outro contexto por A. J. Frothingham, "Ancient Orientation Unveiled", *American Journal of Archaelogy*, XIX (1915), p. 55-76, 187-201, 313-336 e 420-448. Parece estar correto ao sugerir que os termos *sinistra, dextra, postica, antica* referiam-se a uma divinação abstrata do universo, e não ao espectador e sua posição. Encontramos inúmeros ecos a respeito disso sob formas muito distintas e em diversos lugares do mundo; cf. L.Frobenius, *Kulturgeschichte Afrikas*, Zurique, 1933, p. 232 e ss. O sistema de "dividir em quatro" é bastante conhecido em todas as formas de divinação, antigas e modernas: a divinação pela bola de cristal, leitura dos sedimentos do chá etc., ainda que não se leve em consideração na projeção estatística e outras formas da futurologia. A prática generalizada da divinação "por quartos" induziu alguns autores a pensar que se trata de um esquema generalizado. O proposto por Frothingham dependia de duas direções principais: a norte, que implica uma direita "afortunada" (Índia, Grécia, gótica), enquanto ao sul implicaria uma esquerda "afortunada". Em ambos os casos, a boa sorte provinha *ex oriente*. Frothingham, no entanto, tinha dúvidas a respeito desta conclusão. Mais recentemente, sugeriu-se que a direção leste-oeste é a mais "primitiva"; assim, O. Meneghin, *Weltgeschichte der Steinzeit*, Berlim, p. 100; também G. R. Levy, op. cit, p. 146 e ss. Talvez a base mais útil para analisar a concepção religiosa do espaço e o valor, a ela associado, da orientação sejam ainda os escassos parágrafos dedicados ao tema por E. Durkheim, *The Elementary Forms of the Religious Life*, Nova York, 1961, p. 23 e ss.

57. Assim, em Roma dava ao ESE; em Norba, ao SSO; en Uguvium, ao SE; em Cosa, ao ENE. O sistema dos agrimensores, tal como apresentado por Frontino, não era, apesar de tudo, normativo; aparentemente, os agrimensores utilizavam com muita frequência uma versão espelhada do mesmo. Cf. A. Piganiol, *Les Documents Catastraux de la Colonie Romaine d'Orange*, Gallia, suplemento 16 (Paris, 1962), p. 42 e ss. Referências textuais em R. E., s.v *Auguratorium, Auguraculum*.

58. Festo, s. v. *Posticum* (276). Sobre a dificuldade de traduzir esses termos, no entanto, cf. A. Piganiol, op. cit., p. 44, n. 3.

plicitamente que era proibido aos áugures fazê-lo apenas com a mão, e que tinham que usar o *lituus*[59]; em outras ocasiões ele com certeza parece ter traçado o diagrama sobre o chão[60]. É possível que as duas operações fossem consideradas essenciais. A referência aos pontos cardeais era obrigatória – pelo menos de modo nocional – para os agrimensores, quando não para os áugures. O frontispício de um dos mais antigos tratados de agrimensura deixa isso bastante claro. Trata-se de um círculo estelar que representa o céu dividido em quatro partes, do mesmo modo que o áugure dividia seu círculo diagramático[61]. O tamanho do diagrama nada tinha a ver com o seu poder, já que seu trabalho era analógico. Ele operava *ex parvo in magnum*, de forma que as divisões e os limites do céu eram transferidos do pequeno diagrama por ele desenhado para a paisagem que o áugure contemplava no seu *conspicio*. As diversas fórmulas, como a de Varrão e as das Tábuas Iguvinas, são um registro, quase uma cópia, do que o áugure *dizia*, mas não podem ser utilizadas como evidência da espécie de diagramas que ele *desenhava*, como quiseram fazer certos pesquisadores. Os marcos da paisagem, que as diversas fórmulas designavam, situam-se, às vezes, a grande distância. Não tem sentido afirmar que toda vez que a operação augural era repetida (e isso ocorria diariamente), o áugure era obrigado a traçar com seu bastão linhas de centenas de metros. O desenho do diagrama tinha por objetivo estabelecer a ordem geral do céu num lugar determinado, em cujo centro se situava o áugure. Tal coisa sucedia no momento em que o grande templo do céu ficava condensado na forma ideal do diagrama, e a ordem celeste era em seguida projetada sobre o território que o áugure contemplava, mediante a fórmula ritual. É por esta razão que nunca nos é dito que forma o *templum* terreno deveria assumir, embora Varrão o descreva como "um lugar separado para os augúrios ou para receber os auspícios, delimitado por uma fórmula encantatória que não é a mesma para cada lugar", e neste mesmo contexto se refira àquela que foi concretamente utilizada no *auguraculum* do Capitólio[62]. Em outro trecho ele relata[63] que todo *templum* deveria ter uma área cercada, quebrada num único ponto. Quando o *templum* era estabelecido permanentemente deste modo, com uma cerca ou um muro, era chamado de *templum minus*[64], e essa designação passou a ser aplicada exclusivamente (sem a qualificação *minus*) ao que agora chamamos de templos. Mas o *templum* augural podia ser erigido em qualquer lugar e não precisava estar materialmente cercado. Em determinados lugares podia ter limites materiais visíveis e permanentes,

---

59. Sérvio, *Comentário sobre Virgílio, Églogas*, IX, p. 15; *Eneida*, VII, p. 187.
60. Ver supra, nota 56.
61. No *Codex Arcerianus*, cf. fig. 6.
62. Varrão, *Da Língua Latina*, VII, p. 8.
63. Idem, p. 13.
64. Festo, s. v. *Minora templa*; cf. A. Bouché-Leclercq, *Divination*, IV, p. 197 nota 1.

mas esses não estabeleciam o seu contorno real. O *templum* ficava delimitado pelas palavras do encantamento, pelos *verba concepta* que traçavam uma rede mágica ao redor dos marcos da paisagem que o áugure designava. Era essa designação, e não o esquema traçado sobre o solo com a ajuda de uma vara, que fixava os limites do *templum*. Tais cerimônias e rituais não se aplicavam apenas em casos especiais, mas em toda ocasião em que os romanos deveriam abordar questões de localização. O acampamento militar, por exemplo, estava relacionado com o *templum* augural. Também contava com limites permanentes e se achava cuidadosamente orientado, como explicou Políbio[65], tendo como referência um mastro branco situado no centro do *praetorium*, o quartel-general do acampamento. Ao lado do mastro ficava o *auguraculum*, a tenda do general, de cuja porta este lia os presságios; à esquerda ficava a tribuna, da qual ele dirigia-se aos seus soldados, depois de ter conseguido averiguar a vontade dos deuses.

Plínio relata um método primitivo de orientação[66]. Referindo-se a este tema (não com propósitos divinatórios, mas para o tipo de previsão rural que segue o bom senso), ele recomenda projetar a própria sombra na sexta hora (i.e., ao meio-dia), ficando de frente para o sul, e então virando em seguida para o norte, de modo a poder ver a sombra:

pelo centro desta, abre um sulco com a ajuda de uma enxada, ou traça uma linha de vinte pés de comprimento, por exemplo, com cinzas. Na sua metade, ou seja, no décimo pé, faz um pequeno círculo, que é chamado umbigo (*umbilicus*). A direção da ponta da sombra será a do vento norte. Cortando a metade daquela, traça outra (linha) que irá do nascer equinocial ao pôr-do-sol equinocial. O limite que corta o campo nessa direção é denominado *decumenus* [...] outras duas linhas oblíquas deverão ser traçadas através desta interseção (*decussis*) [...] passando todas elas através do mesmo *umbilicus*, todas iguais e com distâncias equivalentes entre si.

Plínio sente-se obrigado a desculpar-se por este método ser adequado apenas para pessoas simples do ponto de vista técnico, mas sugere que os mais entendidos poderão ter este diagrama, essencial para determinar a direção dos ventos, registrado permanentemente numa espécie de tábua.

Vitrúvio descreve a construção desta espécie de "rosa dos ventos" em grandes pormenores[67]. A rosa dos ventos de Vitrúvio é mais detalhada que a de Plínio, tendo dezesseis divisões em vez de oito. Estes

65. Políbio, vi, 27, ii; também Flávio Vegetio Renato, i, p. 23. Cf. H. Nissen, op. cit., p. 25-53; F. W. Wallbank, *Commentary on Polybius* i, Oxford, 1957, p. 712; U. Antonelli, "Sull'Orientamento dei Castra Praetoria", *Bullettino della Commissione Archaelogica di Roma*, xli (1913), p. 31 e ss. Materiais mais recentes em G. Zanghieri, "Castro Pretorio", *Bullettino deel'Istituto Storico dell'Arma del Genio* (1948), p. 30 e ss.; F. Castagnoli, *Ippodamo di Mileto e l'Urbanistica a Pianta Ortogonale*, Roma, 1956, p. 94-103, insiste na origem grega dos acampamentos romanos, que Políbio negava explicitamente.

66. Plínio, *História Natural*, xviii, p. 326.

67. Vitrúvio, i, 6, 12; cf. também fig. 9.

dezesseis compartimentos dos ventos estão, naturalmente, relacionados às dezesseis divisões do céu na divinação etrusca[68]. A busca de novas analogias (como a dos dezesseis nomes de Osíris) me levaria a especulações demasiado sutis[69].

OS AGRIMENSORES

O método de orientação proposto por Plínio pertence ao acervo do saber rural. Vitrúvio, por sua vez, descreve um sistema muito mais preciso, que era utilizado pelos agrimensores e planejadores[70], ao passo que seu quase contemporâneo, o agrimensor Higino (Gromático) condena o método primitivo de Plínio como sujeito a erros, recomendando o procedimento habitual entre os agrimensores como o único que assegura a exatidão, o que de fato acontece[71].

Os agrimensores romanos operavam do seguinte modo: colocava-se um *sciotherum*, uma vareta de bronze vertical, no centro de um círculo traçado provavelmente numa placa de mármore. Observava-se imediatamente a sombra projetada pela vareta, e os dois pontos em que seu extremo tocava a circunferência do círculo antes e depois do meio-dia eram marcados e unidos com uma corda; a corda era cortada perpendicularmente com uma linha que unia este ponto à base da vareta; esta linha era o cardo, ao passo que a mesma corda era o *decumanus*[72]. Uma vez estabelecidos os eixos principais, ou aceita a orientação fornecida por alguma característica notável do lugar, como uma via principal do tipo da Via Emilia, que percorria o lugar em questão, o agrimensor trabalhava com um instrumento chamado groma ou *gnomon* (o *sciotherum* também era denominado *gnomon*, o que gerou uma certa confusão). Este era um instrumento complexo: consistia de uma cruz de braços metálicos (*stella*) em cujas extremidades estavam pendurados fios de prumo; a cruz era colocada horizontal e excentricamente sobre uma armação de madeira (*ferramentum*), de forma que ficasse situada diretamente sobre um tabuleiro no qual se havia traçado outra cruz (*decussis*), cujas linhas

68. Cf. S. Weinstock, Martianus Capella and the Cosmic System of the Etruscans, *Journal of Roman Studies*, xxvi (1946), p. 101 e ss.; M. Pallottino, *The Etruscans*, Harmondsworth, 1956, p. 164-166.

69. Poderia relacionar-se também com os dezesseis compartimentos do Panteão e com as dezesseis cabeças da lâmpada em forma de górgona de Florença. Cf. L. Hautecoeur, *Mysique et Architecture*, Paris, 1948, p. 167-168; E. Lefebvre, *Rites Egyptiens*, Paris, 1980, p. 38; ver também infra, p. 44.

70. Vitrúvio, i, 6, vi e vii.

71. Higino Gromático, *DoTraçado dos Limites*, C. O. Thulin (ed.), p. 102.

72. Os métodos de orientação estão ilustrados nos manuscritos dos agrimensores; cf. C. O. Thulin, *Corpus Agrimensorum Romanorum*, figs. 102-106. No Museu de Praga é conservada atualmente uma placa de pedra que se supõe seja parte de um instrumento de agrimensura, encontrada em Roma (?) (cf. Philologus. [1931], p. 199). Está dividida em dezesseis seções e leva doze nomes de ventos.

6. O Templum do Céu. *Miniatura que ilustra o texto de Higino Gromático*, Constitutio Limitum, *no mais antigo dos manuscritos subsistentes do* Corpus Agrimensorum, *o* Codex Arcerianus, *coletânea de escritos sobre agrimensura do século* vi. Corpus Agrimensorum Veterum, *Wolfenbüttel, Herzog-August Bibl., Guelferb 2403, Aug. f. 36,23, p. 41 recto.*

7. Cruz de bronze, com a inscrição Antiqua/Postiqua. *Encontrada afixada a um bloco de pedra no Templo de Esculápio, em Lambesis, no norte da África. Segundo Paul Monceaux, Note sur une Croix de Bronze trouvée à Lambèse, em* Comptes-Rendus de l'Academie des Inscriptions et Belles-Lettres, *Paris, 1920, p. 179 e ss.*

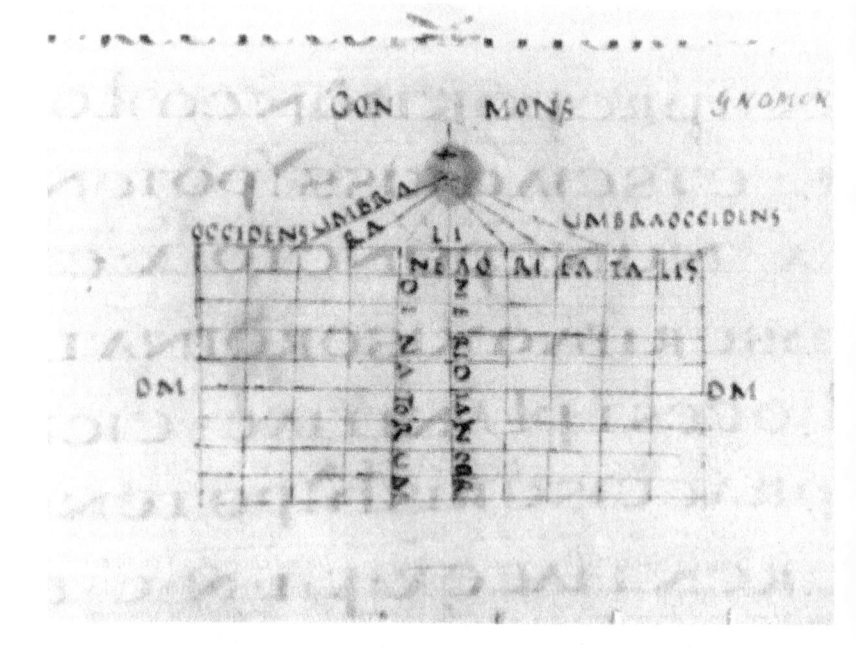

8. O GNOMON DO AGRIMENSOR *(assinalado como "com mons") em relação com uma área centuriada. Este diagrama confuso mostra o instrumento do agrimensor situado dentro de um círculo onde foi cortado sete vezes pela sombra. Ilustra um trecho na obra de Higino Gromático, e as linhas das sombras foram unidas erroneamente com as divisões regulares do terreno. A palavra escrita no extremo direito deve ser lida "oriens", em vez de "occidens". O meridiano é a linha que une o centro do círculo e a corda que marca a bissetriz, ao passo que os "cardines" restantes estão paralelos a ela. Os "decumani" (apenas o principal está aqui assinalado por "DM") estão simplesmente cortados em ângulos retos. Os "umbrae" são impressões e não foi feita qualquer tentativa para que coincidam com os cardines diagramáticos.* Codex Arcerianus 53 r.

9. La figura dello amussio discussato oice (cioe?) intersecato et le scompartitioni del'hore del giorno et de la notte (A ESFERA DO QUADRANTE SOLAR DIVIDIDA, isto é, intersectada, e as divisões das horas do dia e da noite). L'amussio collocato a la libella (O quadrante solar nivelado). Ilustrações da "rosa dos ventos", de acordo com Vitrúvio. Gravuras da edição de Giambattista Carporali, 1536, Perúgia.

10. Fragmento de uma "ROSA DOS VENTOS" ROMANA da época imperial tardia. Os nomes dos ventos são dados em grego e em latim: os números do anel interior referem-se às regiões do céu de acordo com a disciplina etrusca. Segundo Philologus, v. LXXXVI, seção a, Leipzig, 1931, p. 200. Museu da Universidade, Praga.

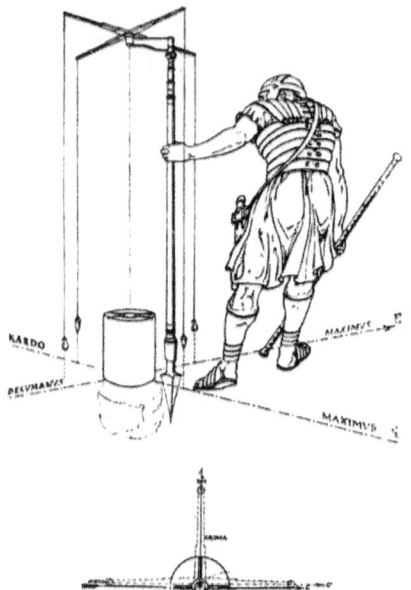

11. O Agrimensor Romano em seu Trabalho. *Desenho de reconstrução de P. Frigerio, Antichi Istrumenti Technici, Como, 1933.*

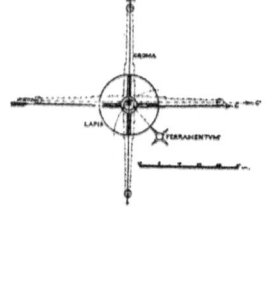

12. Os Instrumentos do Agrimensor Romano. A estela do agrimensor Lucius Aebutius Faustus, *Ivrea, norte da Itália. O relevo mostra uma groma desmontada e os símbolos da autoridade de Ebutio. De H. Schone, em* Jahrbuch des kais, Deutsch. Archäol. Inst. 16, *1901; O. A. W. Dilke,* The Roman Land Surveyors, *David and Charles, Newton Abbot, 1971.*

maiores se fazia coincidir com o eixo (cardo ou *decumanus*) previamente escolhido pelo agrimensor. As linhas eram depois estabelecidas visualmente[73]. A *stella* situada sobre o *gnomon* era para o agrimensor o mesmo que o *templum* para o áugure: uma espécie de "essência" do seu método. De fato, parece que nos umbrais dos *templa minora*[74] costumava-se fixar uma *stella* de bronze, e é até possível que o *lituus* augural tivesse nele fixada uma pequena *stella*[75].

ARUSPICAÇÃO

Prosseguia-se com a prática dos auspícios. No mesmo dia e no mesmo lugar ou, se os deuses não se mostrassem propícios, em dia e lugar mais favoráveis, era oferecido um sacrifício[76]. Examinava-se as entranhas, especialmente o fígado, e talvez também os intestinos, do animal sacrificado, em busca de novos presságios. Disto se encarregava um adivinho de categoria especial, o arúspice, ou adivinhador pelo fígado. Do mesmo modo que acontecia com os auspícios, a tradição atribuía uma origem etrusca à aruspicação, e esta prática manteve-se até o início da era cristã. O exame das entranhas dos animais sacrificados em busca de bons presságios era uma prática universal[77]. O método específico da adivinhação pelo fígado parece ter suas origens remotas na Suméria, de onde se difundiu para os hititas e outros povos[78]. No contexto da religiosidade primitiva, essa forma de adivinhação[79] não era estranha. O fígado é um órgão volumoso e delicado que, em todo momento, contém uma sexta parte do fluido vital, o sangue. Por essa razão, o fígado era considerado como o centro da vida, depreendendo-se daí que em todo animal consagrado aos deuses, cujos menores movimentos eram observados ansiosamente, o fígado, como foco do seu

73. Sobre o *groma-gnomon*, cf. O. A. W. Dilke, op. cit., p. 66, onde se encontrará a mais recente exposição sobre instrumentos romanos de agrimensura; cf. A. Piganiol, op. cit., 44, n. 2; cf. também *R. E.*, s.v. "Groma".

74. Festo, p. 351. Cf. também W. Müller, *Die Heilige Stadt*, Stuttgart, 1961, p. 44.

75. *Real-Encyclopädie der Klassischen*, s. v. *Limitatio*; W. Müller, op. cit., p. 43, n. 32.

76. As celebrações realizadas com a fundação de Roma não caiam na mesma data; a festa do dia oficial do nascimento de Roma, as *Parilia*, era comemorada em 21 de abril, ao passo que a morte de Remo, *Remuria* (*Lemuria*), ia de 9 a 13 de maio; cf. Ovídio, *Fastos*, IV, 8064; V, 455 H.

77. Cf., por exemplo, Estrabão, III, 3, VI (Lusitania); Cristóbal de Molina, *Fables and Rites of the Incas*, Londres, 1933, p. 48; J. Warneck, *Religion der Batak*, 1909, p. 110 e ss.

78. G. Furlani, "Epatoscopia Babilonense y Epatoscopia Etrusca", em *Studi Materiali per la Storia delle Religioni*, VI, 19-28, p. 251; também W. Warde Fowler, *Roman Essays and Interpretation*, 1926, p. 146 e ss. (particularmente paralelos com Bornéu), e sobre a origem mesopotâmica da hepatoscopia indonésia. A. L. Kroeber, *Anthropology*, 1923, p. 209; também H. Lowie, *Primitive Religion*, 1924, p. 183.

79. M. Jastrow, *Aspects of Religious Belief and Practice in Babylonia*, 1911, p. 159 e ss.; também H. E. Siegrist, *History of Medicine* I, Nova York, 1951, p. 488 e ss.

ser, convertia-se numa espécie de espelho do universo no momento do sacrifício[80]. Vale a pena observar que na Mesopotâmia, as ovelhas (que eram o animal mais comumente sacrificado) eram propensas a contrair uma enfermidade que deixava marcas visíveis no fígado; sugeriu-se que chegou a ser desenvolvido um sistema de "correspondências" entre aqueles sinais e os acontecimentos externos. Em algum momento, aquele saber foi codificado, de modo que sua prática adquiriu o aspecto de um "ofício" que tinha suas próprias escolas e seus adivinhos licenciados, seus históricos de casos e disputas sobre a interpretação. A "inspiração" nada tinha a ver com tudo isso.

Ainda que numerosos documentos relacionados com essa prática subsistam[81], é muito pouco o que sabemos acerca das normas e procedimentos práticos da adivinhação pelo fígado na Mesopotâmia. Nossos conhecimentos sobre o sistema etrusco são ainda menores. O mais importante dentre os documentos etruscos conservados é um modelo de fígado em bronze, atualmente no museu de Piacenza. Quase todos os pesquisadores opinam que este modelo era utilizado para fins didáticos em alguma escola de divinação, enquanto outros o consideram um simples amuleto. Seja qual fosse o propósito deste objeto, sobre a borda de sua superfície mais "povoada" há dezesseis compartimentos com outros tantos nomes inscritos que correspondem muito de perto aos nomes dos dezesseis deuses etruscos do céu divinatório, segundo registrado por Marciano Capella[82]. As divisões do céu feitas pelo áugure correspondem às divisões do fígado feitas pelo arúspice, e nos dois casos há referência a uma "ideia", a um "modelo" do universo. Por este motivo, não é estranho que o arúspice servisse também como adivinho pelo trovão[83].

80. A. Grenier, *Les Religions de l'Europe ancienne*, p. 19.

81. M. Rutter, "32 Modèles de Foies", *Revue d'Assirologie*, xxxV/1 (1938), pp. 36-70; J. Nougaryol, "Textes Hepat.", *Revue d'Assirologie*, Xxxvɪɪ (1941), pp. 77-81. Também G. Furlani, *La Religione Babilonica e Assiria* ɪɪ, Bolonha, 1929, pp. 102 e ss.; B. Hrozny, *Histoire de l'Asie Antérieure*, Paris, 1947, pp. 132 e ss.; A. Boissier, *Choix de Teses Relatifs à la Divination*, Paris, 1905, p.877; Michelangelo Cagiano de Azevedo, *Saggio Sul Labirinto*, Milão, 1959, pp. 13-14 e p. 21.

82. Texto importante: Marciano Capela, *As Núpcias de Mercúrio e Filologia*, com comentários, em C. O. Thulin, *Die Götter des M. C. und die Bronzleber von Piacenza*, Cieszen, 1906. Cf. também C. Clemen, op. cit., p. 27-36, bem como M. Pallottino, op. cit., p. 163 e ss. (bibliografia: p. 177, nota 13); mais recentemente, G. Dumézil, *La Religion Romaine Archaique*, Paris, 1966, p. 618-627. A divisão em dezesseis partes é muito mais importante do que pude sugerir: o Panteão, que representa o horizonte, está dividido em dezesseis "casas". A divisão em dezesseis partes foi ademais adotada como básica na geomancia do Oriente Próximo e da África. Cf. Robert Jaulin, *La Géomancie, Analyse Formelle*, Paris-Haia, 1966.

83. L. Cefate de Pésaro; cf. A. Fabretti, *Corpus Inscriptionum Italicarum*, 69. Cf. Também Antisto Labeo, em Plácido Fulgêncio, *De Expositione Prisci Sermonis*, s. v. *Manales*. Acerca da congruência da adivinhação pelo fígado e o sistema interpretativo do trovão, bem como sobre a origem oriental arcaica da divisão em dezesseis partes, cf. S. Weinstock, *Libri Fulgurales*, op. cit., especialmente p. 145 e ss.

13. Um arúspice adivinhando por meio de um fígado sacrificial. *O arúspice é chamado "Kalchas" no espelho. Espelho de bronze que data de cerca de 400 a.C., encontrado em Vulci. Museo Etrusco/Villa Giulia, Roma.*

14. Uma cena de adivinhação pelo fígado; *talvez Tarcão, aprendendo a aruspicação de Tages (? Pava tarches). Espelho de bronze encontrado na Toscânia. Museo Archeologico, Florença.*

15. Figura reclinada tendo em suas mãos UM FÍGADO DIVINATÓRIO, *ou um modelo do mesmo; a semelhança com o fígado de Piacenza é evidente. Presumivelmente, trata-se do retrato de um arúspice. Tampa de uma urna cinerária de alabastro, com alguns fragmentos de policromia aderentes. Conhecida como "La Tomba dell'aruspice". Primórdios do século III a.C. Museo Guarnacci, Volterra.*

Para a prática augural outro órgão interno, à parte o fígado, era também importante: os intestinos. Na ciência dos augúrios, os intestinos eram chamados "o palácio dos intestinos", ou simplesmente "grande palácio" (o *ekkalu* acádico, semelhante ao hebraico היכל [*heikhal*] significa ao mesmo tempo palácio e templo)[84]. "Palácio dos intestinos" era também o nome que se dava ao mundo ínfero na Mesopotâmia, à região do demônio Humbaba, o homem-intestino. Os intestinos e o fígado, em conjunto, parecem representar o universo na divinação mesopotâmica. Por outro lado, os termos ali usados, como "montanha", "rio", "estação", "espaço", "forte", "porta principal" etc., aparentemente perfazem algo semelhante à descrição de uma paisagem. Ao que parece, estabeleceu-se uma espécie de nexo direto entre os elementos da paisagem, tais como os que rodeiam uma cidade sitiada, e determinadas partes das entranhas da vítima sacrificada[85]. Na Itália, a divinação pelas entranhas, em geral, se bem que fosse praticada, não teve tanta importância como na Mesopotâmia. A grande ciência dos etruscos dedicou-se sobretudo à divinação pelo fígado.

O fundador da cidade já havia consultado o voo das aves, o movimento dos animais errantes, talvez o som do trovão e a evolução das

84. G. Furlani, loc. cit., p. 102 e ss.; R. M. Th. Bohl., *Zum Babyllonischen Ursprung des Labyrunths, Miscellanea Orientalia (Deimel)*, Roma, 1935, p. 13 e ss. e p. 20 e ss.

85. Bohl., op. cit., p. 22. Cf. também Karl Kerenyi, *Lobyninth-Studien*, Zurique, 1950, p. 14 e ss.

16. O EXAME DAS ENTRANHAS E O CONSELHO DE ADIVINHOS. *Trata-se provavelmente de auspícios anteriores à guerra de Trajano contra os dácios. Baixo-relevo parcialmente restaurado, procedente do Fórum de Trajano, de fins do século I. Louvre, Paris.*

nuvens em busca do lugar e do dia propícios. Por quê, então, a divinação pelo fígado era considerada tão importante? Essa prática continuou a ser parte essencial de muitas cerimônias quando a auguração já havia caído em desuso. Vitrúvio insiste que não se deve descuidar do exame dos fígados: "Nossos antepassados", ele diz,

quando construíam uma cidade ou um posto militar, sacrificavam algumas cabeças de gado que pastavam no lugar e examinavam seus fígados; quando os fígados das primeiras vítimas pareciam negros ou anormais, sacrificavam outras para averiguar se tais peculiaridades deviam-se à enfermidade ou ao seu alimento. Nunca começavam a erguer muros em um determinado lugar sem antes haver praticado reiteradamente aqueles exames[86].

Mesmo que não tivéssemos outros dados para corroborá-la, a afirmação "racionalista" de Vitrúvio teria bastado para deixar bem claro que a prática da aruspicação estava estreitamente associada à fundação das cidades, se bem que as razões que a apoia talvez nada significassem para os antigos fundadores ou para os seus adivinhos. O procedimento

86. O exame começava com uma simples inspeção, mas era longo e minucioso; era necessário cozinhar as entranhas examinadas e observar as mudanças ocorridas durante a cocção. A operação era repetida várias vezes, como recomendava (porém não pelas razões aduzidas) Vitrúvio (I, 4, IX e X); cf. uma adaptação muito racionalizada de três séculos mais tarde em L. B. Alberti, *De Re Aedificatoria*, I, 6. É curioso o fato de Alberti não mencionar a atitude desdenhosa de Cícero diante deste tipo de racionalizações em *Sobre a Divinação*, II, p. 13 e ss.; junto com todo o artifício da adivinhação pelas entranhas.

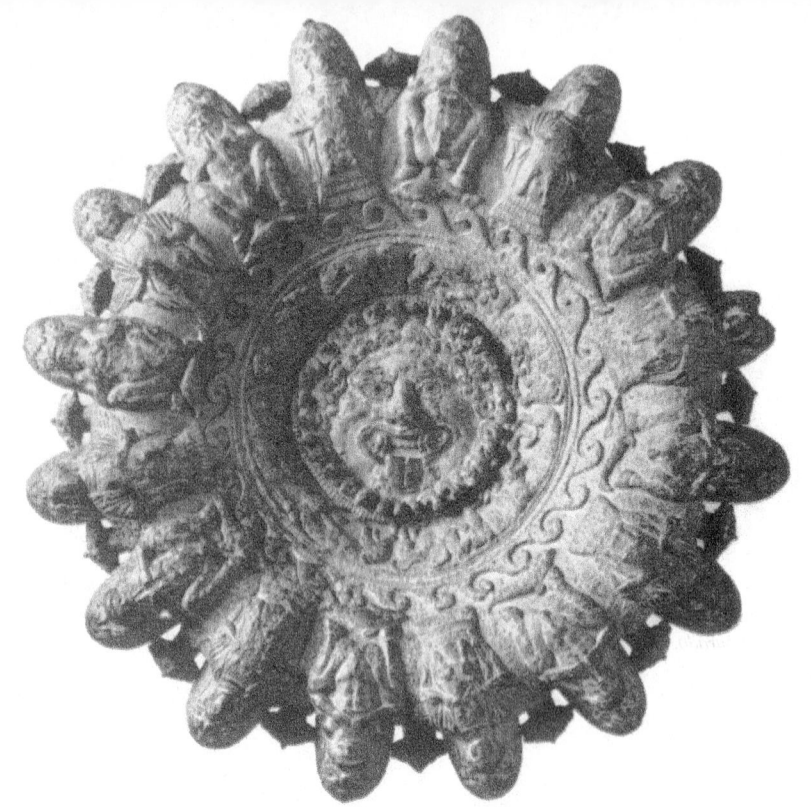

17. Parte inferior de UMA LÂMPADA DE PENDURAR DE BRONZE, *ca. 450 a.C., possivelmente procedente de Vulci. Há dezesseis bicos com a forma de uma figura humana (oito masculinas, todas tocando flauta, e oito femininas). No centro há uma cabeça de Górgone, rodeada de ondas e animais. Museo Accademia Etrusca, Cortona.*

18. ROSTO DO DEMÔNIO-INTESTINO HUMBABA. *Cerâmica. Arte babilônica, 700-500 a.C. British Museum, Londres.*

divinatório era longo e tedioso. Os presságios desfavoráveis podiam ser anulados, buscando-se uma configuração das entranhas ou sinais do fígado mais favoráveis. Às vezes as entranhas eram "mudas", e apenas por este motivo era preciso repetir o sacrifício. De qualquer modo, a tarefa podia prolongar-se por vários dias. Seus resultados não eram interpretados simplesmente como um sim ou um não que os deuses davam em resposta a uma pergunta determinada, mas podiam fornecer orientação precisa para a hora de atuar. A presença destes sacrifícios no ritual de fundação da cidade não é por si só significativa, já que eles eram considerados um dos métodos mais seguros, para convencer os participantes de uma determinada ação, de que os deuses sancionavam o que eles se dispunham a fazer. Mas o caráter topográfico da linguagem divinatória parece indicar que a indagação se referia, sobretudo, ao lugar que tinham diante de si. Não creio estar ampliando em excesso os dados ao sugerir que esta forma de divinação era praticada para determinar alguns dos característicos do traçado do terreno: a terminologia da aruspicação poderia ter sugerido o traçado da muralha e a disposição real dos principais edifícios públicos da cidade.

Carecemos de dados capazes de indicar como os antigos situavam seus edifícios públicos e templos em relação ao plano da cidade. No caso de um acampamento militar romano, sabemos pelo menos que um terreno mais ou menos plano era sempre escolhido, porém mesmo neste caso, em que havia normas específicas restritas para o traçado, era mais uma indicação topológica que uma prática efetiva, inclusive na forma em que subsiste nos tratados da época imperial tardia. Numa cidade eram muitas, via de regra, as irregularidades do terreno e as variações de nível que deveriam ser consideradas, e os agrimensores romanos deparavam-se com muitas dificuldades para incluí-las em seus planos[87]. Inclusive os mapas, em grande escala conservados da Antiguidade, como o Forma Urbis Romae, não registram mudanças de nível[88]. Parece possível, por conseguinte, que a execução do traçado de um lugar irregular não se fizesse conforme esboços previamente desenhados, mas diretamente sobre o terreno, e isso sistematicamente de acordo com o que indicava a averiguação das entranhas do animal sacrificado.

Não há evidência direta para corroborar minha sugestão. Mas, em outras circunstâncias, a divinação se aplicava diretamente à disposição do terreno. O áugure romano Actius Navius, por exemplo, demonstrou

87. Ager Subsicivus, *Julius Frontinus*, em *Corpus Agrimensorum Romanorum*,; também Varrão, *Sobre a Agricultura*, I, p. 10. Cf. O. A. W. Dilke, op. cit, p.. 99 e 107; A. Piganiol, op. cit., p. 61.

88. Plantas de Roma conservadas em Ch. Huelsen, Piante iconographiche incise in Marmo, *Mitteilungen des Deutschen Archäologischen Institut, Römische Abteilung*, V (1890), p. 46 e ss.; H. Th. Bossert, *Architektur-Zeichnungen*, Berlim, 1922, IX-X; mais recentemente, A. Piganiol, op. cit., p. 66 e ss, que insiste no costume romano de colocar grandes mapas de pedra nos pórticos.

19. Modelo em terracota do fígado divinatório, *com marcas em suas "casas". Babi-lônico. British Museum, Londres.*

20. Modelo etrusco de fígado, *com as divisões ou "casas" do adivinho inscritas e com os nomes das divindades etrus-cas. O uso ao qual estaria destinado esse pequeno objeto é desconhecido. Data do século iii a.C., quando a localidade na qual se encontrava já estava sob domínio romano, e não etrusco. Museo Civico, Piacenza.*

21. A face superior do FÍGADO DE PIACENZA *transcrita.*

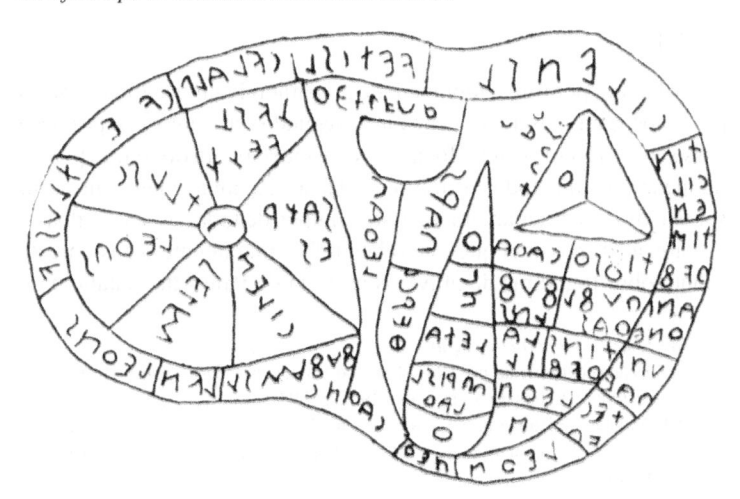

22. Ager Subsicivus resultante das irregularidades da linha de água. Codex Arcerianus, *70r.*

pela primeira vez sua habilidade, ao procurar em seu vinhedo, uma parte excepcionalmente coberta de cepas para sacrificar a Júpiter. Colocou-se de frente para o sul e dividiu a vinha em quatro porções; observou o voo das aves e, conforme os resultados, descartou três das quatro partes, para situar sua oferenda na quarta delas[89]. Este é o único exemplo claro do *templum* augural ser usado para uma divinação referente a uma localização exata. Nos diversos relatos da fundação de Constantinopla por Constantino há referências a uma ampliação, por inspiração divina, dos limites da cidade previamente estabelecidos[90]. Não seria ilógico, pois, supor que a divinação tivesse aplicações topográficas. Entretanto, são poucas as esperanças de descobrir em que medida os detalhes de uma formação urbana eram elaborados mediante consulta a adivinhos.

MUNDUS

Chegou, por fim, o momento de preparar o lugar designado, pelos auspícios, para seus novos ocupantes. Segundo certo autor[91], o primeiro passo consistia em acender fogueiras com gravetos em diferentes pontos do lugar, para que todos os futuros cidadãos da nova cidade saltassem sobre elas e, dessa maneira, ficassem limpos de todas as suas culpas e impurezas. É possível que este relato reflita meramente o costume de saltar sobre fogueiras de gravetos na festa de Pales, dia natalício de

89. Cícero, *Sobre a Divinação*, I, p. 17.

90. Lendas compiladas por David Lathaud em sua obra *Consécration et Dédicace de Constantinople*, Echos d'Orient, Paris, 1924, p. 294 e ss.

91.Dionísio de Halicarnasso, I, 88, comentado por F. De Coulanges, *La Cité Antique*, p. 153; G. Wissowa, op. cit., p. 166; K. Latte, op. cit., p. 141; G. Dumézil, op. cit., p.344-346.

Roma[92]. Depois, escavava-se um buraco, redondo segundo alguns autores[93], no solo virgem (ou na rocha natural), no qual eram depositadas as primícias da terra[94] ou outras "coisas boas" enigmáticas e inespecificadas[95], e/ou a terra que os novos colonizadores haviam trazido cada qual de sua pátria[96]. Este buraco era chamado *mundus* e, como o *templum*, é um termo sujeito a controvérsias. No contexto do ritual, parece referir-se a um buraco escavado no solo que conduzia a uma câmara (abobadada?)[97] ou a duas câmaras desse tipo[98], situadas uma sobre a outra[99], e consagradas aos deuses do inferno. É um elemento que, sob diversas formas, surge na prática religiosa romana. Aparentemente, na fundação de Roma, escavou-se um *mundus*, mas os autores antigos tampouco estão de acordo sobre este ponto. Alguns afirmam que o *mundus* de Rômulo estava no Palatino[100], enquanto outros o situam no Comício, no Fórum[101]. Sabemos que o *mundus* era, num certo sentido, um santuário consagrado aos manes, as almas dos mortos. Era aberto três vezes por ano, e tais dias estavam repletos de perigos, a ponto de se proibir toda sorte de negócios públicos, inclusive a guerra[102]. Durante aqueles dias, os espíritos dos mortos vagavam entre os vivos. Havia também um *mundus* consagrado a Ceres, deusa das colheitas, que contava com um sacerdócio peculiar[103]. O culto dos mortos, as potências infernais e as deidades da vegetação estão estreitamente unidos, é claro,

92. J. G. Frazer em seu comentário sobre Ovídio, *Fastos*, VI, p. 780-806 (III, p. 373), se bem que tais ritos sejam mais generalizados do que a explicação de Frazer, um tanto sumária, dá a entender. Ocupam um lugar importante nos ritos de iniciação e de purificação, como já observou E. B. Taylor, *Primitiva Cultura* II, p. 431 e 434 e ss. Existe uma extensa bibliografia sobre o tema: cf., por exemplo, M. Eliade, *Shamanism: Archaic Techniques of Ecstasy*, Nova York, 1964, p. 112; B. Bettelheim, *Symbolic Wounds*, Londres, 1955, p. 180 e ss. O certo é que não há nenhuma razão *a priori* para negar que saltar sobre o fogo ou passar entre duas fogueiras tenha feito sempre, ou em algum momento, parte do ritual.

93. Plutarco, *Vida de Rômulo*, p. 36.

94. Ovídio, *Fastos*, IV, p. 821.

95. Festo, s. v. *Quadrata Roma*; cf. Tácito, *Histórias*, IV, p. 53.

96. Ovídio, op. cit, IV, p. 821 e Plutarco, op. cit.; também João, o Lídio, *Dos Meses*.

97. Festo, s. v., *Mundus, Mundum*; também, em geral, A. Grenier, op. cit., p. 57-58. Festo cita C. Ateo Capitón, *De Pontificio Iure* (fr. 11, L. Strzelecki, *C. Atei Capitonis Fragmenta*, Varsóvia, 1960) e M. Porcio Catão Liciniano, *De Iuris Disciplina*; ver infra, p. 143 nota 94.

98. Assim Y. Hedlund, Mundus, *Eranos* XXXI (1933), 55; também H. Le Bonniec, *Le Culte de Cérès à Rome*, Paris, 1958, p. 183, n. 5; G. de Sanctis, *Storia*, p. 193, n. 255.

99. S. Weinstock, Mundus Patet, *Mitteilungen des Deustschen Archäologischen Institut, Römische Abteilung*, XLV (1930), p. 112 e 122.

100. Ovídio, *Fastos*, IV, p. 821; Festo, 258.

101. Plutarco, loc. cit.

102. *Corpus Inscriptionum Latinarum*, X, 3926 (Dessau 3348); cf. também H. Le Bonniec, op. cit., p. 175, n. 2, e p. 182, n. 5; também G. de Sanctis, *Storia*, p. 193, n. 255.

103. Como E. Täubler, Terramare und Rom, *Abhandlungen der Heidelberger Akademie der Wissenschaften, Philosophisch-Histoeisxhe Klasse*, Heidelberg, 1932, p. 58-59; C. O. Thulin, *Die Etruskische Disziplin* III, p. 59.

e entendo por isso que, em geral, o *mundus* era, entre outras coisas, a boca do mundo ínfero. Por essa razão, todas as tentativas de localizar o *mundus* de Roma e descartar os dados aportados por algum grupo de autores antigos estão condenadas ao fracasso. "O solo de Roma", observa um certo erudito, "estava perfurado por bocas do inferno"[104].

Mesmo que nunca saibamos exatamente onde Rômulo escavou o seu buraco, vale a pena observar que ele estava de algum modo relacionado como o *decussis* do *cardo et decumanus maximi*[105]. Não é possível precisar se foi escavado no local exato em que as duas linhas se cruzavam, ou ao norte ou a oeste delas. Depois que nele foram depositadas todas as coisas prescritas, foi coberto com uma pedra e sobre ela, ou ao seu lado, foi erguido um altar, e um fogo aceso, talvez pelo atrito de gravetos[106]; este fogo era o *focus* da cidade, que poderia receber o seu nome neste preciso momento. O único autor antigo que descreve a cerimônia de denominação como parte da fundação é o historiador bizantino João, o Lídio, que afirma:

Tomando a trombeta sacerdotal (que os romanos chamam *lituus*[107] na sua língua, derivada da palavra λίτη (*lite*, oração), ele (Rômulo) pronunciou o nome da cidade. Cada cidade possuía três nomes: um secreto, o outro sacerdotal, e o nome público. O secreto é Amor; o sacerdotal, Flor ou Florens (e é por isso que este dia era comemorado também com a festa das *Floralias*); o nome público é Roma[108].

Se bem que nem sempre seja possível confiar em Lídio, não há dúvida que Roma tinha um nome secreto, pois Plínio registra a execução de um magistrado que o revelara[109]. Pesquisadores e gramáticos muito especularam acerca desse nome, e apesar da fatal indiscrição de Valério Sorano, ele permanece secreto: a informação de Lídio é única. Recentemente, sugeriu-se que era o nome de uma deidade andrógina[110]. Ao que tudo indica, Lídio estava certo, e essa deidade, que pode ter-se manifestado na vida religiosa da cidade sob outras formas, seria ao mesmo tempo a fortuna e o gênio protetor da urbe.

104. A. Piganiol, *Recherches sur les Jeux Romains*, Estrasburgo, 1923, p. 9.
105. Assim E. Täubler, Terramare und Rom, op. cit., p. 63, nota 1. A. Szabo, *Roma Quadrata, Maia* (1956), p. 271, sugere que o *bothros* do santuário arcaico de Agrigento era um *templum* que abrigava um *mundus*: ideia perspicaz, porém fantástica. Cf. também W. Müller, op. cit., p. 30 e s. Os ciprestes enterrados nas encruzilhadas de Marzabotto (ver infra, p. 81-82) poderiam ser um eco desta ideia.
106. Ovídio, *Fastos*, IV, p. 823.
107. Sobre o *lituus*, ver supra, nota 32.
108. João, o Lídio, *Sobre os Meses*, ed. Bekker, 1837, p. 85-86 (ad XI Kal. Maias).
109. Plutarco, *Questões Romanas*, p. 61. Plínio, *História Natural*, III, p. 65; cf. também Sérvio, *Comentário sobre Virgílio, Eneida* I, p. 277; também G. Dumézil, *La Religion*, p. 489, n. 3; K. Latte, op. cit., p. 125.
110. A. Brelich, *Die Geheime Schutzgottheit von Rom*, Zurique, 1949 (cf. em especial p. 38-51).

O PLANEJAMENTO ORTOGONAL E OS AGRIMENSORES

Neste estágio das cerimônias, já se podia dizer que a cidade nascera. Os deuses tinham demonstrado sua benevolência para com a comunidade, o lugar fora purificado e delimitado, e o áugure fizera sua avaliação sobrenatural. A comunidade tomara posse do solo ao misturar a terra do lugar com a que cada um trouxera de sua pátria. Pode ser que neste momento os agrimensores passassem a se encarregar do lugar, para marcar as ruas e a disposição dos edifícios, se bem que também seja possível que já estivessem trabalhando enquanto outras partes do ritual eram desenvolvidas, ou que começassem quando concluída a última parte do ritual. Sua entrada em cena suscita o controvertido problema das origens do planejamento ortogonal, impossível de ser executado sem o recurso de alguma forma de técnica de agrimensura[111]. Não está claro se os agrimensores atuavam ou não no marco do ritual de fundação, mas é certo que sua disciplina (como alegavam autores romanos sobre a agrimensura[112]) tinha origens nos mistérios divinos, como ocorria no rito etrusco. De todo modo, quando os agrimensores romanos chegavam ao lugar recém marcado, com seu complicado equipamento de aspecto misterioso, feito de mármore e bronze, seguramente pareciam tão solenes e impressionantes como os áugures. Sua forma de operar, ainda que fosse executada sem rituais, orações, sacrifícios etc., (o que é pouco provável), não deixaria de possuir um caráter misterioso. Inclusive em nossos dias, um topógrafo em plena tarefa dá a impressão de estar oficiando uma cerimônia. É claro que, à semelhança dos modernos topógrafos, os antigos agrimensores tinham que partir de algum dado determinado. Este, ao que parece, era o *decussis* do *cardo maximus* e do *decumanus maximus*: o *umbilicus*[113] do lugar. Ali o *groma*, o principal instrumento dos agrimensores, era auspiciosamente colocado[114]. Apenas a terminologia usada pelos agrimensores bastaria para estabelecer a conexão entre as suas tarefas e o rito etrusco.

Os agrimensores romanos também invocavam outra autoridade digna de menção: Mago , o Fenício. O nome era comum entre os fenícios, mas este Mago particular parece ser o mesmo autor de um tratado sobre agricultura, que Varrão e Columella mencionam como seu mais importante predecessor[115]. No *Corpus Agrimensorum*, entretanto,

111. Ver supra, p. 38-43.

112. Ver supra, nota 54.

113. Plínio, *História Natural*, XVIII, p. 331; Higino Gromático, *Corpus Agimensorum. Romanorum*; Sículo Flacco, *Corpus Agimensorum. Romanorum*.

114. Ver supra, p. 38.

115. Fragmento (*ex libris Magonis et Vegoiae auctorum*), em *Die Schriften der Römischen Feldmesser*, F. Blume, K. Lachman, A. Rudorf (eds.), Berlim, 1846, p. 349; única referência nos textos conservados; cf., porém, Varrão, *Sobre a Agricultura*, I, 1, Col., ibidem, I, 1; Columela o menciona com muita frequência; Palladio, muito depois, parece tomar de Columela as citações que faz de Magon. Varrão relata a notícia de que

ele é mostrado como uma figura nebulosa, que partilha uma opinião com Begoia acerca da santidade dos limites. Num curioso documento, a *História Fenícia*, de Filo de Biblos, ele ressurge como cofundador de novas colonizações e inventor da agricultura[116]. Tais dados, escassos e fragmentários, realmente não nos ajudam a determinar a dívida dos romanos para com Cartago, no que tange à agrimensura, porém sugerem que de fato alguma dívida existiu. Talvez, quando tivermos uma ideia mais clara do planejamento e da agrimensura entre os fenícios e o cartagineses, possamos melhor avaliar esta dívida e reexaminar o lugar que corresponde aos etruscos nesta conexão.

Quando os agrimensores terminavam sua tarefa, a terra que haviam medido era distribuída mediante sorteio[117]. Não conhecemos exatamente o procedimento seguido, porém está claro que o agrimensor "entregava" a terra ao colono, levando-o até lá. Os agrimensores registravam os nomes dos proprietários em tábuas de bronze, uma das quais ficava sob a custódia da comunidade, enquanto a outra era depositada no Tabularium em Roma. Ainda que na época imperial este fosse um modo habitual de proceder, ele tinha precedentes republicanos sólidos, e provavelmente remonta, pelo menos, à época anterior aos Gracos.

Os mapas dos agrimensores, as *formae* de bronze, que eram a autoridade definitiva em todo litígio sobre a posse de terra, demonstram que os agrimensores eram versados tanto no que concerne às leis sobre a posse da terra como às tarefas propriamente de agrimensura. Sugeriu-se, por conseguinte, que as referências ao rito etrusco nos escritos dos agrimensores são uma adição tardia de noções cósmicas muito fantásticas sobre rudimentos tecnológicos prosaicos, se bem que úteis[118]. Isso seria absolutamente contrário a tudo que conhecemos acerca do pensamento romano. De minha parte, gostaria de sugerir que tais alusões mais modestas às implicações cósmicas da agrimensura constituem uma sobrevivência debilitada e "racionalizada" da crença

uma grande parte do livro foi traduzida para o grego por um certo Dion Cássio de Utica, um africano que falava grego, referindo-se também a um compêndio, ao passo que Columela relata *o senatusconsultum* referente à tradução latina. Sobre a atitude dos romanos a respeito das tradições cartaginesas, cf. G. Charles-Picard, *Le Religions de l'Afrique Antique*, Paris, 1954, p. 100 e ss.

116. Filo de Biblos, Fr. II, 1-4 (Eusébio, *Prep. Evang.*); cf. M.-J. Lagrange, *Étude sur les Religions Sémitiques*, Paris, 1905, p. 420 e ss. Outros autores que tratam de Cartago e da Fenícia conhecem-no unicamente como autor do tratado; cf. B. H. Warmington, *Carthage*, Londres, 1960, p. 128; O. A. W. Dilke, op. cit., p. 34 e p. 126.

117. O. A. W. Dilke, op. cit., p. 96, resume este procedimento. Ver um estudo mais amplo em A. Piganiol, op. cit., p. 47 e ss. A representação gráfica dos lotes era um procedimento habitual na prática judicial romana (Sérvio, *Comentário sobre Virgílio, Eneida*, VI, p. 431); também o governo das diferentes partes do universo foi dividido entre os filhos de Saturno pelo procedimento de fazer o plano das respectivas parcelas; cf. Sérvio, *Comentário sobre Virgílio, Eneida*, I, p. 139.

118. F. Castagnoli, *Ippodamo di Mileto e l'Urbanistica a Pianta Ortogonale*, Roma, 1956, p. 70.

23. Um fragmento da FORMA URBIS ROMAE DE ÉPOCA SEVERIANA, *o grande plano de mármore exposto no pórtico do Templo da Paz. Mostra o Pórtico de Otávia, com os templos de Júpiter Stator e Juno Moneta. Junto ao Pórtico encontra-se o templo de Hércules e as Musas.*

24. Um fragmento que mostra UM EDIFÍCIO PÚBLICO *de caráter desconhecido e várias casas dispostas, aparentemente, sobre um declive íngreme. Assinala-se uma ampla escadaria. As pequenas formas triangulares em alguns dos aposentos indicam provavelmente escadas. Palazzo Conservatori, Roma.*

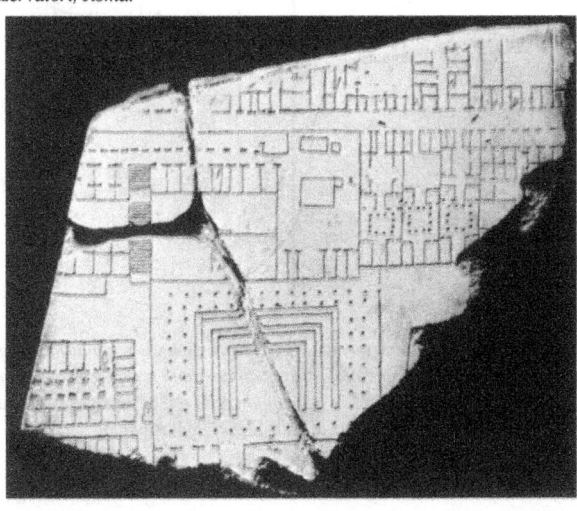

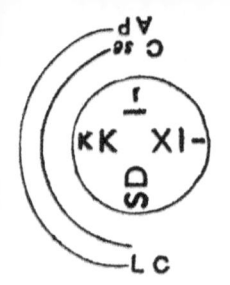

25. AS INSCRIÇÕES NAS SUPERFÍCIES SUPERIORES DOS CIPOS DOS GRACOS: a. *(esquerda)* Atina em Lucânia *(atualmente no Museo Nazionale, Nápoles)*. b. S. Angelo em Formis *(atualmente no Museo Nazionale, Nápoles)*. c. Rocca San Felice *(paradeiro desconhecido)*. d. *Em* Corpus Inscriptionum Latinarum, *639, 640, 643, 644, v. I pt. 2.*

26. O TEMPLUM DA TERRA. Codex Arcerianus, *p. 41 v.*

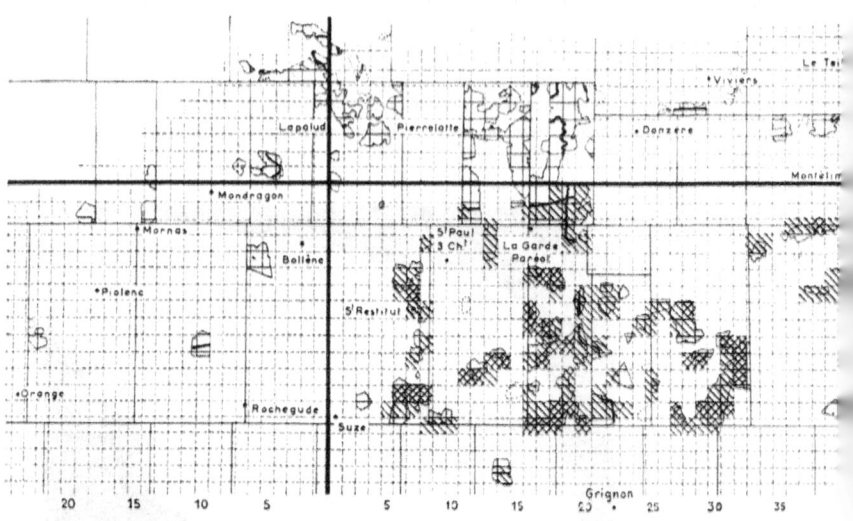

27. A REGIÃO RURAL ENTRE MONTÉLIMAR E ORANGE, *centuriada segundo o mapa de mármore. As linhas pontilhadas (traçado contínuo nas placas de mármore) indicam as centúrias. As linhas espessas indicam o cardo e o* decumanus maximus. *Apenas as porções sombreadas no mapa subsistiram. Segundo A. Piganiol.*

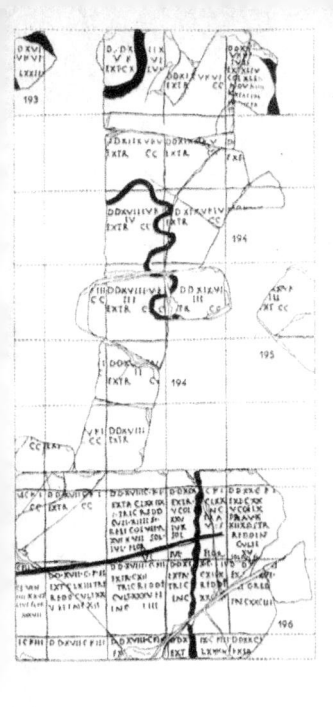

28. Fragmentos do mapa de mármore correspondente ao distrito entre Pierrelatte e Donzère, *atravessada pelo* cardo maximus. *As centúrias situavam-se entre* Citra Cardinem III *e* Ultra Cardinem VI, *e entre* Dextra Decumani XVI *e* XX. *Segundo A. Piganiol.*

29. Fragmento do mapa de mármore de Orange, *seção B, fragmentos nºs 193-195. Segundo A. Piganiol.*

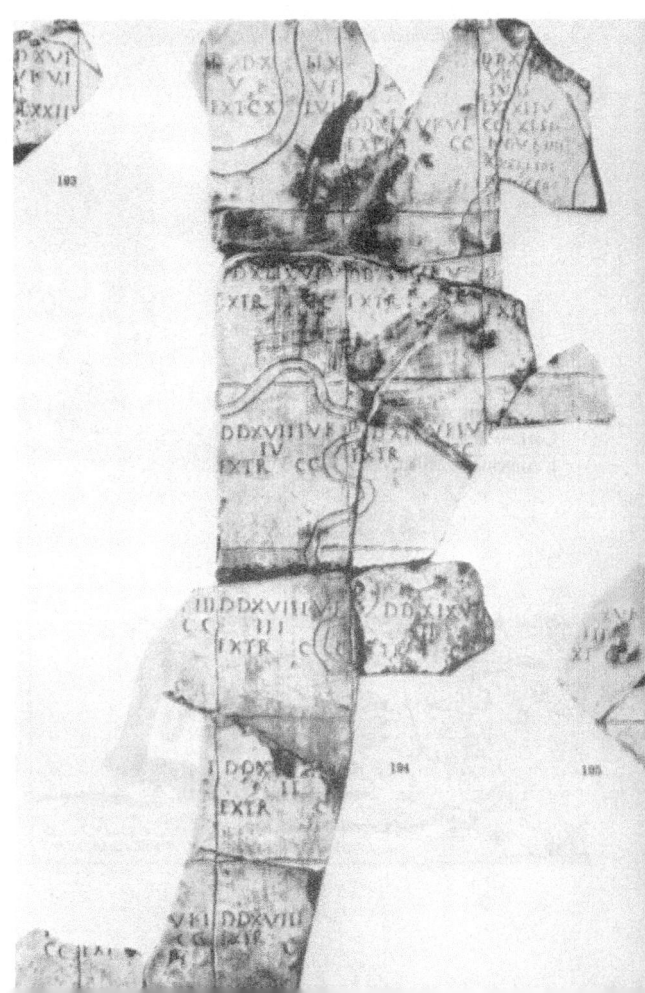

31 e 32. Uma CENA DE ARADURA RITUAL, *com figuras itifálicas e ornamentos. Objetos reconstituídos a partir de fragmentos villanovianos ou etruscos primitivos, por algum antiquário ou falsário italiano do século XVIII. British Museum, Londres.*

30. TEMPOS DIFÍCEIS NA FAZENDA. *Cartum americano (?). Segundo* L'Angelus *de Millet, por S. Dali.*

romano-etrusca na sacralidade dos limites e títulos que determinavam a posse da terra. Isso nos é confirmado pelas terríveis penalidades impostas pelo primitivo direito romano a quem destruísse os limites[119], bem como pelo culto do deus Terminus, com seus repetidos sacrifícios sangrentos[120]. Outro ponto é digno de nota. Nenhuma outra civilização (e quase todas as civilizações estabelecem normas muito estritas sobre a inviolabilidade dos limites) praticou, tanto como o fizeram os romanos no final da república e começo do império, a imposição de uma disposição planimétrica constante e uniforme sobre as cidades, o campo e os estabelecimentos militares, com uma persistência quase obsessiva.

Todo esse complexo de leis sobre a propriedade e as técnicas da agrimensura, com suas reverberações religiosas bastante indistintas, mostra uma rigidez e inexorabilidade, e até uma certa falta de imaginação, que nos fazem pensar em algo que ficou atrofiado depois de um longo desenvolvimento. Nada disso me sugere um "enxerto" cósmico numa técnica preexistente, mas, muito pelo contrário, um distanciamento de um complexo de ideias e práticas religiosas, científicas e técnicas.

É a este tipo de processo, se bem que no campo de outras disciplinas científicas, que Simone Weil referiu-se quando escreveu:

Apenas tal concepção mística da geometria como a de Pitágoras poderia ter gerado o grau de atenção necessário nos primórdios desta ciência. Ninguém negará que a astronomia provém da astrologia e a química, da alquimia. Contudo, essa sucessão é interpretada como um progresso, se bem que implique uma diminuição do grau de atenção. A astrologia e a alquimia, que são transcendentes, constituem uma contemplação da verdade eterna por meio dos símbolos propiciados pelo movimento dos astros e a combinação das substâncias. A astronomia e a química são formas degradadas dessas ciências. A astrologia e a alquimia, ao fazerem-se magia, constituem degradações ainda mais inferiores. Não existe atenção perfeita, à exceção da atenção religiosa[121].

Talvez esta afirmação seja por demais grandiloquente para o tema da agrimensura, do qual agora me ocupo. O inverso, todavia, é expressado de maneira mais sucinta e aceitável por Claude Lévi-Strauss em outro contexto. Ao discorrer sobre a "inutilidade" de muitas plantas ou animais que podem ser encontrados como "tótens" em algumas sociedades primitivas, ele assinala que foram escolhidos "não porque fossem bons para comer, mas porque eram bons para pensar"[122]. A astrologia, a alquimia, o sistema totêmico – podem ser explicações do modo pelo qual funciona o universo, à semelhança da amálgama da divinação e da orientação, que cumpria esta mesma importante função para os etruscos e os romanos.

119. Ver infra, p. 127.
120. G. Wissowa, op. cit., p. 124 e ss.
121. Simone Weil, *La Pesanteur et la Grâce*, Paris, 1947, p. 174.
122. Claude Lévi-Strauss, *Le Totémisme Aujourd'hui*, Paris, 1965, p. 128.

O PRIMEIRO SULCO

Temos aqui um elo direto com uma noção que sempre preocupou muito os romanos: "O esforço para delimitar fronteiras nitidamente", cito novamente Kurt Latte[123], "sempre foi uma característica do pensamento religioso romano". Nesse sentido, a parte mais importante de toda cerimônia de fundação era a abertura do *sulcus primigenius*, o sulco inicial. Isso era executado pelo fundador com um arado de bronze[124] ao qual (segundo Catão que, por sua vez, depende de Sérvio[125]) jungia um boi e uma vaca brancos, ficando o boi na parte de fora do limite e a vaca, do lado de dentro. Se, portanto, devemos acreditar nos diversos relatos sobre o caminho seguido por Rômulo, a procissão provavelmente avançou em sentido anti-horário, partindo do extremo sudoeste do lugar[126]. O fundador encontrava-se, então, com seus seguidores no local combinado. Colocando o arado obliquamente[127], de maneira que toda a terra caísse na parte de dentro do sulco, a cabeça coberta com a borda de sua toga, enrolada firmemente ao corpo[128], ele arou ao redor de toda a cidade. Se alguma terra caísse na parte de fora do sulco, os acompanhantes do fundador recolhiam-na e a jogavam dentro dos limites da cidade. Ao chegar nos pontos em que se abririam em seguida os portões do recinto – havia três deles de acordo com o rito etrusco[129] – levantava o arado da terra e o carregava por sobre a abertura do portão. Segundo os autores antigos, este ato de carregar (*portare*) o arado é a origem da palavra porta (*porta*)[130]. Os muros que seguiam a linha traçada no terreno pelo arado do fundador eram considerados sagrados, enquanto os portões ficavam sujeitos à jurisdição civil[131]. Assim, a nova cidade estava agora plenamente constituída. Os novos habitantes haviam tomado posse do lugar e expulsado os fantasmagóricos habitantes anteriores que não eram amigáveis. Haviam dado o nome à cidade e invocado uma divindade protetora, acendido o fogo em sua lareira e marcado os limites. Tudo isso

123. K. Latte, op. cit., p. 41.

124. Plutarco, *Vida de Rômulo*, p. 11; Sérvio (Dan), *Comentário sobre Virgílio, Eneida*, IV, p. 212; Macróbio, *Saturnais*, V, p. 19.

125. Catão em Sérvio, *Comentário sobre Virgílio, Eneida*, V, 755; sem especificar a colocação do touro e da bezerra, quase todos os relatos os mencionam, como Varrão, loc. cit., I, 1; Ovídio, *Fastos*, IV, 826; Columela, *Sobre a Agricultura*, III, 1; Festo, 236; Dionísio de Halicarnasso I, 288; fontes citadas supra, p. 4-5

126. Cf. Tácito, *Anais*, XII, 24; Solino, I, 18; Dionísio de Halicarnasso, I, 79. Os caminhos indicados são analisados por G. Lugli, *Roma Antica*, p. 400 e ss; lâmina VII.

127. Catão em Sérvio, op. cit., V, 755; Plutarco, *Vida de Rômulo*, loc. cit. cf. também Varrão, *Sobre a Agricultura*, I, 1.

128. "Ritu Gabino" (Varrão, *Da Língua Latina*, V, 143); "sabino, *id est togae parte caput velati, parte succinti*"(Sérvio, *Comentário sobre Virgílio, Eneida*, V, 755). Gabino é a leitura mais convincente.

129. A. Grenier, op. cit., p. 23; C. Clemen, op. cit., p. 54.

130. Sérvio, *Comentário sobre Virgílio, Eneida*, II, 730; Catão apud *Isid.*, I, 15.

131. Plutarco, *Questões Romanas*, 27.

33. O FUNDADOR DA CIDADE ABRINDO O SULCO. *Anverso de uma moeda de Berytus (Beiru-te), no reinado de Cláudio. Muitas colônias cunharam moedas deste tipo durante a época imperial, não só para comemorar a fundação da cidade mas, aparentemente, também em outras ocasiões. British Museum, Londres.*

era feito publicamente. Se é que havia na cerimônia algo secreto, trata-va-se do elemento deliberadamente "misterioso", como as deliberações do áugure na sua tenda ou a proclamação do nome secreto da cidade. Os futuros habitantes participavam do ritual desde o primeiro momento do traçado do *templum*, mesmo que apenas como testemunhas:

> Deveria a cidade ser chamada Roma ou Remora?
> Todos ansiavam por saber qual dos dois nomes
> Seria imposto. Estavam atentos: como quando o cônsul
> Levanta sua mão para dar começo à corrida,
> Os olhos ansiosos da multidão fixam-se na boca do antro
> Por cuja porta adornada a carruagem sairá.
> Assim aguardava trêmulo o povo, perguntando-se
> Quem venceria e obteria o grande reino[132].

Assim registra Ênio a inauguração em seus anais, e como era provavelmente realizada na sua época. A cidade fora constituída publicamente, sua ordem aceita e posta em vigor pelo povo inteiro nos ritos de fundação, e reforçada pelas festas comemorativas e pelo relato dos analistas. Ela podia ser contemplada diariamente naqueles monumentos da cidade que relembravam um passado legendário, para que os cidadãos nunca esquecessem a conexão existente entre a topografia urbana e o rito pelo qual seu ordenamento fora estabelecido no princípio.

132. Ênio, *Anais*, p. 48-54; em Cícero, *Sobre a Divinação*, I, 48.

34. MOEDA DE BERYTUS *(Beirute). Anverso: a abertura do sulco. Reverso: Cláudio. British Museum.*

35. MOEDA DE CELSA *(Espanha), de fins da República. Anverso: o fundador abrindo o sulco. Reverso: Funcionário responsável pela cunhagem. British Museum*

36. MOEDA DE CAESAREA AUGUSTA *(Zaragoza). Anverso: o fundador abrindo o sulco. Reverso: Cláudio. British Museum*

37. MOEDA DE CAESAREA AUGUSTA *(Zaragoza). Anverso: o fundador abrindo o sulco. Reverso: Calígula. British Museum.*

CASTRUM

Grande parte do que narrei está em conflito com o relato convencional sobre as cidades romanas e seu planejamento. Pressupõe-se que a cidade romana fosse uma versão mais elaborada do acampamento militar. É bastante comum ler sobre os agrimensores romanos e seus traçados ortogonais dos acampamentos militares, assim como da distribuição da terra em campos retangulares a partir dos eixos do acampamento. Isso se deve em parte à excelente apresentação feita por Políbio da agrimensura romana ao tratar da organização militar daquele povo. Temos ademais a impressão criada pelo termo *castrum*, (anglicizado como *chester*), um "acampamento", que passou a fazer parte de alguns nomes de lugares modernos: Chester, Cirencester, Winchester, Manchester, Silchester, e assim por diante.

Este convencionalismo, contudo, inverte a realidade. A cidade romana não era um acampamento formalizado e ampliado. Pelo contrário, o acampamento militar romano era uma evocação diagramática da cidade de Roma, uma anamnese do *imperium*. Os romanos não erguiam um acampamento militar como se fosse algo transitório, simplesmente para passar uma noite; ao contrário, a rotina militar cotidiana exigia que o exército nunca se estabelecesse num lugar para passar a noite sem antes erguer o acampamento cerimonialmente[133]. O primeiro passo consistia em colocar o *vexillum* do general num ponto escolhido. A partir do *vexillum* contavam-se os passos que delimitariam o *praetorium*. No limite do pretório e da rua principal ficava situada a *groma*, para assegurar que as ruas fossem traçadas em ângulos retos[134]. A linha que ia do *vexillum* à *groma* dava ao agrimensor o eixo principal do acampamento; a *groma* no acampamento, como no lugar da fundação de uma nova cidade, era colocada de acordo com os auspícios[135]. Marcava a direção do *cardo maximus* do acampamento, que conduzia à Porta Praetoria, o principal dos quatro portões do acampamento. Segundo certo autor, este portão sempre ficava de frente para o inimigo[136], ao passo que segundo Políbio e os agrimensores, situava-se conforme os pontos cardeais[137]. Talvez ambas as práticas fossem observadas. À direita do *praetorium* ficava o *auguraculum*, o lugar em que o comandante oferecia o sacrifício e os augúrios eram lidos, de modo que as decisões essenciais relativas à futura campanha militar eram tomadas sempre de acordo com a vontade dos deuses. Em frente, do lado esquerdo, ficava a tribuna,

---

133. Políbio, VI, 27, III.
134. Higino Gromático, *Sobre os Acampamentos*, a 3.
135. Idem, ibidem.
136. Flavio Vegetio Renato, *Epítome*, I, 23.
137. Claudii Salamasii (Claudio Saumaise), *Plinianae Exercitationes in Caii Julii Solini Polyhistoria*, Uttrecht , 1689, p. 472 e ss.

38. Carregando um arado. *Detalhe do balde/situla de bronze encontrado em Certosa, Bolonha. Etrusco, do século vi-v a.C. Museo Civico, Bolonha.*

da qual o comandante dirigia-se às suas tropas, uma vez tomadas as decisões e consultados os augúrios.

Todo o *praetorium*, na realidade, passou a ser chamado de *auguraculum*. Essa cenografia do que nos parece uma trivialidade e falta de sensatez, em meio à disciplina militar e diante de sérias decisões estratégicas a serem tomadas, salienta, contudo, o caráter absolutamente essencial da divinação na vida romana. O senador Ápio Cláudio Crasso, conforme citado por Lívio[138], expressa-o em uma sentença: "É pelos auspícios, tanto na paz como na guerra, na pátria como fora dela, que todas as coisas são regidas: todos sabem isso". Consequentemente, a luta dos plebeus para chegar ao poder, sobretudo ao poder militar, centralizou-se em conseguir aos magistrados plebeus o direito de exercer habilidades e poderes divinatórios.

É muito provável que os ritos para erguer um acampamento fossem mais recentes que os relacionados com a fundação de cidades. As normas compiladas por Políbio são elaboradas, se bem que tivessem sido estabelecidas há tempo. Foram observadas até bem depois do início da época imperial, sem outras alterações à exceção daquelas devidas ao crescimento e desenvolvimento da organização militar, mudanças que ocorreram na estrutura do comando, e assim sucessivamente[139].

138. Lívio, vi, 41.

139. Sobre tais mudanças, cf. E. Feldman, *Das Römische Lager, indsbesonders aus Livius*, Leipzig – Berlim, 1916, p. 5 e ss.

A origem da disposição dos acampamentos é obscura. Frontino afirma que foi idealizada por Pirro de Epiro, e que os romanos ficaram tão impressionados ao ver o acampamento que abandonara nas cercanias de Benevento (então ainda denominada Maleventum), em 275 a.C. que o adaptaram para seu próprio uso[140]. Plutarco, por outro lado, diz que Pirro admirou-se ao ver "a ordem, o posicionamento das sentinelas, seu método e a disposição geral"[141] enquanto observava o acampamento romano da outra margem do rio Siris (hoje Sino), antes da batalha de Hercleia (vitória pírrica) no ano de 280 a.C. Lívio repete a mesma história, mas em relação ao acampamento de Sulpício Galba sobre o Athacus, durante a campanha macedônica do ano 200 a.C. contra Filipe V[142].

Políbio, o primeiro e o mais explícito dentre os autores antigos que discorrem sobre o tema, nada diz sobre as origens gregas do acampamento romano. Lívio, que tantas vezes o segue, parece insinuar exatamente o contrário no trecho que citei anteriormente. É compreensível que os dados arqueológicos a respeito sejam bastante escassos; no entanto, foram encontradas nas cercanias de Numantia, cidade celto-ibérica na Castilha, extensas ruínas dos sete acampamentos erguidos por Cipião Emiliano ao redor da cidade, com o propósito de bloquear o acesso a ela[143]. Apesar de todas as suas irregularidades, elas correspondem à descrição de Políbio, que presenciou pessoalmente o cerco. É muito provável, portanto, que já nos tempos da campanha tarentina de Pirro, houvesse acampamentos romanos dignos de admiração, como sugere Plutarco. A íntima correspondência existente entre a fundação de cidades e o erguimento de acampamentos faz com que minha opinião seja contrária à exposição de Frontino.

De qualquer modo, durante a Idade do Ferro na Itália, quando foi fundada Roma, é pouco provável que o exército romano sentisse a necessidade de erguer acampamentos, pois seus inimigos estavam a uma distância de um dia. A declaração de guerra em nome do Estado romano era feita por um sacerdote especial encarregado de certos pronunciamentos oficiais e legais, o Pater Patratus, que proclamava os agravos do povo romano e declarava guerra jogando uma lança de madeira endurecida pelo fogo (ou uma lança com ponta de ferro) dentro do território inimigo. Quando as frentes de guerra haviam avançado a uma distância superior a um dia de viagem a partir de Roma, um campo situado ao lado do templo de Bellona, perto do Circo Flamínio,

140. Julio Frontino, *Sobre a Estratégia*, IV, 1, XIV.
141. Plutarco, *Vida de Pirro*, 16.
142. Lívio, XXXI, 34, p. 7-8.
143. A. Schulten, *Geschichte der Stadt Numantia*, Munique, 1933, p. 107 e ss; cf. Apiano de Alexandria, Sp., XV.

era designado simbolicamente de território tomado, *campus hostilis*, para o objetivo de realização desta cerimônia[144].

RITOS DE DESTRUIÇÃO

Uma vez erigida ritualmente a cidade, ela possuiu mais que uma existência física; não apenas no sentido óbvio ao qual apelou o derrotado general ateniense Nícias, ao encorajar seus soldados antes de Siracusa com a frase sonora sobre a transcendência de Atenas, que citei no início deste livro[145]. A cidade possuía um tipo de existência tão tenaz e peculiar, como reconhecido pelo costume antigo, que um chefe guerreiro vitorioso não ficava habitualmente satisfeito com o incêndio ou a demolição da cidade, mas tinha que desfazê-la ritualmente, como que desestabelecê-la. Sérvio menciona "o costume dos antigos (que decretaram) que, assim como uma nova cidade era fundada mediante o uso de um arado, deveria igualmente ser destruída pelo mesmo ritual com que fora fundada"[146].

Pouco se sabe a respeito das reverberações da maior destruição narrada pela lenda clássica, a de Troia, pois nem a *Odisseia* e nem a *Eneida* tratam deste episódio particular, se bem que o cavalo de Troia tenha conotações simbólicas perturbadoras[147]. Existe ademais uma curiosa alusão no *Culex* a Aquiles arrastando o corpo de Heitor amarrado ao carro três vezes ao redor dos muros da cidade: "e com o corpo de Heitor o vencedor purificou (*lustravit*) Troia"[148]. Muito mais é registrado sobre a destruição de Cartago, antítipo histórico da queda de Troia. Cipião seguiu o costume romano habitual para assegurar sua vitória: durante o cerco ele "consagrou" seu exército e a cidade sitiada, invocando seus deuses e deusas tutelares ("Se há um deus, se há uma deusa"[149]), mediante um encantamento (carme), para que passassem para o lado dos romanos e deles recebessem culto. O áugure tinha que assegurar, por meio da aruspicação, que a convocação fora ouvida antes da investida

---

144. G. Wissowa, op. cit., p. 479; K. Latte, op. cit., p. 122; G. Dumézil, op. cit., p. 563. O *Pater patratus* era o sacerdote principal dos *fetiales*, uma espécie de confraria sacerdotal, integrada por vinte membros (Sérvio, *Comentário sobre Virgílio, Eneida*, IX, p. 53). Sobre algumas de suas funções, cf. Cícero, *Sobre os Ofícios*, I, 11, 36; Cícero, *Sobre as Leis*, II, 9, 21. Lívio, I, 32, descreve sua fundação por Anco Márcio, seus ritos e suas fórmulas. Acerca do *campus hostilis*, cf. Ovídio, *Fastos*, VI, p. 205 e ss; Sérvio, *Comentário sobre Virgílio, Eneida*, IX.

145. Ver Prefácio, p. xx nota 3.

146. Virgílio, *Eneida*, IV, 212.

147. Cf. W. F. Jackson Knight, The Wooden Horse, *Classical Philology* XXV/4 (outubro de 1930), p. 358 e ss; também *Cumaean Gales*, Oxford, 1936, p. 90 e p. 95 e ss.

148. *Culex*, 324, citado por W. F. Jackson Knight, op. cit., p. 358 e ss; ver infra, p. 141

149. Sobre divindades tutelares desconhecidas, ver supra, nota 108, o costume romano ao qual alude.

final[150]. Uma vez tomada e destruída a cidade, seu lugar tinha que ser arado ou, melhor, "desarado". É possível que o arado fosse conduzido no sentido horário ao redor do lugar da cidade, ao passo que o arado do fundador girara no sentido anti-horário[151]. As implicações legais de tais cerimônias são evidentes: "se um tributo fosse devido a uma cidade, e essa cidade tinha sido 'desarada', é porque já não tinha mais existência legal. Cartago, portanto, havia deixado de existir, e seus proventos recebiam o mesmo tratamento que os de um defunto"[152]. Tal cerimônia, é claro, não é exclusiva do mundo romano. Abimelec, por exemplo, quando capturou Siquém, "massacrou seus habitantes, destruiu a cidade e espalhou sal sobre ela"[153], do mesmo modo que Cipião amaldiçoara Cartago com esterilidade. Mantineia é um curioso exemplo dentro do mundo grego: quando os espartanos tomaram a cidade em 418 a.C., não a destruíram, porém a submeteram a uma "desínese" (o oposto de sínese), desmembrando-a nas quatro aldeias que, "nos velhos tempos", haviam se unido para formá-la[154].

Voltando ao mundo romano, a cerimônia era conhecida o suficiente para servir de lugar comum à referência poética[155]. Horácio chegou inclusive a aludir a ela acidentalmente ao romper com uma jovem mal-humorada: "A ira", diz ele, "foi a causa pela qual cidades soberbas foram apagadas e um exército insolente passou com o arado sobre o lugar em que antes erguiam-se os muros"[156].

---

150. Macróbio, III, *Saturnais*, 19, dá o texto completo do carme e diretrizes sobre o rito a ser seguido. Apiano menciona, como Lívio, que Cipião Emiliano destruiu Numancia, como fizera com Cartago, mas sem autorização senatorial, a fim de adquirir o epíteto de Numantino. É possível que tenha aplicado aqui o mesmo procedimento que em Cartago

151. W. F. Jackson Knight, loc. cit., p. 358 e ss. Às vezes, São Jerônimo é citado neste contexto, como prova de que utilizava o sal nos ritos romanos de destruição. Cf. S. Jerônimo, em Mateus 5, 13 (Migne, *P. L.*, XXVI, 35). No entanto, refere-se à destruição de Siquém, e não a um rito romano conhecido.

152. Modestino Jurisconsulto, em Isidoro de Sevilha, XV, 11.

153. *Juízes*, 9:45.

154. Xenofonte, *Hellen.*, V, II, 5.

155. Sêneca, *de Clem.*, I, 26; Manilius, *Astron.*, IV.

156. Horácio, *Odes* I, 16: *Palinodia ad Amatam Puellam.*

3. O Quadrado e a Cruz

Poucas cidades teriam sido fundadas na Itália ou no império romano na época pré-histórica ou clássica sem que, em tal ocasião, fossem oficiados alguns ritos do tipo que acabei de descrever. Sua ordem pode ter sido mudada, algumas cerimônias foram indubitavelmente omitidas, outras acrescentadas ou diversificadas. Como adotei uma postura bastante eclética ao usar as fontes – desde as Tábuas Iguvinas até João, o Lídio – minha exposição talvez dê a entender que não se produziram mudanças ou desenvolvimentos das ideias religiosas entre estes dois documentos extremos; o certo é que muitas alterações ocorreram, e o rito deve ter sido constantemente colorido por elas. Entretanto, os padrões que subjazem o rito são muito mais antigos que quaisquer das fontes por mim citadas: muito antes de ser codificada, a maioria dessas cerimônias já constituía parte importante da vida religiosa da Itália, pré-datando inclusive os primórdios dos assentamentos urbanos nos séculos IX e VIII a.C. Quanto às origens do rito, não estou seguro de que algo tão complexo e ao mesmo tempo tão antigo e vigoroso possa remontar a duas ou três fontes claramente identificáveis. Trata-se com certeza de um fenômeno sincrético, composto de fragmentos que tiveram suas origens em diferentes lugares do mundo, e que se desenvolveram em variações e transmutações às vezes irreconhecíveis. Todo este conjunto desenvolveu-se e unificou-se ao longo dos séculos, alterando suas matizes e mudando os focos do seu interesse conforme se transformava ou evoluía o contexto das ideias religiosas. Contudo, a estrutura do rito – divinação, delimitação, sepultamento de relíquias, orientação e divisão em quatro partes – é mais primitiva que a história escrita de qualquer povo da Itália. Os romanos atribuíam sua instituição aos etruscos. Nada indica que as datas postulem uma atribuição diferente, embora seja verdade que os autores romanos costumavam referir-se confusamente a todos os antigos povos italianos como "etruscos". Este *monitum*, porém, tem pouca força contra aquela atribuição constante e tradicional.

OS ETRUSCOS

Ao suscitar o problema, faço alusão a outra questão muito mais ampla: a origem da nação etrusca[1] e, consequentemente – se bem que de forma indireta – à fonte daquela religião pela qual, segundo se dizia inclusive no contexto da *pietas* antiga, os etruscos eram obcecados[2]. Felizmente, não temos por que entrar na discussão deste complexo e contestado problema. Existe, contudo, outro tema relacionado com o anterior, de âmbito mais geral e que não posso omitir, pois afeta mais diretamente a minha argumentação: o das origens do traçado ortogonal na Itália.

O traçado ortogonal, o planejamento em forma de tabuleiro de jogo de xadrez de uma cidade ou lugar, não depende diretamente do rito etrusco ou de qualquer outro rito a ele relacionado e, por conseguinte, devemos lamentar o fato de que ambas as questões estejam hoje tão intimamente conectadas. O planejamento ortogonal aparece por todas as partes, na América do Sul, China, Índia, Egito ou Mesopotâmia, onde quer que se desenvolvessem formas elementares de agrimensura, e como sequela de qualquer sistema de atribuição de posse de terras. Na Itália parece ter sido praticado com extrema sofisticação e segurança já nos finais do século VI a.C.[3] Isso implica, pois, que esta técnica desenvolveu-se ao longo de um certo período de tempo e que chegou o

---

1. Sumários da discussão estão disponíveis em Pallottino, *The Etruscans*, p. 46-73 e, mais recentemente, em R. Bloch, *The Etruscans*, Londres, 1958, p. 52-64. Ver também E. Richardson, *The Etruscans*, Chicago, 1964, p. 1-10. Para outro ponto de vista mais recente, ver Hugh Hencken, *Tarquinia and Etruscan Origins*, Londres, 1968. Um breve sumário dos problemas pode ser encontrado em C. F. C. Hawkes, The Origins of the Archaic Cultures in Etrurtia, em *Studi Etruschi*, 1958 (XXVI), p. 363 e ss. A mais recente adição à literatura é a obra de A. J. Pfiffig, *Einführung in Die Etruskologie*, Darmstadt, 1972, que analisa novos materiais.

2. Sérvio, *Comentário sobre Virgílio, Eneida* II.

3. De forma mais conspícua em Marzabotto; os materiais mais recentes foram publicados por G. Mansuelli, em *Guida Alla Città Etrusca e al Museo di Marzabotto*, Bolonha, 1966; mais extensamente em *Una Città Etrusca dell'Appennino Settentrionale*, *Situla*, 8, Liubliana, 1965, p. 75-92. Numerosos materiais mais recentes foram compilados por Axel Boethius, em *The Golden House of Nero*, Ann Arbor, 1960, p. 26-54; ver alguns comentários em sua obra The Old Etruscan Town, *Studies in Honour of Berthold Louis Ullman*, Roma, 1964, p. 3-16; cf. também Müller, op. cit., p. 46-51. Sobre Marzabotto, ver infra, p. 81.

momento em que era perfeitamente conhecida. É impossível precisar agora a duração desta fase, dado o estágio de nossos conhecimentos.

AS TERRAMARE

Há cerca de oitenta anos formulou-se a hipótese de que esta prática, juntamente com o rito etrusco, foi introduzida na Itália pelos povos de uma cultura chamada *Terramare*[4], nos primórdios da Idade do Bronze ou inclusive nos finais do período neolítico. Foram feitas tentativas mais bem fantasiosas, de procurar restos monumentais da prática do rito etrusco já plenamente formado entre as ruínas friáveis dos distintos assentamentos *Terramare*. Mais questionáveis ainda parecem as tentativas de identificar os *terramaricoli* com os antepassados dos latinos[5]. Pesquisadores posteriores submeteram a novas análises os dados aportados pelos arqueólogos entre 1870 e 1910, quando o material estava mais ou menos esgotado, em vez de empreender novas investigações de campo. Em contraposição às afirmações excessivamente confiantes dos arqueólogos anteriores, Gösta Säflund, o estudioso moderno mais exigente neste campo, mostrou-se demasiadamente rigoroso[6]. Sua atitude bastante cética diante das evidências materiais deve ser valorizada, mas suas conclusões mais gerais parecem-me questionáveis, tendo em vista suas pressuposições antropológicas rígidas (e não declaradas) que aparecem em comentários tais como:

A *raison d'être* das estruturas sobre pilotis (alguns dos quais medindo cerca de 6 m) não deve ser procurada em pressupostas concepções religiosas ou tradicionais, mas unicamente nas condições hidrográficas, que faziam com que fosse essencial elevar o nível das habitações[7].

O curioso é que alguns parágrafos adiante, ao estudar a cronologia absoluta daquela cultura, Säflund fixa sua data final por volta do ano 700 a.C., não em razão da hidrografia, pois nesta época as condições hidrográficas deveriam estar em seu pior momento, segundo sua própria exposição, mas por referência ao início das invasões celtas. Ele sugere,

4. Uma corruptela de *terra marna*, "terra margosa". "O termo *marna* parece originário do norte, ou talvez seja uma forma independente da palavra *marga*, usada por Plínio para denotar as margas vermelha e branca"(Plínio, *História Natural*, XVII, 42 etc.). C. H. Chambers em seu prefácio à obra *Lake Habitations and Prehistoric Remains... of Northern and Central Italy*, da autoria de B. Gastaldi, Londres, 1865. As estruturas de madeira destes assentamentos, quando apodrecem, produzem um excelente húmus, e o uso desta terra como fertilizante durante um certo período de tempo fez com que fosse praticamente impossível realizar trabalhos ulteriores nestes assentamentos.

5. A tentativa mais recente deve-se a Täubler, op. cit., que cita a maior parte do material anterior mais relevante.

6. G. Säflund, *Le Terramare delle Provincie di Modena, Reggio Emilia, Parma, Piacenza*, Lund e Leipzig, 1939.

7. Säflund, op. cit., p. 221.

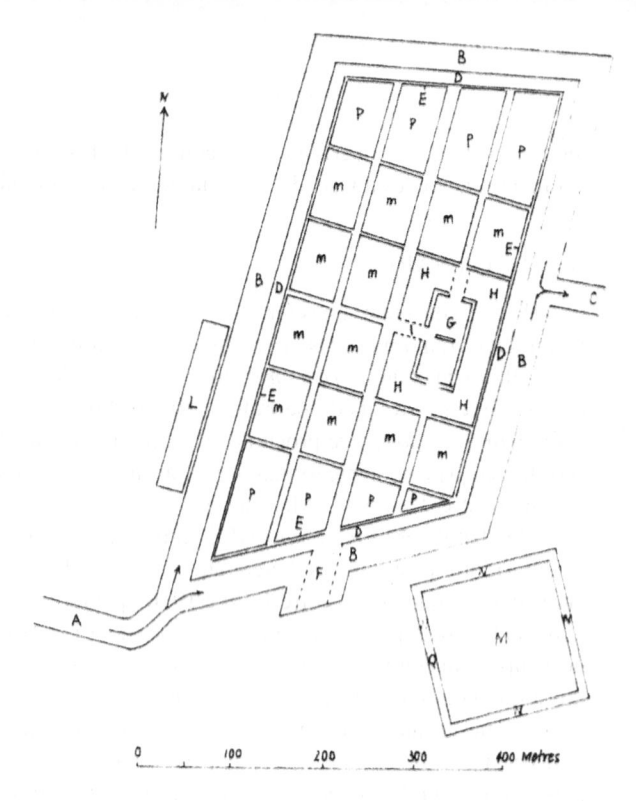

39. RESTAURAÇÃO DO CASTELLAZZO DI FONTANELLATO, *segundo Pigorini, baseada em suas escavações superficiais. Legenda: (A, B, C) fossa; (D) muralha; (M, P) insulae; (E) pomoerium; (H) forum; (G) mundus; (F) pons; (L, M) cemitérios.*

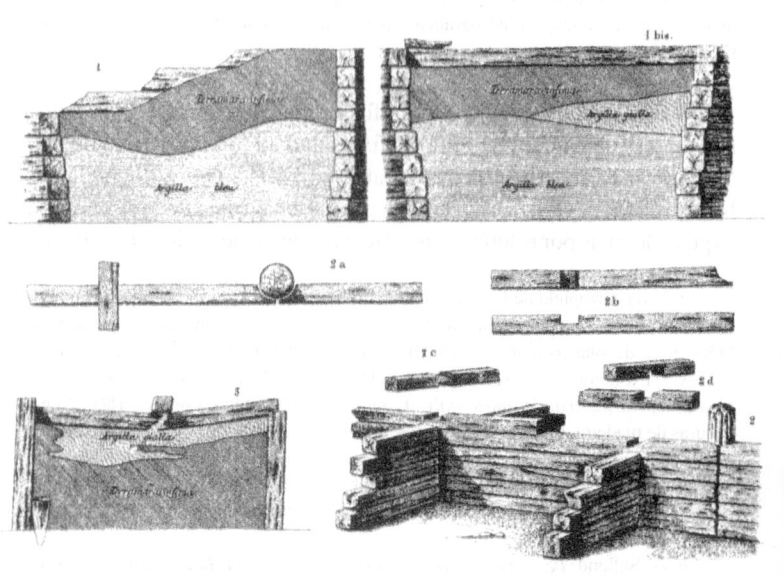

40. RECONSTRUÇÃO DAS CAIXAS DE MADEIRA DA MURALHA DE CASTIONE, *segundo Pigorini.*

41 e 42. Escavações no castellazzo di fontanellato *de Pigorini, em 1877.*

portanto, que as *Terramare* faziam parte de todo um complexo cultural que desaparece na época das invasões celtas, e não simplesmente em consequência de um problema hidrográfico[8]. Não há razão nenhuma para supor que os habitantes desses assentamentos altamente organizados e avançados do ponto de vista técnico, fossem radicalmente distintos do resto do mundo antigo ou inclusive dos seus vizinhos mais atrasados, e que não tivessem ritos de fundação ou concepções religiosas e tradicionais relacionados às formas de suas habitações. É possível que Pigorini e Chierici tenham se deixado levar pela fantasia ao acreditar que estavam diante de um *mundus,* toda vez em que se deparavam com um simples fosso de formato peculiar, mas não podemos descartar totalmente o fato de que as aldeias tinham um contorno aproximadamente retangular. Ademais, não há dúvida de que em muitos casos é notória a existência de terraplenos com clara intenção de demarcar limites, quer seja por fossos, quer seja por fortificações. Num caso específico, pelo menos, o da extensa colonização em Castione, o muro estava reforçado ou constituído simplesmente por grandes gabiões quadrados, de cerca de 4,6 m², feitos de toros rusticamente desbastados, encaixados e revestidos de barro e entulho[9]. Säflund, de sua parte, atribui importância excepcional à singularidade dessa construção[10], se bem que ela fosse muito corrente na cultura pré-céltica e inclusive na Europa celta, à parte o fato de contar com numerosos precedentes em territórios mais orientais. "O muro de defesa, de estrutura de madeira", diz Stuart Piggot[11], "podia naturalmente ter sido uma invenção nativa da Europa bárbara, mas é preciso ter em conta que tais muros têm uma história muito longa [...] no Oriente Próximo e no Egeu". Säflund propugna a originalidade dessas defesas a partir da ausência de ruínas similares, se bem que muros desse tipo possam ter perfeitamente existido em numerosas aldeias destruídas para a extração de adubo. É uma forma curiosa de argumentar, capaz de inferir toda uma fase primitiva de inumação dessa cultura, apesar da ausência total de sepultamentos que lhe possam ser atribuídos. De minha parte, prefiro pensar que esta construção, tão extensa e altamente desenvolvida, não pode ser um caso

8. Uma versão mais recente e também mais equilibrada do problema no contexto da Idade de Bronze da Emília encontra-se em G. A. Mansuelli e R. Scarcani, *L'Emilia prima dei Romani,* Milão, 1961, p. 151 e ss. Sobre o fim das *Terramare,* ver também *Civiltà di Ferro,* Documenti e Studi, Dep. di Storia Patria, Provincia di Emilia, IV, Bolonha, 1960; especialmente Pia Laviosa Zambotti, *Le Origini della Civiltà Villanoviana,* p. 73 e ss., e Hermann Müller-Karpe, *Sulla Cronologia Assoluta della tarda Età di Bronzo,* p. 447 e ss.

9. L. Pigorini, Terramara dell'età del bronzo situata in Castione de'Marchesi, *Atti della Reale Academia dei Lincei,* Roma, 1883, p. 265 e ss; R. Munro, *The Lake Dwellings of Europe,* Londres, 1890, p. 252-256; Säflund, op. cit., p. 96 e ss., 220 e ss.

10. Säflund, op. cit., idem.

11. Stuart Piggot, *Ancient Europe from the Beginning of Agriculture to Classical Antiquity,* Londres, 1965, p. 204.

43. ALDEIA BARAKAU, *situada a cerca de 30 quilômetros a leste de Port Moresby, Papua, Nova Guiné. Cortesia do American Museum of Natural History.*

isolado, e que necessariamente existiram outras aldeias com muralhas construídas a partir de estruturas de madeira preenchidas. É claro que o fato de haver terraplenos quadrados, que inclusive continham conjuntos de habitações retangulares, não é prova suficiente do planejamento retangular do assentamento todo: serve de evidência para isso a aldeia ou cidade de Biskupin, na Polônia, de contorno ovalado, que revela esta mesma forma de construção na sua versão mais desenvolvida[12].

Pode ser que não haja base suficiente para atribuir aos *terramaricoli* a introdução tanto do rito etrusco como do planejamento ortogonal, mas permanece o fato de que seus assentamentos tinham contornos aproximadamente trapezoidais, e seus sistemas de construção favoreciam uma maior ou menor regularidade dos traçados, análoga à das atuais habitações em pilotis lacustres do sudeste asiático. Embora os *terramaricoli* certamente praticassem alguma espécie de rito de fundação, é possível que este não tivesse nenhuma relação direta com o *ritus etruscus* (se bem que esta suposição apriorística não seja mais razoável que a contrária). No entanto, é igualmente viável que as aldeias de planta irregular, aproximadamente circulares, de seus vizinhos da Emília durante a Idade do Bronze tivessem sido fundadas com um rito semelhante ao que descrevi, de modo que qualquer uma daquelas aldeias poderia ter sido *quadrata* no sentido em que venho utilizando o

12. Piggot, op. cit., p. 202 e ss.

44. CENA REPRESENTANDO, PROVAVEL-
MENTE, A CONSTRUÇÃO DE UMA CABA-
NA. *Da rocha de Bedolina. Segundo
E. Anati,* Camonica Valley, *Jonathan
Cape Ltd., Londres, 1965.*

45. CASA COM ESCADAS. *Da rocha de Naquane.
Segundo E. Anati,* Camonica Valley, *Jonathan
Cape Ltd., Londres, 1965.*

46. SEÇÕES *(Áreas I, A-C, 11-7)* DA GRANDE ROCHA NAQUANE. *Mostra um certo número de
casas sobre pilotis (nºs 175, 207 e 255), bem como o grande labirinto (n. 270). Segundo E.
Anati,* Camonica Valley, *Jonathan Cape Ltd., Londres, 1965.*

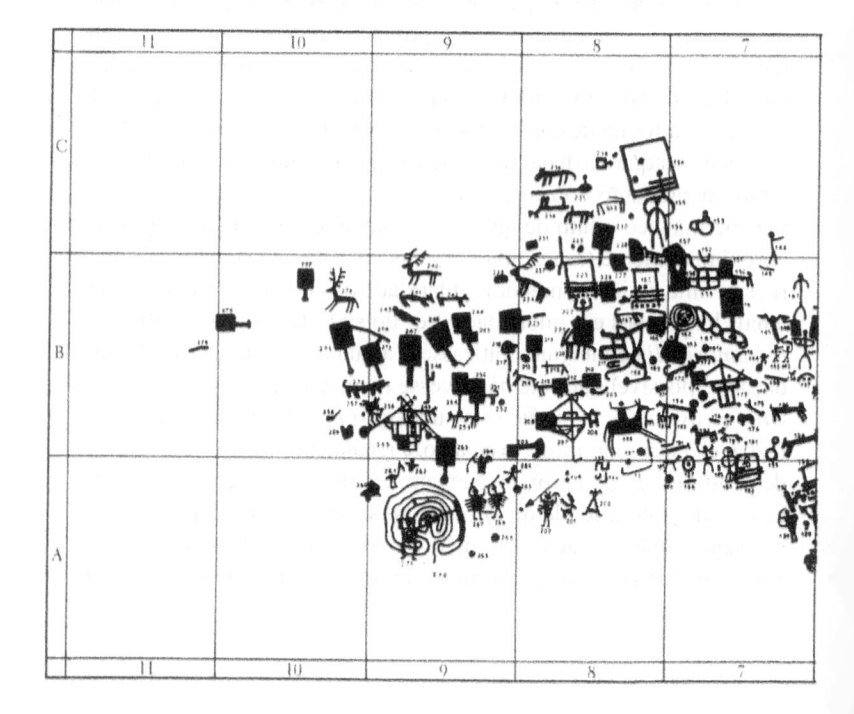

47. Marzabotto, estado das escavações por volta de 1977. *Cortesia de G. A. Mansuelli.*

48. Marzabotto. Visão aérea do lugar. *A acrópole está situada em primeiro plano à direita, entre os ciprestes.*

termo, sem que seus resquícios, ao serem escavados na época moderna, revelem o menor traço daquela disposição.

A introdução do traçado ortogonal na Itália costuma ser atribuído a influências gregas[13], mas as evidências não são de todo conclusivas. Escavações recentes feitas em Mégara Hibléa, por exemplo, um dos mais antigos assentamentos gregos na Sicília, exumaram algumas habitações arcaicas, aproximadamente orientadas e que correspondem mais ou menos às datas da fundação da cidade, no último quarto do século VIII a.c. Tais habitações, todavia, estão dispersas e sua ortogonalidade pode ser aparente[14]. O primeiro traçado verdadeiramente ortogonal da Itália continental, que por sua vez possui aparentemente uma orientação muito exata, é o da pequena necrópole em Contrada Gaudo, cerca de 1 km ao norte de Paestum. Foi descoberta por acidente durante a construção de um aeroporto americano em 1943 e, até o momento, parcialmente escavada; ainda não foram encontrados vestígios do assentamento ao qual servia. "O que mais chama a atenção neste caso", escreve o arqueólogo que dirigiu a principal escavação, "é o seu traçado que, indubitavelmente, deve ser qualificado como 'urbanístico'"[15].

A área do cemitério explorada até o momento mede aproximadamente 60 x 40 m, cobrindo cerca de vinte tumbas nas quais encontram-se depositados vinte e cinco esqueletos, quase todos em posição "fetal". As sepulturas são do tipo conhecido como "*a forno*" e possuem habitualmente duas, às vezes três câmaras, separadas por fortes divisórias. Elas contêm uma quantidade notável de cerâmicas de um tipo inusual na Itália, bem como instrumentos de pedra. Há também um pequeno bronze. As tumbas estão escavadas numa rocha macia e dispostas ao longo de corredores retos de 40-60 cm de largura, por sua

13. Assim, por exemplo, F. Castagnoli, *Ippodamo di Mileto e l'Urbanistica a Pianta Ortogonale, passim*; ou mesmo G. A. Mansuelli, *Una Città Etrusca*, p. 91. Sobre *quadratus*, ver infra, p. 109.

14. Até o momento, foram identificadas, pelos escavadores, onze "casas", na realidade habitações de um único aposento no centro da cidade; algumas estão orientadas, outras parecem ter sido alinhadas sobre ruas posteriormente traçadas. Não obstante, não se pode deduzir a existência de um plano geral, orientado ou regularizado, à semelhança do que encontramos em Marzabotto; o conjunto data de fins do século VII. Ver G. Vallet, F. Villard e P. Auberson, *Expériences coloniales en Occident et Urbanisme Grec: les Fouilles de Mégara Hyblaea*, *Annales*, 1970 (IV), p. 1102 e ss; cf. o relatório de uma escavação anterior em *Mélanges d'Archéologie et d'Histoire*, Paris, 1970, LXXXII, p. 527 e ss.

15. P. C. Sestieri, Rediconti della Accademia di Archeologia, em *Lettere e Belle Arti*, s.d., XXIII, Nápoles, 1947-1948, p. 255. Sobre uma análise dos dados, ver *Catalogue of the Mostra della Preistoria e della Protoistoria del Salernitano*, Salerno, 1962, p. 39 e ss., e G. Vosa, Ultimi Scavi nella Necropoli di Gaudo, em *Istituto Italiano di Preistoria e Protoistoria, Atti della VIII e IX Riunione Scientifica*, Florença, 1964, p. 265 e ss. Vosa recentemente formulou dúvidas a respeito da "leitura" ortogonal de ruas e canais proposta por Sestieri numa carta ao autor, porém nenhuma interpretação alternativa plausível destas características foi oferecida até agora.

vez também escavados na rocha. Estas tumbas estão às vezes conectadas com o exterior por meio de um canal, que pode ser uma abertura
para as libações. Um amontoado de pedras situado no centro da área
escavada foi interpretado como um altar primitivo. Os corredores estão
orientados de norte a sul com uma margem de 5° e parecem atravessados por corredores mais largos, orientados de leste a oeste. A cerâmica
encontrada dentro das tumbas, segundo os escavadores, é singular na
Itália[16]. Tanto o tipo de cerâmica como o aspecto físico dos indivíduos
ali enterrados sugere que a necrópole foi utilizada por uma comunidade
de imigrantes do Egeu, talvez mais precisamente da Anatólia, que
chegou à Itália antes do ano 2000 a.c.

MARZABOTTO

A mostra mais notável de traçado ortogonal dos etruscos é exem-
plificada pelas ruínas de uma de suas cidades, perto da aldeia de
Marzabotto, na província de Bolonha. Percebe-se à primeira vista que
se tratava de um assentamento de proporções amplas, que foi quase
inteiramente destruído pelos gauleses no início do século iv a.c. Se
assumimos como concludente a evidência da cerâmica grega, deve ter
sido fundado não antes do início do século vi, ou mesmo no seu final[17],
sobre outro assentamento um pouco anterior, provavelmente de traçado não ortogonal, ao qual os escavadores atribuem o pequeno templo
situado sobre um manancial, que é o edifício de pedra mais antigo no
norte da Itália, entre os de caráter monumental[18]. Marzabotto começou
a ser escavada em torno de 1830 e o estudo de suas ruínas prossegue
desde então. Em 1961 descobriu-se outro assentamento orientado de
modo similar, se bem que muito menor, não muito longe dali, em
Casalecchio di Reno, uma aldeia localizada nas regiões montanhosas
dos Apeninos, a cerca de 10 km de Bolonha[19]. Assim como Marzabotto,
também foi destruído pelos gauleses que, aparentemente, dedicaram-
se a uma tarefa conscienciosa de demolição. O Reno havia solapado
Marzabotto, ao passo que a estrada de ferro causara danos menores.

16. P. C. Sestieri, La Necropoli Preistorica di Paestum, em *Atti del I Congresso In-
ternazionale di Preistoria e Protoistoria Mediterranea*, Florença, 1950, p. 195 e ss. O
estudo preliminar de Sestieri, Nuovi risultati degli Scavi nella Necropoli preistorica di
Paestum apareceu na *Rivista di Scienze Preistoriche*, I, 4, 1947, p. 283-290, junto com
um estudo dos restos humanos; P. Graziosi, I resti scheletrici umani nella Necropoli
preistorica di Paestum, *Rivista di Scienze Preistoriche*, II, 1947, p. 291-322.

17. G. A. Mansuelli, *Marzabotto: Dix Années*, p. 113 e ss., 124.

18. Idem, p. 114 e ss.

19. R. Bloch, Urbanisme et Religion, *La Città Etrusca e Italica*, p. 11 e ss; Christian Peyre, L'Habitat Etrusque de Casalecchio di Reno, Bologna, idem, p. 253 e ss; F.
H. Pairault, L'Habitat Archaique de Casalecchio di Reno près de Bologne: Structure
planimétrique et Technique de Construction, *Mélanges de l'Ecole Française de Rome
(Antiquité)*, LXXXIV, Paris e Roma, 1972, p. 145 e ss.

O museu foi destruído pelos alemães em 1944, quando Marzabotto ressurgiu tragicamente na história.

Uma vez destruída pelos gauleses, Marzabotto e provavelmente também o outro assentamento menor não foram reocupados pelos etruscos, nem mais tarde pelos romanos, permanecendo totalmente ignorados.

As linhas mestras do seu traçado estão se tornando claras: é conservado um cardo principal, que vai de norte a sul, e que é atravessado em ângulo reto por três *decumani*, sendo que todas as ruas importantes têm cerca de 15 m de largura. Os espaços assim delimitados estão divididos em seções de 130-160 m de comprimento e de largura irregular de 6 m em média, ocupadas por uma única casa ou por habitações que se alinham fundo com fundo e dão de frente para ruas de 5 m de largura, paralelas ao cardo. As casas estavam organizadas ao redor de um *impluvium*, ou pátio a céu aberto, em cujo solo fora escavado um poço ou, às vezes, também uma cisterna. As habitações destinadas à família agrupavam-se ao redor deste pátio, enquanto os aposentos de frente para a rua serviam de depósitos, oficinas e armazéns. Os limites exteriores da cidade são sugeridos por duas necrópoles situadas extramuros: foram encontradas as fundações de um portão oriental, pelo qual se tinha acesso à necrópole correspondente. Sobre a colina, de cuja face norte (ou melhor, norte-noroeste) tinha-se uma vista panorâmica da cidade, encontra-se um pequeno grupo de edifícios de caráter decididamente sacro, a acrópole ou *sedes deorum*. Quase todos esses edifícios estão por sua vez cuidadosamente orientados. A baixa colina, a aparente ausência de fortificações naquele ponto ou em conexão com os portões, sugere que a cidade nunca teve um caráter de fortaleza. Uma característica curiosa, até agora não surgida em outros lugares, são os cipos, enterrados nas encruzilhadas, precisamente no centro de cada uma. O cipo encontrado pelos escavadores no cruzamento do cardo e do *decumanus* por eles designado como "C", estava marcado com uma cruz, diferentemente dos outros cipos. Ao que tudo indica, não havia nenhuma espécie de depósito sacrificial associado a estes cipos, o que sugere que estão relacionados com as tarefas dos agrimensores mais que com as do adivinho. Por outro lado, o cipo marcado com uma cruz, situado no centro da cidade, estaria bem no local em que originalmente "tinha sido estabelecida com bons augúrios" a groma[20]. Diferentemente da função que se lhes atribuiu mais tarde nas cidades romanas, os cipos não serviam aqui de indicadores ou marcos: o terreno montanhoso significava que teria sido difícil, ou mesmo impossível, utilizá-los como pontos de referência. Seu destino, pois, era permanecer enterrado como testemunho

20. G. A. Mansuelli, *Guida*, p. 49 e ss.; mais recentemente, Mansuelli, *Marzabotto: Dix Années*, p. 120 e ss.

49. Marzabotto, acrópole, *edifício "d". Trata-se provavelmente de um altar ao ar livre.*

50. Marzabotto, acrópole, *edifício "d".*

51. A acrópole de Marzabotto, *edifício "b".*

52. A cidade vista da acrópole. *Em primeiro plano, o edifício d".*

da passagem dos agrimensores, ficando bem clara a evidência de um procedimento ritual ou pelo menos quase ritual[21].

Essa evidência de prováveis práticas cerimoniais na fundação de Marzabotto ainda é isolada. Na Grécia, a agrimensura não parece ter sido acompanhada por práticas semelhantes. Marzabotto foi fundada no final da fase "orientalizante" da cultura etrusca, pouco depois do ano 500 a.c., se podemos confiar nas evidências dos fragmentos de cerâmica grega. Porém, talvez mais importante é o fato de que as plantas das casas sejam muito diferentes daquelas que possuem as habitações gregas contemporâneas[22]. A disposição em longas *insulae*, se bem que fosse comum nas cidades gregas posteriores na Magna Grécia, aparece um pouco por toda a costa do Mediterrâneo. Porém não há nada que possa ser considerado grego nas molduras ou na configuração geral dos edifícios sagrados situados na própria acrópole: eles parecem tipicamente etruscos. A cerâmica grega encontrada em grandes quantidades por todo lugar não constitui por si só prova conclusiva de uma "presença" grega.

O caráter ortogonal e preciso do traçado contrasta com a pobreza das construções. As casas eram feitas de adobe assentado sobre alicerces de seixos e entulho, toscamente cobertos de barro, uma técnica comum em todo o Mediterrâneo. Os revestimento maleáveis (os mais antigos dos quais, infelizmente não subsistiram) e os escoadouros de barro modelado, bem como as molduras de pedra dos edifícios mais sólidos, situados na própria acrópole, não sugerem analogias gregas notórias.

SPINA

Recentes escavações de Spina apresentam evidências ainda mais desconcertantes: em contraposição à Marzabotto, sobre a qual autores clássicos mantiveram-se praticamente em silêncio, Spina foi objeto de muita curiosidade por parte de historiadores e geógrafos da Antiguidade; em épocas mais recentes, seu nome era obscuro na nomenclatura local[23].

Diferentemente de Marzabotto, cujas ruínas são conhecidas desde meados do século XVI e vêm sendo exploradas mais ou menos sistematicamente desde 1830, não se sabia onde se encontravam os resquícios de Spina, e seu local foi situado erroneamente[24] até serem descobertas as primeiras tumbas do cemitério localizado em Valle Trebba, em 1922, ao ser aberto um canal de irrigação que atravessava a necrópole. Em

21. Mansuelli, idem: "les cippes ne peuvent pas avoir en *strictu sensu*, un caractère religieux [...] mais ils en sont le témoignage de façon indirecte".

22. Romolo A. Staccioli, A proposito della Casa Etrusca a Sviluppo Verticale, *La Città Etrusca e Italica*, p. 129 e ss.; cf. G. A. Mansuelli, La Casa Etrusca di Marzabotto, *Römische Mitteilungen*, LXX, 1963, p. 44 e ss.

23. Leandro Alberti, *Descritione di Tutta Italia*, Bolonha, 1550, f. 305.

24. Filippus Cluverius, *Italia Antiqua*, Leyden, 1624, p. 133.

53. SPINA. *Ruínas dos pilotis do embarcadouro norte e dos alicerces de pilotis, provavelmente de uma casa, perto de Paganella, vistas do noroeste. Cortesia de Soprintendenza alle Antichitá. Emilia e Romagna.*

1953 já haviam sido encontradas ali 1.200 tumbas; outro cemitério foi encontrado em 1954 em Valle Perga, e até 1960 já tinham sido descobertas outras 2.400 tumbas[25]. Em 1956, fotografias aéreas revelaram a existência de uma antiga rede de canais obstruídos no Valle Perga[26].

Esse sistema de canais é identificado atualmente como o porto e a cidade de Spina, ao que parece integrada por um conjunto de assentamentos relacionados entre si e agrupados nos dois vales sobre terrenos pantanosos, atrás do Lido que hoje faz parte das dunas de areia localizadas em terra firme. É bem possível que se estendesse por uma zona na qual o Lido ficava interrompido. Um canal principal ia do Pado Vetus (uma ramificação do delta do Pó cujo leito seco recebe atualmente o nome de Pavero) em direção norte, girando bruscamente para o leste para desembocar, ao que parece, no mar. Foram encontrados dois sistemas de canais, separados por cerca de um quilômetro e meio e que provavelmente constituíam as zonas portuárias. O assentamento parece ter ocupado uma área de 740 hectares onde, segundo se afirma,

25. Um amplo relato sobre as antigas escavações na necrópole em Salvatore Aurigemma, *La Necropoli di Spina in Valle Trebba*, Roma, 1960, I, 1 e 2. Isso e outros materiais estão sumariados em S. Aurigemma e Nereo Alfieri, *Il Museo Nazionale Archeologico di Spina a Ferrara*, Roma, 1961; em N. Alfieri, P. E. Arias e M. Hirmer, *Spina*, Munique, 1958 e em *Mostra dell'Etruria Padana e della Città di Spina*, Bolonha, 1961.

26. Alfieri, Arias e Hirmer, op. cit., p. 21.

54. Fotografia aérea do BAIRRO PORTUÁRIO DE SPINA. *Segundo Arias. 1. O porto antigo; 2. Canais da cidade antiga; 3. As* insulae *ocupadas; 5. Canais modernos de irrigação*

viveram até quinhentos mil habitantes no auge da prosperidade da cidade, em fins do século V a.C[27].

Nas tumbas mais ricas há objetos de fato esplêndidos, e os mais espetaculares são os vasos áticos que datam do fim do século VI aos primórdios do século III a.C. Havia inclusive cerâmica e bronzes etruscos, bem como joias tarentinas. Tanto as fontes escritas como os dados arqueológicos parecem estar de acordo: Spina foi um dos portos mais importantes do mundo antigo, e o centro principal para a importação de cerâmicas gregas e sua distribuição nos territórios etruscos ao longo da rota Bolonha/Florença na qual situava-se Marzabotto e mais além, aos celtas do vale do Pó e mesmo do outro lado dos Alpes. Geógrafos antigos relatam que a estrada que ligava Spina a Pisa era muito conhecida, e demorava três dias para ser percorrida[28].

A localização de Spina, como a de Ravena numa época posterior e a de Veneza mais recentemente, parecia garantir sua segurança. De todo modo, as armas encontradas nas tumbas até o momento são muito escassas.

É difícil conjeturar por que Spina caiu; talvez isso se devesse, como no caso de Marzabotto, ao ataque ou ao assédio dos celtas. Mais verossímil é a suposição de que tal ataque estivesse combinado com o progressivo assoreamento da lagoa e dos canais e o lento afundamento do terreno para abaixo do nível do mar, que ainda continua. Os ataques

27. Idem.
28. Alfieri, Arias e Hirmer, op. cit., p. 12.

dos celtas foram concomitantes ao eclipse do poderio etrusco no norte. O declínio da pirataria e do poder fenícios no Mediterrâneo também contribuíram para o ocaso do comércio adriático[29].

Spina e Ádria, ao norte da primeira, eram os portos adriáticos mais importantes, até serem substituídos por Ravena e Aquileia; durante dois ou três séculos foram os portos mais prósperos de toda a Itália. No entanto, na época em que Estrabão escreveu, a aldeia que ele considerava herdeira de Spina localizava-se a cerca de 16 km a partir da costa, embora de fato, inclusive na atualidade, o verdadeiro lugar encontre-se a uma distância de 10 km terra adentro. O assoreamento e o bradisseísmo, contudo, produziram uma grande região pantanosa situada abaixo do nível do mar, conhecida como Valle di Comacchio, um terreno inundado extremamente difícil de ser escavado. Os cemitérios nas antigas dunas, repletos de cerâmicas gregas, forneceram materiais perfeitamente datáveis. As escavações da cidade tiveram início muito mais tarde e num terreno igualmente difícil, porém ainda não revelaram um quadro definido sobre a ocupação do lugar. O que foi descoberto até o momento apresenta um agrupamento de *insulae* arenosas ortogonais, emolduradas por estruturas reforçadas por pilotis, sobre as quais erguem-se superestruturas também de madeira. É obvio que ao contrário de Marzabotto (ou de qualquer outra cidade etrusca), Spina era uma cidade construída de madeira[30]. Esse tipo de construção com pilotis e estruturas de madeira era, naturalmente, conhecido no vale do Pó, bem como mais ao norte. Era habitual nos assentamentos dos *terramare*, próximos dos limites de Spina no tempo e no espaço. Independentemente da data de fundação de Spina, quer seja ao redor do ano 550 a.C., conforme sugerido pelo material arqueológico mais antigo encontrado até o momento, ou muito antes, como assegura a lenda, o certo é que provavelmente havia assentamentos *Terramare* plenamente ocupados, e não muito distantes do lugar, quando chegaram a Spina os primeiros moradores.

É difícil estabelecer a distribuição étnica. Tampouco há unanimidade no que concerne ao idioma falado pelos *terramaricoli*[31]. A própria cidade de Spina, como atestam os grafitos nos vasos, foi habitada por ambos, os povos de fala etrusca e grega[32]. Os historiadores gregos, que discorrem

29. Sobre o pano de fundo econômico e étnico de Spina e Ádria, ver G. A. Mansuelli e R. Scarani, *L'Emilia prima dei Romani*, Milão, 1961, p. 264 e ss; G. A. Mansuelli, Formazione delle Civiltá Storiche nella Pianura Padana Orientale: Aspetti e Problemi, *Studi Etruschi*, XXXIII, 2ª série, 1965, p. 3 e ss.

30. Alfieri, Arias e Hirmer, op. cit., p. 21 e ss.

31. Cf. G. Devoto, op. cit., p. 61 e ss; mais recentemente, G. Devoto, *Origini Indoeuropee*, Florença, 1962, p. 133 e ss., 148 e ss.

32. Os povos de fala etrusca parecem ter sido, a julgar por seus nomes, vênetos; assim, Ambrose Josef Pfiffig, Spina – Etruskisch oder Venetisch, *Die Sprache*, VIII, Viena, 1962, p. 149 e ss.

decididamente sobre a inclusão de Spina no âmbito etrusco, afirmavam que se tratava de uma fundação pré-estruca. Dionísio de Halicarnasso, seguindo Helânico de Lesbos, sugere que era um assentamento pelásgico[33]. Justino acreditava que seus primeiros habitantes fossem tessálios[34]. Plínio, o Velho, dá como nome do *oikistes* grego o de Diomedes, um dos *nostoi*[35]. Embora esta última tradição não seja mencionada por nenhum autor grego, Spina era considerada uma cidade quase grega, tinha seu próprio tesouro em Delfos, e foi admitida na anfictionia délfica[36].

O aspecto físico de Spina ainda é extremamente difícil de ser reconstruído. Era diferente de qualquer outra cidade etrusca ou grega, e maior do que muitas delas. Suas construções e as da vizinha Ádria deviam ter características muito definidas: Varrão realmente deriva a palavra *atrium*, que distingue a habitação etrusca e depois a romana, dotada de implúvio, do nome de Ádria, a fundação etrusca que também deu nome ao mar Adriático[37].

É muito provável que seu aspecto, bem como muitas de suas funções, tão logo as mudanças ocorridas nas condições hidrográficas privaram-na de seu porto, tenha sido transferido para Ravena e, posteriormente para Aquileia, situada mais ao norte, do outro lado da laguna veneziana. Estrabão visitou Ravena e descreveu-a como uma cidade portuária, "construída totalmente de madeira, assentada entre canais, cujo tráfego é atendido por pontes e barcas"[38].

Havia outras cidades na costa pantanosa do delta do Pó, entre o Lido veneziano e Ravena. Quando os portos de Ravena e Aquileia foram assoreados e as dunas avançaram inexoravelmente até o mar, as aldeias das ilhas dispersas pela laguna veneziana associaram-se para constituir aquela poderosa unidade que nos deu a cidade de Veneza.

Voltando a Spina: não é possível obter ainda dados conclusivos a partir de suas ruínas. É evidente que não se tratava de uma cidade típica etrusca[39]; de todo modo, parece plausível que devia existir alguma conexão, em termos de cultura material, quando não de *ethne*, entre

33. Helênico apud Dionísio de Halicarnasso I, 28; a própria versão de Dionísio em I, 18.

34. Justino, xx, 1, xi; cf. Diodoro Sículo, xiv, 113, i-iii.

35. Plínio, *História Natural* III, 120. Sobre Diomedes como *oikistes* no Adriático, cf. Bérard, op. cit., p. 368 e ss.; também Brelich, op. cit., p. 137.

36. Estrabão, *Geografia* v, 1, vii.

37. Sobre Adria-*atrium*, ver M. T. Varrão, *Da Língua Latina* v, 161; e Festo, s. v. *Atrium*; o nome primitivo do Adriático era Mar Jônico, por Jônio, o herói-líder dos ilírios e filho de Ádria, o epônimo herói da cidade. O nome foi mudado provavelmente em fins do século vi ou no início do século v a.C.; cf. Giulia Fagolari e Bianca Maria Scarfi, *Adria Antica*, Veneza, 1970, p. 17.

38. Estrabão, loc. cit.

39. Há cerâmicas com grafitos tanto etruscos como gregos. Ver Aurigemma e Alfieri, op. cit., p. 10.

os *terramaricoli*, quem quer que fossem, e os fundadores de Spina[40]. A habilidade dos etruscos para a construção de portos e para tudo o que diz respeito à agrimensura transformou a cidade num dos portos mais ricos do mundo antigo. Novas escavações talvez nos revelem algo mais sobre a natureza do comércio e da organização de Spina, uma unidade urbana independente e não apenas um mercado conveniente para produtos gregos de ornamentação.

SPINA E O TRAÇADO ORTOGONAL

Uma revisão das evidências encontradas em Marzabotto faz com que seja necessário expor novamente uma questão radical. Se as importações gregas para esta cidade eram de fato produtos de luxo, tais como vasos áticos de figuras vermelhas e ocasionais peças de escultura, como foi que a recôndita teoria urbanística dos gregos (ou melhor, sua prática) esteve tão profundamente enraizada entre os etruscos? As evidências sobre traçados ortogonais de antigas cidades helênicas são muito escassas. Entre as cidades mais antigas, o único exemplo bem atestado é o de Esmirna. Mas no outro extremo da Anatólia, nas margens setentrionais do lago Van, os monarcas urartianos construíram uma cidade completamente ortogonal, conhecida nos dias de hoje como Zernaki Tepe[41]. Suas ruínas nunca foram reconstruídas e a cidade não mostra muros ou limites definidos. Está assentada sobre o topo ondulado de uma colina com vista para um vale no qual situa-se a cidade moderna de Ercis, cobrindo uma superfície de aproximadamente um quilômetro quadrado. A planta é regular, e as quadras quase uniformes, medindo cerca de 35 m de lado; cada uma delas consta de dois pares de casas contínuas por um lado e contrapostas nos fundos onde são separadas por um corredor estreito. É bem possível que estas tivessem um segundo andar. O lugar está claramente dividido em quatro, por duas ruas mais largas que se cruzam em ângulo reto, aproximadamente no centro da cidade. É provável que Zernaki nunca tenha sido terminada ou habitada, talvez devido às dificuldades suscitadas pelo fornecimento de água ou, o que é mais verossímil, porque sua construção foi interrompida pela destruição do reino urartiano pelos medos, no ano de 590 a.C.

Não são conhecidos traçados similares desta data entre os urartianos ou em outros âmbitos. Os urartianos, é claro, conheciam a planimetria ortogonal inclusive de grandes dimensões, porém este assentamento é notavelmente ambicioso.

40. Isso foi observado por A. Maiuri, *Arte e Civiltà nell'Italia Antica*, Milão, 1960, p. 51.

41. C. A. Burney e G. R. J. Lawson, Measured Plans of Urartian Fortresses, *Anatolian Studies*, x, 1960, p. 177 e ss.

Talvez, à semelhança de Marzabotto e das cidades de plantas ortogonais construídas pelos gregos na Itália e na Sicília, se tratasse de um novo assentamento no qual antigos ritos e cosmogonias incorporaram-se às práticas de agrimensores e geômetras. Vale a pena reiterar que a fundação de Marzabotto, bem como a disposição de Zernaki, mostra todos os indícios de um procedimento organizado, inclusive "tradicional", que nos sugere estarmos diante de uma questão de notável antiguidade. Ao retrocedermos cerca de um século, nos encontraremos nos primórdios do período "orientalizante" da arte etrusca. Nessa época, a Grécia não estava em condições de oferecer muitos conhecimentos de ordem tecnológica. Era o momento das primeiras colônias. Deveríamos pressupor, apesar de tudo, que os improvisadores etruscos aprenderam as técnicas da agrimensura de algum geômetra grego itinerante? Ou que os etruscos enviavam seus agrimensores para que estudassem na Grécia? Ou que alguns etruscos ficaram tão impressionados ao ver uma colônia grega que quiseram adotar seus métodos de planejamento, sem esforçar-se para copiar as outras características da cidade?

O traçado ortogonal não é, afinal das contas, uma técnica que possa ser isolada do seu contexto religioso e social para, deste modo, ser assimilada ao longo de décadas por intercâmbios comerciais. Dificilmente poderíamos comparar este processo à adaptação das formas da cerâmica, por exemplo, ou dos perfis da moldura. Ao contrário, é produto de uma disciplina rigorosa, e sua adoção por um povo como os etruscos não pode ter sido resultado de mera conveniência. O traçado ortogonal e tudo o que está relacionado à orientação eram coisas demasiado importantes na vida de um povo para que fossem adotadas arbitrariamente, como uma boa ideia entre outras. Ao contrário, estes métodos deviam possuir um contexto adequado na visão geral de universo dos etruscos no qual se encaixariam, ou teriam modificado, esta mesma imagem de tal modo que, inevitavelmente, subsistiriam vestígios definidos desta reviravolta. No entanto, não há evidências a favor da segunda suposição, a menos que o mito de Tages[42] fosse utilizado para justificá-la, o que não é provável. Por outro lado, a planta rigorosamente orientada de Marzabotto implica a utilização de uma groma plenamente desenvolvida, do tipo que antes descrevi, e não o tosco procedimento que Plínio, o Velho, considerava suficiente[43]. Tampouco se justificaria recorrer à orientação ou à ortogonalidade argumentando que a maneira mais sensata de dividir um assentamento em lotes iguais consiste em sobrepô-lo a uma quadrícula ortogonal, já que em Marzabotto os lotes, assim como as *insulae*, são desiguais. A planimetria ortogonal está intimamente associada a Hipódamo de Mileto, cuja figura é tão ambígua

42. Cf. p. 4 e 156.
43. Ver supra, p. 37.

na *Política* de Aristóteles[44]. Alguns autores reconhecem nele simplesmente o mérito de haver formulado racionalmente algo que é evidente por si só[45]; todavia, a partir de um ponto de vista mais especulativo, é atribuído às suas teorias um conteúdo cosmológico claro e preciso.

Autores antigos insistem em afirmar que Hipódamo foi um urbanista. É verdade, mas ele foi também um teórico da política e um μετρόλογος (*metrólogo*), estudioso dos fenômenos celestes. A cidade hipodâmica não se diferencia de outras apenas por seu traçado ortogonal (note-se que em nenhum momento foi sugerido o contrário), mas porque está dividida em zonas conforme as distintas classes de seus habitantes (guerreiros, agricultores, artesãos) e a forma da posse da terra (sagrada, pública ou privada). A posse da terra por zonas, estabelecida por Hipódamo, corresponde ao tipo de divisão tripartite que Dumézil considera fundamental em todas as sociedades indo-europeias. Exclusivamente preocupados com a questão da planta ortogonal, e pela utilização "racional" do ângulo reto, muitos autores modernos não conseguiram compreender todo o mérito de Hipódamo e descuidaram especialmente do contexto cosmológico de suas especulações. Um pesquisador francês, J.-P. Vernant, assinalou recentemente como a urbanística hipodâmica depende, em grande medida, da visão da ordem cósmica expressada por outro jônio, Anaximandro.

> Em sua condição de filósofo cujo propósito é explicar a natureza, Hipódamo não descuida da vida cívica. Ele está evidentemente integrado ao universo da cidade. Seu pensamento não separa o espaço físico, o espaço político, o espaço urbano, mas os unifica num só empenho especulativo[46].

Mesmo se Hipódamo fosse o inventor do traçado ortogonal entre os gregos, o que não aconteceu, este método é insignificante fora do contexto de sua reforma constitucional e de sua especulação cosmológica. É interessante observar que o único outro urbanista grego, que conhecemos por intermédio de fontes helênicas, é Méton de Colona, que também era um "metrólogo". Ele é conhecido sobretudo graças à sua caricatura feita por Aristófanes em *As Aves*[47]. Foge ao meu intento elucidar se Méton realmente planejou uma Atenas circular com ruas que irradiavam a partir do centro, motivo pelo qual Aristófanes (para quem tal ideia era estúpida) o teria ridicularizado, por aparentar estar

---

44. II, 1267.

45. F. Castagnoli, *Ippodamo di Mileto et l'Urbanistica a Pianta ortogonale*, Roma, 1956, p. 71 e ss.; R. Martin, op. cit., p. 15 e ss., 103 e ss.; Wycherley, op. cit., p. 17 e ss.

46. J.-P. Vernant, *Mythe et Pensée*, Paris, 1966, p. 173. Esta obra deve ser consultada no que tange a Hipódamo em geral, sua relação com Clístenes, anterior, e Platão, posterior a ele, bem como sobre sua dependência com respeito aos ensinamentos pitagóricos.

47. Versos 995-1009.

desconectado da realidade[48], ou se Aristófanes se referia de modo geral a projetos urbanísticos fantasiosos[49]. O certo é que, inclusive nesta comédia, a ideia de planta urbana recebe uma configuração cosmológica.

A importância de Hipódamo tanto como teórico do urbanismo quanto "urbanista" prático, é incontestável. Se bem que ele certamente tenha feito plantas ortogonais[50], seria errôneo atribuir-lhe esta invenção, pois o traçado ortogonal (como já assinalei) aparece em todo o mundo conhecido, assim como as cidades orientadas, pelas quais, segundo os autores antigos, os gregos não demonstraram nenhum interesse até os dias de Platão. Em relação ao caso concreto de Marzabotto, a dificuldade suscitada é que a planta ortogonal (apesar de não orientada) mais próxima que subsistiu é a grande esplanada do palácio de Persépolis, e desta não encontramos nenhum paralelo, em escala ou riqueza, em todo o mundo grego.

A orientação, contudo, era um tema bastante conhecido nas antigas civilizações fluviais. O primeiro edifício rigorosamente orientado que conhecemos com uma datação precisa é a mastaba do quarto faraó da primeira dinastia, Uadji, em Sakkara, construída mais de dois milênios e meio antes de Marzabotto.

Heródoto descreve a divisão do Egito realizada por Sesostris[51] com objetivos fiscais, e acrescenta: "Talvez a geometria tenha sido inventada dessa forma e posteriormente transmitida aos gregos; pois o conhecimento do quadrante solar e do *gnomon* e das doze divisões do dia chegou à Grécia proveniente da Babilônia"[52]. Não seria fácil contradizer Heródoto neste ponto. Tampouco entre os autores romanos há uma tradição que fale das origens helênicas da agrimensura, não obstante o fato de ser corrente entre os romanos o reconhecimento do mérito dos gregos em relação a invenções similares. Ao próprio termo groma, que alguns lexicógrafos derivaram do grego γνώμων (*gnomon*) é atribuído atualmente uma ascendência independente[53]. É bem possível que os etruscos fossem superiores aos gregos no que tange às

48. Assim, R. E. Wycherley, *The Birds*, 995-1009, em *Classical Review*, 1937, p. 22-31, esp. p. 28.

49. Assim, A. von Gerkan, por exemplo, *Griechiesche Städtenlangen*, op. cit., p. 51 e ss.

50. Martin, op. cit., p. 103 e ss., 274.

51. Heródoto refere-se a Sesostris, *Senuseret*, I; contudo, os feitos a ele atribuídos parecem melhor corresponder a Ramsés II e a alguns outros faraós.

52. Heródoto, II, 109. Também Sérvio, *Comentário sobre Virgílio, Églogas*, III, 41.

53. Nonnio, ao explicar o termo groma (Aurélio Agostinho, *Da Cidade de Deus*, 63, IV e V) analisa dois usos arcaicos do verbo *degrumari*: em Ênio (Tácito, *Anais*, XVIII, fr. 439) como *degrumere forum*; em Lucílio (Macróbio, *Saturnália*, III, fr. 96-97) como *viamque/degrumavisti ut castris mensor facit olim*. Carlo de Simone examina o termo em sua obra *Die Griechieschen Entlehungen im Etruskischen*, Wiesbaden, 1969-1979, II, p. 286 e ss., onde formula a hipótese de um termo etrusco, *crumu*, do qual o termo latino groma teria derivado diretamente. Cf. também Clemen, op. cit., p. 54 e ss.

técnicas de agrimensura; pouco sabemos, para não dizer nada, sobre a habilidade agrimensora dos fenícios. Fotografias aéreas recentes e escavações subsequentes forneceram novos dados sobre a habilidade dos gregos neste contexto, apesar de que até o momento da redação deste livro, tais dados ainda não foram exaustivamente analisados. De todo modo, é possível que Mégara Hibleia, a primeira colônia dórica na Sicília, tenha sido fundada segundo uma planta ortogonal no ano de 725 a.C.[54] e que Selinunte, fundada cerca de um século depois, tivesse desde o primeiro momento também um traçado ortogonal. Outro século mais tarde, surge em Paestum uma cidade de planta ortogonal e campos divididos ortogonalmente. Entretanto, talvez fotografias e escavações adicionais possam revelar vestígios tanto gregos como etruscos ainda mais antigos, se bem que isso não afetará a tendência de nossa argumentação: concretamente, que o planejamento ortogonal, de acordo com o sugerido pelos autores antigos, foi resultado do enxerto de uma normativa relativa à propriedade fundiária em algum tipo de agrimensura quase astronômica, que outorgava à posse da terra uma sanção divina e, particularmente, celeste. A forma que a planta ortogonal assumiu na Etrúria e, posteriormente, em Roma, estava condicionada pelo *ritus etruscus*, ao qual se incorporou. O rito com certeza nada tinha a ver com algo tão consciente e explícito como uma teoria urbanística. As origens de um rito como este nunca podem ser encontradas numa especulação, seja ela "racional" ou "mítica", porém devem ser buscadas num *dromenon*, numa ação, e origens desse tipo sempre são perdidas. Seria totalmente inútil procurar a forma "pura" e original de tal rito.

MITO E RITO

Mesmo sem fazer uma análise pormenorizada de todos os elementos do rito, é possível afirmar que ele permanece operante e vital até bem depois do início da era cristã, conforme demonstra o estudo seguinte. Todo o tempo que um mito é *aperçu* (percebido) como tal, diz Claude Lévi-Strauss (acerca do mito de Édipo), não deixa de ser um mito. Ele prossegue afirmando que o registro de Freud tem tanta relevância para a valorização do mito em sua totalidade como a versão dada por Sófocles[55]. E o que é válido para o mito é mais verdadeiro ainda no que tange ao rito. Enquanto se mantém vivo, marcando o cerimonial da Idade Média tardia e do Renascimento, exerce todo o seu poder sobre a imaginação e o modo de pensar daqueles que o presenciam ou praticam. Neste contexto, portanto, não há lugar para "mal entendidos" acerca do rito; pelo contrário, a afirmação não tem nenhum sentido real. O rito é

---

54. Ver supra, p. 43, nota73.
55. Claude Lévi-Strauss, *Anthropologie Structurale*, Paris, 1958, p. 241.

"verdadeiramente" compreendido enquanto for praticado, e posto em prática todo o tempo que esta necessidade for sentida. Seria errôneo considerar um rito de importância fundamental para a vida social de certas comunidades ao longo de um milênio como algo "extravagante", um tanto arbitrário ou mesmo alheio à existência genuína, e até contrário aos interesses reais dos que o praticavam. A natureza da vida urbana no mundo romano não pode ser entendida sem referência aos seus ritos. As comunidades que os celebravam eram ao mesmo tempo atores e testemunhas do *dromenon*, até ao ponto de sentirem a necessidade de sua reencenação periódica. O rito cumpria uma função precisa na vida da comunidade, pois fornecia respostas para uma necessidade que não teria sido satisfeita por meio de sua única e isolada execução, quando da fundação da cidade.

Pouco pode ser aqui acrescentado à guisa de comentário sobre estas cerimônias, que hoje são celebradas praticamente por todas as comunidades primitivas e também por algumas que não podem em absoluto considerar-se como tais. De todo modo, para os romanos, fazia parte da vida cotidiana. "Nada havia de alguma importância", afirma Cícero, lamentando-se amargamente da decadência de sua dignidade augural, "nem mesmo tratando-se de negócios particulares, que fosse feito sem antes consultar os auspícios"[56].

Nem todos os autores antigos, é claro, concordam com um testemunho tão solene e piedoso. Catão o Velho, por exemplo, adverte seu intendente contra os charlatões que se dedicam a prever o futuro[57]. No entanto, ao falarmos atualmente sobre a divinação, tendemos a esquecer que tanto o adivinho como seus clientes não tratavam sobretudo de prever o futuro, mas de conhecer a vontade dos deuses, pois dela dependia o sucesso. Quando os adivinhos se equivocavam, o fato era atribuído a uma falha na execução dos sacrifícios, considerados, pois, inválidos e, consequentemente, induzindo a erro, ou a algum equívoco por parte do adivinho.

Contudo, tivemos acesso a uma quantidade enorme de tradições sobre a divinação correta. A frequência das consultas, o apaixonado interesse por suas complexidades, a dependência absoluta de vastos empreendimentos oficiais de seu resultado, constituem para alguns pesquisadores indícios complementares de uma espécie de neurose coletiva. Apesar de tudo, "a enorme máquina de informação que Roma havia acionado diante do invisível"[58] deixava paradoxalmente aos romanos uma maior liberdade de manobra do que àquela que poderia permitir-se uma autoridade pública diante do "assessoramento dos especialistas". Os romanos dispunham de certo número de subterfúgios. Podiam, por

---

56. Cícero, *Sobre a Divinação*, I, 16.
57. Catão, *Sobre a Agricultura*, 54; Columela, *Sobre a Agricultura*, I, 8 e XI, 1.
58. A expressão é de Dumézil, op. cit., p. 126.

exemplo, negar-se simplesmente a observar os presságios[59]; podiam também repetir duas ou três vezes a consulta até obter uma opinião diferente[60]; restava finalmente a opção de recorrer a certas fórmulas ou sacrifícios para desviar o influxo maligno de um presságio, especialmente quando o interessado não o havia "provocado"[61]. Era até possível trapacear com os augúrios, como no caso de Rômulo. Porém, tratando--se da fundação de uma cidade, era essencial contar com o beneplácito e a sanção dos deuses, *pax deorum*. Em última instância, a nova cidade equivaleria à instauração de uma nova religiosidade. Também neste caso restava uma certa margem para manipulação, ainda que não muito ampla, e unicamente dentro de limites estritamente preestabelecidos.

Uma vez obtido o primeiro sinal propício para o lugar[62], os fundadores executavam um rito complementar, a inauguração. Este segundo procedimento divinatório era totalmente distinto: o áugure determinava se as pessoas envolvidas e o momento eram aceitáveis aos deuses; o procedimento consistia em converter o topo da colina sobre a qual o rito era realizado no centro do universo. A ação do áugure, ao traçar seu diagrama sobre o solo, fazia com que a terra tocada se transformasse num espaço único e singular. Observem as expressões do encantamento augural: "*Ollaber arbos quirquir est quam me sentio dixisse.*" (Que esta árvore, onde quer que esteja, e que nomeio para mim exatamente, marque o limite do meu *templum* e *tescum* à esquerda; que esta árvore, onde quer que esteja, que nomeio para mim exatamente, marque o limite do meu *templum* à direita)[63]. Com essa fórmula, segundo Varrão, o áugure capitolino começava a sua observação. A ideia é destacada mais nitidamente na lenda de Oleno Caleno, narrada por Plínio do seguinte modo[64]:

Oleno Caleno era um áugure na cidade etrusca de Veii. Ao ouvir que havia sido encontrada uma caveira durante as escavações dos alicerces para o novo templo de Júpiter sobre o capitólio romano, sentiu o desejo de transferir a força daquele augúrio venturoso de Roma para a sua própria cidade. Quando os enviados romanos foram consultá-lo, pois se tratava do mais célebre dentre os áugures etruscos, sobre o significado desse presságio, ele traçou um *templum* sobre o solo com seu bastão augural e, toda vez que com ele gesticulava, perguntava: "O que me dizeis, romanos, que *aqui* estará o templo de Júpiter Optimus Maximus, que *aqui* encontramos a caveira?" Segundo Lívio, os anais insistem que a boa sorte, cujo o presságio prognosticava para Roma seria transferida para a cidade de Veii se os enviados romanos tivessem concordado;

59. *Improbare, refutare omen*; poderia ser feito simplesmente ocultando o próprio rosto.

60. Como em numerosos casos conhecidos de *haruspicinium* ou de *extispicium* em geral.

61. *Abominari: omen obsecrare*, de Cícero.

62. Ver supra, p. 10-11.

63. Varrão, *Da Língua Latina*, VII, 8.

64. Plínio, *História Natural*, XXVIII, 4; ver também Valério Máximo IX, 12; e Varrão, *Da Língua Latina*, V, 41.

mas estes tiveram uma premonição (segundo Plínio, tinham sido advertidos acerca das intenções de Oleno) e por isso contradisseram-no: "Não, não *aqui*; estamos dizendo que a caveira foi encontrada em Roma".

Não podemos atualmente apreciar o poder de tais palavras. Elas pertencem à linguagem do encantamento, *verba concepta*, uma linguagem expressa nas palavras: "Este é o Meu corpo, este é o Meu sangue". A função de tais encantamentos consiste em interromper o transcurso ordinário do tempo e, mediante a repetição do gesto arquetípico de um antepassado ou herói míticos, renovar sua ação poderosa, fazendo com que o lugar exato ao qual se aplica seja removido das influências que normalmente atuam sobre ele, inserindo o grande tempo da revelação no transcurso do tempo precisamente *neste* momento. É por este motivo que alguns áugures romanos tinham a necessidade de rememorar as ações de Rômulo, o que por sua vez explica o grande poder e importância atribuídos ao bastão de Rômulo.

O rito da fundação de uma cidade tem a ver com um dos grandes tópicos da experiência religiosa[65]. A construção de qualquer habitação humana ou de um edifício comunitário é sempre, em certo sentido, uma espécie de *anamnesis*, a recordação de uma "instauração" divina de um centro do universo. Por conseguinte, seu lugar não pode ser escolhido arbitraria ou sequer "racionalmente" pelos construtores, mas deve ser "descoberto" por intermédio da revelação de uma instância divina[66]. Porém, tão logo descoberto, é mister assegurar a permanência da revelação naquele lugar. O herói mítico ou divindade chega ao centro do universo ou ao topo da montanha cósmica depois de superar obstáculos épicos. O mortal comum pode encontrar anagogicamente este mesmo lugar, pela intermediação do ritual. No caso do qual me ocupo isso se dará por meio do ritual da orientação.

Não é de estranhar, portanto, que os áugures romanos, impelidos pela exigência ritual, dividissem seu *templum* em quatro partes por meio do cardo e do *decumanus*, ou que os fundadores das cidades aplicas-

---

65. Mircea Eliade, *Images et Symboles*, Paris, 1952, p. 33-72; e também *Traité d'Histoire des Religions*, Paris, 1953, p. 339-349. Cf. também René Guénon, *Le Symbolisme de la Croix*, Paris, 1953, parágrafo 16; *Symboles Fondamentaux de la Science Sacrée*, Paris, 1962, p. 84-141; também Musée Guimet, *Symbolisme Cosmique et Monuments Religieux*, Paris, 1957.

66. G. van der Leeuw, *Phänomenologie der Religion*, Tübingen, 1953, p. 573; também P. Sartori, Bauopfer em *Zeitschrift für Ethnologie*, 1898, p. 4, n. 1. A literatura sobre o herói civilizador e o lugar que ocupa na religiosidade é muito volumosa: cf., por exemplo, E. Durkheim, *The Elementary Form of The Religious Life*, Nova York, 1961, p. 321 e ss. Os grandes mitos, entretanto, possuem mais que uma única dimensão. Num artigo recente, René Martin, Essai d'Interprétation économico-sociale de la légende de Romules, *Lattonus*, xxvi, abril-junho de 1967, interpreta o mito como um relato "heroicizado" da passagem de uma organização primariamente pastoral para uma situação primariamente agrícola, o que parece apoiar a interpretação por mim aqui proposta.

sem as mesmas divisões no terreno da cidade, e que os agrimensores romanos baseassem sua operação, aparentemente trivial de dividir a terra em lotes, no mesmo diagrama básico, empregando a mesma terminologia. Os três procedimentos eram três modalidades do mesmo ordenamento da experiência do espaço. Os autores que desejam atribuir ao último dos três "modos" uma prioridade lógica e, por conseguinte, temporal, fazem-no em geral sem declarar previamente que se deixam guiar por suas preferências emocionais por uma solução "funcional", ignorando a unidade da experiência numa sociedade como a dos antigos romanos, e tampouco reconhecem a arbitrariedade inevitável de sua própria disciplina[67].

Mas os autores romanos que trataram da agrimensura não estavam preocupados com tais problemas. "A origem (do estabelecimento de limites)", escreve Higino Gromático no início do seu tratado[68], "é divina, e sua prática invariável. Nunca são traçados limites sem uma referência à ordem do universo, pois os *decumani* são marcados em sincronia com o curso do sol, enquanto os *cardines* seguem o eixo do céu". O significado do segundo destes termos é bastante óbvio, ainda que somente a partir deste texto, pois cardo quer dizer "eixo", "pivô" ou "polo", ou seja, a linha em torno da qual o sol segue seu curso e, por conseguinte, o eixo do universo. Os antigos tiveram mais dificuldade para definir o significado do outro termo, o *decumanus*. Na época em que Higino escreveu, os antiquários e os estudiosos de questões técnicas haviam proposto várias explicações bem mais fantásticas[69]. O *decumanus* era traçado como uma corda do círculo do *templum*, enquanto o cardo formava ângulos retos com aquele, por bissecção. Plínio sugere que o *decumanus* devia o seu nome à semelhança que as duas linhas tinham com o número X, cuja forma primitiva era $+$[70]. Higino Gromático pensava que *decumanus* era uma contração de *duodecimanus*, aludindo à linha das doze horas entre o nascer e o pôr-do-sol ou à décima segunda, correspondente ao pôr-do-sol[71]. Festo já havia descrito o *decumanus* como a linha que ia do nascer ao pôr-do-sol[72]. No trecho citado anteriormente Plínio descreve o *decumanus* como a linha do equinócio[73]. Se cotejamos este dado com outra observação de Higino, repetida por Frontino[74], de que o *duodecimanus* assim era denominado

67. Cf. Durkheim, op. cit., p. 31, nota 22.
68. Higino Gromático, *Dos Traçados dos Limites*, ed. Thulin, p. 123.
69. Higino Gromático, *Da Fortificação dos Acampamentos*, 18; e Flávio Vegetio Renato, *Epítome sobre Estratégia*, 1, 23; ver Hesselmeyer, op. cit., p. 133-134.
70. Plínio, *História Natural.*, xviii, 331.
71. Higino Gromático, *Da Construção dos Limites*, p. 133; também Hesselmeyer, op. cit., p. 147.
72. Festo, s. v. *Decumanus*; cf. também Sérvio, *Comentário sobre Virgílio, Geórgicas* i, 126.
73. Plínio, *História Natural*, loc. cit.; também Hesselmeyer, op. cit., p. 148.
74. Higino Gromático, *Da Construção dos Limites*, p. 132 e s.

porque dividia o mundo em duas partes, já não pode haver dúvidas acerca da associação cosmológica da terminologia da agrimensura. "A agrimensura deriva-se em primeiro lugar", teria dito Varrão, "da disciplina etrusca"[75]. Com isso concordavam tanto Higino como Frontino. Mediante o simples gesto de traçar uma cruz dentro do círculo, o áugure, de pé sobre o topo de uma colina, a perscrutar o horizonte meridional em busca de aves significativas, situava-se no próprio eixo do universo sagrado. A partir deste primeiro ato de divinação e até que seu destino estivesse cumprido, todos os habitantes daquele lugar mover-se-iam dentro da ordem que seu *templum* "profetizara". Inevitavelmente, é de acordo com esses dois eixos que deveriam ser traçadas as duas ruas principais da cidade.

Sugeri anteriormente de que modo tal relação poderia ter sido elaborada[76], e como a disciplina augural aludia, se bem que obscuramente, à divinação pelo fígado. Todos os elementos do ritual da *limitatio*, que vinha em seguida, sugerem que no momento em que eram iniciados, os futuros limites da cidade já haviam sido estabelecidos. Isso depreende-se claramente do exemplo mais explícito, o relato legendário da *limitatio* da Roma palatina realizada por Rômulo. Os distintos relatos do caminho seguido por Rômulo, como era de se esperar, não são consensuais[77].

OS LIMITES DA PRIMEIRA ROMA

O mais antigo e também o mais pormenorizado dos relatos é o de Solino, que este autor derivou de uma obra perdida de Varrão. Ele não se refere explicitamente ao *pomoerium*, mas a essa entidade confusa que é a *Roma quadrata*[78]. Se como tal entende o *pomoerium*, segundo ele, Rômulo teria começado "no bosque, no recinto de Apolo"[79] e terminado muito perto dali, ao lado dos degraus superiores das escadas de Caco. Esse local, diretamente sobre o Lupercal e "próximo de onde ficava a cabana de Faustolo", está fortemente impregnado das memórias da lenda da fundação. O Lupercal era o lugar em que a loba havia encontrado os gêmeos, adotados mais tarde por Faustolo[80]. O próprio Caco, com sua personalidade insípida, era apenas semi-humano, filho de Vulcano, e por isso capaz de exalar fogo. Conta-se a seu respeito que lhe era oferecido um culto na forma de um fogo, semelhante ao de Vesta, oficiado também por virgens[81].

75. Júlio Frontino, *de Limit*, Thulin (ed.), p. 10-11.
76. Ver supra, p. 49.
77. Ver supra, p. 62, nota 126.
78. Ver infra, p. 109-110.
79. Também conhecido como o templo de Júpiter Victor.
80. Varrão, em *Sol.*, I, 18.
81. Com seu consorte, Caca; Sérvio, *Comentário sobre Virgílio, Eneida*, VIII, 190. Cf. Dionísio de Halicarnasso, I, 32 (ii); Wissowa, op. cit., p. 141 e s.; também *R. E.* s. v.

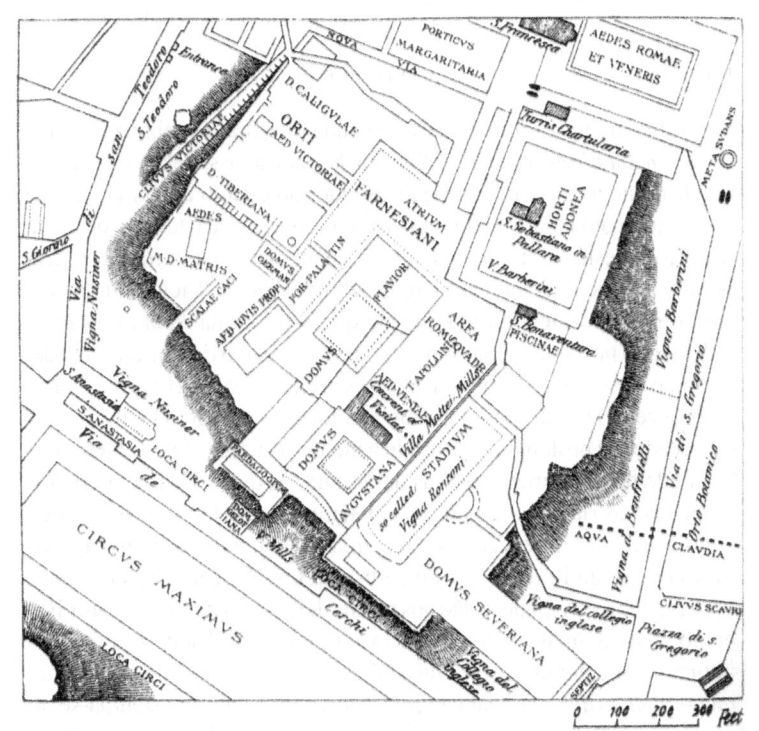

55. **Mapa da colina do Palatino e seus arredores**, *mostrando as divisões aproximadas dos palácios imperiais e outras construções antigas, bem como a planta das ruas modernas. O Lupercal encontrava-se próximo das* Scalae Caci *e do* Templo da Magna Mater. *Segundo Lanciani.*

56. O **Fórum Romano**, *da Casa das Virgens Vestais ao pé do Capitólio. O extremo norte corresponde ao lugar do Domus Caligulae na figura 55. Segundo Murray.*

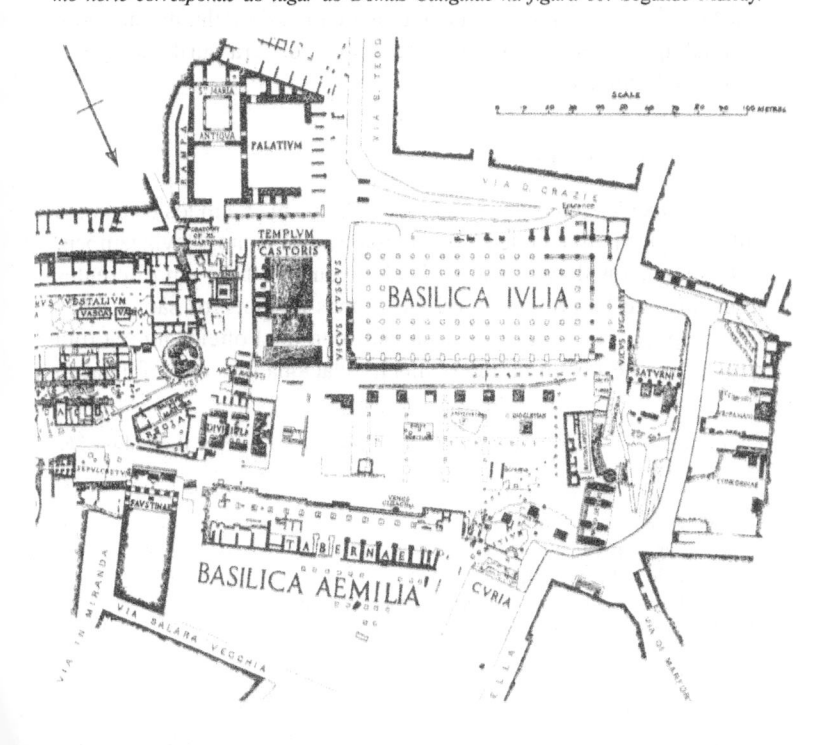

Infelizmente, Solino não dá nenhuma informação sobre a área que sua *Roma quadrata* abrangia. Dionísio de Halicarnasso relata vagamente que Rômulo traçou um quadrado ao redor do círculo que havia aberto com o arado no Palatino. Em outro trecho sugere que o templo de Vesta ficou fora deste limite, mas não acrescenta nenhuma outra referência precisa a respeito de outros marcos delimitatórios[82]. Tácito, numa descrição mais pormenorizada, afirma que o limite da *Roma quadrata* tinha início no Forum Boarium (diretamente abaixo do Lupercal) onde, segundo observa de forma bastante estranha, é possível ver um touro de bronze, o animal que se costumava jungir ao arado. O sulco assim começado era prolongado de modo a incluir o grande altar de Hércules; seguindo posteriormente pedras delimitatórias dispostas em intervalos regulares, corria ao longo do pé do Palatino até o altar de Conso, logo depois até as Curiae Veteres, chegando finalmente ao santuário dos Lares no Fórum Romano[83]. Como observa Lugli[84], Tácito refere-se aos limites rituais da cidade, e não aos muros defensivos da Roma primitiva, como aparentemente Varrão pensava. O relato de Tácito é reforçado indiretamente por uma observação de Aulo Gélio[85], quando este afirma que o *pomoerium* original (*antiquissimum*) de Rômulo estendia-se ao pé do monte Palatino, enquanto outro autor tardio[86] fala de uma estátua erigida à beira (*pes*) da colina romuleana, entre os templos de Antonino e Faustina e o de Vesta, junto ao Fornix Fabianus.

Varrão, contudo, sugere ter perfeita ciência de um *pomoerium* mais extenso ao dizer que o mês de fevereiro foi assim chamado em virtude do dia da purificação, Dies Februatus, porque nele o povo é purificado, o que significa que a antiga colina do Palatino, ao redor da qual apinhavam-se os habitantes da cidade, era purificada pelos lupercos desnudos[87].

LUPERCOS E LUPERCAL

Os lupercos purificavam a cidade. Praticamente todos os autores antigos (que abordam o tema) concordam neste ponto. Havia também outras maneiras de purificar a cidade, o que era feito em diferentes momentos ao longo do ano religioso, mas os lupercos são de interesse especial, uma vez que o santuário no qual oficiavam e a rota que seguiam estavam particularmente relacionados com a fundação

---

Caca, *Cacus*. Sobre o herói Caco, ver também Solino, I, 8; cf. Emeline Richardson, *The Etruscans*, Chicago, 1964, p. 222 e s.

82. Dionísio de Halicarnasso, I, 56 e II.
83. Tácito, *Anais*, XII, 14, ii.
84. Lugli, op. cit., p. 400 e s.
85. Aulo Gélio, XIII, 14, ii.
86. Trepólio Pólio, *Scr. Hist. Aug.*, de Salonino Galieno.
87. Varrão, *Da Língua Latina*, VI, 34.

da cidade, e o mito etiológico daqueles rituais os vinculava ao mito da fundação[88].

As festividades eram celebradas em 15 de fevereiro[89]. Fevereiro era o último mês do ano religioso romano segundo os calendários antigos, e as Lupercais eram sua cerimônia mais importante[90]. O próprio nome do mês derivava-se de *februum*, que Varrão explica como o equivalente sabino de *purgamentum*[91], ao passo que Ovídio enumera vários outros agentes "purificadores" que levam este mesmo nome[92]. É aplicado em especial às tiras de pele de cabra recém cortadas com as quais os lupercos fustigavam todas as mulheres com as quais se deparavam ao longo de sua corrida[93].

Embora a corrida[94] dos lupercos fosse a parte mais proeminente da festa e, graças a Shakespeare, a mais conhecida pelo leitor moderno, a festividade incluía outras cerimônias. Tinha início no Lupercal com ritos sobre os quais não temos informações muito precisas. Sabemos que começava com o sacrifício de algumas cabras e de um cão[95], e que se oferecia também a última porção dos bolos de *mola salsa* que as vestais haviam preparado no dia anterior[96]. As cabras eram imediatamente esfoladas, o cão talvez enterrado. Durante os sacrifícios, "dois jovens, filhos de família nobre, eram levados para frente; alguns começavam a manchar a testa deles com a faca ensanguentada, enquanto outros neste mesmo momento enxugavam-na com lã embebida em mel; uma vez limpas sua testa, os jovens tinham que rir". Ao que parece, antes ou imediatamente depois do sacrifício era celebrada uma festa na qual se bebia muito mais do que se comia. Eram muitos os corredores. Santo Agostinho que, a julgar por sua descrição, deve tê-los visto do Fórum Romano, diz: "A corrida para cima e para baixo dos lupercos é inter-

88. Ovídio, *Fastos*, II, p. 360 e ss; Plutarco, *Vida de Rômulo*. Cf. também R. Lanciani, *Ruins and Excavations of Rome*, Londres, 1897, p. 131, n. 1 (com bibliografia); Norman Neuburg, *L'Architettura delle Fontane e dei Ninfei nell'Antica Italia*, Nápoles, 1965, p. 36, 219.

89. Fowler, op. cit., p. 310 e ss. Ver Também Wissowa, op. cit., p. 172 e s., p. 483 e ss; Latte, op. cit., p. 84 e s., 295 e s.; Dumézil, op. cit., p. 304 e ss., 564 e ss.; A. Alföldi, *Die Trojanischen Urahnen der Römer*, Basileia, 1957, p. 24 e s. A. Brelich, *Tre Varizazioni*, p. 64 e ss., 109 e ss. Acerca da celebração do rito no fim do século v d. C., ver E. Gibson, *Decline and Fall of the Roman Empire*, II, cap. 36, p. 485.

90. Ovídio, *Fastos*, II, 31; cf. o comentário de Frazer *ad loc*.

91. Varrão, *Da Língua Latina*, VI, 13; cf. Festo, s. v. *Februarius*.

92. Ovídio, *Fastos*, II, 19 e ss.

93. Sérvio, *Comentário sobre Virgílio, Eneida*, VIII, 343.

94. G. Piccaluga, *Elemento Spettacolari nei Rituali Festivi Romani*, Roma, 1965, p. 46 e ss.

95. Acerca do sacrifício do cão e da cabra, cf. Plutarco, *Questões Romanas*, III. Cf. também G. Devoto, *Tabulae Iguvinae*, II a, linhas 15 e ss., sobre o sacrifício iguvino do cão; também Devoto, op. cit., p. 318 e ss., 481 e s., e J. Pfiffig, op. cit., p. 48 e s.

96. Sobre *Mola Salsa*, ver L. A. Holland, *Janus and the Bridge*, Roma, 1961, p. 317 e s.

pretada no sentido de que alguns homens procuram subir ao topo da montanha por causa das águas da inundação que se elevam, e depois descem para o pé das colinas quando as águas retraem-se[97]". Santo Agostinho faz essa observação durante uma discussão a respeito do dilúvio na tradição pagã, e ela reverbera igualmente a lenda romana que narrava como o cesto em que haviam sido colocados Rômulo e Remo foi levado até o Lupercal pelas águas transbordantes do Tiber[98].

Ao retornar ao Lupercal, os ganhadores da corrida recebiam seu prêmio, sob forma de entranhas (*exta*) das cabras sacrificadas, meio cozidas em espetos de salgueiro[99]. Existe pelo menos um elemento de óbvio caráter "iniciatório" neste rito, concretamente, o gesto de manchar com sangue a testa de dois jovens. Em nenhum lugar é dito claramente se era uma forma de admissão na fraternidade ou meramente um rito subsidiário. Plutarco procura averiguar por que era proibido ao Flamen Dialis tocar ou sequer referir-se a cães e cabras, indagando se isso não se deveria ao desprezo de que são objeto as duas espécies de animais, em especial a cabra, por encontrar-se sujeita a muitas enfermidades:

> Parece que não existe nenhum outro animal tão propenso à epilepsia como a cabra, nem que haja outro animal que contagie com mais facilidade aqueles que comem a sua carne, ou que apenas a toquem. Afirma-se que a razão disso é a estreiteza dos condutos pelos quais passa o seu espírito... como deduzem alguns a partir da agudeza de sua voz[100].

Tudo isso dá fundamento ao caráter "baixo" do sacerdócio ligado ao culto do lobo/cão e da cabra, suas ações aparentemente triviais, como a risada dos jovens. Mas a risada, no ambiente ritual, era um meio de expulsar os espíritos e constituía um desafio audaz, à semelhança do lobo, diante do sangue, se bem que seja típico das características alegres e mesmo irreverentes da festa[101].

Jane Harrison compilou alguns materiais comparativos interessantes ao analisar um dos costumes de iniciação dos kikuyus, com meninos de aproximadamente dez anos de idade. Existem vários elementos similares: uma cabra é esfolada e destripada, o jovem usa tiras de sua pele, enquanto os intestinos são enrolados ao redor do corpo da mãe; ele senta-se sobre os joelhos dela, os intestinos são cortados (numa simulação do corte do cordão umbilical), e a mãe geme, o menino chora como um recém-nascido etc[102]. Infelizmente, Jane Harrison não teve oportunidade de levar adiante suas observações, que possuem relação

97. Aurélio Agostinho (S. Agostinho), *Da Cidade de Deus*, XVIII, 12.
98. Ovídio, *Fastos*, II, 381.
99. Ovídio, *Fastos*, II, 359.
100. Plutarco, *Questões Romanas*, 111.
101. Plutarco, *Vida de César*, 61; cf. Cícero, *Filípicas*, II, 84.
102. *Themis*, Londres, 1925, p. 21 e ss. Ela já havia assinalado também os paralelos entre fevereiro e as Antesterias em *Prolegomena*, p. 49 e ss.

com outra interpretação anterior e um pouco diferente. O filólogo alemão H. Jordan[103] refuta a interpretação funcional da festa romana como que destinada a proteger os rebanhos contra os lobos (*lupus* e *arcere*)[104], e sugere que os sacerdotes assumiam uma natureza lupina: *lupercus* de *lupus*, como *noverca* (madrasta) de *novus*[105]. A sugestiva rima *lupercus-novercus* nos recorda a outra *lupa* do mito etiológico, Aca Laurência, esposa de Faustolo e, à semelhança da loba, madrasta de Rômulo e Remo[106]. O mito da loba é explicado eufemisticamente pela referência aos duvidosos costumes de Aca Laurência, *lupa*, uma prostituta[107], sendo inclusive mencionada *Luperca*, uma divindade feminina[108]. Porém, o patrono da festa e da irmandade era, indubitavelmente, Fauno, o deus de patas de cabra venerado pelos pastores, que os gregos assimilavam em Pan[109]. A irmandade possuía aquela referência à vida desordenada. Cícero, defendendo um cliente, rejeita a implicação de que a pertinência do jovem àquele sacerdócio constituía uma evidência circunstancial, pois se tratava de uma "fraternidade selvagem, notoriamente pastoral e rústica, a dos irmãos lupercos, cujas reuniões nos bosques foram estabelecidas antes da civilização ou da lei"[110].

Fauno, contudo, não só preside este retorno a uma condição précivilizada, um momento de desgoverno que precede a instituição do ano novo, como é também o rei civilizador dos antigos latinos e, neste aspecto, um confirmador das instituições. Sua festa não só é celebrada exatamente em meados de fevereiro, mas nos dias consagrados aos mortos (*dei parentales*). A separação entre o lobo e a cabra no ritual, como se procedessem de duas fontes étnicas distintas, será aqui tão enganosa[111] como a tentativa de assimilar as tiras de pele de cabra no ruidoso e apotropaico "percurso dos limites" feito pelos sálios[112]. A verdade é que

103. Cf. Mommsen, *Römische Geschichte*, I, 51.

104. Assim L. Preller, *Römische Mythologie*, Berlim, 1883, I, p. 126. Por outro lado, H. Jeanmaire, *Couroi et Couretes*, Lille, 1939, p. 574 e s., sugere uma derivação de *lupus* e *hircus*; *hircus* seria o latim para bode, e *ircus* seria o lobo em sabino, de modo que este sacerdócio remeteria a um lobo-bode.

105. Cf., entretanto, Dumézil, *La Religion*, 341, nota 2.

106. Macróbio, *Saturnália*, I, 10; Plutarco, *Vida de Rômulo*, 5; Plutarco, *Questões Romanas*, 35.

107. Lívio, I, 4; Plauto, *Epidicus* III, 3, 22; Cícero, *Pro Mil.*, 21.

108. Varrão em Arnóbio, *Adv. Gent.* IV, 3; cf. Lactâncio I, 20, ii.

109. Ovídio, *Fastos*, II, 424; Valério Flaco VI, 533. Fauno é assimilado com toda a naturalidade em Evandro (Cincio Alimento, Sérvio, *Comentário sobre Virgílio, Geórgicas*, I, 10).

110. Cícero, *Pro Marco Coelio*, 26. Seu cliente era um plebeu; vale a pena observar em contraposição a Dumézil.

111. Como K. Kerenyi, Wolf und Ziege am Fest der Lupercalia, em *Mélanges Marouzeau*, 1948, p. 309-317.

112. Todas estas teoria têm sua origem em W. Mannhardt, Schlag mit der Lebensrute, em *Waldund Feldkulte*, Berlim, 1904, v. I, p. 266 e ss., 537 e ss.; v. II, p. 189, 195, 326, 343.

os lupercos demonstram pouca intencionalidade apotropaica, à parte o fato de os autores antigos não falarem muito neste contexto a respeito de uma prevenção ou luta contra o mal. Por outro lado, são abundantes as implicações de fertilidade, de nascimento sem dificuldades, ou mesmo as noções de purificação por meio do recurso de dissolver a comunidade e, em seguida, reconstitui-la. Por conseguinte, são inevitáveis as referências à monarquia, de que trata Ovídio[113]. Numa tônica menor, temos a clara indicação de uma iniciação para uma irmandade sacerdotal que, contudo, era oficiada unicamente no dia 15 de fevereiro.

O mito etiológico das Lupercais relembra a adoção dos irmãos fundadores da cidade, salvos milagrosamente das águas transbordante do rio, sua adoção e a disputa entre eles, comemorada nos dois grupos de lupercos[114]. A fundação da cidade não é mencionada aqui. Ainda que a corrida fosse realizada ao redor dos antigos limites, os corredores não estavam preocupados com a purificação do território da cidade: eles purificavam o povo, que se apinhava como rebanhos aos pés das colinas da cidade. O povo podia permanecer em qualquer um dos lados do limite ou mesmo fora dele, pois o que importava era precisamente o povo, não o território. A festividade toda sugere uma celebração da virulência anterior à lei que implica o mito, bem como a passagem para uma condição civilizada e agrícola mediante a adoção da ordem representada pelo herói-rei[115].

113. "Pontifices ab rege petunt et Flamine Lanas/quis veterum lingua februa nomen erat". Ovídio II, *Fastos*, 21 e s. Outro indício dessa associação é a oferenda de uma coroa a César por Marco Antônio durante uma corrida: Plutarco, *Vida de César*.

114. Fabianni e Quinctii. Sobre os dois "bandos" e a origem da constituição romana, ver A. Alföldi, op. cit.; também sua obra *Early Rome and the Latins*, Ann Arbor, 1964, p. 315 e ss.

115. Sobre o significado da festa em geral, ver Brelich, loc. cit.; Fowler, op. cit., p. 316. Sobre o rito de manchar com sangue os dois jovens (se bem que hesito em aceitar a transferência para o espírito do grão feita pôr Mannhardt) e costumes paralelos, R. Eisler, *Man into Wolf*, Londres, 1951, uma obra rara e muitíssimo documentada. Outros materiais acerca do sacrifício do cão em M. Eliade, *Shamanism*, Nova York, 1964, p. 466; sobre o sacerdote da veste ensanguentada, Apocalipse 19, 13. Cf. C. G. Jung, *Symbols of Transformation*, Nova York, 1956, p. 104. Agnes Kirsop Michels, Topography and Interpretation of the Lupercalia, *Transactions of the American Philological Association*, LXXXIV, 1953, p. 35-59, afirma que os lupercos não corriam ao redor do Palatino, mas para cima e para baixo na Via Sacra. Ela assimilou igualmente as Lupercais à comemoração dos mortos em geral. Sua interpretação, no entanto, parte de uma leitura excêntrica da expressão varroniana "gregibus humanis cinctum", que não leva em consideração o caráter pastoril da festa; ignora inclusive sua natureza agonística e, consequentemente, a relação topográfica entre o Lupercal, onde os ritos começavam e terminavam, e a Via Sacra. Existe uma dificuldade topográfica inerente no relato de Tácito, que deve ser mencionada como conclusão. Se os lupercos de fato corriam *ao redor* do santuário de Conso sobre a *meta* do Circus Maximus, isso significaria que os corredores saltavam sobre a mesma *meta*, o que parece sumamente improvável. Devemos, pois, insistir que se tratava de purificar o povo, não o terreno.

Outra procissão, muito mais formal e longa, purificava a cidade pelo menos em duas ocasiões durante o ano: a dança dos irmãos sálios. Os sálios formavam um colegiado muito mais importante – pelo menos do ponto de vista da vida religiosa da cidade e do Estado durante a República e primórdios do Império – que os bárbaros lupercos[116]. Seu prestígio e também seus ritos estavam associados com o tesouro que custodiavam, o *ancile*, um escudo que teria caído do céu, segundo a lenda, no dia 1 de março durante o reinado de Numa[117]. Enquanto outras tradições consideravam Morrio, rei de Veii como seu fundador, e afirmavam que se tratava genericamente de uma instituição etrusca[118]; outras versões conectavam aquela instituição com Dardano e com os Penates Samotrácios[119], ou atribuíam-na a um herói epônimo, o arcádio Sálio, fundador mediato, amigo de Evandro, que ensinou a dança sagrada aos troianos de Eneias.

O *ancile* que caiu do céu era uma das três garantias do Estado romano, juntamente com o fogo de Vesta e o templo de Júpiter Optimus Maximus. Tinha sido copiado para o uso dos irmãos pelo mítico ferreiro-vítima Mamúrio Vetúrio. Os escudos passaram por várias vicissitudes[120].

Os irmãos, que formavam várias sociedades, dançavam com seus escudos, talvez para inaugurar e fechar a estação da guerra. Em contraposição aos irmãos arvais (que executavam sua dança em segredo, ao redor de um altar erigido num santuário fora da cidade, próximo do quinto marco miliário a partir da Porta Portense, rio abaixo) ou dos *sodales titii*, dos quais praticamente nada sabemos, os sálios aparentemente tinham algo em comum com os lupercos: pelo menos no que concerne aos respectivos ritos, as duas irmandades circulavam festivamente pela cidade ou atravessavam-na para proteger deste modo seus limites veneráveis.

---

116. Sobre os sálios, ver Lívio I, 20; Ovídio, *Fastos*, III, 259; Plutarco, *Vida de Numa*, 13; Sérvio, *Comentário sobre Virgílio, Eneida*, VIII, 285. Cf. Dumézil, op. cit., p. 152 e s., 237, n. 1; 274 e s.; Latte, op. cit., p. 113, 115 e ss.

117. Plutarco, loc. cit.

118. Sérvio, loc. cit.

119. Sérvio, loc. cit.; e Virgílio, *Eneida*, II, 325.

120. Sérvio, *Comentário sobre Virgílio, Eneida*, VII, 385, 603. Sobre a possível origem micênica dos escudos, ver M. W. Helbig, *Sur les Attributs des Saliens*, *Mémoires de l'Institut National de France*, Acedemie des Inscriptions et des Belles Lettres, XXVII, 1906, p. 2, p. 205 e ss.

57 e 58. Os sálios, transportando os ancilia, *ambas dos séculos III a II a.C. Segundo a sardônica de Attio e uma cornalina no Louvre, Paris.*

4. Guardiãs do Centro, Guardiãs dos Limites

ROMA QUADRATA

Voltemos agora ao lugar do qual partiram os lupercos, ou melhor, a um ponto mais alto na colina, no limite da *Roma quadrata*. Este termo possuía dois significados: o mais amplo nos remete à cidade "em forma de um quadrado" fundada por Rômulo na colina do Palatino, conforme o rito etrusco[1], o secundário alude ao monumento ritual ao qual já fiz referência e que analisaremos em maiores detalhes posteriormente[2].

Muitos pesquisadores modernos, seguindo Dionísio de Halicarnasso, entendem *quadrata* no sentido de "quadrada", e esta interpretação suscitou muitos problemas. À exceção de Dionísio, ninguém mais na Antiguidade sugeriu que Rômulo tivesse traçado o sulco na forma de um quadrado, nem tampouco há provas arqueológicas a favor da existência de cidades romanas ou etruscas de planta quadrada. Alguns autores antigos, como Varrão, parecem dar a entender que Rômulo traçou um sulco mais ou menos redondo, ao passo que Plutarco fala claramente de uma planta circular. Há pelo menos um autor moderno que interpreta tais dados no sentido de que Rômulo talvez tivesse feito duas fundações, a de uma cidade quadrada no Palatino, e a de uma área circular, cujo centro seria o *mundus* do Comício, eliminando desta forma as dificuldades suscitadas pelo

---

1. Ênio apud Festo, s. v. *Quadrata Roma*; Plutarco, Vida de Rômulo, p. 9; Dionísio de Halicarnasso, I, 79; Tácito, *Anais*, XII, 24; Solino, I, 18.
2. Ver supra, p. 98 e infra, p. 109-110.

relato de Plutarco[3]. Trata-se, no entanto, de um recurso nada brilhante que, por outro lado, cria um acúmulo de problemas, o mais importante dos quais é a ausência de qualquer registro histórico ou arqueológico acerca de cidades, ou núcleos habitados, de planta circular no âmbito da influência romana. Cidades circulares, não obstante os autores de utopias, são extremamente raras no mundo todo. Por outro lado, ao que parece, nenhuma cidade do mundo antigo assemelhava-se a um círculo com ruas radiais, ainda que este seja o plano descrito por Méton em *As Aves*[4]. À semelhança da cidade meda de Ecbatana, fundada por Deioces e descrita por Heródoto[5], estas cidades poderiam sugerir a visão de um déspota divino sentado no centro de uma rede, sob a cúpula do seu palácio ou no topo de uma torre que se eleva ao céu[6]. Sam'al (Zinçirli), a única cidade realmente circular de que temos notícia, da época hitita tardia, possui uma acrópole no centro e três portões, dispostos de maneira irregular, ainda que um deles esteja orientado para o sul. Até agora, nenhuma evidência indicou qual poderia ser o plano interior deste assentamento. Outro lugar desconcertante, com seu muro circular de oito portas situadas a intervalos regulares, que circunda uma fortaleza circular, é Darab (Darabjerd), possivelmente fundada por Dario. Os dados que possuímos sobre o plano de Cades, apesar do relevo do Ramesseum tebano, não são de todo convincentes[7]. Aparentemente, não havia na Grécia cidades circulares, se bem que Mantineia seja de fato quase elíptica. Platão desenvolveu um plano circular para a cidade ideal das *Leis*[8], e Xenofonte relata que Licurgo recomendara aos espartanos acampamentos circulares, mas isso é muito pouco. Na realidade, não parecia haver nenhuma teoria suficientemente difundida, nem uma prática bastante desenvolvida, que desse como fruto um número apreciável de cidades circulares. Permanece o enigma por que a forma circular, mais fácil de ser estabelecida do que o retângulo, nunca tenha se convertido em norma para o traçado das cidades, nem sequer entre aquelas populações que construíam habitações circulares, apesar de sua concepção do espaço ser dominada, como ocorre entre os romanos, pela figura do círculo[9]. Isso é verdadeiro, ainda que tenham subsistido até

---

3. A. von Blumenthal, Roma Quadrata, *Klio*, 1942, p. 181-188.

4. Aristófanes, *As Aves*, 995-1009; ver supra, p. 91.

5. Heródoto I, 96 e ss., sobre "Ectaban"; cf. G. Perrot e C. Chipiez, *Histoire de l'Art dans l'Antiquité*, Paris, 1882 *et seq.*, v, 1890, p. 769 e ss.

6. Ver H. P. l'Orange, *Studies in the Iconography of Cosmic Kingship*, Oslo, p. 13 e ss.; também l'Hautecoeur, op. cit., p. 24 e s.

7. R. Naumann, *Architektur Kleinasiens*, Tübingen, 1955, p. 216, fig. 258; e em geral, p. 212-220.

8. Platão, *Leis*, 778. Cf. também P. Friedländer, *Plato*, Londres, 1958, I, p. 319 e ss.

9. Geralmente, sobre o problema da cidade circular, ver Joseph Gantner, *Grundformen der Europäischen Stadt*, Viena, 1928, p. 96 e ss.; Lavedan, op. cit., I, p. 22 e ss.; Castagnoli, op. cit., p. 62 e ss. Outro enigma circular é o planejamento dos assentamentos de madeira dos vikings, o mais notável dos quais é o Trellebrog, em Seeland: ver, na bibliografia, K. O. Müller, op. cit., p. 102 e ss.

nossos dias numerosas construções pré-históricas circulares de caráter ritual. A ideia de uma cidade circular era totalmente alheia à prática romana. Nem os mais caprichosos imperadores romanos posteriores, como Cômodo e Heliogábalo, atreveram-se a fundar uma cidade de planta circular[10].

Retornemos agora à *Roma quadrata*. Por diversos motivos, a explicação de que *quadrata* significa claramente "retangular" parece por demais abstrata para um termo ritual. A única tradução de *quadrata* que poderia encaixar-se neste contexto seria "quadripartite"; ou esquadrada, no sentido de que os quatro ângulos no centro eram ângulos retos[11]. Isso significaria que tudo quanto nos dizem Varrão e Ênio acerca da topografia da cidade do Palatino, ao descrevê-la como *quadrata*, é que seu cardo e seu *decumanus* cruzavam-se em ângulo reto. Isso foi feito, como todas as evidências citadas confirmam, para que a cidade permanecesse "esquadrada", firmemente assentada e em harmonia com o universo em cujo centro havia sido erguida: *quod ad equilibrium foret posita*[12]. *Quadrata*, por conseguinte, nada nos diz acerca da configuração que mostrava o traçado primitivo da cidade do Palatino, nem tampouco oferece nenhuma explicação, enquanto termo ritual, sobre a forma em que o *pomoerium* foi traçado. *Roma quadrata*, no entanto, possuía um significado secundário: era um recinto situado diante do templo de Apolo, "no qual se guardavam as coisas de bom augúrio utilizadas para a fundação da cidade, cuja entrada estava coberta por uma pedra quadrada"[13]. Esta descrição induziu alguns pesquisadores a identificá-la com um dos elementos dos ritos antigos e da cidade antiga chamado *mundus*[14], sobre o qual discorrerei posteriormente. Essa identificação foi reforçada pela própria situação da *Roma quadrata* naquele complexo de antigos monumentos situados na porção ocidental do Palatino, relacionados com as origens míticas da cidade. Mas esta parte da colina foi tão intensamente escavada e sobre ela erguidos tantos edifícios novos, que sua localização será sempre tão enigmática como as divisões axiais da aldeia "régia" que postulei. Enigmático é também o traçado das primeiras fortificações: o Palatino, o Esquilino e o Capitólio eram cercados de muros, pelo menos em parte, talvez para

10. Embora Cômodo tenha recortado o *pomoerium* de Roma e renomeado a cidade como Colonia Comodiana. Ver Aelius Lampridius, Vita Comm., *Scriptores Historiae Augustae*, p. 49 a e b

11. Ver Arpad Szabo, Roma Quadrata, em *Rh. M.*, v. 87, 1938, p. 160-169 e *Maia*, 1956, p. 243-274; também F. Castagnoli, Roma Quadrata, Robinson, *Collection of Texts and Studies*, p. 389, n. 1 Cf. S. Ferri, Quadratus e Tetrâs, em *Opuscula*, Florença, 1962.

12. Ênio apud Festo, s. v. *Quadrata Roma*; Varrão apud Solino, I, 18. Müller, op. cit., transformou esta noção na tese central de seu livro, aduzindo muito material documentário: ver, particularmente, p. 36-45.

13. Trecho procedente de Festo, loc. cit. (citando Ênio). Cf. aqui G. Lugli, *Roma Antica*, p. 423 e ss; também cf. J. A. Richmend, The Augustan Palatinum, *J. R. S.*, IV, 1914.

14. Ver infra, p. 138.

fins defensivos ou, ocasionalmente, com funções de simples muros de contenção[15]; suas datas são objeto de controvérsia, mas a cronologia tradicional goza de certa aceitação entre os pesquisadores, como no caso do assentamento primitivo[16].

No que tange às mais antigas aldeias muradas das colinas, não sabemos ainda quando tais muros foram ligados entre si formando uma verdadeira cinta; certamente não seria antes da construção do *agger*, em fins do século VI e início do século V a.c., segundo as estimativas mais recentes[17]. Deste modo, ficou cercada uma Roma que era *quadrata* noutro sentido: a cidade foi dividida por Sérvio Túlio em quatro tribos, que receberam os seus nomes a partir dos quatro distritos da cidade: Suburrana, Esquilina, Colina e Palatina. Essa divisão está relacionada com outra festividade expiatória, o rito dos *argei*, uma cerimônia estranha na qual as virgens vestais jogavam feixes de palha em forma de bonecos, com as mãos e os pés atados, pelo parapeito da Pons Sublicius no rio Tiber, na presença de sacerdotes e magistrados[18]. Ainda não foi dada nenhuma explicação satisfatória sobre este rito; ele é aqui mencionado apenas na qualidade de testemunho arcaico da divisão territorial quadripartite da cidade, em contraposição à antiga divisão tripartite.

Roma, contudo, no que diz respeito ao seu centro, era *quadrata* num outro sentido. Seu principal espaço público, o Fórum, que se estende entre o Capitólio e o Palatino, que cruzava e drenava a Cloaca Máxima – construída pelos reis segundo a lenda[19] embora não tenha

---

15. Gjerstad, op. cit., IV, 2, p. 349 e ss.

16. Assim, por exemplo, R. Bloch, *The Origins of Rome*, Londres, 1960, p. 35 e ss, 83 e ss., 96 e ss; também H. Müller-Karpe, *Vom Angfang Roms*, Heidelberg, 1959 (Mitteilungen des Deutschen Archäologischen Institut, Römische Abteilung, Ergänzungsheft 5), p. 29, 31 e ss, considera que o primeiro assentamento no Palatino é muito anterior à data da fundação da cidade.

17. Gjerstad, op. cit., p. 352 e ss, 495 e ss.

18. Sobre os santuários dos Argei e sua conexão com as quatro regiões, ver Varrão, *Da Língua Latina.*, V (viii) 45. Sobre a instituição sérvia, ver Dionísio de Halicarnasso, IV, 14, ii. Acerca das implicações políticas e econômicas desta instituição, ver George Willis Botsford, *The Roman Assemblies*, Nova York, 1909, p. 48 e ss.; cf. Alföldi, *Die Trojanischen Urahnen der Römer*, Basileia, 1957, p. 127 e ss. Sobre o significado ritual da alteração de três para quatro tribos, ver Dumézil, op. cit., p. 192 e ss. Acerca dos próprios Argei, ver Plutarco, *Questões Romanas*, 32; Dionísio de Halicarnasso I, 38, iii; Varrão, *Da Língua Latina*, 44; Ovídio V, *Fastos*, 621; Macróbio, *Saturnália* I, II, xlvii; Festo, s. v. *Argeos, Sexagenarios* (de ponte). Estudos do material em K. Latte, *Augur und Templum in der Varronischen Auguraformel*: Philologus XCVII (1948), p. 412 e ss.; Dumézil, op. cit., p. 435 e s. Fowler, op. cit., p. 54 e s., e n. 24, p. 321 e ss., discute a leitura do rito feita por G. Wissowa, em *Real-Encyclopädie der Klassichen*, s. v. *Argei*, como uma intrusão posterior. Cf. sua obra *Gesammelte Abhandlungen*, Munique, 1904, p. 221 e ss. Entre as interpretações mais recentes, a mais convincente, se bem que parcial, é talvez a oferecida por J. Gagé, em *Huit Recherches sur les Origines Italiques et Romaines*, Paris, 1950, p. 41 e ss.

19. Lugli, op. cit., p. 598 e ss.; cf. Gjerstad, op. cit., p. 41 e ss. Sobre a construção arcaica.

deixado de prestar serviço desde então – possuía igualmente dois complexos de edifícios claramente orientados em cada um de seus extremos. O Atrium Vestae, com seu templo e a Régia, ainda pertenciam à cidade do Palatino. No outro extremo encontrava-se o Comício, do qual sabemos que era um *templum* – se nos é dito inclusive que o áugure praticava os auspícios de pé sobre o *rostrum* que ficava defronte[20] – e que foi o lugar onde Rômulo e Tito Tácio encontraram-se depois da batalha do Fórum, daí originando-se o seu nome. Era o lugar em que, até o ano de 145 a.c., costumavam reunir-se as Comitia Curiata, enquanto as assembleias da plebe eram celebradas no próprio Fórum[21] e que durante todo o período republicano tardio e durante o Império, perdeu extensão e dignidade. Atualmente é impossível determinar quais, dos restos de edificações orientadas, como a área da muralha situada debaixo da estátua equestre de Domiciano[22], estavam relacionados com o Fórum. O certo é que os dois complexos de construções influenciaram o traçado do restante do Fórum. Em diferentes pontos do mesmo apareceram fragmentos de pavimentos orientados de diferentes épocas, situados em distintos níveis, debaixo das atuais lajes neronianas e pós-neronianas.

Até o fim da República, por conseguinte, podia-se dizer que a cidade era *quadrata* em dois sentidos: seu território urbano estava dividido em quatro distritos e seus espaços centrais – no sentido constitucional, não geométrico – destinados à celebração de assembleias, estavam consagrados e eram regulares talvez também no aspecto geométrico.

Não sabemos que nomes os romanos dos primeiros tempos da República, e muito menos do tempo dos reis, davam a estas divisões. Pesquisadores recentes tendem a mostrar-se céticos acerca do emprego dos termos cardo e *decumanus* para designar as ruas de uma cidade romana na Antiguidade[23]. Apesar desta escassez de dados, que não nos permite formular conclusões, eu me atreveria a sugerir que as analogias entre augúrio, do qual o termo cardo quase com certeza se deriva, e agrimensura (bem como o *templum* augural e a cidade) implicam que, desde os tempos das cidades mais antigas, a analogia entre as linhas divisórias do *templum*, os campos centuriados e o traçado regular da cidade (e antes disso, da cidade ou aldeia "inaugurada") havia adquirido uma certa vigência.

---

20. Lívio vii, 14, xii; Cícero, *Contra Públio Vatínio.*, x, 24.

21. Quando o tribuno C. Licínio Crasso mudou os Comícios Curiados para o Fórum: Varrão, *Sobre a Agricultura*, i, 2, ix; Cícero, *Lélio*, 25, xcvi.

22. Gjestad, op. cit., iv, p. 366 e ss. Existe ainda material não publicado no Antiquário Forense. Giuseppe Luglia apresenta várias reconstruções do Comitium orientado em sua obra *Monumenti Minori dei Fórum Romano*, Roma, 1947, gravura ii.

23. Análise dos temos e sua aplicação em A. O. W. Dilke, *The Roman Land Surveyors: an Introduction to the Agrimensores*, Londres, 1971, p. 231 e ss Cf., entretanto, J. B. Ward-Perkins, *Cities of Ancient Greece and Italy*, Nova York, 1974, p. 27 e s., 109, n. 10.

59, 60 e 61. Três urnas cinerárias bicônicas villanovianas. *As das duas pontas são cobertas com distintos tipos de elmos; a central, com uma taça. Villa Giulia, Roma.*

VESTA

À semelhança do *templum* augural, também a cidade estava dividida em quatro partes, apesar de não haver uma correspondência exata entre seus traçados. O *templum* era sempre circular; a cidade romana nunca o foi. Por outro lado, quando o templo abstrato, ideal, ou no máximo o *templum* traçado sobre o solo materializava-se em um edifício (como ocorreu em inúmeras ocasiões entre os romanos para satisfazer exigências cívicas ou religiosas), este *templum minus* nunca era circular. Ao contrário, o templo circular de Vesta, o mais notável de todos os templos circulares de Roma, não era absolutamente um *templum* no sentido ritual[24], ainda que a casa anexa das virgens vestais o fosse[25], ao que parece porque a veneração da lareira não dependia da autoridade do céu.

24. Aulo Gélio XIV, VII, 7.
25. Cf. Sérvio em Virgílio VII, *Eneida*, 153: "Nem se reuniria o Senado num lugar em que houvesse virgens". Em seguida, Sérvio afirma que poderiam reunir-se no Atrium Vestae; esta e outras breves observações explicam o uso que Virgílio faz de *augusta moenia* e o *tectum augustum* de VII, 170, bem como na expressão *augurio consecrata*; *quod nisi in augusto loco consilium senatus habere non poterat*. No entanto, o Atrium Vestae, cujas ruínas subsistem no Fórum Romano, uma construção neroniana, era na realidade o lugar onde viviam as vestais. Este fato e seu comentário *nam haec Regia Numae Pompolii* seriam explicados de forma totalmente convincente se o termo Atrium Vestae é tomado no seu presumível sentido arcaico, de modo a incluir o Atrium propriamente dito de épocas posteriores, a Régia e os edifícios adjacentes, que rodea-

62. Urna cinerária bicônica villanoviana; *a tampa imita um telhado. Villa Giulia, Roma.*

63. Urna cinerária em forma de casa; *a tampa imita um telhado. Villa Giulia, Roma.*

64. Urna cinerária bicônica villanoviana; *detalhe da tampa.*

Vesta regia tanto o fogo doméstico de cada família como a lareira cívica da cidade. Era seu o fogo que acalentava e nutria, com sua energia benéfica e fecunda. Vesta, contudo, era um poder ligado à terra, que atava a família à casa, o povo de uma cidade ao seu solo[26]. O *templum* pertence aos *di superi*[27]. Esta identificação estava perfeitamente explícita, como se depreende da dupla proibição relatada por Aulo Gélio: os decretos do Senado não eram válidos se promulgados antes do nascer ou depois do pôr-do-sol, ou quando formulados fora dos limites de um *templum* adequadamente *effatum*[28]. Esta norma implica que as horas do sol são, para o tempo, o que o *templum* é para o espaço. Transportando tais noções para o tema presente, a *correctio* da cidade, a divisão em quatro regiões, presumivelmente a colocava sob a tutela do céu, o responsável pelas leis.

O templo de Vesta era certamente circular, ctônico, e não um *templum*, mas isso não implica que houvesse uma relação direta entre um complexo feminino, ctônico e circular por um lado, e outro

vam o templo. Assim E. Welin, *Studien zur Topographie des Forum Romanum*, Lund, 1953, p. 207 e ss.

26. Dumézil, op. cit., p. 307 e ss. Assim, por exemplo, Ovídio, vi, *Fastos*, 267, 291 e s.

27. Cf. Sérvio em Virgílio iii, *Eneida*, 134.

28. Aulo Gélio, *loc. cit.* O Comício tampouco podia realizar-se nos *dies nefasti*, quando o *mundus* permanecia aberto. Festo, s.v. *Mundus*; Macróbio, *Saturnália*, i, 16.

65. Urna em forma de casa. *Villa Giulia, Roma.*

complexo masculino, uraniano e quadrado, por outro lado. As noções que analiso aqui são por demais complexas e ricas para reduzi-las a antíteses tão elementares. Os autores modernos, particularmente os propensos à especulação ocultista, tendem a conceber hieróglifos deste tipo. Tal coisa teria sido impossível na Antiguidade; de fato, os dados apontados pelas crenças e práticas religiosas habituais seriam por demais desconcertantes para que pudessem ser tão ordenados. O templo de Vesta pode muito bem ter sido circular, mas também o era o *templum* augural. O *templum minus* era retangular, mas os pitagóricos, por exemplo, alegavam o precedente egípcio para associar o quadrado com a própria Vesta, bem como com Reia, Ceres, Vênus e Juno[29] e, consequentemente, com a terra. Aparentemente, no próprio centro da Aedes Vestae havia um sumidouro de planta trapezoidal (quase quadrada), que descia até o solo virgem[30]. As paredes da fossa hoje existente, são construídas, em seu nível mais baixo, com alvenaria de cascalho e argamassa pozolânica cinza azulada, do tipo habitual em épocas republicanas tardias e, portanto, carecemos de dados arqueológicos acerca de um possível templo anterior. Muito se especulou, nem sempre com sensatez, sobre a funcionalidade dessa

29. Plutarco, *Sobre Ísis e Osíris.*, xxx.
30. Cf. G. Boni, Il Sacrario di Vesta, em *Notizie degli Scavi di Antichità*, Maio, 1900, p. 164 e ss.

66. Urna em forma de casa, *procedente da tumba de Villa Coraletti, Grotaferrata, Museo Pigorini.*

67. *A e B.* Urna em forma de casa, *Museo Pigorini.*

68. Roma, Fórum, Sepolcretto. *Tumba GG, corte. Cortesia da Soprintendenza dei Fórum Romano e Palatino.*

69. RECONSTRUÇÃO DE UMA CABANA DO PALATINO. *Modelo no Antiquário Forense, Roma.*

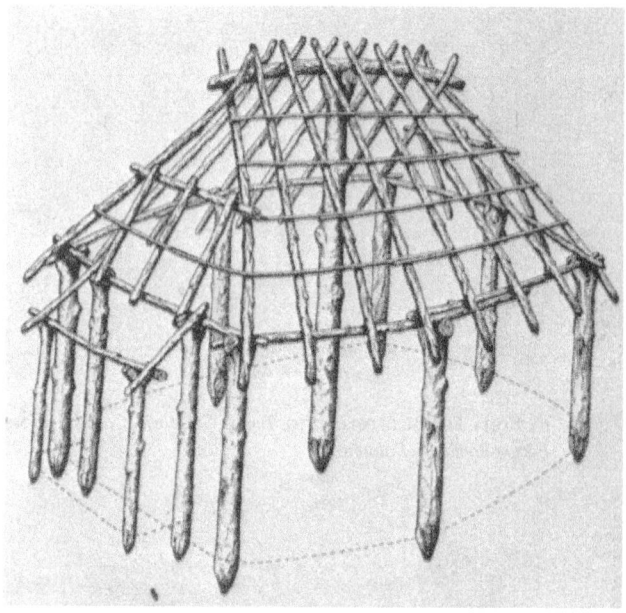

70. ROMA, PALATINO: A CABANA RETANGULAR *pertencente ao assentamento anterior. Planta do local e reconstrução da estrutura.*

71. CABANA RETANGULAR DO PALATINO. *Reconstrução hipotética por A. Davico.*

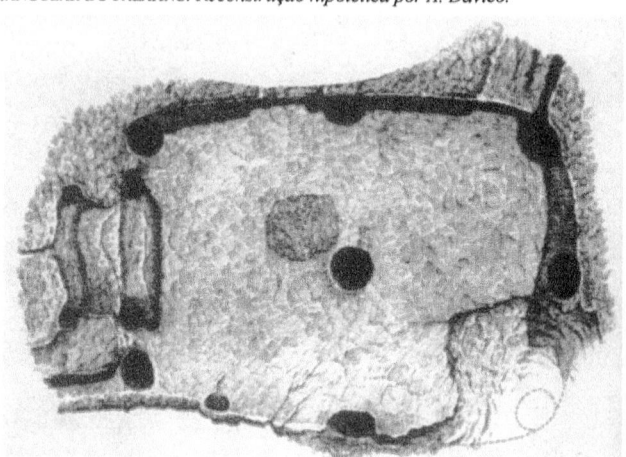

abertura[31]. No entanto, à semelhança de outros muitos cultos romanos, o de Vesta era parcialmente secreto[32], e é difícil deduzir algo das escassas evidências que possuímos acerca do que realmente acontecia no pequeno santuário. As vestais não eram apenas as guardiãs da chama sagrada, se bem que esta fosse a sua função mais conspícua. Em seu tesouro ou depósito, o Penus Vestae, elas guardavam certos objetos sagrados relacionados com as origens da cidade[33], bem como, entre outras coisas, o *fascinus populi Romani*[34], o falo que era preso ao eixo da carruagem do general vitorioso. Vesta, naturalmente, estava presente no fogo de cada uma das lareiras romanas, e ali era cultuada. Mas o fogo que ardia na lareira do templo circular, situado nos limites do Palatino, representava a única Vesta Populi Romani Quiritum[35]. Quando, por exemplo, as virgens vestais fugiram dos gauleses que se aproximavam, levaram consigo este fogo sagrado em uma vasilha[36]. E, em última análise, é este o fogo originário daquele aceso pelo fundador da cidade ao estabelecê-la[37]. Ovídio, que registra o primeiro santuário vestal, feito de vimeiro com telhado de palha, sugere que este originalmente fazia parte do palácio real (ele especifica o do barbudo Numa), o que dá a entender que a Vesta pública é a Vesta glorificada da lareira real. Entretanto, o Rex Sacrorum não exercia função nenhuma em seu culto. O sacerdote que presidia o

31. Boni não é menos culpado; por exemplo, suas tentativas de equiparar a *favissa* aos hábitos dos *terramaricoli*, op. cit., p. 165, não conta com nenhum suporte, assim como sua insistência de que a *favissa* está orientada. O cardo e o *decumanus* traçados por Boni na pesquisa publicada, op. cit., fig. 6, desviam-se dez graus da realidade (cf. o desenho, que inspecionei pessoalmente no Antiquário Palatino, e que tem a orientação correta traçada a lápis). Por outro lado, sua sugestão de que a *favissa* servia para colocar o fogo em contato com o solo virgem (op. cit., p. 171 e s.) possui um certo atrativo. Uma nova análise dos ossos de animais que apareceram incrustados na plataforma sugeriu a alguns pesquisadores que seriam indício do sacrifício de um cão e de possíveis *suovetaurilia* durante a fundação (Gjerstadt, op. cit., IV, p. 384 e ss.), se bem que isso nada esclareça a respeito da deusa ou de seu culto. A interessante ideia sugerida por Müller-Karpe, op. cit., p. 87 e ss. acerca da identidade do templo primitivo com a urna em forma de cabana, fazendo referência especial a um precedente micênico, tem maior força, apesar de que a deusa é de caráter essencialmente vinculado à vida, como enfatizado por A. Brelich, *Vesta*, Zurique, 1949, p. 53 e ss.; cf. G. Dumézil, *Rituels Indo-Européens*, p. 32. Se o santuário de Vesta assemelha-se ao de Rômulo, no sentido de que ambos remetem a um arquétipo circular de uma casa, é possível que determinadas classes de pessoas fossem sepultadas em urnas modeladas conforme esta casa arquetípica. De fato, haveria boas razões para considerar a forma circular como uma construção arcaica, inclusive anacrônica, e esse tipo de santuário compartilharia determinadas características com as urnas cinerárias.

32. Sobre os cultos oficiais secretos, ver Brelich, op. cit., *passim*.

33. Plutarco, *Vida de Camilo*.

34. Plínio, *História Natural*, XXVIII, 7.

35. *Corpus Inscriptionum Latinarum*, X, 8375.

36. Plutarco, *Vida de Camilo*.

37. Ver supra, p. 54.

culto de Vesta, sendo o único homem a quem se permitia entrar no Penus Vestae, era o Pontifex Maximus[38]. De mais a mais, ainda que estivesse separada do santuário de Vesta unicamente por uma estreita viela fechada ao tráfego[39], a Régia possuía sua própria e esplêndida lareira, utilizada em determinados sacrifícios como o do Cavalo de Outubro, um ritual que não possuía conexão direta com o culto de Vesta. Por outro lado, não há dúvida de que a lareira da Régia era considerada muito sagrada e de que fosse muito antiga, já que as pedras das quais era feita tinham sido recolocadas no mesmo local, desde as épocas republicanas antigas[40].

Supunha-se que também o templo de Vesta fosse muito antigo. Ovídio já se referira àquela primeira cabana de vimeiro com telhado de palha[41]. Dois templos posteriores foram incendiados, um pelos gauleses de Brennus[42], e o outro quando, segundo Lívio, L. Cecílio Metelo resgatou os *sacra* (o paládio de Troia, para sermos precisos) do santuário em chamas[43]. Pressupõe-se, em geral, que estes dois templos eram feitos, pelo menos em parte, de madeira, e a partir de então, de pedra. O certo é que as ruínas subsistentes constituem um testemunho bastante claro do primeiro templo construído de pedra e das edificações subsequentes[44].

Ovídio afirma que este culto foi fundado por Numa, que também construiu o templo[45], porém outros autores acreditavam que a religião de Vesta fora instituída pelo próprio Rômulo, ao acender o fogo sobre o primeiro altar, erigido na época da fundação da

38. Aulo Gélio, I, 12; G. Dumézil, *Tarpeia*, p. 105 e ss; Wissowa, op. cit., p. 143 e ss.
39. G. Lugli, 203.
40. F. E. Brown, "The Regia", *Memoirs of the American Academy in Rome*, XII, 1953, 67-88; e mais recentemente, em *Entretiens sur l'Antiquité Classique de la Fondation Hardt*, v. XIII, Genebra, 1967, p. 45 e ss. Sobre os cultos masculinos e femininos do fogo, cf. G. Dumézil, *Rituels Indo-Européens*, p. 27 e ss. A antiguidade da lareira de pedra da Régia é conhecida há tempo, mas é difícil estabelecer a data exata da estrutura primitiva, bem como a relação entre a estrutura e o assentamento em cabanas subjacentes. Escavações recentes permitiram a Frank E. Brown estabelecer a sequência dos acontecimentos, que ele teve a amabilidade de me comunicar: durante o último quarto do século VII, no reinado de Anco Márcio segundo a cronologia de Lívio, as cabanas no local do edifício e no seu pátio foram queimadas, e seus restos "enterrados" em poços especialmente escavados para tal, análogos talvez às *favissae* na qual, em épocas posteriores, eram enterrados os fragmentos das construções que tinham sido consagradas. No lugar já purificado desta forma, uma nova pavimentação foi colocada. Embora muito pouco seja conhecido – e tampouco é provável que mais informações venham à luz – as características dos edifícios deste período não correspondem aos da Régia republicana.
41. Ovídio, *Fastos*, 252 e ss.
42. Plutarco, *Vida de Camilo*, loc. cit.
43. Livio, *Epítome*, XIX.
44. Para a documentação habitualmente aduzida, ver Boni e Lugli, loc. cit. Mais recentemente, os dados filológicos, numismáticos e arqueológicos referentes ao edifício republicano foram analisados por Jane M. Cody, New Evidence for the Republican Aedes Vestae, em *American Journal of Archaeology*, 1973 (LXXVII), p. 43 e ss.
45. Ovídio, *Fastos*, VI, 262 e ss.

cidade[46]. Se não o primeiro, o santuário de Vesta foi certamente o último templo pagão de Roma no qual celebrou-se um culto público. Foi fechado por ordem de Teodósio no ano de 394 d.C.[47] Durante a sua existência, foi considerado pelos romanos como uma das três garantias da identidade e da sobrevivência da cidade, juntamente com os santuários de Júpiter Optimus Maximus no Capitólio, e os escudos dos sálios[48]. A lareira de cada cidade era, por direito, o seu primeiro altar, berço de sua identidade e manancial de sua vida religiosa. Gregos e romanos compartilhavam esta crença. Héstia, a deusa grega da lareira ou do fogo, possuía muitas características comuns com a Vesta romana, e durante a época imperial houve inclusive um sacerdócio ateniense que cultuava a deusa romana como "Ἑστία Ῥωμαίων" (Hestia romaiõn)[49]. Os nomes das duas deusas derivam, provavelmente, de uma raiz indo-europeia comum, talvez *wes-, viver em, ocupar, ou mais provavelmente *əeu, queimar[50]. Ambos os nomes possuem a terminação arcaica -ta, -tia.

Héstia não era uma figura mitológica popular, mas naturalmente possuía outros atributos. Dizia-se que o omphalos em Delfos era seu trono[51], pois como Héstia koiné, a Héstia da comunidade tinha um altar conhecido como o umbilicus, o omphalos da cidade. Héstia era associada com frequência a Hermes[52], conhecido como seu amigo, pois as duas divindades eram veneradas juntas nos centros urbanos, sendo que Hermes tinha um santuário quadrado ao lado do santuário circular de Héstia. O santuário essencial de Hermes, a herma, também era retangular[53]. Mas no contexto da religiosidade da cidade, Héstia representava particularmente o centro focal do espaço urbano interno, que os gregos consideravam feminino. Héstia era o "lar do qual se partia", enquanto Hermes era o protetor dos viajantes e guardião dos caminhos; seu âmbito próprio era o espaço exterior, masculino[54]. A personalidade de Héstia permanece nebulosa, mas nem por isso ela deixa de ser membro da família olímpica. Irmã mais jovem de Zeus, foi a última dos filhos de Cronos a ser engolida, e também a última a ser vomitada, o que significa duas vezes a mais jovem[55]. Assim como Vesta permaneceu

46. Plutarco, *Vida de Rômulo*, II; Dio Cássio, fragm. 12; Festo, s.v. *Quadrata*. Cf. Virgílio I, *Geórgicas*, 498; Virgílio IX, *Eneida*, 259; Teodoreto, *História Eclesiástica*, V, II.

47. Lugli, op. cit., p. 203 e s.

48. Lívio, V, 52; Horácio III, *Odes*, V, 8-12.

49. Cf. L. Delroy, Le Culte du foyer dans la Grèce mycenéene, *Revue de l'Histoire des Religions*, 1950, p. 32, n.1.

50. G. Dumézil, *La Religion Archaique*, p. 317 e ss.; cf. Benveniste, *Le vocabulaire des Institutions Indo-Européennes* I, Paris, 1963, I, p. 317.

51. Ésquilo, *Eumênides*, 165-168; cf. Vernant, op. cit., p. 121.

52. Vernant, op. cit., p. 97 e ss.

53. Cf. J. E. Harrison, *Themis*, p. 365.

54. Vernant, op. cit., p. 99 e ss.

55. Homero, I *Hinos*, a Héstia.

72. A ALDEIA DO PALATINO. *Parte de uma reconstrução no Antiquário Forense, Roma.*

virgem, ainda que fosse cortejada por Poseidon e Apolo, enquanto Príapo a fez objeto de seus ataques risíveis e fracassados[56].

Menos definida ainda apresenta-se a personalidade de Vesta. Não se desenvolveram mitos ao redor de sua figura, se bem que conheçamos alguns referentes às suas sacerdotisas. Rômulo e Remo, por exemplo, eram filhos da Ilia ou Reia vestal, de Alba, enquanto Caeculus, o fundador de Preneste, havia nascido da lareira[57]. O segundo fundador de Roma, Sérvio Túlio, tinha uma genealogia semelhante[58]. De tudo isso deduziu-se a existência de uma estrutura peculiar do mito "vestal", no qual o fundador da cidade era gerado por um progenitor divino anônimo e uma sacerdotisa virgem e mãe[59]. Em tempos históricos, as duas deusas eram veneradas com cultos muito diferentes: Héstia, na lareira do pritaneu de quase todas as cidades gregas (por sacerdotes, viúvas ou mulheres que haviam renunciado às relações sexuais), e Vesta por um colegiado de sacerdotisas virgens numa *aedes* circular, mas as duas divindades possuíam conexões explícitas com a terra[60]. O templo de Vesta ocupa o lugar mais adequado, quer seja no estreito âmbito do

56. Homero, I *Hinos*, a Afrodite.

57. Sérvio em Virgílio, VII, *Eneida*, II, 678.

58. Plutarco, *Vida de Rômulo*, II, 7-14, relaciona o mesmo mito a Rômulo e Remo. Sobre este tema e materiais indo-europeus comparativos, cf. Dumézil, *Rituels Indo-Européens*, p. 38 e s.

59. Brelich, op. cit.

60. Vernant, op. cit., p. 98 e s.

73. O Templo de Vesta no Fórum. *Levantamento de ruínas subsistentes. De acordo com Boni,* Sacrario di Vesta, *Roma, 1900.*

vértice, quer seja da curva do *pomoerium*, ou do Fórum Romano. Tácito assinala os limites do *pomoerium* a partir da Ara Maxima Herculi, segue até a Ara Consi no Circus Maximus, e dirige-se até a Meta Sudans (junto ao Coliseu), chegando logo depois aos Lares Publici no Forum Romanum e, depois de incluir provavelmente o templo de Vesta, retrocede até o touro de bronze no Forum Boarium[61]. Talvez Tácito, que não possuía os interesses arcaizantes de Lívio, tenha optado por incluir na sua lista unicamente santuários que possuíam associações ctônicas, com suas concomitantes ressonâncias fálicas, por pura casualidade. O sentido do trecho citado é também fortuito e episódico demais para servir de base para uma interpretação tão definida. De todo modo, enquanto os santuários circulares eram de caráter ctônico, Tácito também registra que ao redor do *pomoerium* primitivo ainda erguiam-se alguns dos cipos terminais primitivos, ali colocados quando da fundação da cidade.

LIMITE E TERMINUS

Os cipos eram objetos de tipo totalmente distinto dos santuários mencionados por Tácito. São também altares e, por sua vez, de caráter fálico. Porém, não se relacionam com a terra e tampouco são ctônicos. Ao contrário, dir-se-ia que pertencem ao âmbito celeste. Tanto entre

61. Tácito, xii, 24.

74. Atrium Vestae, Aedes Vestae, a Régia e o Santuário de Juturna, *durante a inundação de c. 1880, mostrando o contorno da estrutura murária. Cortesia da Soprintendenza del Fórum Romano e Palatino.*

os etruscos como entre os romanos, a posse da terra, em geral, ficava sob o domínio peculiar dos deuses celestes.

Segundo as palavras da ninfa Vegoia, tal como foram registradas por seu amanuense, o arúspice Arruntus (Aruns) Veltymno, "Júpiter, conhecendo a avareza dos homens, ordenou, ao apropriar-se da terra da Etrúria, que os solos e os campos fossem separados por pedras de delimitação visíveis e publicamente reconhecidas"[62]. O marco tinha uma notória relação com Júpiter, o *deus fidus*, guardião dos julgamentos e senhor do céu que tudo vê. De fato, o grande templo de Júpiter Optimus Maximus sobre o Capitólio abrigava um santuário de Terminus, o deus dos limites, que era cultuado publicamente pelo Estado, enquanto indivíduos particulares veneravam-no junto às pedras delimitatórias de seus campos[63]. Segundo afirmavam os gramáticos, Terminus ali estivera antes do próprio Júpiter, porém este tema extrapola meu campo de interesse atual, o que não ocorre com o caráter hierofântico dos marcos[64]. Júpiter Terminus é venerado na forma de uma pedra; o próprio deus Terminus reside em cada uma das pedras delimitatórias. Na Grécia não encontramos um culto exatamente paralelo. Havia, porém, na Antiguidade, duas formas de veneração estreitamente relacionadas,

---

62. Fr. (Ex Libris Magonis et Vegoia Auctorum), em *Die Schriften der Römischen Feldmesser*, F. Blume, K. Lachman e A. Rudorf (eds.), Berlim, 1848, p. 349.

63. Wissowa, op. cit., p. 124 e s.; Dumézil, op. cit., p. 203 e ss.; Latte, op. cit., p. 64 e s.

64. Ovídio, *Fastos*, 641 e ss.

75. Reconstrução da Aedes Vestae e da Régia originais. *Segundo H. Müller-Karpe.*

76. Urna em forma de cabana do Sepolcretto no Fórum, *em Roma. Terracota, século VII a.C. Antiquário Forense, Roma.*

77. O Templo de Vesta e a efígie do imperador *sobre um denário de Vespasiano. British Museum, Londres.*

78. O Templo de Vesta no Fórum Romano. *Este relevo, em mármore, do século I d.C., é comumente interpretado como uma representação do templo após sua restauração por Augusto. O carvalho representaria o Lucus Vestae, de onde se fez ouvir a voz de Aius Locutius. Galleria Uffizi, Florença.*

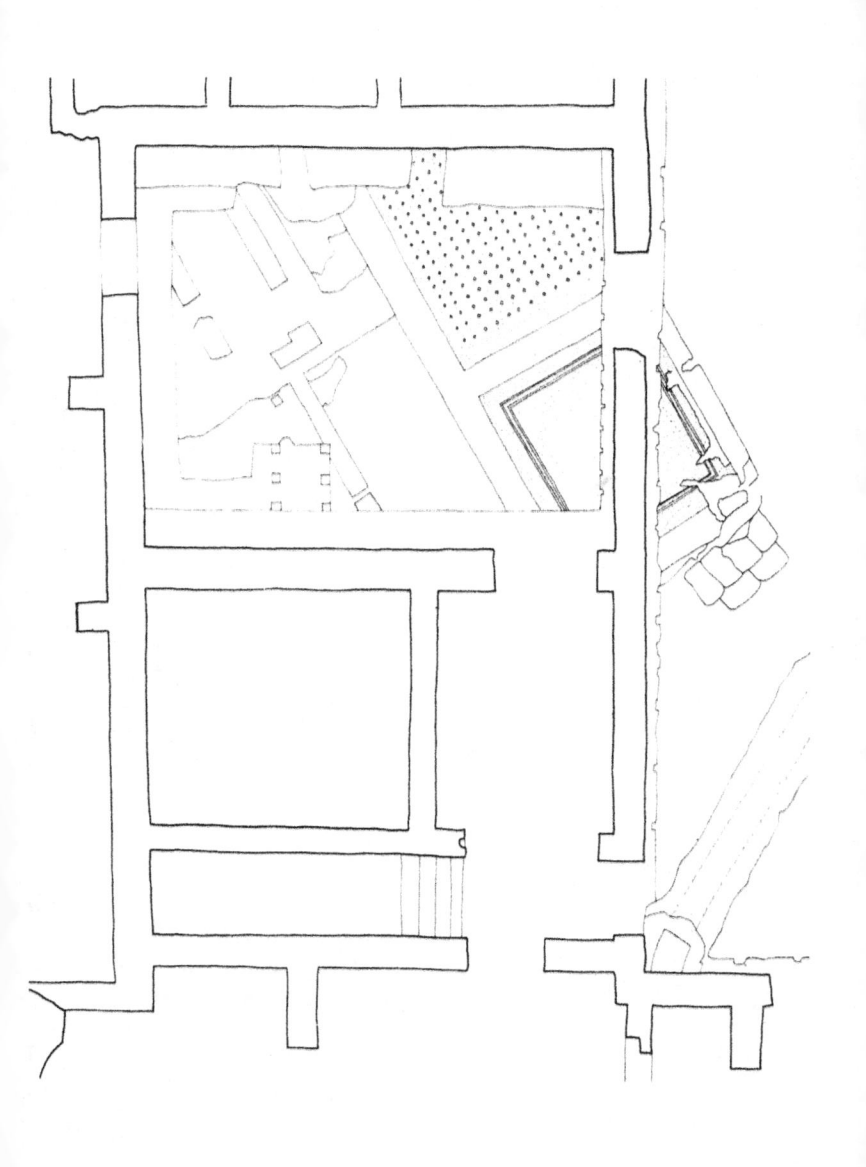

79. O ÂNGULO NOROESTE DO ATRIUM VESTAE. *Observam-se os pisos dos edifícios primitivos e orientados, dispostos em ângulo, em nível mais baixo que as paredes do átrio neroniano.*

80 e 81. O Atrium Vestae, ângulo noroeste. *Os pisos dos edifícios antigos e orientados aparecem dispostos em ângulo com relação às paredes do átrio neroniano.*

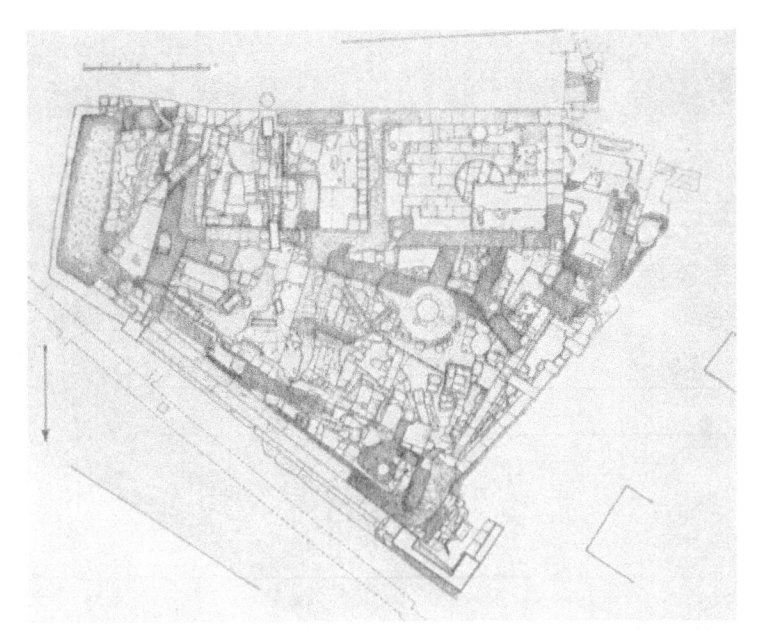

82. A RÉGIA. *Plano da escavação tal como esta se encontrava em novembro de 1965. Somente escavações mais recentes, ainda não analisadas plenamente no momento em que este livro foi escrito, poderiam modificar o quadro geral revelado por esta planimetria.*

que poderiam equiparar-se. A mais notória é a de Ζεῦζ ὁροῖοζ (*Zeus horoios*), Zeus das fronteiras, que guardava não só os limites de terras de propriedade privada, como também as fronteiras entre os Estados[65]. Os ὁϙοι (*horoi*) encontravam-se em toda a Grécia, demarcando os limites entre as terras de posse pública ou privada. Um dos mais antigos marcos delimitatórios subsistentes, encontrado há pouco na ágora de Atenas, não proclama: "Este é o limite da ágora", mas "*Eu* sou o limite da ágora", ὅϙοζ εἰμι τῆζ ἀγόϙαζ. (*horos eimi tes agoras*)[66]. Se bem que não seja inusual, o emprego da primeira pessoa associando o *horos* com outra forma mais conhecida de guardião sagrado dos limites, a herma: um bloco de pedra quadrado, guarnecido às vezes de uma cabeça ou com órgãos viris, ou ainda com ambos. O membro masculino aparece com frequência ereto, e foi precisamente a mutilação de alguns desses falos das hermas das ruas de Atenas que fez recair sobre Alcibíades a suspeita de impiedade, que constituía uma ameaça para o Estado[67].

Esta imagem remonta a um período arcaico. Martin Nilsson tece observações a respeito do caráter arcaico do penteado das hermas na

65. A. B. Cook, *Zeus*, Cambridge, 1924-1940, III, p. 441 e s., 1067; cf. idem, I, p. 17; II, p. 1090; Nilsson, op. cit., I, p. 190 e s.

66. Ilustrado em *The Athenian Citizen*, Princeton, 1960, fig. 35 (embora fosse errôneo atribuir um significado especial a esta virada linguística relativamente comum).

67. Tucídides VI, 27 e s.; cf. M. P. Nilsson, *Greek Folk Religion*, Nova York, 1940, p. 94, 122; E. R. Dodds, *Greeks and the Irrational*, Berkeley, 1964, p. 190 e s.; também Jean Babelon, *Alcibiade*, Paris, 1935, p. 130 e ss.

83. Vista aérea da Régia e da Aedes Vestae. *O fogo circular da Régia é visível no centro da fotografia. Atrás dele aparece o Templo de Júlio César; ao fundo, o Templo de Castor e Pólux, e a Basílica Julia.*

época helenística[68]. Porém, junto com K. O. Müller e Preller, deriva o nome dessa divindade de ἕρμαξ, ἑρμαῖον, ἑρμαῖος λόφος (*hermax, hermaion, hermaios lophos*), um monte de pedras com uma delas ereta no meio ou no ponto mais alto. Tais montes de pedra poderiam ser, indistintamente, marcos delimitatórios das terras, dos limites, ou tumbas, e as hermas eram uma forma habitual de assinalar a pedra tumular[69].

O castigo por mover as pedras delimitatórias sem a devida autorização era extremamente severo. "Numa Pompílio decretou que quem quer que levantasse com o arado uma pedra delimitatória seria proscrito/maldito, ele e seus bois"[70]. Isso não deve ser entendido simplesmente como uma forma de defender a propriedade privada, já que tanto os bens públicos como os particulares poderiam ser protegidos por pedras terminais. Ademais, o decreto de Numa tampouco especifica se o cul-

68. M. P. Nilsson, *Geschichte*, I, p. 71.

69. Idem, I, p. 190 e ss. Acerca do significado do característico fálico, idem, I, p. 107 e s.; também Harrison, op. cit., p. 364 e s. Sobre a etimologia de "Hermes" e o culto dos montes de pedras, idem, I, p. 474 e s. Sobre a herma como tumba, idem, I, p. 177.

70. Festo, 505; cf. Dionísio de Halicarnasso, II, 74; F. Burns, *Fontes Iuri Romani*, Freiburg-um-Breisgau, 1889, p. 10 e s.; também Dumézil, loc. cit., e Lex Fabia em *Corpus Agrimensorum Romanorum*, v. I, parte I, Opuscula Agrimensorum Veterum, Leipzig, 1913, p. 264; Sículo Flaco, De Conditionibus Agrorum, em *Corpus Agrimensorum Romanorum*, v. I, parte I, Opuscula Agrimensorum Veterum, Leipzig, 1913, p. 104 e s. Sobre os diversos tipos de pedras delimitatórias e seus marcos, ver extratos de Dolabella e outros autores, De Terminibus, *Corpus Agrimensorum Romanorum*, v. I, parte I, Opuscula Agrimensorum Veterum, Leipzig, 1913, p. 302 e ss.

84. Altar dedicado a um deus desconhecido. *Roma, Palatino, de época republicana tardia. A inscrição diz:* Sei deo sei deivae sac(rum) C. Sestius. C. F. Calvinus pr(aetor) de senati sententia restituit.
A natureza arcaica deste santuário é indicado pelo restituit *da inscrição. Nibby, que foi o primeiro a descrevê-lo, e Mommsen, em* Corpus Inscriptionum Latinarum *(I, 2, 801), que o segue, sugerem que se trata de um santuário de Aius Locutius, a voz misteriosa que anunciou a invasão dos gauleses. Outros autores o relacionaram com o Lupercal, ou mesmo consideraram-no uma das pedras terminais que delimitavam o* pomoerium *de Rômulo. Museu do Palatino, Roma.*

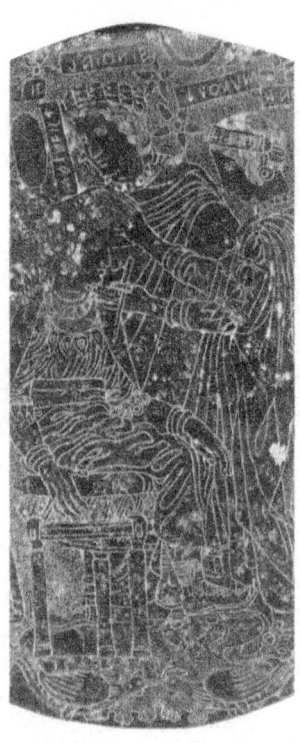

85. **WOWVM** (MUNTHUCH) COM OUTRA DEUSA; *as duas cuidam de uma terceira personagem. Detalhe de um espelho etrusco de bronze, século III a.C.*

pado agia por interesse particular, próprio ou alheio. Tratava-se, como ocorre com quase todas as *leges sacratae*, de um castigo pela infração do acordo divinamente ordenado entre o céu, a terra e o homem, cuja ruptura constituía uma ameaça para toda a comunidade. Uma vez mais, a ordem cósmica que assinalou a divisão da terra reverbera na lei que protege as pedras delimitatórias, que a tradição atribui à mais remota antiguidade. As pedras delimitatórias são, naturalmente, vulneráveis, assim como os próprios limites, daí as terríveis maldições que as protegem e que inevitavelmente tornam-se mais duras à medida que decaem as garantias de caráter político e social. Da época da dominação casita da Babilônia subsistiram inúmeras pedras delimitatórias, nas quais estava registrada a doação das terras. Quase sempre, a forma de doação ou de qualquer outra transação terminava com uma maldição:

> Quem quer que no futuro [...] se levante [...] e [...] perpetre uma ação, ou faça uma reclamação ou induza a que se faça uma reclamação ou envie (outro) e o induza a fazer ou apresentar uma reclamação, ou se apodere dele ou diga "Este campo não foi outorgado" ou a pedra delimitatória deste campo, mediante qualquer maldade induza um louco ou um surdo ou quem não pode entender, a que o destrua ou modifique, ou a que a arranque ou induza (alguém) a queimá-la [...] ou a jogá-la na água ou no pó, ou induza alguém a ocultá-la, que Anu, Enlil e Ea, os grandes deuses, na ira de seus corações, sobre ele lancem o seu olhar. Que todos os deuses, cujos nomes são mencionados nesta pedra delimitatória, destruam seu nome e o aniquilem[71].

71. *Kudurru* da época de Meli-Shipak (da terceira dinastia, ou casita, da Babilônia), em *Babylonian Boundary Stones and Memorial Tablets in the British Museum*, ed.

86. HERMAFRODITA, MENINO COM FLAUTA DE PAN E HERMA. *Bronze antigo tardio. Louvre, Paris.*

87. HERMAFRODITA COMO HERMA, *século II d.C., mármore, Museu Nacional, Estocolmo.*

Esta citação é apenas um fragmento de uma execração terrível na qual são invocadas inúmeras divindades, para que façam do transgressor o objeto de seu desagrado particular. A fórmula contra os cúmplices inconscientes da remoção ou da destruição da pedra é bastante uniforme, se bem que os termos condenatórios variem um pouco de uma pedra à outra. Em praticamente todas elas a parte superior é esculpida com figuras de animais e símbolos de clara referência uraniana. Alguns pesquisadores tentaram interpretar tais imagens dos *kudurru* como uma representação do ciclo zodiacal completo. Muitas das figuras de animais representam claramente constelações, mas essas imagens não apoiam tais identificações sistematicamente, ainda que talvez as pressuponham.

Não há muito a ser deduzido aqui a partir da origem indo-europeia dos governantes casitas ou da origem semítica de seus súditos[72]. Soberanos semitas posteriores da Babilônia continuaram a sancionar os *kudurru*, e o fato de não conhecermos nenhuma pedra delimitatória de época anterior aos casitas não significa necessariamente que na Babilônia pré-casita não houvesse um sistema para demarcar limites, ou que este deixasse de ser respaldado por uma sanção divina. Os governantes casitas costumavam imitar seus predecessores não casitas em tudo o que se refere aos costumes. No mundo antigo e nas diversas sociedades primitivas há muitos indícios de que as pedras destinadas a

L. W. King, Londres, 1912, p. 7 e ss.

72. L. Delaporte, *Les Peuples de l'Orient Mediterranéen*, Paris, 1935, I, p. 155 e s.

demarcar limites eram objeto de culto. Marcos delimitatórios pertencem a uma categoria mais ampla de pedras divinizadas, cujo caráter peculiar tinha uma dupla implicação. O costume de depositar os restos de um sacrifício sob estas pedras (Sículo Flaco lamenta a perda deste costume, mas relata o descobrimento de restos sacrificiais debaixo de antigos cipos deslocados)[73], assim como seu caráter fálico e sua associação com tumbas, parece indicar uma referência ctônica reverberada pelo fato de que o violador dos limites é "dedicado" aos deuses infernais. Por outro lado, a vinculação de Terminus com Júpiter, e a associação do cipo com um *templum* frequentemente gravado sobre ele, implicaria uma conotação uraniana. A verdade é que o cipo terminal que marca um limite, bem como tantas outras divindades betílicas, pertencia às duas regiões do sobrenatural, constituindo na realidade uma ponte entre elas[74]. Por conseguinte, a associação entre os santuários ctônicos e fálicos com os cipos terminais não é tão inadequada ou contraditória como poderia parecer a princípio.

Sículo Flaco, o agrimensor, descreve com todos os pormenores o rito abandonado para a colocação de um *terminus*:

Os antigos (*antiquos*), quando se dispunham a demarcar limites, colocavam as mesmas pedras em posição vertical sobre o solo firme, próximo do lugar em que havia sido aberta uma vala para assentar permanentemente a pedra: e eles a ungiam e coroavam-na com fitas e grinaldas. Faziam imediatamente um sacrifício no fosso em que se dispunham a colocá-la, e quando a vítima tinha sido incendiada com uma tocha, derramavam o sangue no fosso e nele jogavam incenso e fruta, bem como favas e um pouco de vinho, que se costumava oferecer a Terminus. Quando o fogo havia consumido todos os sacrifícios, colocavam a pedra sobre seus resíduos ainda quentes (*calentes*), e prendiam-na com extremo cuidado, reforçando-a ao redor com pedras quebradas, de forma que pudesse permanecer erguida com maior segurança[75].

O sacrifício terminal elaborado de que fala Sículo Flaco está estreitamente relacionado com outro costume; a feitura do *mundus*, descrita por Ovídio:

Escavava-se um fosso até chegar a solo firme
E frutos eram depositados no fundo,
Junto com a terra dos campos vizinhos.
O fosso era de novo coberto e um altar sobre ele colocado.
E sobre a nova lareira
Acendeu-se o fogo[76].

73. Sículo Flaco, De Condicionibus Agrorum, op. cit. p. 104.
74. Sobre o caráter das pedras betílicas em geral, ver M. Eliade, op. cit., p. 191 e ss.
75. Sículo Flaco, op. cit., p. 105.
76. Ovídio, *Fastos* IV, 819.

88. O Comício durante as escavações de 1900. *O Lapis Niger está no centro da fotografia. Cortesia da Soprintendenza del Fórum Romano e Palatino.*

LIMITE E CENTRO: MUNDUS E TERMINUS

A escavação de um fosso, as frutas, a terra, o sacrifício duplo e o fogo sobre o altar (que indubitavelmente consistiria de uma pedra) erguido sobre o fosso, são os elementos que integram o cenário referente ao *mundus* neste relato, que é o mais pormenorizado. Estes elementos sugerem que os ritos oficiados para a feitura de um *mundus* no curso da fundação de uma cidade eram análogos aos que tinham lugar para estabelecer uma pedra delimitatória. A analogia, e talvez a tensão existente entre centro e periferia, é algo a ser considerado posteriormente, depois de analisarmos com maior minúcia a cerimônia.

A escavação do *mundus* fazia parte essencial do rito etrusco[77]. Na Antiguidade tardia, Sérvio[78] sugeriu que todo santuário dedicado às divindades ctônicas era apropriadamente chamado *mundus*. Hoje não mais se considera esta opinião tão decisiva. De todo modo, é verdade que o termo *mundus* vinha sendo aplicado muito antes a diversos tipos de santuários e, em particular, afirmou-se que convinha exclusivamente a *Roma quadrata*, o enigmático santuário descrito por Festo[79]. Porém, o mesmo Festo descreve em outro lugar um *mundus*, um santuário, de Ceres, sem estabelecer conexão nenhuma entre os dois lugares sagrados[80]. Os arqueólogos não identificaram a *Roma quadrata*, mesmo que sua busca seja mais justificável que a do *mundus* genérico, visto que se tem notícias de sua existência ainda no século III d.C.[81]. Seu conteúdo, ao qual Festo se refere vagamente e até com certa fúria, foi interpretado diversamente como o bastão de Rômulo, *primitia*, ou o arado de bronze e o jugo, utilizados pelo mesmo Rômulo no rito original de fundação[82]. Quaisquer que sejam a forma, o conteúdo e o significado deste monumento particular, o certo é que, aparentemente, teve algo a ver com os ritos de fundação e que se encontrava situado em algum lugar próximo ao limite da cidade de Rômulo. A *Roma quadrata* tem eludido as pesquisas dos arqueólogos, mas no *arx* de uma colônia romana localizada em Cosa (perto de Ansedonia), chamada por seus escavadores de *Cosa quadrata*, foi encontrado um santuário que corresponde de forma surpreendente à descrição que nos foi transmitida por autores antigos[83]. Compunha-se de

77. Ver supra, p. 53-54.

78. Sérvio, *Comentário sobre Virgílio, Eneida*, 134.

79. Lugli, op. cit., p. 423 e ss.; ver supra, p. 36-37.

80. Festo, 126 (i).

81. *Corpus Inscriptionum Latinarum.*, VI, 4 (ii), n. 2352.

82. Taübler, op. cit., p. 44 e ss.; cf. H. J. Rose, Mundus, em *St. M. R.*, VII, 1931, p. 123, entretanto o *pomoerium* da cidade, naturalmente, seria arado de novo tantas vezes que qualquer dos outros arados utilizados poderia ter sido depositado. J. A. Richmond sugeriu que o arado era o mesmo utilizado por Augusto na cerimônia depois do ano 27 a.C. (*The Augustan Palatium*). Sobre outras ampliações do *pomoerium*, ver infra, nota 134.

83. Frank E. Brown, Emmeline H. Richardson e L. Richardson Jr., Cosa II, The Temples and the Arx, *Memoirs of the American Academy in Rome*, XXVI, 1960, p. 9-14.

89. Capela de São José dos Carpinteiros, *do século XVI, com uma cripta, debaixo da qual as duas câmaras sobrepostas
do* carcer tullianum, *dedicadas atualmente
a S. Pedro e a S. Paulo, em memória do
seu aprisionamento ali. A câmara superior
destinava-se à execução dos prisioneiros,
que antes eram obrigados a caminhar
atrás do carro triunfal do general romano
ao longo da Via Sacra. Jugurta e Vercin-
getorix morreram aqui. A câmara seguinte
é coberta por uma falsa cúpula composta
por blocos dispostos sob fiadas sucessivas
que se projetam como mísulas, diferentemente de como aparece nesta ilustração.
Continha uma fonte (*tullius*), da qual a
prisão tomou o nome, e serviu como poço
do recinto capitolino. A câmara inferior é
arcaica e de data incerta; a superior é da
época republicana. O Tullianum é um dos
candidatos ao título de* mundus. *Segundo*
Ch. Hülsen.

dois elementos característicos. Em primeiro lugar, há uma área nivelada
de cerca de 12,5 m², cuja orientação desvia-se aproximadamente em 12°
daquela marcada pelos pontos cardeais; em segundo lugar, exatamente
a 3,5 m de uma de suas bordas, dentro da área interna do quadrado, e
com seus eixos coincidindo, há uma caverna natural que mede 1,8 m
X 1,4 m com cerca de 2-2,5 m de profundidade. Esta caverna, por sua
vez, encontrava-se sob o eixo de simetria do principal templo tricelar
de Cosa (que os escavadores chamaram de Templo "D"), eixo este que
entretanto não corresponde ao dos outros dois santuários. Aquele lugar
era claramente objeto de veneração particular. "Os escassos dados aportados pela caverna", dizem os escavadores, "sugerem que pelo menos em
uma ocasião, serviu como receptáculo de uma massa de matéria vegetal,
que se carbonizou ao apodrecer. Dado o contexto religioso, podemos
pressupor que esta matéria vegetal provinha das oferendas depositadas
como parte de um ato ritual"[84].

A natureza deste terrapleno escavado na rocha indica que nunca
serviu como fundação de alguma edificação. Os escavadores sugerem
que se trata de uma plataforma de alvenaria à seco, rodeada talvez de
uma mureta baixa. A curiosa orientação, que não se relaciona nem com
os pontos cardeais e nem com o traçado das ruas ou com o plano posterior do Capitólio era, segundo sugestão dos escavadores, "função de um
campo de visão delimitado por alguns elementos naturais significativos

84. Idem, p. 12 e s.

90. Vista aérea do Comício e do Arco de Sétimo Severo *antes da escavação. À direita, a igreja de S. Adriano, hoje restaurada como Cúria. À esquerda, a capela de São José dos Carpinteiros. A fachada de São José está corretamente orientada, sobre as fundações do muro externo do Cárcere Mamertinus. Cortesia da Soprintendenza del Fórum Romano e Palatino.*

91. O Lapis Niger, *conhecido como "Tumba de Rômulo", durante a escavação. Ao fundo, o arco de Sétimo Severo e o porão dos Rostra. Na frente, no meio, a base dos Decenais dos Tetrarcas.*

92. Os monumentos sob o Lapis Niger, *escavados em 1900. Desenho de G. Cirilli. Cortesia da Soprintendenza del Fórum Romano e Palatino.*

do horizonte imediato"[85]. Considerando-se o que foi dito a respeito do *auguraculum* do Capitólio, esta interpretação naturalmente pareceria a mais plausível, mas deixando de lado a cautela demonstrada pelos escavadores científicos, eu me atreveria a ir mais longe e sugerir que a caverna, considerada um lugar sagrado pelos habitantes posteriores da cidade, encontrava-se provavelmente no mesmo lugar, ou muito perto daquele que os deuses haviam assinalado como o adequado para a fundação da cidade, equivalente ao lugar em que a porca prenhe de Enéias pariu, ou talvez ao ponto do Palatino a partir do qual Rômulo viu os abutres, ou talvez a ambas as coisas.

De todo modo, a *Cosa quadrata* e, por analogia, a *Roma quadrata*, devia estar relacionada de algum modo com o rito de fundação. Contudo, interpretar o significado específico desta relíquia da Antiguidade não é tão relevante como averiguar a significação do *mundus* no contexto do rito de fundação. Já indiquei que na religião de Terminus reverberam ecos do rito do *mundus*[86]. O rito terminal inclui um elemento adicional, um sacrifício sangrento, inexistente no rito do *mundus*, no qual é substituído por uma oferenda da terra, que não é mencionada com relação a Terminus. Não se trata de uma mera substituição. As oferendas para Terminus, por exemplo, incluíam especificamente vinho e favas (o manjar dos mortos), ao passo que o sacrifício do *mundus* consistia, mais genericamente, de *fruges*. Vale a pena, no entanto, considerarmos aqui a oferenda da terra, que na Antiguidade não envolvia simplesmente um punhado de terra, mas também a turfa que nela crescia[87]. Esta era a oferenda tradicional de submissão ao vencedor, e mesmo os animais a praticavam, segundo Plínio[88]. É possível que as *fruges* mencionadas por Ovídio nada mais fossem que a grama crescida sobre o torrão de terra oferecido. Ainda que essa interpretação não seja de todo justificada, o termo *fruges* é por demais genérico para ser compreendido na acepção de "primícias". Não poderia haver primícias na cidade recém fundada, pois o território sobre o qual a nova cidade seria estabelecida carecia de entidade ritual até que tivessem sido completados os ritos de fundação e, ao contrário dos ritos indianos equivalentes, não parece que aqueles se prolongassem por tanto tempo de modo a permitir que se desenvolvessem no lugar da cidade colheitas ou frutos enquanto duravam as cerimônias. Contudo, aparentemente a *Cosa quadrata* continha exatamente alguns "frutos" de alguma espécie.

85. Idem, p. 13.

86. Ver supra, p. 134.

87. Herbam do, cum ait Plautus (fr. Inc. 28) significat, victum me fateor; quod est antiquae et pastoralis vitae indicium. Festo, s.v. *Herbam do*; cf. Paulo em Festo, s.v. *Obsidionalis corona*.

88. Plínio, *História Natural*, VIII, 5; cf. também Sérvio, *Comentário sobre Virgílio, Eneida*, VIII, 76; e Plínio, *História Natural.*, XXII, 4.

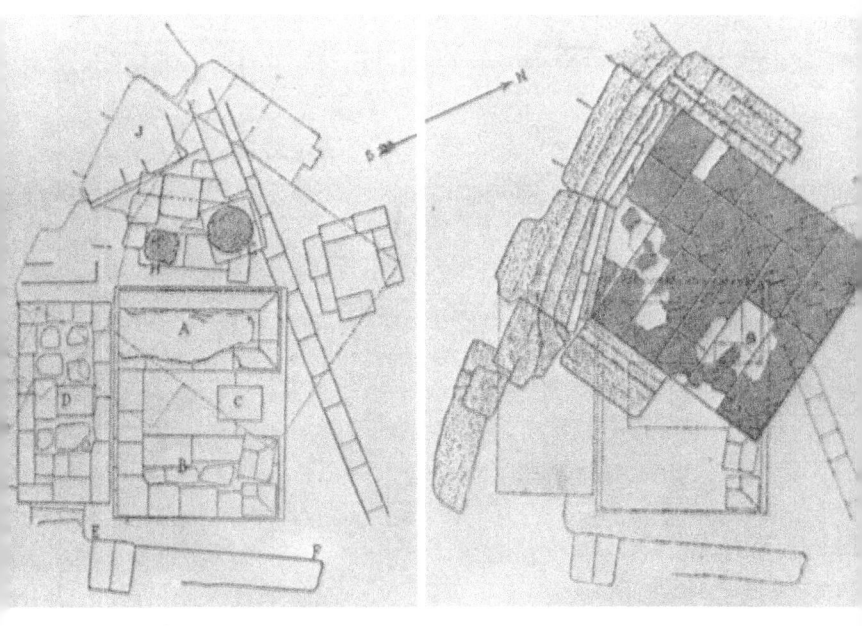

93. O Lapis Niger. *a) O nível inferior, com a disposição dos monumentos pré-republicanos: (H) um cipo com inscrição em bustrofédon, que não foi decifrada satisfatoriamente; (G) um cipo circular, de significação desconhecida, datado de c. 500 a.C.; (A, B, D) Uma base em forma de "U", com uma moldura, formando possivelmente as alas de um altar; (C) Um bloco de tufo.*

Todo o conjunto parece ter sido truncado em data incerta e coberto com um pavimento de mármore negro trazido da Grécia, que aparece em (b), o nível superior, por volta do século II a.C. A camada de terra entre os antigos fragmentos e o piso foi preenchido com ossos de animais sacrificados e estatuetas votivas, sugerindo um sacrifício realizado para expiar a profanação envolvida na demolição do monumento mais antigo. Ao ser reorientado o nível superior do monumento, suas laterais ficaram paralelas às da Curia Hostilia, onde o Senado reunia-se habitualmente. Segundo Ch. Hülsen.

94. COSA. O CAPITÓLIO, *com o Templo de Júpiter visto da Via Sacra, no período I, 4.*

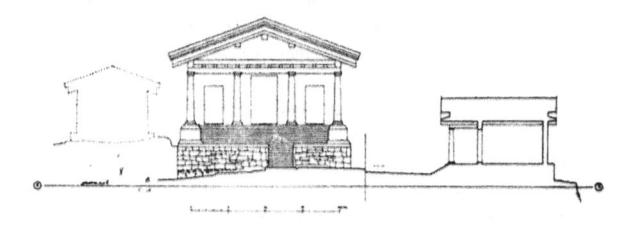

95. COSA, CORTES DO CAPITÓLIO *durante o período I, 4. A) Ao longo do eixo do templo menor, mostrando a fachada do Templo de Júpiter. B) Ao longo do eixo do Templo de Júpiter, mostrando o implúvio existente entre o pórtico e a cela.*

96. O TEMPLUM DA TERRA. Codex Arcerianus- *p. 41 v.*

97. COSA. *A caverna na rocha, sob o centro da cela do Templo de Júpiter.*

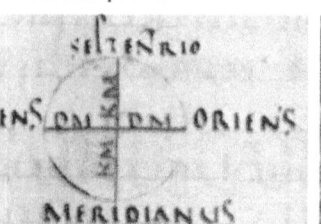

98. COSA. Ruínas do Templo de Júpiter na Acrópole.

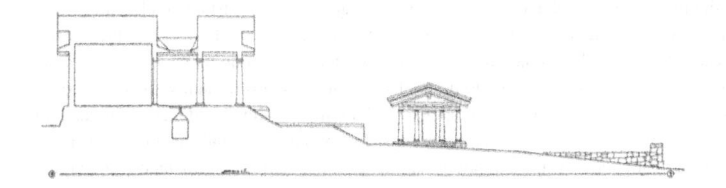

99. "COSA QUADRATA". Plano da plataforma, presumivelmente estabelecido na fundação de Cosa, em 273 a.C. A partir deste plano é evidente que o buraco na rocha, no qual foram descobertos os depósitos da fundação, fica situado no eixo da cela do templo posterior, se bem que ele estivesse orientado de forma bastante distinta. Segundo Frank E. Brown, "Cosa", II.

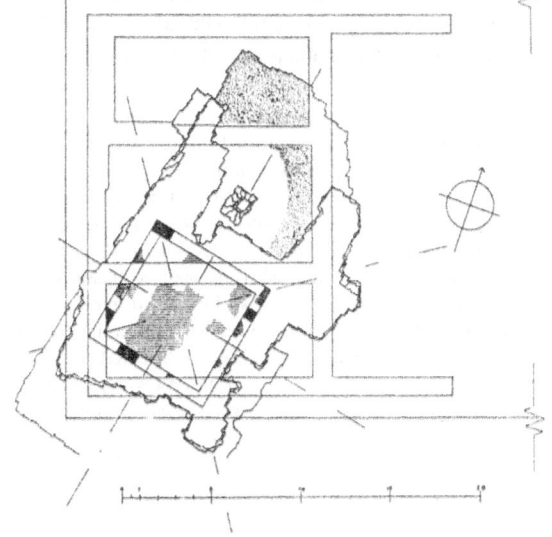

Retornemos ao torrão de terra. Há evidências da utilização, nos tribunais, de um torrão de terra, que representava a totalidade do campo do qual tinha sido retirado; tanto a divinação grega como a romana conheciam este costume tradicional[89], e seu poder "natural" era tão grande que lhe permitiu vigorar até bem depois do início da Idade Média, época em que, tratando-se de terras, as transações eram ratificadas com frequência mediante a entrega de um torrão[90]. Sugeriu-se que o "território vizinho", do qual a terra era tirada para ser depositada no *mundus* durante o rito de fundação constituía o espaço outorgado à cidade para as fainas agrícolas, de que se tomava posse em virtude daquele ato. Isso, porém, não parece coadunar-se com os outros ritos, nem tampouco é suficiente para explicar a importância que tinha o *mundus*, singular ou plural, para a cidade muito tempo depois de sua fundação. Há muitos anos, Fustel de Coulanges propôs uma interpretação convincente. Cada habitante da nova cidade, diz ele, depositava no *mundus* um punhado de terra procedente de sua antiga cidade pátria.

Lá estivera a sua lareira; lá viveram e foram enterrados seus pais. Porém, a religião proibia que se abandonasse um lugar no qual estivera instalada a lareira e onde repousavam os antepassados deificados. A fim de ser absolvidos de qualquer profanação, cada um deles tinha que recorrer a uma ficção, levando consigo, em forma de um torrão de terra, o solo sagrado no qual seus antepassados tinham sido enterrados, e ao qual seus manes permaneciam apegados. Ninguém podia abandonar um lugar sem levar consigo sua terra e seus antepassados. Era preciso, portanto, que este rito fosse realizado para que cada um dos novos habitantes pudesse dizer, assinalando o lugar que adotara como seu: 'Também esta é a terra de meus pais, *terra patrum*, *patria*; esta é a minha pátria, aqui repousam os manes de meus pais'[91].

Ninguém ainda formulou uma interpretação melhor, ainda que ela diga respeito unicamente ao significado do *mundus* no contexto dos ritos de fundação. Este *mundus* parece um simples fosso, que era cavado uma vez e em seguida tapado, e não a abóbada aberta três vezes por ano e mencionada por Festo[92], e à qual aludiu Virgílio (se uma das

89. M. P. Nilsson, Die Traditio per Terram im Griechischen Rechtsbrauch, *Archiv. F. Religionwissenschaft*, xx, 1929-1921, p. 330 e ss.

90. Du Cange, s. v. *Investitura, Scotatio*.

91. *La Cité Antique*, p. 154; Fustel de Coulanges baseia-se em Plutarco, *Vida de Rômulo*, II; e João Lido, *Sobre os Meses*, IV, 73. Aduz também Dio Cássio, *Fr.* 12 (entendo que se trata de Mai, *Fr.* 12 e Dindorf, 37, que se referiam à origem do Lacus Curtius, e não pode ser utilizado como apoio a Plutarco sem uma certa reserva). Ovídio, *Fastos* IV, 821 (também citado por Fustel) é demasiado genérico para corroborar este ponto. Tendo em vista a semelhança, bem como a singularidade aparente do rito descrito por Plutarco, com outro que Píndaro parece reverberar em *Odes Píticas*, IV, p. 33 e ss. (ver supra, p. 16-17), seria conveniente observar que Plutarco relaciona explicitamente o rito com o *mundus*, que ele transcreve em grego como μουνδοσ (*moundos*), termo para o qual, aparentemente, não conhece nenhum equivalente exato no grego.

92. Fustel de Coulanges, op. cit., p. 154-157; ver supra, p. 53.

conjeturas de Sérvio for correta)[93]. Não obstante a especulação, pouco mais sabemos acerca deste *mundus* além do que pode ser apreendido a partir da descrição que nos legou Catão, o primeiro autor a ocupar-se deste tema[94]. Ele escreveu que, na medida em que pôde averiguá-lo, o *mundus* era uma espécie de câmara subterrânea abobadada que, por assemelhar-se ao céu, era chamada de *mundus*, o universo. Festo cita essa etimologia, se bem que não se mostre totalmente de acordo com ela, e até pode ser que conhecesse outras derivações do termo. O *mundus*, por exemplo, tinha sido comparado com uma pequena cesta redonda de fundo côncavo, a *cista*, que era uma espécie de *necéssaire* utilizada pelas mulheres, chamada também de *mundus*, mas por derivação de *mundere*, "limpar, ou arrumar"[95]. Outra opinião derivava o termo de *movere*, mover, como sendo uma representação do firmamento que gira[96]. Atualmente prefere-se relacionar *mundus* com a deidade sombria, possivelmente infernal, μυνθυ ou μυνθυχ que aparece na companhia de outras divindades etruscas, especialmente Turan, a Vênus etrusca, e seu consorte Atunis (Adonis)[97]. Pouco sabemos acerca desta divindade ou de suas relações com o *mundus* do ritual. Aparentemente, o termo é de origem etrusca e, neste idioma, bem como no latim, abrange uma gama de significados que correspondem quase exatamente ao *kosmos* grego[98], salvo por suas implicações rituais. Infelizmente para aqueles que desejam estabelecer a antiguidade e o significado do termo, os não iniciados corriam perigo caso se atrevessem a olhar dentro do *mundus*, enquanto os iniciados e os sacerdotes do seu culto, como é de se supor, não estavam dispostos a revelar nenhum de seus mistérios[99].

93. Sérvio, *Comentário sobre Virgílio, Églogas* III, 104-105.

94. Provavelmente, não o censor, mas M. Pórcio Catão Liciniano (Le Bonniec, *Le Culte de Cérès à Rome*, p. 176), citado por Festo, s.v. *Mundus*.

95. Cf. Lívio, XXXIV, 7, 9. Varrão, *Da Língua Latina*, 129.

96. Ovídio, *Fastos* IV, 820.

97. Estes são analisados por A. I. Chaserkin, Zur Deutung Etruskischer Sprachdenkmäler, *Untersuchungen zur Römischen Geschichte*, III, Frankfurt-am-Main, 1963, p. 77 e ss.; As conclusões bastante duvidosas de Chaserkin em A. J. Pfiffig, *Die Etruskische Sprache*, p. 12.

98. *R. E.*, s. v. *Mundus*; cf. H. L. Stoltenberg, *Etruskische Gottesnamen*, Leverkusen, 1957, p. 41; R. A. Staccioli, *La Lingua degli Etruschi*, Roma, 1969, s. v. *mun, muni*. O termo foi amplamente discutido por Ambros Joseg Pfiffig, Etruskisches: I. Zur lat. *mundus* und etr. *munθ'*, *Die Sprache*, Viena, 1962, VIII, p. 142 e ss.

99. Apuléio, *Apologia*. Como Apuléio defende-se aqui da acusação de vaidade (por ser um filósofo que possuía um espelho: quoniam ut res est, maius periculum decernis, speculum philosopho quam Ceris mundum prophano videre?), há quem tenha deduzido que ele se refere a alguma forma de *cista mystica*; na época em que Apuléio escrevia, os mistérios de Ceres haviam sido assimilados nos mistérios eleusianos de Deméter, e é possível que, neste caso, o *mundus* fosse a *cista* eleusiniana; cf. Victor Magnien, *Eleusis*, Paris, 1938, p. 138 e s.

O *mundus* estava protegido pelo terror que o circundava. A pedra que o tapava era a "porta do pavoroso e sombrio Orco"[100]. Quando se destapava, é como se a porta dos lúgubres deuses infernais se abrisse[101]. Estava consagrado não só à morte e aos mortos, como também a Ceres, a deusa mãe dos plebeus venerada na religião romana, se bem que, neste contexto ela bem pode ter sido uma Deméter romanizada que substituíra a deusa arcaica Tellus[102]. Um sacerdócio especial encarregava-se de oferecer periodicamente sacrifícios a Ceres no *mundus*[103]. Sugeriu-se que as *fruges* depositadas no *mundus* eram na realidade sementes de cereais, e que o *mundus* original de Ceres ou Tellus era um depósito arcaico para guardar sementes, instituição própria das aldeias primitivas que mudaria pouco a pouco de função, até assumir a forma que encontramos nos relatos de Festo e de Plutarco[104].

O tema é de difícil interpretação, porque os dados com que contamos são particularmente confusos. A começar pelas alusões literárias: havia um santuário em forma de poço, chamado *Roma quadrata*, pelo menos em um lugar, concretamente no Palatino, defronte ao Templo de Apolo. Continha certos objetos relacionados com a fundação ou a refundação da cidade[105]. Havia também, quase com absoluta certeza, em Roma e em Cápua e provavelmente em muitos outros lugares, santuários chamados *mundus*, consagrados a Ceres ou situados em recintos dedicados a essa deusa[106]. Não sabemos, como já disse, se estes santuários são os mesmos que eram abertos três vezes ao ano, nos Dies Religiosi. Havia ademais um certo número de santuários subterrâneos, todos eles praticamente consagrados aos deuses infernais; alguns ou quase todos recebiam também o nome de *mundus*. Quando assim eram denominados, consistiam muito provavelmente de duas partes (câmaras?), uma sobre a outra, tendo o acesso por cima.

Finalmente, *mundus* referia-se ao fosso circular escavado por ocasião dos ritos de fundação e que, segundo as fontes, não era reaberto. Somente Plutarco diz que se trata de um *bothros* chamado *mundus*.

---

100. Paulo em Festo, s. v. *Manulem Lapidem*.

101. Varrão em Macróbio I, *Saturnália*, 16.

102. H. Le Bonniec, *Le Culte de Céres à Rome.*, p. 51.

103. *Corpus Insccriptionum Latinarum*, 3926. Acerca do significado da palavra Cereris, cf. Weinstock, op. cit.,; Wissowa, op. cit., p. 161 e ss.

104. Warde-Fowler, *Roman Essays and Interpretations*, 1920, p. 24-37; também *Journal of Roman Sudies*, II, 1929, p. 25 e ss., desenvolvendo sugestões formuladas por K. O. Müller, *Die Etrusker*, II, p. 100 e ss. Cp. F. C. Cornford, The aparchai and the Eleusinian Mysteries, *Essays and Studies presented to William Ridgway*, ed. E. C. Quiggin, Cambridge, 1913, p. 153 e ss.

105. É possível que o sacerdócio fosse feminino. Le Bonniec, op. cit., p. 175.

106. Escólios de Berna sobre Virgílio III, *Églogas*, 105-106; Le Bonniec, op. cit., p. 181-183. Sobre *mundus* em geral, entretanto, ver também M. H. Wagenvoort, *Initia Cereris*, Leiden, 1956, p. 168.

Ainda que Plutarco nem sempre seja digno de confiança, nas demais autoridades às quais pudemos recorrer nada há que o contradiga.

Não há, entretanto, nenhuma razão particular para associar *Roma quadrata* com *mundus*, se bem que ambas as coisas tenham a ver com a fundação da cidade. O *mundus*, por sua vez, nos remete à nova colheita e aos mortos. Esta conexão serviu de base para que o mitógrafo do século XIX, J. J. Bachofen, propusesse uma explicação de todo esse fenômeno em conjunto:

O *mundus* aberto, no qual os fundadores depositavam as primícias de toda uma variedade de frutos e todo outro tipo de bens, era o *locus genitalis* materno, do qual brotam todas as bênçãos. Sua abertura estava estreitamente relacionada com o ovo cereal e a função funerária dos jogos circenses. Do mesmo modo que o ovo era a imagem do universo inteiro, também o *mundus* telúrico transformou-se numa representação do que os pitagóricos chamaram pela primeira vez de *cosmos*. Ademais, do mesmo modo que a *pyxis* de Proserpina, segundo o relato de Psyche, continha tudo quanto era necessário para os adornos de Afrodite; também o *mundus* converteu-se num objeto de toucador, receptáculo de todas as coisas usadas por Afrodite para realçar sua atração sexual[107].

Talvez esta não seja uma explicação que deva ser tomada ao pé da letra; todavia, estaria correta, uma vez que tudo o que está relacionado com o *mundus* parece confirmar seu caráter inequivocamente feminino. A feitura de um *mundus* no curso dos ritos de fundação seguramente enfatizaria – ou pelo menos assim me parece – em detalhe anatômico o caráter feminino do complexo urbano, que já estava implícito em outras cerimônias e instituições. Não é de todo surpreendente, por exemplo, que a feitura do *mundus* seja confundida ou identificada com a abertura do *sulcus primigenius*, a delimitação do *pomoerium*. A cerimônia de aradura durante a qual isso acontecia era uma hierogamia, na qual o sulco representava a contraparte feminina do arado masculino. *Mundus* e *pomoerium*, no entanto, são coisas totalmente diferentes. O *mundus* é a lareira da cidade e o *pomoerium*, o seu umbral.

LIMITE DA TERRA E LIMITE DO POVO

O *mundus* é feminino: suas divindades são Vesta, Tellus, Ceres, os *manes* e os *lares*. O *pomoerium* está sob a tutela de Deus Fidus, Marte e Terminus. Os diversos ritos relacionados com a proteção dos limites incluem o sacrifício dos *suovetaurilia*, de um porco, de uma ovelha e de um

107. J. J. Bachofen, *Versuch über die Gräbersymbolik der Alten*, Basileia, 1925, eds. Bernouli e Kluges, p. 128. Algumas urnas cinerárias de pedra bastante inusuais, esculpidas na forma de uma cesta redonda com uma tampa abobadada, conservadas no Museu Arqueológico de Aquileia, podem ser uma referência indireta às ideias expostas por Bachofen; por outro lado, podem tratar-se simplesmente de outra forma da *cista mystica*. Cf. também E. Neumann, *The Great Mother*, Nova York, s. d., p. 282.

touro – usualmente oferecidos a Marte[108] durante uma cerimônia realizada conspicuamente a cada cinco anos no Campo de Marte, fora dos muros da cidade, quando os cidadãos eram convocados a alistar-se ao exército. Nesta ocasião, os animais eram conduzidos ao redor do grupo de homens e em seguida sacrificados pela segurança da cidade[109]. Num ambiente mais familiar, este sacrifício era oferecido por todos os proprietários de terras no mês de maio, quando conduziam os três animais ao redor dos seus campos, antes deles serem sacrificados[110]. Durante o *amburbium* de dois de fevereiro era organizada uma procissão semelhante ao redor da cidade com as vítimas a serem sacrificadas. Também em fevereiro, os lupercos "golpeariam" os "limites" de Rômulo[111]. Os irmãos arvais, por sua vez, sacrificavam em março os *suovetaurilia* no limite do Ager Romanus, hinterlândia de Roma, enquanto cantavam e dançavam seu hino, que é um dos mais antigos textos latinos que conhecemos:

> *Ne veluere marmar sins incurrere in pleoris*[112]
> *Satur fufere Mars limen sali sta berber;*
> [Não firas mais, Marmar (Marte) aos homens,
> Cessa tua ira, Marte, salta o umbral, eleva-te e golpeia o solo.]

Finalmente, os distintos colegiados dos irmãos sálios, também devotos de Marte, caminhavam ao redor da cidade duas vezes por ano, no início e no fim da estação de guerra[113]. Não sabemos exatamente que itinerário seguiam, mas, ao que tudo indica, este incluía o Comício, o

108. Wissowa, op. cit., p. 129 e ss.; mais recentemente, G. Dumézil, *L'Héritage*, p. 82.

109. Varrão, *Sobre a Agricultura*, II, 1 (X); Dionísio de Halicarnasso, IV, 22; Valério Máximo, IV, 1; Lívio, I, 44.2, 10 e XL 45. Cf. Inez Scott Ryberg, *Rites of the State Religion in Roman Art*, 1955, p. 104 e ss.

110. Catão, *Sobre a Agricultura*.

111. *Transactions of the American Philological Association*, LXXXIV, 1953, p. 35.

112. *Corpus Inscriptionum Latinarum*, IV, 2104, v. 31 e ss.; 1, 2. O melhor comentário sobre este hino arcaico dos irmãos arvais é a segunda parte da obra de E. Norden, *Aus Altrömischen Priesterbüchern*, Lund, 1939. Cf., no entanto, Wissowa, p. 485 e ss. Em sua forma atual, o hino (cito os versos das segunda e terceira estrofes, que eram repetidos três vezes) é conhecido a partir de uma inscrição do ano 218 d.C. (reinado de Heliogábalo), encontrada no Vaticano em 1778. Desde então, sua leitura e significado desconcertaram tanto os historiadores da religião como os filólogos. Usei a leitura de V. Pisani, *Manuale Storico della Lingua Latina*, Torino, 1960, III, p. 2 e ss.; a interpretação conjetural da segunda metade do segundo verso corresponde a Warmington, op. cit., IV, p. 250 e ss.; cf. também cf. A. Ernout, *Recueil de Testes Latins Archaiques*, 3, Paris, 1947, p. 107 e ss. Uma reconstrução muito diferente do texto é proposta por S. Ferri, Il Carmen Fratrum Arvalium e il Metodo Archeologico, em *Opuscula*, Florença, 1962, p. 604 e ss. Baseia-se na pressuposição de que o texto, tal como o conhecemos, inclui tanto a letra que era cantada como as "rubricas" que regiam a atuação. Os versos citados, na reconstrução de Ferri, ficariam reduzidos a *Ne velue rue(m) Marmar/Satur fu ferc(to Mar)mar*. Note-se que Ferri considera o carme muito antigo, um hino sabino composto antes do ano 1.000 a.C.

113. Os dias 1, 9 e 23 de março e 19 de outubro de K. Latte, op. cit., p. 115 e ss.; G. Dumézil, *Religion Archaique*, p. 151 e ss.; 171 e ss.; Bloch, op. cit., p. 138 e ss.;

Capitólio e a Pons Sublicius[114]. Ao ritmo dos tambores, carregavam – ou faziam carregar em seu lugar – os *ancilia*, os escudos sagrados, um dos quais caíra do céu durante o reinado de Numa, e os outros forjados à sua semelhança pelo mítico ferreiro Mamúrio Vetúrio[115]. Estes escudos, assim como as espadas de Marte (que eram a sua representação não icônica), permaneciam o resto do ano no santuário de Marte, que formava parte da Régia, no Fórum[116]. Eram os símbolos sagrados do Estado romano, invocados e "movidos" em situações de emergência, como no início de uma campanha militar[117]. Para executar sua dança, os sálios portavam indumentárias e armaduras arcaicas: capacetes pontudos, couraças, capas vermelhas e túnicas bordadas (talvez semelhantes à toga do general vitorioso)[118]. Detinham-se em determinados pontos e executavam uma dança rítmica, golpeando seus escudos com espadas ou bastões de forma claramente apotropaica. Cantavam ademais um carme, também muito antigo e quase ininteligível, inclusive para os próprios sacerdotes[119].

Os dias em que os *ancilia* eram tirados da Régia e os dias em que o *mundus* permanecia aberto eram celebrados como Dies Religiosi[120].

O *pomoerium* era masculino, do mesmo modo que o *mundus* era feminino; cada qual se fazia acompanhar por um elemento complementar do sexo oposto (os irmãos arvais, por exemplo, dançavam no santuário de Dea Dia, ao passo que o altar erguido junto ao *mundus* possuía aparentemente um caráter fálico), mas a natureza essencial de cada um daqueles elementos estava definida com clareza suficiente. No que concerne ao *mundus*, estou convicto de que os textos, no todo, estão corretos, se bem que ainda não tenham recebido suporte de descobertas arqueológicas[121].

Entendo os testemunhos antigos no sentido de que num determinado momento dos ritos de fundação, escavava-se um fosso, provavelmente circular, e nele eram depositadas certas coisas para indicar seu

análises anteriores em Wissowa, op. cit., p. 480 e ss.; W. Wardwe Fowler, *Calendar*, p. 38 e ss.; N. Turchi, *La Religion*, Roma, 1939, p. 71 e ss. Havia também virgens sálias.

114. Wissowa, op. cit., p. 482, n. 4.

115. Sobres os *ancilia* e Mamúrio Vetúrio, ver Dumézil, op. cit., p. 151, 216 e ss., 329; também G. Warde Fowler, op. cit., p. 46 e ss.; W. M. Helbig, Sur les Attributsdes Saliens, *Mémoires de l'Institut*, Academie des Inscriptions et des Belles Lettres, xxvii, 1906, p. 205 e ss.

116. Lugli, op. cit., Roma, 1946, p. 212 e ss.

117. Wissowa, op. cit., p. 131 e ss.

118. Sobre a possível origem villanoviana/micênica deste traje, ver Heilbig, op. cit

119. Assim Quintiliano, *As Instituições da Retórica*, I, VI, p. 40 e s.; sobre os fragmentos conservados do carmen, Vittore Pisani, *Manuale Storico della Lingua Latina*, Torino, 1960, III, p. 36 e ss. Acerca do seu caráter apotropaico, ver também W. F. Jackson Knight, *Vergil*, Londres, 1966, p. 208 e ss.; e J. E. Harrison, *Themis*, 2, 1926, p. 149 e s.

120. Sobre os Dies Religiosi, Agnes Kirsopp Miller, *The Calendar of the Roman Republic*, Princeton, 1967, p. 64.

121. Lugli, op. cit., Roma, 1946, p. 423 e ss.

caráter duplo de útero e tumba. À semelhança do *mundus* abobadado de Ceres, eram ambos, uma passagem para o submundo e fonte de fertilidade, manancial, portanto, da existência da cidade e *matrix* da mesma. A fim de enfatizar seu caráter feminino, o sacrifício que ali era celebrado, bem como os oferecidos a Tellus e Ceres ou o consagrado aos manes, incluiria a imolação de uma porca prenhe, *trojanus porcus*[122].

CAVALO DE TRÓIA E JOGO TROIANO

Numa tentativa de explicar o termo *trojanus*, "prenhe", Macróbio sugere, de maneira pouco convincente, que a palavra é derivada de *trojanus equus*, o cavalo de Troia prenhe de guerreiros gregos. Esta etimologia estranha nos leva a reconsiderar o tema do jogo troiano, a dança labiríntica que também era uma espécie de cavalgada ao som de música e que, segundo descrevi, costumava ser executada durante a fundação de uma cidade e ao redor das tumbas por ocasião dos funerais[123].

Virgílio relata como, depois da dança e dos sacrifícios, durante os jogos fúnebres em honra de Anquises,

> [...] dos antros profundos surgiu uma serpente,
> Enorme, seu corpo em sete espirais se arrastando,
> Cerúleo seu dorso, de escamas douradas mosqueado.
> Impávido, o monstro sagrado rodeou os altares,
> e entre as taças brilhantes deslizando-se,
> provou com sua língua tremulante
> os sagrados manjares. Ao cabo,
> o assombroso hóspede, à tumba vazia
> em busca de repouso, retornou[124].

Não creio ser exagerado e nem absurdo identificar os sete anéis da serpente como reflexo das sete voltas do labirinto convencional e, por sua vez, do jogo troiano. A semelhança é notória não só no que tange ao número de giros e no detalhe do enroscamento, mas também na função. Do mesmo modo que a dança do labirinto, também a serpente era ambivalente, mortífera e ao mesmo tempo regeneradora. Em muitos mitos ela figura como a guardiã aterrorizante do mistério essencial do universo, da árvore da vida, desempenhando, pois, toda uma série de funções apotropaicas. Entretanto, ela possuía ao mesmo tempo outro aspecto: entrava e saía deslizando da terra, e vivia nas úmidas cavernas consagradas a Gea e às ninfas; porém, sua virtude mais importante era a de regenerar-se ao perder a pele[125]. Era, por conseguinte, uma imagem

122. Cf. Le Bonniec, op. cit., p. 63 e ss., 90 e ss.
123. Ver supra, p. 105.
124. Virgílio, v, *Eneida*, p. 84-89, 90-94.
125. M. Eliade, op. cit., p. 152 e ss. e 247 e ss.

100. A CLOACA MÁXIMA, *no ponto em que desembocava no Tíber. A alvenaria, considerada em outros tempos parte da construção original, é datada atualmente do século II a.C., se bem que o canal de drenagem seja muito anterior.*

101. A CLOACA MÁXIMA *vista da moderna Ponte Palatino, no embarcadouro.*

da fertilidade da terra e da mulher, um símbolo de renascimento e, em especial, da alma regenerada. Seu espelhamento da dança labiríntica era, pois, funcional e ao mesmo tempo demonstrativo. O labirinto, como já disse anteriormente, também possuía esta função dupla – apotropaica e regeneradora.

Era apotropaica porque continha uma ameaça velada e também excluía os ataques de fora; regeneradora porque o enrolar e desenrolar da corda, que os dançarinos levavam em algumas formas da dança labiríntica, eram interpretadas como uma alusão ao cordão umbilical e à serpente que se despoja de sua pele[126]. A dança girava em torno de um lugar de morte que era, ao mesmo tempo, fonte de abundância e fertilidade, um lugar que devia assemelhar-se ao *mundus* por sua própria natureza. Teriam os romanos executado o seu "jogo troiano" ao redor do *mundus* durante a fundação da cidade? Na falta de evidências, nos limitaremos a formular a conjectura.

Creio ter reunido material suficiente para deduzir que o labirinto, assim como o *templum*, era uma imagem sintética da cidade; e à semelhança do templo, protegia e regenerava. A articulação elaborada desses ritos, a repetição das danças, dos sacrifícios e mistérios não tinha outra finalidade que a de constituir a cidade como uma unidade orgânica e, mais especificamente, como uma realidade protetora e regeneradora.

MUNDUS E POMOERIUM

Alguns eruditos chegaram inclusive a identificar o *mundus* como mais um dentre os altares consagrados a Terminus[127]. Penso, contudo, que tal identificação seja demasiado simplista. Talvez sirva para explicar certas semelhanças entre a descrição feita por Ovídio das rústicas Terminálias e a edificação do *mundus* por Rômulo; todavia, a noção de *mundus* é por si só muito importante para ser identificada com o culto de Terminus – igualmente importante na prática religiosa romana – sem que alguns dados explícitos nos orientem neste sentido. Alguns arqueólogos[128] tendem a tratar com um certo ceticismo a ideia da origem etrusca do *pomoerium*. Eles estão certos, na medida em que as evidências sobre os *pomoeria* das cidades etruscas são muito escassas[129]. Não sabemos realmente como os etruscos demarcavam seus *pomoeria*, nem tampouco a que distância devemos buscá-los a partir das muralhas atuais. É possível, portanto, que não se tenha prestado a devida atenção às evidências com que de fato contamos. Sugeriu-se, no entanto, que já existia em etrusco uma terminologia relacionada com este tema: os termos *tular*, *tularu*

---

126. K. Kerenyi, *Labyrinthstudien*, Zurique, 1952, p. 31-22.
127. Ver Täubler, *Terramare*, p. 44, n. 3 e p. 45, n. 1.
128. Assim H. Müller-Karpe, *Der Anfang Roms*, Heildelberg, 1959, p. 31-33.
129. Ver Thulin, *Disciplina Etrusca*, p 10-17.

102. O bothros de Agrigento.

parecem significar "área delimitada", e a inscrição encontrada numa pedra delimitatória em Perugia, *tezan teta tular* foi traduzida (se bem que não de forma confiável), por *auspicii urbani finis*, "auspícios do limite da cidade"[130]. O termo umbro *tuder*, "limite", repetido várias vezes nas Tábuas Iguvinas, deriva-se desta raiz etrusca[131]. Nestas tábuas de bronze, de data incerta (porém provavelmente do século III ou II a.C., com base em documentos e tradições mais antigos), as pedras delimitatórias da cidade desempenham um papel importante nos rituais cívicos e, por conseguinte, também na vida religiosa.

Infelizmente, não sabemos com exatidão como os etruscos e os itálicos demarcavam seus limites. Entre as hermas que subsistiram, por exemplo, e que na maior parte eram de um modo ou de outro figuras terminais, algumas são etruscas[132], mas de data demasiado tardia para que possamos considerá-las como prova segura de uma crença primitiva, e de qualquer modo, sua procedência é desconhecida. Contamos, no entanto, com numerosas informações acerca do *pomoerium* da própria

130. H. H. Scullard, loc. cit., segundo S. Nazzarino; cf. M. Pallottino, *Etruscologia*[6], 1968, p. 430.

131. G. Devoto, *Tabulae Iguvinae*, Roma, 1954, p. 162 e ss.

132 Ver S. Reinach, *Répertoire de la Statuaire*, Paris, p. 187 e ss.; I, p. 351, 364, 393, 458, 460; II, p. 522-526; III, p. 148, 269; IV, p. 330-334; V, p. 261-262. As figuras terminais em forma de hermafroditas que frequentemente aparecem entre eles são interessantes, considerando-se sua possível relação com o *deus sive mas sive foemina* ao qual me referi anteriormente, p. 132.

Roma. Em primeiro lugar, temos os cipos que o guardavam[133], alguns dos quais subsistiram até hoje. Em seguida vêm as diversas variantes da lenda de Rômulo, todas elas fazendo referência àquele espaço. Finalmente, há registros de suas ampliações nas épocas republicana e imperial[134]. A persistência do rito nos últimos tempos do Império é, de certo modo, outra garantia de sua antiguidade. Aulo Gélio, cujas informações antiquárias são sempre interessantes e, via de regra, confiáveis, explica que o privilégio de aumentar o *pomoerium* da cidade estava reservado para aqueles que haviam ampliado as fronteiras da autoridade romana[135]. Assim como as cidades romanas, também as gregas, se bem que seus ritos de fundação fossem muito diferentes, contavam com uma faixa de terra adjacente aos muros, na qual era proibido construir[136]. Muitas cidades helênicas do período clássico conservavam apenas vestígios de muros e, por conseguinte, um *abaton* subsistente; uma faixa inacessível de terra conectada aos limites da cidade deveria fazer parte importante da sua imagem, pois só assim é possível explicar que sobrevivesse à atrofia das defesas da cidade. A literatura grega está repleta de ressonâncias que nos relatam de que modo era estabelecido um *kredemnon*, um véu mágico de muralhas com ameias, como em Troia, em Tebas ou em Atenas[137]. Algumas dessas reminiscências de como isso era feito são curiosas, como no episódio dos adivinhos telméssios, que disseram ao rei Meles de Sardes que ele tornaria sua cidade invencível se ordenasse que fosse conduzido ao redor dos seus muros o filhote de leão que sua concubina havia parido[138].

---

133. Uma enumeração conveniente em L. Homo, *Rome Umpériale et l'Urbanisme*, Paris, 1951, p. 94, n. 1.

134. Os seguintes governantes romanos deixaram registros de sua ampliação do *pomoerium*: **1.** Sérvio Túlio (Lívio I, 44; Dionísio de Halicarnasso, 13, 3). **2.** Sula (Sêneca, *Da Brevidade da Vida*, XIII, 8; Tácito, *Anais*, XII, 23; Aulo Gélio, XIII, 14, v; Dio Cássio, XLIII, 50, i). **3.** Júlio César (Dio Cássio e Aulo Gélio, loc. cit.). **4.** Augusto, c. 25 a.C. (Tácito, *Anais*, XII, 23; Dio Cássio, LV, 6, vi; *Scriptore Historiae Augustae*, XXI, 11; dados numismáticos em Lugli, *Fontes*, I, 127). **5.** Cláudio, 49 d.C. (Tácito, *Anais*, XII, 23-24; cipos do *pomoerium* em Lugli, *Fontes* I, p. 128 e s.). **6.** Nero (?) (*Scriptore Historiae Augustae*, loc. cit.). **7.** Vespasiano, 75 d.C. (Plínio, *História Natural*, III, 5, lxvi e s.; *Corpus Inscriptionum Latinarum*, VI, 930; cipos em Lugli, *Fontes* I, p. 129 e s.). **8.** Trajano (?) (*Scriptore Historiae Augustae*, XXI, 11). **9.** Adriano, 121 d.C. (Restaura os cipos do *pomoerium*. Relação em Lugli, *Fontes*, I, p. 130). **10.** Cômodo. Moedas reproduzidas na fig. 107. **11.** Aureliano (*Scriptore Historiae Augustae*, XXI, 9 e 11).

135. Aulo Gélio XIII, 14; ele cita Messa, o Áugure: *habebat autem ius proferendi pomeri Qui populi R. agro de hostibus capto auxerat.* Ver também Tácito, *Anais*, XII, 23.

136. Ver R. Wycherley, *How the Greels built their Cities*, Londres, 1949, p. 89 e s.; também Martin, op. cit., p. 190-191; cf. Vitrúvio II, 8, xv; e P.-W. s.v.*Abaton*; cf. também M. P. Nilsson, *Griechische Religion*, I, p. 67 e ss.

137. Jackson Night, op. cit., p. 112 e ss, 208 e ss.

138. Heródoto, I, 84.

103. O SACRIFÍCIO DOS SUOVETAURILIA *na ilustração de um acampamento militar e do exército antes da batalha contra os dácios. Cena* LIII *da Coluna Trajana. Há outras duas representações de* suovetaurilia *na coluna e mais duas na coluna de Marco Aurélio. O imperador é representado tanto como sacerdote quanto chefe militar.* De Colonna Traiana [...] nuovamente disegnata et Intagliata da Pietro Santo Bartoli com l'espositione latina d'Affonso Ciaccone, compendiata da Gio. *Pietro Bellori, Roma, s.d. (c. 1675). (Esta gravura do século* XVII *ainda é preferível às fotografias dos moldes em gesso às quais habitualmente se recorre).*

104. O ENCERRAMENTO DE UM LUSTRUM. *Relevo da época flaviana ou domiciana, fragmentado (possivelmente, a metade de uma composição simétrica, conforme sugerido pelas duas árvores e os dois altares) e parcialmente restaurado. Louvre, Paris.*

105. O SACRIFÍCIO DOS SUOVETAURILIA, *nas fundações dos Decenais do ano 303 d.C., no Fórum Romano.*

LIMITE, FORÇA E FERTILIDADE

Em Roma, embora a santidade do *pomoerium* fosse considerada um anacronismo no fim da época republicana, nem por isso perdeu importância a parte da cerimônia de fundação mediante a qual havia sido estabelecido[139]. Esta cerimônia era oficiada pelo próprio fundador, vestido ritualmente, utilizando um arado curvo de bronze ao qual eram arreados um boi e uma vaca brancos[140]. Tais elementos diferenciam claramente a cerimônia da instituição do *pomoerium* do modo uraniano de delimitação, que servira para colocar o quadrilátero urbano sob a proteção do céu. A aradura era um matrimônio sagrado, por meio do qual uniam-se céu e terra. Em certo sentido, cada vez que a terra era cultivada, ocorria uma hierogamia; a terra é a grande mãe, cuja fertilidade é aumentada com o cultivo e a aradura[141]. No rito de fundação esta fertilidade era assegurada de maneira figurativa e enfática. O arado de bronze é a chave mais importante para desvendar o seu significado. Desde o período neolítico, o arado foi símbolo bem como instrumento de fertilização[142], conservando este significado na época clássica. A palavra grega ἄρουπα (*aroura*), por exemplo, significava tanto "terra arada" como "mulher que recém pariu". *Amo-aro* era uma justaposição favorita dos poetas latinos. Por outro lado, o arado é um símbolo de fertilidade peculiar ao deus do trovão e da justiça, o deus do céu como consorte da terra mãe[143]. Por isso aparece no céu, fazendo parte da constelação da Ursa Maior. Na mitologia alemã, as nuvens que produzem o trovão assumem a forma de arados com relhas de cor vermelho vivo; também entre os alemães encontra-se uma forma de ordálio judicial, que consiste em saltar sobre um certo número de relhas de cor vermelho vivo[144].

139. Nissen, *Pompeianische Studien*, Leipzig, 1877, p. 474; cf. também De Sanctis, op. cit., p. 179, 389 e ss. (se bem que o *pomoerium* ainda conservava alguma importância nos rituais oficiais). Assim, por exemplo, os magistrados que cruzavam o *pomoerium* ou o riacho Petronia (que marcava o limite dos auspícios urbanos) até o Campo de Marte para celebrar os Comícios Centuriados, tinham que receber auspícios; Tibério Graco conseguiu invalidar a eleição de seus sucessores: estes renunciaram, depois que o Senado e os áugures examinaram a questão. O fato ocorreu no ano de 214 a.C. Cícero, *Da Natureza dos Deuses*, II, 4, xi; Cícero, *Sobre a Divinação*, I, 17, xxxiii. Tácito, no entanto, (Tácito, *Anais* III, 19)registra a consulta correta dos auspícios na época de Tibério, numa ocasião semelhante. Cf. Botsford, op. cit., p. 106 e s.

140. Ver supra, p. 62

141. M. Eliade, op. cit., p. 226. Isso acontece em muitas culturas; diríamos que na maior parte delas. Quanto a um arquétipo masculino da terra, ver H. Frankfort, Analytical Psychology and the History of Religion, *Journal of the Warburg and Courtauld Institute*, XXI, p. 166-178.

142. G. R. Levy, *The Gate of Horn.*, p. 145; G. Papasogli, *L'Agricoltura degli Etruschi e dei Romani*, Roma, 1942, p. 19 e ss.; cf. A. K. D. White, *Roman Farming*, Londres, 1970, p. 170 e ss.

143. *Handwörterbuch des Deutschen Auberglaubens*, Berlim, 1927-1942, s.v. *Pflug*, VI, 1718-1725, sobre estes materiais e outros estudados adiante.

144. *Handwörterbuch des Deutschen Auberglaubens*, loc. cit; cf. A. Dessenne, *Le Sphinx*, Paris, 1957, p. 18.

106. O assim chamado ARADO DE TALAMONE, *peça votiva em bronze. Século II a.C. Segundo Studi Etruschi, II, lâmina 45. Museo Archeologico, Florença.*

107. ESTATUETA DE UM HERÓI OU DIVINDADE ARANDO *com arado arcaico de madeira, ao qual são arreados dois touros (?). Século III a.C. Bronze encontrado em Arezzo. Villa Giulia, Roma.*

108. SOLIDUS DE OURO DE CÔMODO, *cunhado para comemorar sua nova fundação de Roma como Colonia Aeliana. Anverso: Cômodo com sua fantástica indumentária favorita, como Hércules (*Aelius Aurelius Commodus Aug. Pius Felix*). Reverso: Hércules arando o* pomoerium *(Herc. Rom. Conditori P. M. R. P. xvII/COS, vII. PP.)*

O céu enviara aos citas quatro relíquias nacionais; duas delas eram um arado e um jugo[145]. Em diversos contextos a relha do arado era assimilada ao corno do touro e ao falo[146]. De mais a mais, Tages, o criador da disciplina etrusca, nascera ele próprio de um sulco recém aberto (ἀποη τμζ γῆζ, (*apo tẽs gẽs*)), conforme observado por um escoliasta[147], sendo filho da Terra e de Júpiter[148].

Quanto à norma segundo a qual o arado deveria ser de bronze, não há por que estranhar o fato. O bronze estava associado ao culto de Júpiter e, em geral, aos ritos arcaicos. Em particular, foram encontrados arados de bronze entre os ex-votos etruscos[149]. Como em todos os ritos que prescrevem estritamente uso do bronze, podemos pressupor que neste caso tratamos de um rito já praticado antes da introdução do ferro[150].

145. Quíntio Cúrcio Rufo, vII, 8; Plutarco, *Vida de Alexandre.* Versões alternativas em Estrabão, (xvII, 1, vI); Flávio Arriano (III, 2); Pseudo-Calístenes, *Anábase de Alexandre* (I, 32).

146. G. R. Levy, loc. cit.; cf. também Sérvio, *Comentário sobre Virgílio, Geórgicas* I, 45-46.

147. Em Lucano, *A Guerra Civil.*

148. Ou neto (Festo, s.v. *Tages*); ver supra, p. 2-3 e 90; cf. Clemen, op. cit., p. 14.

149. G. Vitali, L'Aratro Votivo di Bronzo di Talamone, *Studi Etruschi*, II, 1928, p. 409-417; ilustrado aqui, fig. 106. Entre estes objetos votivos de bronze foi encontrada uma forma mais primitiva de arado. G. Vitali, Gli Ogetti Votivi di Talamone II, *Studi Etruschi*, IV, 1930, p. 302 e s.

150. Macróbio tece comentários acerca de sua antiguidade em *Saturnália*, v, 19, p. 13 e s.; cf. também Thulin, *Disziplin* III, 8; sobre o significado do uso do bronze neste contexto, ver o comentário de Frazer sobre Ovídio, *Metamorfoses* IV, 48-49.

Como ocorre com tudo o que concerne aos etruscos, poderia tratar-se de um elemento nativo ou importado, embora sua presença neste rito específico sugira que tenha origem numa cultura de planícies, como a dos *terramaricoli* (se bem que estes aparentemente utilizavam arados de madeira)[151], mais que nos assentamentos montanhosos da cultura apenínica, ainda que as duas culturas fossem de caráter claramente agrícola. É possível que o arado consistisse de um *ard* de madeira calçado com uma relha de bronze, ou que fosse propriamente um instrumento de bronze, conforme sugerido pelo modelo de Talamone. Os arados foram usados em toda a Itália já no ano 1.200 a.C.[152] e, portanto, sua utilização no rito não pode ser indicativa de suas origens. É provável que o rito do *sulcus* e do *pomoerium* por ele consagrados tivesse sido adotado durante a Idade do Bronze, em algum lugar no vale do Pó ou na Romagna[153].

Quaisquer que sejam suas origens, o certo é que adquiriu importância decisiva durante a Idade do Ferro. Os autores clássicos sentiram-se atraídos pela ideia de derivar a palavra *urbs*, "cidade", de *urvum*, a curva da relha de um arado[154], ou de *urvo*, "aro de forma redonda"[155], bem como de *orbis*, uma coisa redonda, um globo, o universo[156]. Dionísio de Halicarnasso, ao dizer que o arado descreveu um retângulo, expressava mais a opinião de um leigo acerca do que via em seu tempo, sem captar o verdadeiro significado do rito[157]. Podemos afirmar que a aradura era ritualmente independente da divisão quadripartite, e é por esse motivo que as fontes não mencionam onde, em relação às ruas principais, o fundador começava a sua aradura. Não posso aceitar a observação de

151. G. Säflund, *Terramare*, Lund, 1939, p. 224.

152. E. C. Curwen, *Plough and Pasture*, Londres, 1946, p. 56 e ss. Sobre o arado sagrado em geral, cf. S. Mayassis, Architecture, Religion, Symbolisme, *Bibliothèque d'Archéologie Orientale d'Athénes*, 1965, IV, I, p. 21 e ss.

153. Não pretendo dizer que o rito fosse uma espécie de quebra-cabeças de cerimônias procedentes de fontes diversas, que os touros do arado pertencessem ao estrato mediterrânico original e que a quadratura se devesse aos invasores indo-europeus, etruscos ou de qualquer outra procedência. Ao contrário, se é que havia um elemento do qual se poderia afirmar que procedesse de um determinado estrato étnico, não poderia enxertar-se em outro elemento forâneo a menos que a "estrutura" anterior fosse tal que pudesse recebê-lo. Se a quadratura era mais importante para os indo-europeus do que para os povos mediterrânicos, somente poderia amalgamar-se com seu rito de aradura se as duas civilizações compartilhassem certas crenças cosmológicas que teriam ritos correspondentes entre os italiotas aborígenes, ritos estes que foram modificados ou reinterpretados pelos povos invasores.

154. Festo, s.v. *Urbs*; Varrão, *Da Língua Latina*, V, 127, 135; Sexto Pompônio em *Digests* (*Corpus Iuris Civilis*, ed. P. Krueger, Berlim, 1928, v. I) I, 8, xi.

155. Festo, loc. cit. (citando Ênio).

156. Varrão, loc. cit. Isso é tomado literalmente por P. Kornemann, Polis Und Urbs, em *Klio*, 1905, p. 88 e ss.; crítica em Thulin, op. cit., III, 3, 4; eruditos modernos derivam *urbs* de *rus* (em oposição a *arx*); assim Ernout e Maillet, op. cit., s.v. Outra etimologia, a meu ver inaceitável, em L. A. Holland, *Janus and the Bridge*, Roma, 1961, p. 6.

157. Dionísio de Halicarnasso, I, 88.2; cf. Lavedan, op. cit., I, 100 e Hautecoeur, op. cit., 77.

Dionísio enquanto evidência, mas tampouco podemos tomar ao pé da letra as opiniões dos antigos gramáticos que o contradizem, se bem que constituam uma indicação de como trabalhava o pensamento dos autores antigos: a palavra com que se designa a cidade provocava neles imediatamente uma associação com a aradura.

De certo modo, o gesto de arar em torno dos limites servia também para definir a cidade como uma unidade territorial legal. A lei colonial mais completa da qual se tem conhecimento, a de Osuna na Espanha (Colonia Genetiva Iulia s. Ursoniensis), proibia enterrar ou incinerar cadáveres dentro dos limites da cidade, que por sua vez eram definidos pelo arado: *intra fines oppidi* [...] *qua aratum circumductum erit*[158]. E o que é mais importante, a partir do meu ponto de vista, uma lei antiga proibia saltar sobre os muros, sob pena de morte por haver cometido um sacrilégio; essa lei menciona em particular saltar sobre eles com uma escada, e alude à morte de Remo[159]. Essa proibição tem sido associada com a condenação de todo aquele que violasse um limite fazendo passar sobre ele um arado[160]. Não obstante essa segunda norma se referir a um limite ritual, trata principalmente da proteção de terras de posse privada numa comunidade agrícola, ao passo que a salvaguarda dos muros e do *pomoerium* protegem diretamente o bem-estar de toda a comunidade.

João, o Lídio[161], autor bizantino, atentou para outro aspecto do rito: "Tendo jungido um boi e uma novilha [Rômulo] caminhou ao redor dos muros, mantendo o macho do lado de fora, em direção aos campos, e a fêmea em direção à cidade, para que os varões fossem temíveis aos estranhos e as mulheres fecundas no lugar". Os comentaristas modernos rejeitaram o argumento do Lídio[162] que, apesar de talvez ter interpretado de forma incorreta os pormenores do simbolismo, acertou ao interpretar que o rito visava a conferir à cidade força e fertilidade. A fertilidade era claramente um dos objetivos do rito e, de todo modo, trata-se de algo que as pessoas do campo sempre procuram assegurar por meio de rituais, sortilégios e orações. De fato, sempre que os ritos sexuais são encontrados no contexto arcaico, podemos afirmar que quanto mais primitiva a cultura em questão, mais generalizadas são as suas implicações e mais se relacionam com a fertilidade, tendo menos a ver com a sexualidade pessoal, com o "genital", diríamos. Tampouco deve nos surpreender o fato de encontrar este rito agrícola num contexto urbano, pois na Antiguidade grande parte da população urbana ainda se dedicava à agricultura. Em particular, os etruscos que "urbanizaram" o norte da Itália e legaram aos romanos seus ritos de fundação, eram peritos na irrigação e na agricultura

158. F. Bruns, *Fontes Iuris Romani*, p. 123; a lei refere-se à proibição dos enterros na cidade, consignada nas Doze Tábuas (I, tábua X).

159. Pompônio em *Digests* (op. cit.), I, 8, i.

160. Ver supra, p.128.

161. Lídio, *Sobre os Meses*, IV, 50, p. 85-86 (ad II Kal. Maias).

162. Como Täubler, por ex., op. cit., p. 11.

quando os latinos nada mais eram que pastores nômades. Outros povos faziam referências ainda mais explícitas à fertilidade nos seus ritos de fundação, que incluíam a semeadura. Os macedônios semeavam cevada num sulco que seguia o contorno da cidade[163].

Os indianos ainda costumam arar e semear várias vezes no lugar de um novo edifício; sob o altar de fogo, são traçados quatro sulcos com o arado (conforme as instruções, o celebrante nunca deve dar as costas para o leste enquanto estiver executando este rito) e enquanto cada um deles é aberto, ele repete o convite cerimonial para a "vaca da abundância" e para todo ser vivente[164]. Antes de cada uma das fases que compreendem a construção de um templo, o solo deve ser arado e semeado várias vezes com distintos cereais (grãos comestíveis de leguminosas, gergelim, arroz, feijão etc.); alguns rituais recomendam apascentar o gado no lugar, antes de passar o arado sobre as plantas que o cobrem e arar de novo, até que a terra fique limpa e nivelada, "lisa como um espelho", para que o lugar do templo possa assimilar muita energia vital[165]. Arar e semear, embeber a terra de energias novas antes de construir sobre ela é algo perfeitamente compreensível, se bem que não pareça "racional" em nossos dias.

Um povo moderno que desconhece a escrita tem uma proibição radical que reflete o propósito deste rito: não se permite edificar as casas ou as aldeias sobre um terreno inculto ou pobre, pois a fome deste devoraria a saciedade dos habitantes[166]. Este mesmo povo relaciona as pedras eretas com a proteção de suas casas e propriedades, e com a defesa dos vivos contra os mortos. Trata-se de uma associação de fertilidade e proteção similar à implícita no rito do *sulcus*[167].

O LIMITE E O PORTÃO

A segurança e o caráter sacro e intocável dos muros estavam garantidos pela união do céu e da terra. Quem quer que atravessasse aquele ponto em que uniam-se céu e terra, era inimigo da vida que aquela união garantia. Uma vez mais nos deparamos com um dos grandes lugares--comuns da experiência religiosa. "Aquele que não entra no curral das ovelhas pela porta, mas pula o muro, é ladrão e saqueador. Mas aquele que entra pela porta, este é o pastor das ovelhas. Eu sou a porta; quem por

163. Quinto Cúrcio; Plutarco, *Vida de Alexandre*, IV, 8,6; cf. também Estrabão XVII, I, 6; Arriano, *Anábase*, III, 2; Pseudo-Calístenes, I, 32. Plutarco, *Vida de Alexandre*, II, 486, como Estrabão, não dá toda a sua importância à farinha de cevada.

164. *Catapatha Brahmana*, VII, 2,2,12; citado por G. Dumézil, *Jupiter, Mars, Quirinus*, Paris, 1941, p. 60.

165. Comentários amplos sobre estes ritos em Stella Kramrisch, *The Hindu Temple*, Calcutá, 1946, I, p. 14-36.

166. J. Rudd, Taboo, *A Study of Malagasy Custom*, Oslo e Londres, 1960, p. 113-114.

167. A. van Gennep, *The Rites of Passage*, Londres, 1960, p. 20; cf. G. von Kaschnitz-Weinberg, *Die Mittelmeerischen Grundlagen der Antiken Kunst*, Frankfurt-am-Main, 1944, p. 17.

109. Aes Liberale, *Roma. Anverso:* Jano. *Reverso: um* rostrum. *Museo Nazionale, Roma (63360).*

mim entrar, salvar-se-á, entrará e sairá, e encontrará pastos"[168]. O ato de entrar pelo portão é uma forma de estabelecer aliança com aqueles que vivem dentro dos muros atravessados pelo portão. Sabendo disso, não é fácil tomar ao pé da letra a afirmação de Plutarco[169]. Os romanos consideravam suas muralhas sagradas – sacra, ἱερα (hiera) e não sancta, ἄγια (hagia) ou tabu, como diriam os velhos antropólogos[170], mas não os portões porque, acrescenta Plutarco, através deles havia que transportar os cadáveres e toda espécie de mercadorias.

Plutarco não diz tudo; neste contexto, ele cita a opinião de Varrão, de que os muros eram considerados sagrados para que os cidadãos lutassem com coragem e os defendessem inclusive às custas da própria vida. A opinião de Varrão é citada, a meu ver, a partir de um texto que se perdeu; no seu tratado sobre a língua latina ele parece dizer algo ligeiramente diferente: "Este (rito etrusco) era oficiado por algum motivo religioso no dia em que os auspícios eram favoráveis, para prover as cidades de um fosso e de um muro". A terra arada era chamada "fosso" e o sulco (formado pelo arado) era chamado "muro"[171]. Este texto expli-

168. João, 10: 1,2,9.

169. Plutarco, *Questões Romanas*, 27. Ver supra, p. 62

170. Não é minha intenção adentrar neste território perigoso e controverso, nem sequer superficialmente; ver, entretanto, E. Benveniste, *Le Vocabulaire des Institutions Indo-Européennes*, Paris, 1970, II, p. 187 e ss.

171. Varrão, *Da Língua Latina*, p. 143. "Hoc faciebant religionis causa die auspicato, ut fossa et muro essent munitia. Terram unde exculpserant 'fossam' vocabant, et introrsum factum 'murum'".

110. *Desenvolvimento de um* SELO CILÍNDRICO HITITA DE ADIN, *na Lídia. A figura central mostra duas cabeças com capacete semelhante a certas divindades acádicas que aparecem em selos cilíndricos. Paris, Louvre, segundo Bossert.*

111. DETALHE DE UM SELO HITITA DE OITO FACES, *em que aparece uma figura de duas cabeças com capacete. Berlim, Vorasiatische Sammlung, segundo Bossert.*

112. O Templo de Jano. Moeda cunhada para comemorar uma das raras ocasiões em que seus portões foram fechados. Anverso: O templo de Jano. Reverso: Nero.

113. O Arco de Jano Quadrifonte, no Forum Boarium de Roma. Do outro lado se vê a Basílica de San Giorgio in Velabro e a Via San Teodoro, que contorna o Palatino, e conduz ao Fórum Romano.

114. SELO ENCONTRADO EM KYDONIA, *Creta. Minoico (c. 1700 a.C.). Deus ou herói entre dois leões.*

115. BISEL DE UM ANEL, MICÊNICO *(c. 1.500 a.C.). Coluna divinizada guardada por dois leões.*

116. CIPOS DE JANO QUADRIFONTE *inseridos na balaustrada da Pons Fabricius, a única das antigas pontes de Roma que permaneceu em uso.*

ca claramente o que já sugeri: o caráter do "muro" sobre o qual Remo saltou. O que esse texto implica é que o "muro" considerado sacrossanto não era a muralha defensiva, e sim o muro ritual, o sulco marcado por cipos terminais. Este muro ritual e seu fosso ficavam provavelmente a uma pequena distância do muro defensivo real, se é que a cidade já o possuía. Os dois, com efeito, parecem ter sido elementos totalmente independentes; cidades fundadas segundo o rito etrusco e providas de um muro ritual podem ter possuído muralhas defensivas fragmentárias, ou carecer absolutamente de defesas[172], enquanto ao mesmo tempo havia cidades muradas fundadas de acordo com ritos diferentes do etrusco, e que talvez não tivessem *pomoerium*. Quanto à largura do *pomoerium*, é claro que não podia reduzir-se a uma linha, como alguns sugeriram, pois a agrimensura e o rito romanos desconheciam abstrações euclidianas tais como a linha[173]. O termo implicava uma faixa de terra "dentro", não "fora" dos muros, já que *postliminum* significa "dentro dos limites", e não "fora" deles[174], porém entendendo ao mesmo tempo que é no interior do sulco ritual e não dos muros defensivos. Comentando outro tratado de agrimensura, Agenius Urbicus observou que o *pomoerium* era uma faixa de terra ao redor do exterior dos muros da cidade, a uma certa distância deles, enquanto em outros casos havia outra faixa de terra semelhante no interior dos mesmos. Isto só pode significar que os muros defensivos estavam construídos no *pomoerium*, às vezes na borda interior e em outras ocasiões, mais próximos do meio. A partir disso nada pode ser deduzido a respeito do termo ou do rito[175].

O *pomoerium*, por conseguinte, é uma faixa de terra situada dentro do "muro" ritual (o sulco arado), na qual deveriam ser erguidos os muros defensivos. Nos pontos em que os portões deviam atravessar os muros, levantava-se o arado. Os portões, como afirmou Plutarco, não podiam ser sacrossantos, se bem que tampouco fossem as instituições puramente civis como seu texto parece dar a entender. Deviam ser três, consagrados à tríade etrusca: Júpiter, Juno e Minerva[176]. É difícil acomodar este número de portões com a divisão em quatro partes da cidade pelo cardo e pelo *decumanus*; alguns historiadores chegaram inclusive a sugerir que a aradura era independente do rito da orientação e do *templum*. Entretanto, ainda que suas origens pudessem ser diferentes, é fácil harmonizar os dois ritos se levarmos em consideração que o

172. Varrão, loc. cit.; Thulin, op. cit., III, p. 5, n. 2.

173. E. H. Warmington, *Remains of Old Latin*, IV, Londres, 1967, p. 162 e ss. Cf., no entanto, Guido Mansuelli, *Mémoires de l'Acédémie Française de Rome*, 1972.

174. Ver E. Norden, *Aus altrömishen Priesterbüchern*, Lund-Leipzig, 1939. 166; ou Nissen, op. cit., p. 474 e s.

175. Thulin, op. cit., p. 64 e s.; A. L. Frothingham, *American Journal of Philology*, XXXVI, 1915, p. 322. Cf. Holland, op. cit., p. 53, n.12.

176. Sérvio, *Comentário sobre Virgílio, Eneida* I, 426.

norte era a sede dos deuses, que dali olhavam sobre as cidades[177]. Por conseguinte, uma das quatro direções do *templum*, aquela do extremo norte do cardo, independentemente do que acontecesse em distintas cidades, não terminava em um portão *ritual*.

Os portões das cidades romanas contavam cada qual com suas divindades protetoras próprias, mas todos estavam sob os cuidados de Jano. Apesar da afirmação de Plutarco de que elas não eram consideradas sagradas, as portas das casas eram protegidas por outro deus, Portunus, e as duas divindades parecem estar relacionadas de alguma forma[178]. Jano, por sua vez, era venerado num dos mais antigos templos de Roma, que alguns supunham inclusive que tivesse sido erigido antes mesmo da união entre romanos e sabinos[179]. Tinha a forma de uma passagem entre dois muros paralelos, com portas coroadas de arcos em cada uma das extremidades, os famosos portões que se fechavam em tempo de paz e se abriam quando havia guerra. Tudo isso indica que as ideias de Plutarco sobre os portões são aceitáveis unicamente numa forma modificada. "Coisas santas (*sancta*) são" – dizem os compiladores, "tanto os portões como os muros [...] eles pertencem a leis santas"[180]. Plutarco, porém, tem razão ao afirmar que os portões não podiam ser consagrados do mesmo modo que os muros e o *pomoerium*. Os portões eram pontes estabelecidas sobre uma área de terra proibida, carregada de poder ameaçador.

O GUARDIÃO DO PORTÃO

Naturalmente, passar por cima desta ponte é, por si só, um ato religioso. Os portões compreendiam vários elementos: abóbada, impostas, dobradiças, painéis, umbral – cada qual sob a proteção de uma divindade especial[181]. O próprio Jano era senhor de tudo, o portão personificado. Era também deus de todos os começos e de todas as aberturas. Do mesmo modo que as aberturas em limites e muros unem dois espaços, o interior e o exterior, Jano possuía duas faces. Ele era ao mesmo tempo benévolo e malévolo, de dupla face, portanto[182]. Como guardião dos começos e deus da abóbada que coroa o portão era chamado também "universo". Seu nome é latino, mas sua função era mais antiga que este idioma, com raízes no solo arcaico tanto das mitologias mediterrânea como indo-europeia. Alguns estudiosos identificaram Jano

177. De Vitrúvio I, VII, 1. Grenier, op. cit., p. 23; Clemen, op. cit., p. 54.

178. Latte, op. cit., p. 89; Wissowa, op. cit., p. 99 e ss.

179. Macróbio, *Saturnália* I, 9, xvii e s.; outras fontes e informações em Lugli, op. cit., p. 82-85.

180. Gaio, *Instituições*, I, 8, i.

181. Wissowa, op. cit., p. 94 e ss.; G. Dumézil, *Tarpeia*, Paris, 1947, p. 98 e ss.; Latte, loc. cit.

182. Dumézil, op. cit., p. 326 e ss. Sobre Jano οὐρανό (*ouranos*), cf. João, o Lídio, *Sobre os Meses*, IV, 2.

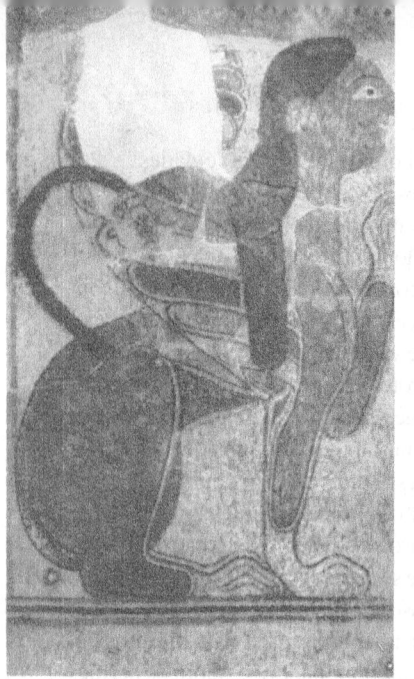

117. DUAS ESFINGES AGACHADAS, *uma de face para a outra (provavelmente guardiãs de uma porta). Placas de terracota pintadas, preto e marrom sobre fundo branco. Encontradas numa tumba em Caere. Arte etrusca arcaica, século VI a.C. British Museum, Londres.*

com Culsans, o guardião etrusco dos portões[183]. Esta é uma conjectura perigosa, como também a associação entre Culsans (e sua consorte Culsu, deusa do submundo) com os Kulshesh, figuras humanas com cabeça de leão e de grifo que guardavam os portões do inferno hitita[184]. Tampouco conhecemos suficientemente a religião dos hititas para dizer se alguma de suas figuras divinas de duas faces, como o deus-espada de Yazilikaya, pertence à categoria dos Kulshesh[185].

Mais provável seria a identificação com Ani, pelo menos do ponto de vista fonético, que ademais parece ser confirmada pelo lugar que Ani ocupa entre os nomes divinos gravados nas dezesseis divisões que figuram na borda do fígado de Piacenza. Numa lista que possui certa semelhança com a anterior, Jano ocupa um lugar parecido; trata-se de uma enumeração dos deuses que presidem as dezesseis "casas" do horizonte divinatório, relatada por Marciano Capella em seu curioso livro sobre *As Núpcias de Mercúrio e Filologia*[186], escrito

183. B. Olzscha, *Die Agramer Mumienbinden*, Leipzig, 1939, p. 48; contra esta identificação, cf. Latte, op. cit., p. 135, n. 4; cf. também Hans L. Stoterberg, *Etruskische Gottesnamen*, Leverkusen, 1957, p. 29; G. Dumézil, *La Religion Romaine*, p. 658.

184. B. Hrozny, *Histoire de l'Asie Antérieure*, Paris, 1947, p. 211; G. R. Levy, *The Gate of Horn*, Londres, 1948, p. 24.

185. Cf. H. T. Bossert, *Janus und der Mann mit der Adler-oder Greifenmaske*, Istambul, 1959.

186. Marciano Capella, *De Nupt. Merc. et Phil.*, ed. H. Grotius, Leiden, 1599, I, p. 41 e ss.

118. ÉDIPO E A ESFINGE. *Cântaro ático do século V a.C. British Museum, Londres.*

aproximadamente um milênio depois que o fígado foi modelado. No entanto, muito mais pode ser dito acerca de Jano, à parte do que nos sugere esta correspondência[187]. Ele é o deus dos começos: a ele era oferecida a primeira porção de todo os sacrifícios maiores, e a ele é inclusive atribuída a própria invenção do sacrifício, bem como a realeza e muitas outras técnicas divinatórias, rituais e produtivas, entre as quais a cunhagem de moedas. Sua dupla face aparece em algumas das primeiras moedas romanas. Também a ele está dedicado o primeiro mês do ano oficial e sua festividade, Agonium ou Dies Agonalis[188] e, provavelmente como consorte de Juno (o que implicam seus nomes), é patrono dos idos de cada novo mês[189]. É o deus das manhãs e guardião do nascimento.

Às vezes ele é apresentado como um rei dos nativos ou como seu deus principal; é também o fundador epônimo da aldeia de Janículo. Mas a natureza monstruosa do deus de duas cabeças, ao mesmo tempo

187. Sobre Jano em geral, ver R. Pettazzoni, *L'Omniscienza di Dio*, Torino, 1955, p. 243 e ss.; G. Dumézil, *La Religion*, p. 323 e ss., e *passim*; Latte, op. cit., p. 132 e ss.; e N. Turchi, op. cit., p. 163 e ss. A discussão em G. Wissowa, *Religion und Kultur der Römer*, p. 91 e ss., contudo, ainda vale a pena ser consultada.

188. W. Warde Fowler, *The Roman Festivals*, Londres, 1933, p. 280 e s.

189. Sobre Jano como deus lunar, ver I. A. MacKay, *Janus*, Berkeley e Los Angeles, 1956 (University of California Publications in Classical Philology XV, N. 6), p. 157 e ss. Sobre Jano como ponte divinizada (menos provável), ver Holland, op. cit., *passim*.

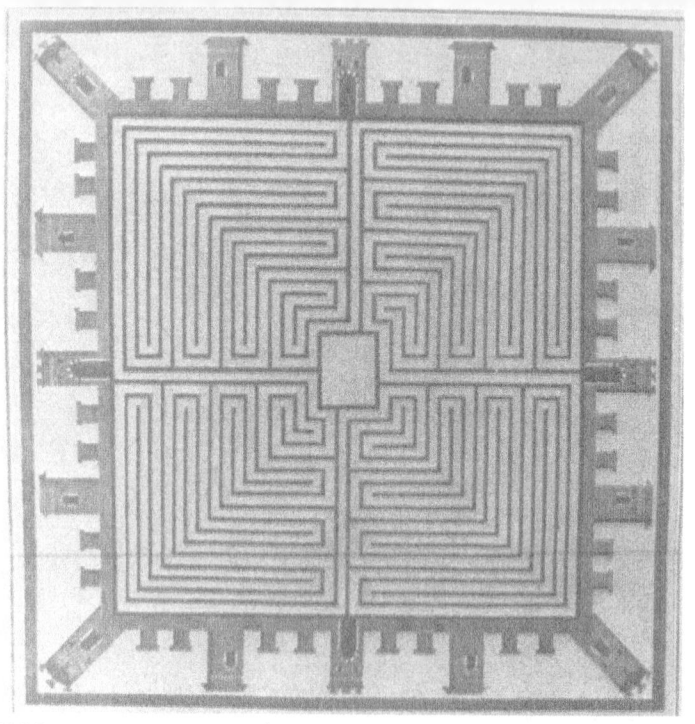

119. Mosaico romano de fins da época republicana, *mostrando um labirinto fortificado. Segundo Gli Ornati delle Pareti ed i Pavimenti delle Stanze dell Antica Pompei, incisi in Rame; Napoli, Stamperia Regale, 1796.-*

velho e jovem, guardião tanto da guerra como da paz, deus ancião benévolo e aterrador com a face de grifo ou de leão, o assimila a este ser igualmente misterioso, embora fisicamente menos improvável, o andrógino, assim como a outros monstros da mitologia clássica, as esfinges e harpias, e ao minotauro[190]. Apesar de tudo, alguns antiquários tardios consideram-no um deus celeste, como afirmam acerca de outras divindades hermafroditas[191]. Seu templo possui uma estrutura singular: uma entrada, aparentemente abobadada, que se abria inevitavelmente frente a duas direções opostas, representando a passagem de uma situação para outra, como de fora para dentro, da guerra para a paz. A passagem da guerra para a paz nos recorda a função análoga cumprida pelo arco triunfal – uma abóbada cilíndrica pequena, coroada por uma ou mais estátuas, e talvez também a Porta Triunfalis original, que tinha a mesma função, independentemente de fazer ou não parte das muralhas. As ruínas de outro monumento, o Jano Quadrifonte, do Forum Boarium, sugerem que tais analogias não eram raras na Antiguidade[192].

190. H. Th. Bossert, *Janus*, Istambul, 1959; cf. N. P. Nilsson, *Geschichte* I, p. 206 e ss; cf. também Anna Maria Bisi, *Il Grifone*, Roma, 1965.

191. M. Delcourt, *Hermaphrodite*, Londres, 1961, p. 17 e ss.

192. Holland, op. cit., p. 85 e ss.; cf. também Inez Scott Ryberg, *The Rites of Roman State Religion*, Roma, 1955, p. 21 e ss., 141 e ss.; e C. Barini, *Triumphalia*, Torino, 1955, *passim*. Os vários santuários de Jano são descritos por Lugli, op. cit., p. 83 e s., e localizados por Holland, op. cit., p. 29 e ss., a meu ver, nem sempre de maneira convincente.

120. Mosaico romano da época republicana tardia ou do começo do Império, *mostrando um labirinto entrelaçado em projeção. Segundo Gli Ornati..*

Como quer que tal ambiguidade fosse "percebida" ou concebida, sua materialização sempre tinha traços monstruosos.

Os portões estavam guardados com frequência por monstros e criaturas fabulosas; à semelhança dos portões do submundo, também os das cidades e fortalezas terrenas eram protegidos por criaturas entalhadas ou esculpidas: leões ou grifos, touros, homens-escorpião, homens-touros, e homens-leão, e mulheres-leoa. Estas últimas, às vezes aladas, são a forma egípcia ou tebana da esfinge[193].

Esta associação não é tão arbitrária como pode parecer à primeira vista. Gostaria de desenvolvê-la ainda mais, a fim de fazer referência a uma das mais famosas imagens apotropaicas da Antiguidade; o relevo colocado sobre a porta dos leões em Micenas. Os leões situados em ambos os lados da coluna evocam a iconografia de numerosos biséis micênicos e de alguns minoicos, na qual a coluna aparentemente pode ser trocada por uma árvore ou por um herói, enquanto os animais podem ser substituídos por grifos. É possível que tais representações tivessem um caráter apotropaico[194]. Este tema deriva-se, por meio de Creta e de Tebas, de uma ascendência asiática antiga e imemorial. Se o elemento coluna - árvore - herói pudesse ser separado das feras protetoras (como às vezes o são em algumas representações), chegaríamos à conclusão de que ele desempenha um papel semelhante ao de alguns aspectos da

193. A. Dessene, *Le Sphinx*, Paris, 1957, p. 18 e s., 183.
194. G. von Kaschnitz-Weinberg, op. cit., p. 23 e s.

complexa "personalidade" de Jano na mitologia e nos ritos romanos: o da divindade que se ergue protetora ou ameaçadora. Essa função associa Jano com a realeza, à qual também é associada de forma tentadora, a esfinge. Por ter uma cabeça humana sobre um corpo monstruoso, a esfinge inverte a relação entre monstruosidade e normalidade com relação a Jano. Sugeriu-se que a esfinge acrescentou esses apêndices à sua cabeça normal, mas que no princípio foi um ser humano e, ao mesmo tempo, uma vítima sacrificial, que era enterrada sob o umbral ou ombreira da porta[195].

Tais sacrifícios humanos e outros análogos, depositados sob as pedras fundamentais, foram analisados tantas vezes que não vale a pena dedicar-lhes maior atenção[196]. A vítima do sacrifício deificada, como já sugeri, às vezes convertia-se no guardião permanente dos portões; em muitas sociedades arcaicas, os forasteiros que adentravam os portões deviam aplacar o guardião e ganhar suas boas graças. Na história de Édipo e da esfinge, Édipo representa o forasteiro. Se meu argumento é válido, a monstruosa esfinge não era uma abstração tirada de algum panteão estrangeiro, porém o mesmíssimo guardião dos portões de Tebas, que alcançara proporções fabulosas e fora assimilada em algum outro elemento da vida religiosa tebana[197]. Alguns estudiosos assinalaram que o conflito entre o herói e o monstro, à semelhança do conflito entre Édipo e a esfinge guardiã, não ocorre entre criaturas de natureza totalmente distinta mas, ao contrário, entre seres cognatos por sua própria essência ou pelo menos por suas relações[198]. Parece que a esfinge estava de algum modo relacionada à família de Laio, e há quem tenha dito inclusive que ela era irmã de Édipo. O certo é que os antiquários tardios coletavam lendas deste tipo[199]. Édipo, antes de morrer, legou seu corpo a Teseu, convertendo-se numa das relíquias protetoras da cidade de Atenas[200]. Sua tumba, apesar do segredo que impôs a Teseu, era mostrada no Areópago ateniense entre outros vestígios do passado remoto da cidade[201]. Resulta, pois, que Édipo assumiu as funções da esfinge, e desempenhou um papel semelhante ao do monstro que havia

195. G. Kees, *Der Götterglaube im Alten Ägypten*, Leipzig, 1941, p. 41, n. 3; A. Dessene, op. cit., p. 14; cf. H. Frankfort, *Kingship and the Gods*, Chicago, 1948, p. 10 e ss. Uma interpretação psicanalítica da esfinge é apresentada por G. Roheim, *Riddle of the Sphinx*, Londres, 1934, p. 16 e ss. e 210 e ss. Cf. Também A. van Gennep, op. cit., p. 21, 57 e ss.

196. Cf. A. van Gennep, op. cit., p. 30 e s.

197. Cf., no entanto, E. A. S. Butterworth, *Some Traces of the Pre-Olympian World in Greek Literature and Myth*, Berlim, 1966, p. 45 e ss.

198. A. Brelich, *Gli Eroi Greci*, Roma, 1958, p. 274 e ss.

199. Pausânias IX, 26; J. G. Fraser, *ad loc.*

200. Sófocles, *Édipo em Colona*, 1515 e ss.

201. Sobre a tumba de Édipo, ver Pausânias, I, 28; cf. também M. de G. Verrall e J. E. Harrison, *Mythology and Monuments in Ancient Athens*, Londres, 1890, p. 563 e s.

121. TESEU MATANDO O MINOTAURO: *Medalhão central de uma* kylix *que ilustra as façanhas de Teseu. O labirinto é representado por meio de um esquema de meandros e tabuleiro de xadrez que rodeia a cena, e ao lado do edifício. A* kylix *data de primórdios do século v a.C. Numa* kylix *posterior (pelo pintor Aison, fins do século v a.C., Museu Arqueológico de Madri), o meandro é reduzido ainda mais, ao passo que o edifício recebe um frontão. British Museum, Londres (3185).*

derrotado. Esta polaridade é talvez endêmica a todos os guardiães que têm a missão de expulsar os inimigos e proteger os seus.

O ENIGMA E O LABIRINTO

Uma vez mais toco num lugar-comum da mitologia e da religiosidade arcaica: o monstro no portão que propõe um enigma[202]. Mas o monstro nem sempre propunha enigmas. Em alguns casos, o herói que se aproxima, ou a alma (o encontro com o monstro se dá frequentemente durante a viagem da alma ao submundo) que pretende atravessar a passagem guardada pelo monstro, deve encontrar seu caminho através de um labirinto, ou demonstrar que conhece o seu esquema, desenhando-o[203]. Os ritos de iniciação têm, com frequência, a finalidade de propiciar ao neófito conhecimentos que lhe permitirão confrontar e superar questões imediatas, se bem que estranhas, tais como a natureza misteriosa do outro sexo e seus característicos negativos, mediante um recurso simbólico. Trata-se, em última instância de como solucionar o enigma proposto pelo monstro ou de traçar um labirinto para, deste modo, ser capaz de passar pelo ser aterrorizante que o interroga. Esse

202. W. F. Jackson Knight, *The Cumean Gates*, p. 13 e ss.

203. Idem e G. R. Levy, op. cit., p. 156 e s.; cf. E. Neumann, *The Great Mother*, Nova York, s.d., p. 173 e ss.

122. Urna etrusca em forma de cabana, *decorada com padrões labirínticos. Encontra-da em Salciatello. Segundo Notizie Degli Scavi (1907).*

conhecimento é a chave da salvação. Em geral, consiste de uma afirmação por meio da qual o homem reconhece sua natureza autêntica, como no relato de Édipo, no qual tratava-se realmente de uma iniciação à realeza[204], que neste caso concreto se daria mediante o matrimônio com a soberana reinante.

Labirintos e enigmas encontram-se entre os mais antigos símbolos apotropaicos. Seu propósito é deter e confundir o intruso que com eles se depara, de modo que não lhe seja permitido seguir adiante até solucionar o enigma ou encontrar seu caminho até o centro do labirinto[205]. Aparecem sobre portas e muros, próximos de qualquer acesso, sobre urnas, especialmente as funerárias, desenhados sobre tecidos, e assim por diante[206]. Na época clássica, a força dessas imagens havia decaído, até tornarem-se irreconhecíveis.

Aqui e ali as reminiscências de sua função arcaica foram evocadas. Na versão heráldica aparecia, por exemplo, sobre as moedas da cidade de Cnossos e, ocasionalmente, servia de proteção sobre o pavimento de uma *villa* romana, se bem que, em geral, era mais um dos desenhos

204. Cf. George Thomson, *Aeschylus and Athens*, Londres, 1941, p. 190 e ss.

205. Jackson Knight, op. cit., p. 150 e ss.; também W. L. Hildburgh, Indeterminability and Confusion as Apotropaic Elements in Italy and in Spain, *Folklore*, LV, dezembro de 1944, p. 133-149; e do mesmo autor, The Place of Consusion and Indeterminability in Mazes and Maze Dances, *Folklore*, LVI, março de 1945, p. 188-192.

206. Ver, além do anterior, Richard Eilman, *Labyrinthos*, Atenas, 1928 (com análise de padrões e compilação de textos).

que ornamentavam os pisos. Subsistiu, contudo, também nos jogos infantis: *in pavimentis pueroumque ludis campestribus*[207], como dizia Plínio, recordando com nostalgia os grandes e importantes labirintos de um passado praticamente esquecido. O mais famoso de todos, a casa do Minotauro em Cnossos, nunca foi satisfatoriamente identificado com quaisquer das ruínas escavadas em Creta.

Sua primeira descrição textual, na *Ilíada*, nada diz a respeito do palácio de muros altos e caminhos tortuosos que Virgílio conheceu[208]. O labirinto de Homero, χόροζ, se bem que este não lhe dê tal nome, é um piso reservado para dança que aparecia representado sobre o escudo feito por Hefesto para Aquiles, "à semelhança daquele traçado por Dédalo, na grande cidade de Cnossos, para Ariadne, a de brilhantes caracóis"[209]. Num comentário acerca deste trecho, Eustáquio de Tessalônica diz que Teseu aprendera de Dédalo a dança de Ariadne (neste caso Dédalo é, antes de tudo, o construtor mítico do palácio) e que a dançou para representar sua entrada no labirinto, a morte do Minotauro e sua fuga. Eustáquio inclusive afirma – aproximadamente no ano 1.100 d.C. – que chegou a conhecer um velho marinheiro capaz de dançá-la[210], mas não parece particularmente interessado na conexão entre o labirinto e a dança.

A descrição do labirinto que nos oferece Virgílio faz parte do seu relato sobre o jogo troiano – *Trojae ludus* – que, como ele próprio registra no trecho em questão, era dançado pelos jovens troianos durante os jogos funerários em honra a Anquises e na fundação de Alba Longa. Os gramáticos posteriores pensavam que esta dança chamava-se "jogo troiano", porque fora trazida de Troia. Uma *Volksetymologie* que não passa de um jogo de palavras, segundo os pesquisadores modernos[211], mas aqui, os termos "jogo" e "*volk*" perdem as ressonâncias condescendentes com que costumavam ser empregadas. A própria conexão entre "Troia", "labirinto", e "dança" existente na tradição popular, insinua uma profunda e forte associação de ideias. De fato, a conexão entre Troia e labirinto é quase tão antiga como o texto de Homero que acabei de citar, e subsistiu em toda a Europa como um nome para designar os labirintos de pedra ou de turfa[212].

207. Plínio, *História Natural*, xxxvi, 19, 84 e s.

208. Virgílio, *Eneida* v, 575 e ss.

209. Σ 590 e ss; cf. Calímaco, *Hino Délico*, p. 308 e ss., acerca da dança labiríntica de Teseu sobre Delos.

210. Eustáquio, *Comentário sobre a Ilíada e a Odisseia*, 1166, 17 (comentário sobre o anterior).

211. *Real-Encyclopädie der Klassischen*, ed. Georg *Altertumswissenschaft*: nova edição,xiii, 1059. Cf. G. van der Leeuw, In der Hemel is eehen Dans, *De Weg der Mensheid*, Amsterdã, x, 1939, p. 25 e ss.

212. Dr. Ernst Krause (Caros Stern), *Die Trojaburgen Nordeuropas*, Glogau, 1893, muito documentado porém extremamente não confiável; ver, por ex., Willy Pastor, *Der Zug von Norden*, Jena, 1906, p. 39-52, sobre o labirinto de Wisby.

123. A Tragliatella Oinochoe, *jarra etrusca do século VII a.C., encontrada em Tragliatella, perto de Bracciano. O registro médio, visto da direita para a esquerda no desenvolvimento do desenho, mostra: Uma mulher segurando um objeto circular (espelho? fruta?), com alguns outros objetos (cadeiras?, cipos?, rochas?) no solo; duas cenas de cópula; um labirinto do tipo conhecido de Cnossos, com o rótulo* △!∨⊄ *(truia): dois cavaleiros, cujos escudos ostentam figuras de aves, o segundo acompanhado por um macaco(?); um homem completamente desnudo com um bastão; sete guerreiros que parecem dançar(?), cada qual armado com três lanças e um escudo que exibe a metade dianteira de um javali; um homem com uma vestimenta que cobre somente a região entre a cintura e a virilha, segurando na mão um objeto redondo que leva a inscrição* ∿ ⅃◦⅄⅁⅂◦ᴍ *(mithesathei); uma criança totalmente vestida e a inscrição* ∧∿⅃∨⅁ᚢᵀᴍ *(não decifrada); uma terceira personagem, uma mulher, com a inscrição* ⅏◦ᵠ∧ᴺᴹᴬᴵᴹ *segura também um objeto redondo.*

As inscrições não foram lidas satisfatoriamente, e o estilo da representação é tão grosseiro que deixa ampla margem à interpretação, mas aparentemente alguns elementos parecem sugerir uma conexão com a dança troiana. O labirinto do tipo de Cnossos (muito anterior, neste caso, às suas representações nas moedas mostradas) colocava os javalis e as aves no escudo, e a serpente na alça.

Coll. Titoni, Roma.

123 A. Desenvolvimento do registro superior, segundo Mariani (1881).

123 B. Desenvolvimento do registro médio, segundo Mariani.

123. C., D e E. Vistas lateral, traseira e frontal da jarra.

123 F. A jarra vista de lado, mostrando o labirinto.

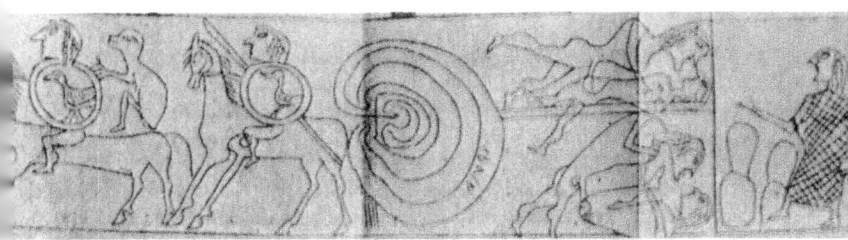

123 B. Desenvolvimento do registro médio (continuação).

Sua primeira configuração conhecida, dentro deste contexto, é um *graffito* sobre uma jarra de vinho encontrada numa tumba perto de Bracciano, ao norte de Roma[213], provavelmente de finais do século VII a.C. O tema principal deste ornamento é uma procissão conduzida por três personagens estranhas, seguidas por sete jovens portadores de escudos decorados com a figura de um javali. Em seguida vêm um homem e uma mulher, atrás dos quais caminham dois cavaleiros (um deles acompanhado por outro animal, talvez um macaco), cujos escudos ostentam a figura de uma ave. Esta procissão parece sair de um labirinto (ou está associada a ele) designado claramente *Truia*. Do outro lado do labirinto há dois casais copulando.

Este *graffito* poderia referir-se a alguma versão da lenda troiana ou a algum poema épico, porém é mais certo que faça alusão a alguma espécie de celebração ao estilo do jogo troiano. Talvez faça referência a ambos.

LABIRINTO, DANÇA, CIDADE

Os antigos imaginavam Troia, Ilion, como uma cidade de certo modo estrangeira (se bem que os frígios não fossem *de todo* bárbaros), que sofreu toda uma série de eventos cataclísmicos que o destino pode reservar a qualquer cidade. Sua fundação mítica por um herói divino e sua restauração por obra de outro herói, assim como seu crescimento, seu orgulho, suas guerras, sua destruição e seu desaparecimento. Troia encarnava o paradigma do destino urbano. Daí a inevitável associação de sua história épica a cerimônias e rituais. A *oinochoe* de Tragliatella é anterior à época em que, de acordo com as atuais cronologias, surgiu a lenda troiana na Itália continental, mais particularmente os episódios que relacionam Ilion com Roma por intermédio de Eneias. Por conseguinte, alguns autores negam-se a tomar esta *oinochoe* como prova de um conhecimento anterior da lenda troiana entre os etruscos, enquanto outros afirmam o contrário[214]. A meu ver, o *graffito* não aduz nenhuma prova definitiva em qualquer dos dois sentidos. Porém, pelo menos indica que existe alguma relação entre o nome do jogo ou do rito e o nome de uma cidade, e que o *lusus troianus* fazia referência a um dos dois. O termo *truia* parece aludir a algo no qual a sílaba *tro* associava-se com um jogo,

---

213. A *oinochoe* Tragliatella tem sido publicada e analisada com frequência. Descrição detalhada por G. Q. Giglioli, L'Oinochoe de Tragliatella, *Studi Etruschi*, III, 1929, p. 111-160. Cf. Também Latte, op. cit., p. 115 e s.; A. Alföldi, *Early Rome and the Latins*, Ann Arbor, 1966, p. 280 e ss.; G. Karl Galinsky, *Aeneas, Sicily and Rome*, Princeton, 1969, p. 121 e ss.

214. Um dos estudos mais recentes em Alföldi, loc. cit.; Galinsky, loc. cit., onde o autor curiosamente descarta a associação, porque mais de mil anos depois que o grafito foi traçado sobre a *oinochoe*, Estevão de Bizâncio descreveu Troia como Χαρξ (*charx*) o que, a meu ver, é volúvel.

um rito, uma dança, o ato de circundar; em virtude de um certo tipo de metonímia "folclórica", o mito de Ilion e o complexo das lendas troianas, incluindo o relato das perambulações de Eneias pela Itália, terminaram por associar-se ao que mencionava a palavra *truia*.

Como quer que esta fusão tenha sido produzida, a *oinochoe* mostra numerosos elementos que associamos com Troia e o labirinto: os javalis, por exemplo, nos recordam a *truia* – a porca – e as aves, ou talvez as garças que Teseu e seus companheiros ostentavam em sua divisa, quando executaram a dança do labirinto que lhes ensinou Dédalo, assim que chegaram à ilha de Apolo[215]. Há duas maneiras de sair do labirinto: voando, como fariam as garças, ou contando com uma pista entre suas sinuosidades, e foi este o recurso que Ariadne proporcionou a Teseu, na forma de um fio vermelho. Com sua ajuda Teseu conseguiu chegar ao centro do labirinto, onde matou o Minotauro, filho de Pasífae e Minos, que era rei de Creta mas também juiz do submundo. Pasífae era rainha consorte de Minos, e também uma manifestação das mais antigas deusas lunares veneradas no Mediterrâneo[216]. Uma vez vencido o perigo, Teseu retornou ao mundo dos vivos seguindo o fio vermelho de Ariadne, o cordão umbilical de seu renascimento. Ariadne tampouco era simplesmente uma mulher. Irmã ou meio-irmã do Minotauro[217], era identificada com Afrodite em Amathusa e em Delos. Precisamente em Delos, onde Teseu representou, mediante a dança ritual, suas próprias façanhas, os giros labirínticos da dança desenvolviam-se ao redor de um altar feito de chifres esquerdos de touros, os chifres da morte. Aquele altar representava o covil do Minotauro[218]. A história de Teseu, de Ariadne e do Minotauro era uma das versões míticas do mistério da morte e da ressurreição, análogo ao celebrado em Eleusis, com qual o Teseu também estava relacionado.

Os labirintos eram, antes de tudo, canais de salvação e modelos de iniciação, mas em determinadas ocasiões cumpriam uma função menos elevada, pois serviam para emparedar ou para excluir alguém. Com essa finalidade apareciam nas soleiras das portas, nas portas, janelas ou nas vestimentas das pessoas, enquanto nas tumbas tinham, aparentemente, a função dupla de manter seguros os espíritos mortos em seu lugar de descanso e de repelir os intrusos, humanos ou divinos[219]. As danças labirínticas possuíam uma função muito semelhante à dos desenhos do mesmo tema. Por conseguinte, nos jogos funerários de Anquises e na fundação de Alba Longa, o *Trojae ludus* era executado.

215. Plutarco, *Vida de Teseu*, XXI. Sobre este trecho, ver K. Kerenyi, *Labyrinth-Studien*, Zurique, 1959, p. 38 e ss.

216. K. Kerenyi, *The Gods of the Greeks*, p. 170.

217. K. Kerenyi, *Labyrinth-Studien*, Zurique, 1959, p. 38; também *The Gods of the Greeks*, p. 237-239.

218. Plutarco, *Vida de Teseu*, 21; cf. Lívio XXVII, 37; Kerenyi, *Labyrinth-Studien*, p. 38.

219. Ver supra, p. 28; cf. *The Sacred Books of China* (ed. J. Legge, op. cit., p. 240 e ss.).

124. MOEDA DE CNOSSOS. *Século V-IV a.C. Anverso: esquema labiríntico. Reverso: Minotauro. British Museum, Londres.*

125. MOEDA DE CNOSSOS. *Século II-I a.C. Anverso: labirinto circular. Reverso: Apolo (Polchos, cujo nome aqui figura, era provavelmente o funcionário encarregado da cunhagem). British Museum, Londres.*

126. MOEDA DE CNOSSOS. *Século II-I a.C. Anverso: labirinto retangular. Reverso: Poseidon (?). British Museum, Londres.*

127. MOEDA DE CNOSSOS. *Século I a.C. Anverso: labirinto retangular, coruja, ramos de oliveira. Reverso: Atena (?). British Museum, Londres.*

128. Os números nesta ilustração mostram a sequência na qual as linhas devem ser traçadas.

129, 130, 131. Algumas variações dos DESENHOS DE AREIA que fazem atualmente os nativos de Vanuatu (Ilhas Novas Hébridas – Malakula, Ambrim, Oba), como exercícios de habilidade, porém baseados nos esquemas do "rastro" desenhado na areia pelo espírito feminino devorador da escatologia de Malakula.

O significado da dança e do desenho labirínticos não é redutível facilmente a uma simples fórmula. Um dos elementos recorrentes ao longo do relato servirá para retomar o tema principal. Ariadne mostrou a Teseu a forma de entrar no labirinto e sair dele, dando-lhe um fio vermelho que ele deveria desenrolar ao entrar, e recolher ao sair. Como recompensa por seus esforços, ela foi abandonada ou talvez morta por Teseu em Naxos.

Este abandono de Ariadne nos relembra uma lenda ainda mais antiga, a da viagem do herói mesopotâmico Gilgamesh ao bosque labiríntico do demônio-entranhas Humbaba (forma assíria) ou Hawawawa (forma acádica). Ali Gilgamesh matou o demônio e abandonou Ishtar, que havia ajudado a encontrá-lo[220]. Em todo o Mediterrâneo oriental são detectadas diversas variações desta lenda, e em todas elas aparece a figura de uma moça sensual ou gananciosa, que trai o segredo e a fortaleza de seu pai; a jovem é morta ou desposa (mais frequentemente o primeiro caso) o herói que protagoniza o assédio[221]. Talvez o relato da meretriz Raab[222] tenha algo a ver com este tipo de lenda.

Ela ajudou os espiões hebreus a descer pela muralha com a ajuda de um cordão escarlate, que em seguida pendurou em sua janela para que sua casa fosse poupada e não sofresse danos. Na história de Jericó há outras reminiscências da lenda de Ariadne: a representação convencional do labirinto tinha sete voltas, o mesmo número de vezes que os hebreus rodearam Jericó para que suas muralhas caíssem. Esta marcha parece "desfazer" o rito de fundação protetor, que provavelmente era do mesmo tipo de circundamento. Podia inclusive tratar-se de "desemaranhar" uma dança labiríntica que, inevitavelmente, era associada a uma mulher incontinente.

A mais famosa lenda desse tipo é a de Tarpeia, que entregou a fortaleza romana situada sobre o Capitólio ao rei sabino Tito Tácio, por amor ou por dinheiro. Ela era uma vestal, e o fato de ter se deixado corromper, independentemente do que isso significa, implica a insinuação de que havia perdido sua castidade ritual. Os sabinos desprezaram-na e a afogaram sob o peso de seus presentes dentro de uma cova que havia na rocha que levaria o seu nome[223]. O mito reverberou na execução de toda vestal que quebrasse seu voto de castidade, e que era condenada a ser

220. A comparação foi sugerida por Böhl em *Labyrinth*, p. 21; para as variações textuais do poema épico, ver *Ancient Near Eastern Texts*, ed. James B. Pritchard, Princeton, 1955, p. 73 e ss.; cf. S. N. Kramer, *History Begins at Sumer*, Londres, 1961, p. 240 e ss.

221. O material foi coletado por A. H. Krappe em Die Sage von Tarpeia, *Rheinisches Museum der Philologie* (Neue Folge), Lxxviii, 1929, p. 249 e ss.; o paralelo bíblico ao qual ele se refere é, entretanto, o de Samsão e Dalila. A. Dumézil, *Tarpeia*, p. 279 e ss. trata da corruptibilidade de Tarpeia; seu caráter fecundo, que ele demonstra no trecho citado é tão pertinente à minha leitura da lenda como à sua.

222. Josué 2:1-21; 6:22-25. Cf. J. Gagé, op. cit., p. 41 e ss.

223. Ver Krappe e Dumézil, op. cit., também Udo Hetzner, *Andromeda and Tarpeia*, Meisenheim-am-Glan, 1969, pp. 64 e ss.

132. O castigo de Tarpeia. *Friso de terracota da Basílica Emília no Fórum Romano. Época republicana tardia (século I a.C.). Antiquário Forense, Roma.*

enterrada viva numa câmara subterrânea do Campo Scelerato, defronte à Porta Collatina e, portanto, dentro do *pomoerium* da cidade[224].

A Lei das Doze Tábuas proibia estritamente enterros dentro dos limites da cidade[225], mas o fato de enterrar viva uma vestal parecia um sacrifício, mais que um verdadeiro enterro. Os romanos às vezes praticavam sacrifícios humanos, enterrando vivas as vítimas, em épocas de grave pânico nacional, como na crise da segunda Guerra Púnica[226], mas o costume de enterrar vivas donzelas legendárias, particularmente quando da fundação de uma cidade, era bastante frequente em tempos de paz. Em casos semelhantes, a virgindade da donzela, que se convertia na divindade tutelar da cidade, era associada com a segurança desta[227]. Vesta era uma dessas deusas virgens, era ao mesmo tempo a terra e a cidade de Roma. A virgindade de suas sacerdotisas era uma garantia da salvaguarda da cidade. Inclusive quando quebravam seu voto de virgindade, eram tomadas as máximas precauções para que, durante o castigo, seu corpo não sofresse nenhum dano[228].

224. Festo, s.v. *Scelerato*; Plutarco, *Questões Romanas*, xcvi. Uma relação das vestais condenadas desta maneira é apresentada por T. Cato Worsfold, *History and Origin of the Vestal Virgins of Rome*, Londres, 1934, p. 62 e ss.

225. x.1; ver supra, p. 13.

226. Lívio, xxii, 57, vi.

227. Jackson Knight, *Cumean Gates*, p. 124-126.

228. Caio Públio Cecílio Segundo (Plínio o Jovem), *Cartas*, iv, 11.

O FUNDADOR CULPADO

Também aqui existe um elemento de ambiguidade, pois Rômulo e Remo eram filhos de uma virgem vestal, Reia ou Reia (ou Ilia) Sílvia e de um desconhecido, Marte segundo algumas lendas. Reia Sílvia aparece associada ocasionalmente com a deusa grega Reia, mãe dos deuses, ou com outras personagens que levam o nome de Ilia, o que sugere alguma conexão com a ascendência troiana dos romanos. Era denominada com frequência filha de Eneias. Na versão dos anais composta por Ênio, ela confia à avó quando sua culpa é descoberta: *Te nunc sancta precor Venus, te genetrix patris nostri/ut me de caelo visas cognata parumper...* (Te suplico, Vênus sagrada, a ti que geraste nosso pai, pois és minha parenta, que me contemples do céu)[229].

Lívio apresenta uma versão mais comum das origens familiares de Reia Sílvia, que seria filha de Numitor, o destronado rei de Alba Longa, obrigada a assumir a condição de virgem vestal por seu malvado tio, o usurpador Amúlio[230]. Quem quer que fosse seu pai, Numitor ou Eneias, seu nome é o primeiro que aparece atribuído a uma virgem vestal na lenda. O segundo é o de Tarpeia. As duas são vestais de Alba Longa e não de Roma, e ambas são infiéis, se bem que de maneira diferente.

O culto albano de Vesta, assim como os muitos outros cultos e sacerdócios da capital latina original, sobreviveu à destruição da cidade por Tulo Hostílio, assentando-se finalmente ao norte da velha Alba, em Bovillae[231]. Houve algumas vestais albanas em exercício até a época imperial tardia[232], como se tal sobrevivência fosse um memento de algum voto formulado por Tulo, de algum *evocatio* dos deuses albanos.

Maior importância tinha o culto laurentino da deusa e de seu sacerdócio. De fato, era muito difundida em Roma a crença de que *sacra principia p(opuli) R(omani) Q(uiritum) nominisque Latini* [...] *apud Laurentis coluntur*[233] (as origens sagradas do povo romano dos quirites e da raça latina derivam dos laurentinos)[234], e os magistrados romanos (mencionam-se explicitamente ditadores, cônsules, pretores) faziam sacrifícios a Vesta e aos Penates em Lavinium quando assumiam e terminavam seu cargo[235]. Tanto Reia Sílvia como Tarpeia foram re-

---

229. *Anais*, I, 49 em Nônio, 378, 15 (E. H. Warmington, I, p. 16).

230. Lívio, I, 4, ii; também em Dionísio de Halicarnasso, I, 76; Sérvio, *Comentário sobre Virgílio, Eneida*, VI, 777; Estrabão, V, 229 etc.

231. Latte, op. cit., p. 404 e ss., para a bibliografia mais recente; cf. também Alföldi, op. cit., p. 239 e ss.

232. Símaco, *Epístolas*, IX, 147 e s.

233. *Corpus Inscriptionum Latinarum*, X, 707; cf. Varrão, *Da Língua Latina*, V, 144; Dionísio de Halicarnasso, I, 45, 53 e s., 55 e s.; II, 86; VIII, 366; Lívio, I, 1 e s.

234. Sobre os laurentinos como habitantes de Lanúvio, ver o mais recente em Alföldi, op. cit., p. 246, n. 3; sua conclusão mais geral, no entanto, é forçada demais. Sobre o tema, cf. A. Momigliano em *Journal of Roman Studies*, 1972 (LXII), p. 212 e ss.

235. Sérvio, *Comentário sobre Virgílio, Eneida* II, 296; *Eneida* III, 12; Macróbio, *Saturnália* III, IV, 11.

lacionadas com certas práticas oraculares arcaicas dos italiotas[236], mas nessas lendas a única coisa que têm em comum é a sua infidelidade.

Rômulo e Remo aparecem nas lendas como se fossem analogias transformadas de uma série de heróis fundadores do Mediterrâneo oriental que, quando bebês, foram abandonados nas águas: Moisés, Sargão e Perseu[237] são exemplos óbvios. Mais perto havia outros heróis, rejeitados e abandonados, às vezes amamentados por animais[238]. Para dar um exemplo, Mileto foi amamentado por uma loba; nascido de uma filha de Minos e de Apolo, converteu-se no fundador epônimo de Mileto. Na própria Etrúria, o fundador de Tarquínia, que alguns consideravam a mais antiga dentre as cidades etruscas, foi seu herói epônimo Tarcão, filho ou pai de Tirreno, o herói epônimo de toda a nação etrusca. Em algumas versões bem mais tardias da lenda[239], foi precisamente Tarcão que, com seu arado, tirou da terra a divina criança Tages, que transmitiu aos estruscos sua sabedoria sagrada. Télefo, pai de Tirreno e de Tarquínio, aparece numa versão de sua lenda como tendo sido abandonado e depois alimentado por uma corça.

A lenda de Rômulo e Remo somente aparece na literatura com os primeiros analistas romanos, porém muito antes, durante a primeira metade do século III a.C., já figura nas moedas romanas. O tipo de relação sugerida pela lenda de Rômulo, Remo e sua família, reverbera naquela referente à paternidade de Sérvio Túlio, o sexto rei de Roma, fundador das "ordens e divisões" da cidade e construtor de suas muralhas[240] ou, sucintamente, seu segundo fundador. A ele me referi acima, contudo agora seria conveniente relatar aquela lenda mais detalhadamente. Sua mãe Ocrisia é – se não exatamente uma vestal – uma "senhora junto à lareira" que, ao oficiar os ritos, vê um falo – pênis; numa versão da lenda, como escrava de Tanaquil, lhe é dito que vista o véu nupcial e se submeta ao membro viril[241]. Sérvio será seu filho nascido milagrosamente[242], concebido de Vulcano ou de um *Lar*. Há outro relato muito semelhante acerca do nascimento de Caeculus, o fundador nativo de Preneste (Palestrina), concebido por uma jovem escrava e uma fagulha

236. Jean Gagé, op. cit., p. 66 e ss.; 163, 197, 201 e ss.

237. Sobre Perseu como fundador, ver E. A. Butterworth, *Some Traces of the Pre-Olympian World in Greek Literature and Myth*, Berlim, 1966, p. 20 e ss.

238. O material foi compilado por E. S. McCartney, Greek and Roman Lore of Animal-Nursed Infants, *Papers of the Michigan Academy of Science, Arts and Letters*, IV, 1924, p. 15 e ss.

239. João, o Lídio, *De Ostentis*, 2. Outras versões da mesma lenda são narradas; cf., por ex., Heródoto, I, 94; Estrabão, V; Veleio Patérculo. I, 1; Sérvio, *Comentário sobre Virgílio, Eneida* X, 179 e 189. Sobre Tages, ver supra, p. 4 e 156.

240. Lívio, I, 42, iv.

241. Ovídio, *Fastos*, 627 e ss.

242. Dionísio de Halicarnasso, IV, 2; Plutarco, *Da Fortuna dos Romanos*, 10; Plínio, *História Natural* II, 107, p. 259 e XXXVI, 27, p. 348; Arnóbio, *Contra os Pagãos* V, 18. Cf. Valério Máximo, X, I, 6; também A. Brelich, *Vesta*, Zurique, 1949, p. 98 e ss.; A. Brelich, *Tre Variazioni*, Roma, 1955, p. 34 e ss.

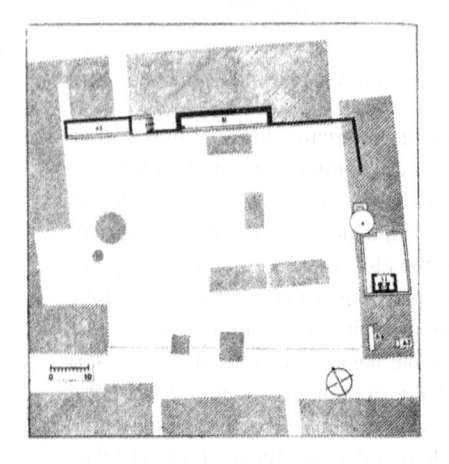
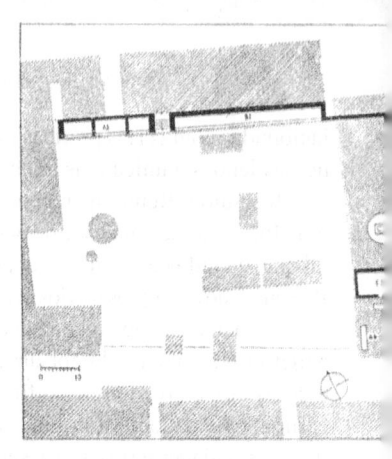

133 A. No início do século VI a.C., um túmulo é anexo a um recinto sagrado (?), no lado
ocidental do Fórum.

133 B. Durante o terceiro quarto do século
VI a.C. o túmulo é substituído por um cenotáfio, coberto também com um túmulo;
o recinto sagrado é substituído por uma
câmara.

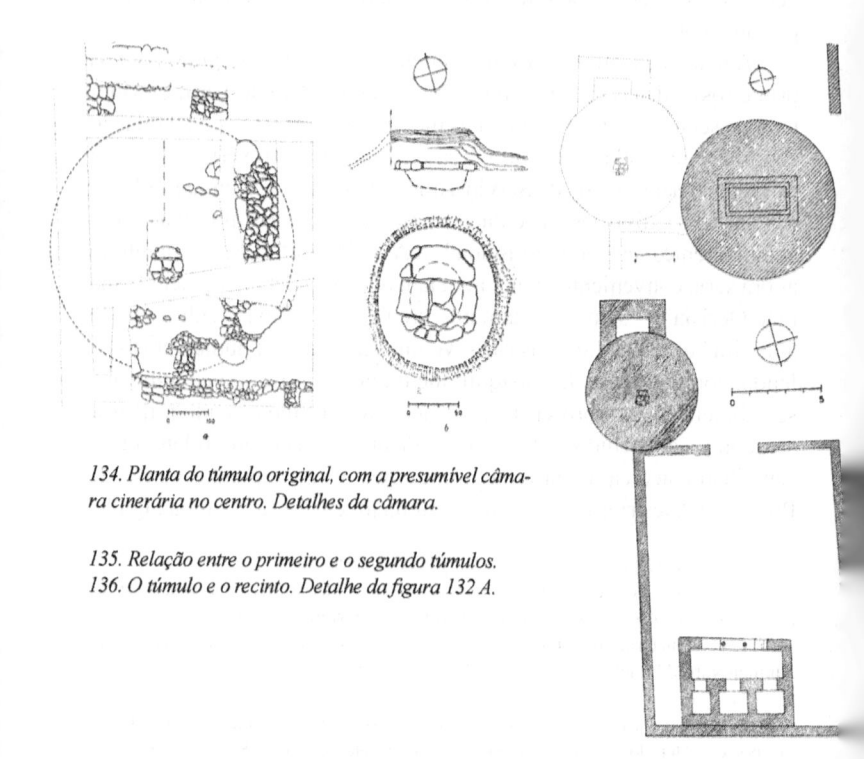

134. Planta do túmulo original, com a presumível câmara cinerária no centro. Detalhes da câmara.

135. Relação entre o primeiro e o segundo túmulos.
136. O túmulo e o recinto. Detalhe da figura 132 A.

133 a 139. A ÁGORA DE CIRENE com a tumba e o heroon de Battos. Os quatro planos no
topo da página mostram a transformação do Fórum, do início do século VI a.C. até a ocupação romana. As áreas sombreadas mostram as construções no século III a.C. A linha de
traçado mais grosso indica construções situadas nas laterais norte e oeste, erigidas a partir do século VI a.C., entre as quais incluem-se a tumba e o heroon. Segundo S. Stucchi.

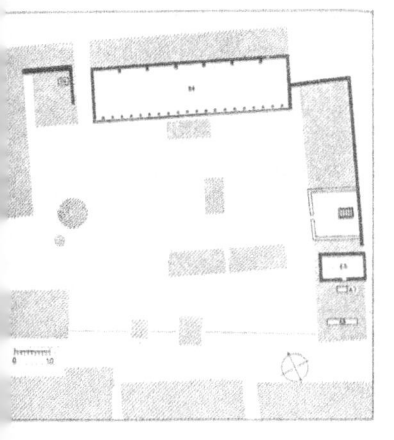

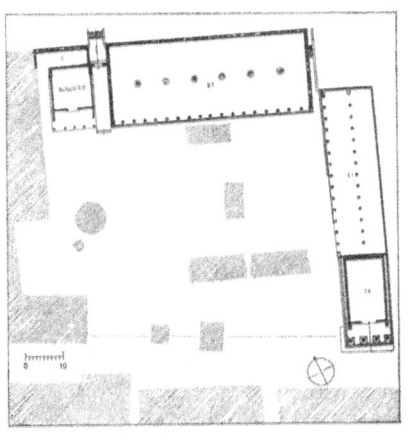

133 C. No século V o túmulo é substituído por um heroon *fechado e visível.*

133 D. O heroon *de Battos desaparece na cidade romana de época imperial, sendo substituído por um templo dedicado ao culto do imperador.*

137. Planta do primeiro cenotáfio subterrâneo. As linhas pontilhadas correspondem a construções bizantinas.

138. O cenotáfio e o recinto sagrado em finais do século VI a.C.

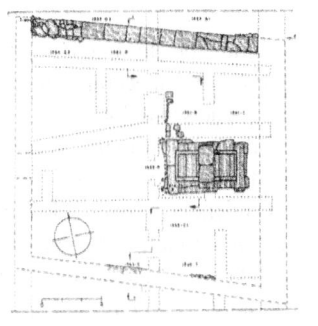

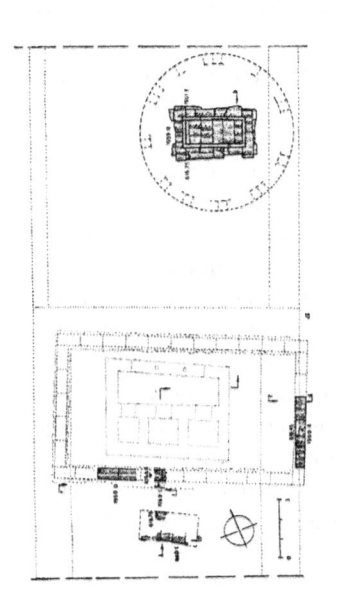

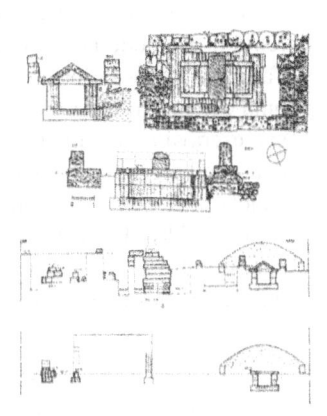

139. Planta, cortes e elevações do cenotáfio posterior.

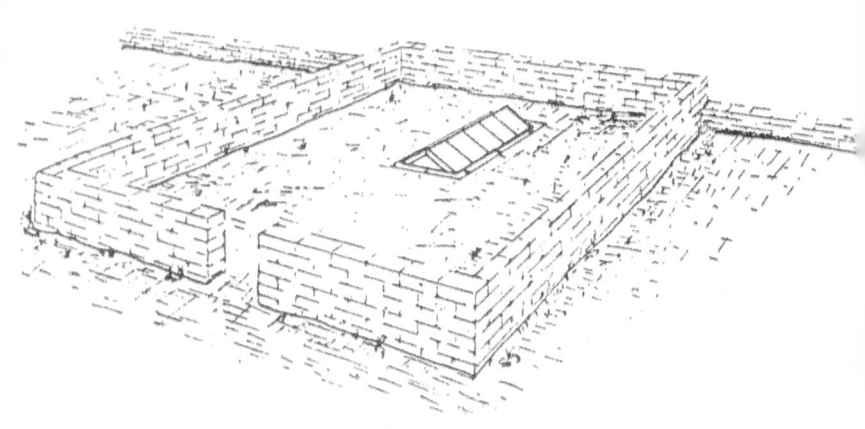

139. Reconstrução do cenotáfio, ou "baú - heroon", do modo como poderia apresentar-se em finais do século VI e primórdios do século V a.C. Segundo S. Stucchi.

da lareira, abandonado em seguida e encontrado por virgens que foram buscar água; estas reconheceram a natureza divina da criança por causa do fogo que ardia ao seu redor. Em outra ocasião Caeculus provaria sua descendência de Vulcano ao invocar o fogo do céu para que o rodeasse com um anel de chamas[243]. Essas lendas estão relacionadas com a que se refere à ascendência paterna de Rômulo e Remo, que Plutarco repete baseando-se na autoridade de Promathion, um historiador grego: um rei malvado de Alba viu surgir um falo sobre sua lareira; a aparição manteve-se ali durante muito tempo. Um oráculo etrusco[244] disse-lhe que se oferecesse uma virgem ao falo, esta daria à luz um herói. Tarquécio (cujo nome poderia ser uma variação dos nomes que começam por Tarq- ou Tarch- próprios de alguns governantes romanos)[245] obrigou uma de suas filhas a unir-se ao falo sem corpo, mas esta persuadiu sua escrava a fazê-lo em seu lugar. O rei, enfurecido, condenou as duas mulheres à morte, porém Vesta o convenceu em sonho a comutar aquela pena pela de prisão, até que as mulheres conseguissem urdir certos tecidos. Entretanto, o que elas teciam durante o dia, ele fazia com que fosse destecido à noite. A escrava deu à luz dois gêmeos, que Tarquetius ordenou que fossem destruídos (afogados). O homem

243. Sérvio, *Comentário sobre Virgílio, Eneida* VII, 678; Solino, II, 9. Cf. A. Brelich, Tre Variazioni.

244. De Tétis, desconhecido pelos demais. Uma retificação foi proposta por Thomas Dempster, em *Etruria Regali*, Florença, 1723, I, 79, para Temis.

245. Cf. A. Alföldi, op. cit., p. 190 e s.

140. O SANTUÁRIO "ENTERRADO" DE PAESTUM *visto do sudoeste.*

141. O SANTUÁRIO "ENTERRADO" DE PAESTUM *visto do sudeste, mostrando a "entrada" bloqueada.*

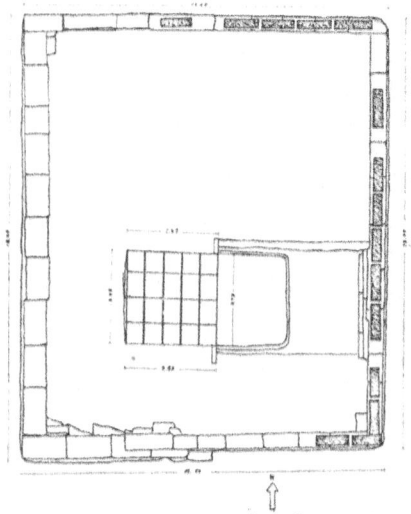

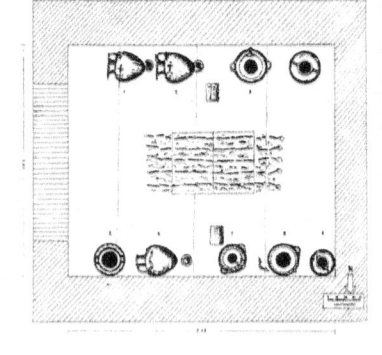

143. A "casa" central do santuário "enterrado" de Paestum, mostrando o "leito" no centro e as ânforas contra as paredes. Segundo P. C. Sestieri.

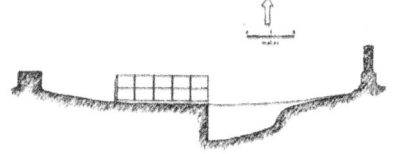

142. Planta e corte do santuário "enterrado" de Paestum. Segundo P. C. Sestieri.

144. Duas das ânforas encontradas no santuário "enterrado".

encarregado de cumprir a ordem levou as crianças até a margem do rio, onde foram amamentadas por uma loba e alimentadas pelas aves. Quando cresceram, destronaram Tarquécio[246]. Nessa versão da lenda podemos perceber curiosas afinidades com o mito de Caeculus; poder-se-ia dizer que as cidades de Roma e de Preneste possuem mitos de fundação simétricos, divididos do modo em que Claude Lévi-Strauss descreve a estruturação simétrica dos mitos de duas tribos dakota: os hidatsa e os mandan. Não possuímos informações suficientes sobre os ritos e a mitologia de Preneste para fazer esta análise comparativa[247]. Neste caso, contudo, existe outra clara simetria mais importante. Promathion não identifica (ou pelo menos não "personifica") o falo que apareceu sobre a lareira, nem tampouco se dá nome ao pai de Caeculus. Entretanto, as mães dos dois heróis são virgens a serviço da lareira sagrada ou real, ainda que não sejam chamadas explicitamente vestais, e ambas são fecundadas pelo princípio masculino inerente à lareira. As vestais tinham, entre as relíquias que preservavam num santuário interior de sua "casa", o *fascinus populi Romani*. O *fascinus* era um falo, talvez de madeira ou de osso, ou menos provavelmente, de metal. Este objeto seria pendurado na parte posterior ou no eixo do carro do general vitorioso, a fim de protegê-lo da inveja dos espectadores[248]. Talvez se trate do mesmo objeto guardado pelas virgens vestais entre as relíquias de Estado, e que por elas era cultuado, segundo expressão de Plínio, como se fosse um deus, ou poderia ser uma réplica do mesmo. No entanto, esta representação do falo era comum: protegia as esquinas das ruas, e as crianças (especialmente os meninos) carregavam-no para espantar o mau olhado, sobretudo dos invejosos[249]. Tais objetos (a *turpicula res* de Varrão) antecedem os amuletos feitos com pontas de coral que tantas crianças levam pendurados nos países mediterrânicos.

O falo sem corpo da lenda, por outro lado, possuía um caráter criativo e não meramente apotropaico. As matronas romanas, cobertas com seus véus, rendiam culto à divindade itifálica Mutunus Tutunus em seu santuário do Palatino[250], e nos casamentos romanos (como dizem causticamente os Pais da Igreja)[251], eram exibidas estatuetas fálicas ou itifálicas. Na lenda de Promathion se alude a um poder masculino ine-

---

246. Plutarco, Vida de Rômulo, 2.

247. Cf. G. Dumézil, *Rituels Indo-Européens à Rome*, p. 138; C. Lévi-Strauss, Rites et Mythes des Peuples Voisins, *The Translation of Culture: Essays presented to E. E. Evans-Pritchard*, ed. T. O. Biedelman, Londres, 1971, p. 161 e ss.

248. Plínio, *História Natural*, xxvIII, vii.

249. Varrão, *Da Língua Latina*, vII, 97.

250. Festo, s. v. *Mutini Titini*; Paulo em Festo, s.v.

251. Tertuliano, *Apologético*, 23; Arnóbio, *Contra os Pagãos*, IV, VII, 11; Aurélio Augustino (S. Agostinho), *Da Cidade de Deus*, IV, 11; Lúcio Lactâncio, *Instituições Divinas*, I, xx,36.

rente à lareira ou intimamente associado a ela, como ocorreria no caso do *fascinus* guardado pelas virgens vestais. A anônima princesa de Alba é substituída por sua escrava num ato sexual ao qual talvez as práticas nupciais também façam referência. Existe aqui quase uma sugestão de casamento sagrado. Recentemente aventou-se que Heliogábalo, ao casar-se com a vestal Julia Aquilia Severa, talvez pensasse não apenas em mudar um costume romano por outro costume sírio, mas também procurava evocar tais hierogamias preservadas no mito e rememoradas em rituais que prometiam o nascimento de uma criança divina[252].

A vestal infiel, incestuosa, que sofre punição, tem como seu protótipo a "divina" Reia Sílvia, que encarna uma das formas de corrupção de uma vestal. A outra é tipificada em Tarpeia e ressoa em Ariadne, assim como, paradoxalmente, na meretriz Raab, sobre a qual discorremos anteriormente. Raab tem sido tema de múltiplas especulações por parte dos comentaristas rabínicos e bíblicos. Conta-se que casou com Josué e, por intermédio de Boaz, foi mãe de uma linhagem de reis e profetas, à qual pertenceu inclusive Cristo. Sua casa, edificada sobre a muralha de Jericó, sugere o acesso secreto a um lugar bem guardado; o cordão escarlate pendurado como sinal de que ela fora eximida da terrível sina que aguardava seus concidadãos (cuja proteção sétupla foi desfeita pelos circundamentos da Arca), relembra o fio vermelho que mostrou a Teseu o caminho para escapar das sete voltas do labirinto do Minotauro. À semelhança de Ariadne e de tantas outras heroínas gregas e romanas (às quais já me referi), Raab trai seu próprio povo e o entrega ao dominador estrangeiro. Os comentaristas da época patrística viram no cordão escarlate um sinal da salvação pelo sangue[253].

Na genealogia de Cristo, que S. Mateus cita no começo do seu Evangelho, Raab se casa com Salmon, habitante da Judeia, e é mãe da ancestral de Boaz. Por mais que o trecho em questão seja distorcido ou então convertido em matéria de especulação, os autores homiléticos comparam inevitavelmente o caso de Raab com o de Tarpeia, que traiu seu povo não por desejo de salvar-se ou em virtude da fé em um Deus ainda desconhecido, mas pela ganância de ouro. Há outros paralelos em que se repete o tema da traição em troca de ouro (Gullveig nas estrofes 21-24 da *Volüspa*) ou de prazeres sensuais (Sukanya em III *Mahabharata*, 123)[254]. Estes dois exemplos, tomados de poemas indo-europeus, mostram como a corrupção ameaça a magia poderosa do reino divino. A corrupção da donzela, entretanto, é associada a uma hierogamia. Por trás destas figuras

252. Dionísio de Halicarnasso, LXXIX, 9; Herodiano, *História dos Grandes Imperadores*, V, 6, i-ii; cf. Lamprídio, em *Scriptores Historiae Augustae*, 6, v. Comentário sobre tudo isso em Gagé, op. cit., p. 201, n.2.

253. Assim Clemente Romano, *Carta aos Coríntios*, 12; Orígenes, *Segunda Homília sobre Josué*; Justino o Mártir, *Diálogo com Trifo*, 11 etc.

254. Ambos citados em Dumézil, *Tarpeia*, Paris, 1947, p. 253 e ss., 287 e ss.

assoma, inevitavelmente, a personalidade sombria da rainha-meretriz, cuja sagrada união com o estrangeiro confere a este a realeza.

Essa relação adota estruturas diversas. Aparentemente, tais ritos são muito antigos em Roma, mas inclusive ali, por meio da virgem junto à lareira sagrada e sua união culpada ou substitutiva com um deus ou com um herói, bem como mediante seu castigo, é fundada uma nova cidade, uma nova aliança, uma nova nação, um novo Estado.

Daí o lugar ambíguo que Tarpeia ocupa na história e nos ritos romanos. Ela é a traidora da lenda, mas, por sua vez, receptora de uma libação anual. Segundo Mommsen[255], esse sacrifício era importantíssimo, pois inaugurava os Dies Parentales, uma festa em homenagem aos antepassados que durava nove dias. O *parentatio* a Tarpeia era um sacrifício do Estado, que oferecia uma virgem vestal junto à sua suposta tumba a cada 13 de fevereiro. Não há motivos, com efeito, para duvidar do teor do calendário de Filolau: *virgo vestalis parentat*[256]. Aca Laurência era homenageada também com um *parentatio* que o Flamen Quirinalis e os Pontífices oficiavam junto à sua tumba[257]. Deste modo Aca, a mãe adotiva de reputação duvidosa, era associada ritualmente a Tarpeia, patrona da rocha capitolina cujo nome, segundo pensam alguns estudiosos, é uma forma sabina do prefixo Tarch-, Tarq- que mencionei anteriormente[258]. Do mesmo modo que a meretriz e a falsa vestal aparecem associadas no rito, a meretriz também é associada a outra falsa vestal no mito, pois é a mãe adotiva dos filhos de Reia Sílvia, e com ela forma o tipo de pares de mães de herói, no qual Caeculus e Sérvio Túlio também parecem estar implicados.

Aca, segundo conjeturas de Wissowa, estava relacionada, além de outras figuras, com a deusa Larunda, de origem sabina, cujo culto Tito Tácio trouxe a Roma, segundo Ausônio[259]. Uma triste história sobre ela é relatada nos *Fastos* de Ovídio[260], onde ela é apresentada caminhando para o submundo e transformada na mãe dos *lares* gêmeos. Tanto no caso de Tarpeia como no de Aca, suas tumbas divinas recebiam o tipo de sacrifício reservado aos mortos, o que nos faz pensar que não eram tumbas no sentido ordinário do termo, porém santuários com uma

255. *Corpus Inscriptionum Latinarum*, I, p. 309.

256. Dionísio de Halicarnasso, II, 40; cf. W. Warde Fowler, *The Roman Festivals*, Londres, 1933.

257. Varrão, *Da Língua Latina*, VI, 23; um trecho um tanto adulterado. O Flamen Quirinalis oficiava apenas em duas outras solenidades: os Robigalia (25 de abril) e os Consualia (21 de agosto). Sobre sua função, cf. G. Dumézil, *La Religion Romaine Antique*, Paris, 1966, p. 161 e s. e também 266 e s. Sobre a meretriz Aca Laurência, mencionada pelo calendário prenestino (que legou sua fortuna ao povo romano), ver Th. Mommsen, *Römische Forschungen*.

258. Assim G. Dumézil, *Tarpeia*, Paris, 1947, p. 280.

259. Ausônio, *Technopaegnium*, VIII, 9; cf. Wissowa, op. cit., p. 187.

260. Ovídio, *Fastos*, III, 55 e ss.

espécie de cova sacrificial semelhante ao *bothros* grego, ou seja, algo realmente parecido com o *mundus*.

Alguns pesquisadores sugeriram recentemente que esse termo não pode se aplicado, por exemplo, às "tumbas" rituais de certas personagens lendárias como Rômulo, Aca Laurência e Tarpeia. As tumbas destas duas últimas não foram identificadas, mas a "tumba de Rômulo", no Comício, foi intensamente explorada; continha, entre outras coisas, um cipo muito antigo com uma inscrição, certamente mutilado na época republicana[261]; uma base moldada, de planta aproximadamente quadrada, atualmente muito mutilada, que provavelmente suportava dois leões; alguns outros objetos arcaicos, ex-votos, um puteal e um depósito de fundação que consiste, provavelmente, de restos de animais sacrificados e que incluíam, surpreendentemente, ossos de um ou mais abutres[262]. Festo foi o primeiro a referir-se a este lugar como a terrível pedra negra, lugar *funestum*, enquanto Dionísio de Halicarnasso o identifica como a tumba de Faustolo (pai adotivo de Rômulo, a respeito do qual se diz que ali caiu combatendo os sabinos) ou de Hostílio[263]. Horácio e seus escoliastas parecem indicar que se tratava da tumba do próprio fundador[264], enquanto Plutarco sugere que aquele ponto negro lúgubre era o *mundus* original da primeira fundação[265].

Próximo dele havia monumentos extraordinários que falavam da vida mais remota da cidade: a figueira sob a qual haviam sido abandonados os gêmeos fundadores no Palatino, transportada para este novo lugar por um áugure taumaturgo[266], e uma estátua de bronze da loba, semelhante à que ainda se encontra no Palatino[267].

A tradição sobre a fundação do Palatino é explícita, mas é possível que nos tempos de Plutarco a pedra negra ocultasse coisas sagradas e assustadoras, e que às vezes se aludisse a ela como *mundus*. Quanto ao *mundus* sobre o Palatino, diversos arqueólogos propuseram identificá-lo com algumas das cisternas escavadas naquele lugar[268].

O caráter defensivo do *mundus*, a natureza protetora da imagem do corpo feminino manifestada na configuração da cidade, devem ser agora evidentes. Estes, por sua vez, nos remetem a outros elementos femininos na estrutura da cidade, o *mundus* como *locus genitalis*, como fonte de vida da cidade. Por outro lado, a cidade toda é geralmente representada como uma entidade feminina, a *tyche* da cidade, com sua

261. Lugli, op. cit., p. 123,
262. Ver supra, p. 30; cf. Gjerstad, op. cit., p. 384.
263. Dionísio de Halicarnasso, I, 87, ii.
264. Quinto Horácio Flaco, XVI, *Epodos*, 13 e s.; também Scholia.
265. Plutarco, *Vida de Rômulo*, XI.
266. Attus Nevius: a história da figueira que foi trasladada de seu lugar original no Lupercal, em Plínio, *História Natural*, XV, 20; Tácito, *Anais*, XIII, 58.
267. Lívio, X, 23.
268. Lugli, op. cit., p. 423 e ss.

coroa mural[269]. De mais a mais, a cidade era protegida pela senhora da lareira e por suas sacerdotisas intactas. E tudo isso relacionava-se com a protetora – ou o protetor – secreta da cidade.

O protetor ou a protetora divinos eram parte de todo um complexo aparato defensivo metafísico. Havia defesas físicas, como as fortificações e os fossos. Outras, tais como as fórmulas, os ritos e os monumentos apotropaicos, cumpriam uma função mágica. Contudo, todos estes recursos protetores, materiais ou mágicos, integravam-se numa unidade maior, e esta unidade era um fenômeno social e religioso, e não simplesmente mágico. Sua finalidade era não apenas conservar, mas também nutrir e fortalecer. Mesmo o *apotropos* mágico era uma função do grande todo, da cidade como uma máquina de pensar, como um instrumento para entender o mundo e a difícil situação do homem nele.

---

269. Muitas foram conservadas; cf. S. Reinach, op. cit.; s. v. Ville, *Personification*; também T. Dohrn, *Die Tyche von Antiochia*, Berlim, 1960, p. 9 e ss. Sobre deusas hititas com coroas murais, ver E. Porada, Battlements in the Military Architectureof the Ancient Near East, *Essays Presented to R. Wittkower*, D. Fraser, H. Hibbard e M. J. Lewine (eds.), Londres, 1969, p. 2.

5. As Analogias

Tudo quanto é verdadeiro acerca da cidade antiga pode ser aplicado, de forma mais generalizada, à cidade "tradicional" (emprego o termo no sentido que lhe confere Guénon). No entanto, gostaria de insistir na magnitude e na complexidade crescentes, no caso particular da cidade etrusco-romana, para cujo estudo adequado apresentarei como confronto outros exemplos, às vezes desconcertantes, de ritos, costumes e monumentos análogos, com seu caráter peculiar: exaltado no hindu, épico no africano, e vinculado à terra, no ameríndio.

O paralelo hindu é a constituição do mandala.

O MANDALA

O significado original desta palavra tem sido ofuscada, pelo emprego que os psicólogos fazem dela recentemente, como um termo quase técnico. Originalmente significava "círculo" em sânscrito, e incluía as noções de "centro" e "circunferência". Nos rituais hindu e tibetano, e particularmente no jargão da ioga, passou a significar um desenho complexo que consiste de um ou vários círculos concêntricos, nos quais um quadrado é inscrito; o quadrado, por sua vez, é dividido por diagonais em quatro triângulos[1]. Há numerosas variações deste esquema básico, que abrangem normalmente todo um sistema iconográfico de figuras simbólicas, plantas e animais. Assim como o *templum*, ou

---

1. G. Tucci, *The Theory and Practice of the Mandala*, Londres, p. 85 e ss.

145. MANDALA DE AMOGHA-PASA, *Nepal, datada de 1504. British Museum, Londres.*

146. O VÁSTUPURUŠAMANDALA, de acordo com o Brhatsamhita, LII, 43 e s. Segundo Kramrish, The Hindu Temple, I, p. 32.

o labirinto, era uma cosmografia, um diagrama da ordem universal. O iogue o utiliza para fixar sua atenção, primeiro a fim de identificar as diferentes partes de seu próprio corpo com os distintos setores do diagrama e depois, mediante tal identificação, integrar-se na ordem do universo, para assim "deificar-se". Porém, como o labirinto, um mandala pintado pode possuir um simples valor apotropaico, e ser exibido ou pintado na fachada dos edifícios para protegê-los de más influências. Nesse sentido, o fato de pintá-lo parece cumprir uma função apotropaica e terapêutica análoga às repetidas recitações dos "poemas épicos da criação", como o *Enuma Elish* babilônico.

O mandala também é desenhado ritualmente sobre o solo plano quando um guru deseja iniciar um discípulo. Neste caso, ele se converte na imagem de um estado paradisíaco cujo acesso – tudo isso parecem reverberações das histórias de Édipo e de Teseu – é guardado por quatro demônios, sentados diante de cada uma das quatro portas do mandala. No curso de sua iniciação, o discípulo deve superar um certo número de provas, até alcançar o centro do mandala, identificado como o centro do mundo[2].

---

2. Mircea Eliade, *Yoga: Immortality and Freedom*, Londres, 1958, p. 219-227; cf. M. Eliade, *Images et Symboles*, Paris, 1952, p. 66 e s. e G. Tucci, op. cit., p. 42 e s. e 47 e s.

Um dos ritos essenciais na fundação de um templo hindu é o traçado de um *vástupurušamandala*[3]. Trata-se de um quadrado cujos lados podem ser divididos por qualquer número de 1 a 32, o que resulta de 1 a 1.024 unidades que serão posteriormente repartidas, mediante diversas combinações, entre um certo número de divindades[4]. O termo em si compõe-se de três partes: a última delas é o mandala, ao qual já me referi; *Vástu* pode ser entendida como a extensão total do ser ordenado ou, em termos mais mundanos, como o lugar do edifício[5]; *Purusa* é o homem cósmico, a origem da existência e, ao mesmo tempo, a manifestação do que está além do ser. O termo também pode ser tomado na sua acepção mais tosca: espírito, homem[6]. Seria inútil, portanto, dar uma única tradução da palavra que pode significar, por um lado, algo como "um diagrama do homem cósmico, que resume a totalidade do ser ordenado e assim manifesta o que está além do ser e, de outro lado, simplesmente o mandala do espírito da planta do edifício, ou inclusive do seu lugar. Mas tudo isso não passa de uma redução pobre, simplista e estéril de um conceito riquíssimo"[7]. No curso da fundação ritual de um templo, esse diagrama é traçado cerimonial e minuciosamente sobre o solo, e adornado com flores, luzes e incenso. Neste contexto, transforma-se numa espécie de programa da construção, uma planta metafórica e uma profecia do que será edificado naquele espaço.

A forma quadrada não procura imitar a da Terra, mas simbolizá-la, pois a Terra é redonda na cosmologia indiana. A forma quadrada, portanto, "não remete ao contorno da Terra. Ela conecta os quatro pontos estabelecidos pelos pares primários de opostos": norte, sul, leste e oeste – o pôr e o nascer do sol, e as duas extremidades do eixo do mundo. "A Terra é, pois, chamada de *caturbusti*, de quatro pontas"[8]. Ademais, o método para traçar o quadrado cerimonial sempre pressupôs um círculo; era estabelecido por meio de um procedimento de traçar círculos que se intersectam, com a ajuda de cordas amarradas a estacas[9].

3. S. Kramrisch, *The Hindu Temple*, Calcutá, 1946, I, p. 21 e 58 e s.

4. *Manasara*, VII, 71 e ss.; *Viśwakarma Vatuśastram*, XVIII. Numa nota sobre *Manasara*, VII, 155, Acharya aduz material comparativo de outros tratados de arquitetura, bem como alguns comentários acerca das divisões do sítio de modo diverso da quadripartição.

5. Da raiz *vas*, "morar, estar num lugar" e, por conseguinte, tudo o que tem a ver com construção: o solo, a edificação, o veículo, o equipamento. *Architecture of the Manasara*, trad. de K. P. Acharya, Londres e Bombaim, 1933, I, 6; III, 3.

6. Sobre *purusa* como "homem" no contexto indo-europeu geral, ver E. Benveniste, *Le Vocabulaire*, II, p. 155 e s. O significado mais "espiritual", no entanto, é igualmente válido. Cf. *Brhad-aranyaka Upanisad*, I, 4, i (trad. de Radakrishnan): "No princípio este mundo era unicamente o eu, na figura de uma pessoa. Olhando ao redor, não viu nada mais que a si mesma [...]".

7. O primeiro significado em Kramrisch, op. cit., I, p. 21; o segundo, com sua etiologia mística, em *Viśwakarma Vatuśastram*, p. xvii e ss.

8. Kramsrisch, op. cit., p. 17; *Rig-Veda*, X, 89, IV; *Sonder-Bericht*, VII, 1, 1, 37.

9. Kramsrisch, op. cit., p. 22.

O diagrama funciona para dentro, a partir da borda dos nove quadrados centrais consagrados a Brahma. O *vástupurušamandala* original era muito mais simples, um recinto ao redor do altar védico do fogo. De todo modo, a construção de um altar do fogo era uma cerimônia de importância capital na religião védica. A cerimônia tinha início com a abertura de quatro sulcos, que formam um quadrado. O centro de cada lado e os quatro ângulos uniam-se por meio de outros quatro sulcos. No ponto em que se cruzavam os sulcos interiores, o brâmane oficiante plantava um tufo de grama. Em seguida, fazia ali mesmo uma série de complicados sacrifícios antes que o altar do fogo pudesse ser construído[10].

O *Sataphata Brahmana* pode ter sido composto na mesma época em que Roma era governada por reis. Nas Brâmanas encontram-se outras tantas normas entremeadas sobre a construção de edifícios. No entanto, a habilidade e os conhecimentos próprios do arquiteto, o *shilpa*, estavam codificados nos *shastras*, em tratados que alegadamente remontam ao arquiteto dos Dewas, Vishvakarma – e, num caso, até Maia, o artífice que trabalhava para os demais espíritos, os Asuras. Havia outros muitos livros canônicos ou quase canônicos que tratavam, em grande detalhe, dos ritos relacionados à construção e às proporções dos edifícios e também das estátuas, todos eles compostos principalmente durante o período gupta[11]. Estas normas, apesar de sua prolixidade, nunca são completas; ao contrário, remetem constantemente o leitor à tradição oral e aos costumes locais, tanto no que concerne à habilidade artesanal quanto ao ritual[12]. Contudo, sempre são descritos a inspeção ritual do lugar e a cerimônia de aradura, bem como os temas apropriados para meditação enquanto aqueles são executados: a cor e os adornos dos dois bois, por exemplo, são descritos em pormenores pelo *Manasara*. E prossegue: "O arquiteto sábio meditará sobre os dois bois como se fossem o sol e a lua, sobre o arado como o deus-javali (Vishnu), e sobre o construtor como Brahma"[13].

É clara a analogia com o rito etrusco, reforçada em outros pontos, como a determinação do norte mediante o uso de um *gnomon*, a colocação ritual das estacas para a edificação retilínea, o traçado do mandala[14]. Estes ritos eram prescritos não só para a construção de altares e templos, como também para a edificação de cidades, por um lado, e de habitações particulares, por outro[15].

---

10. Sobre um comentário acerca deste ritual e suas analogias iraniana e europeia, ver G. Dumézil, *Rituels Indo-Européens à Rome*, Paris, 1954, p. 28 e ss.

11. Sobre os shastras, ver B. Rowland, *Art and Architecture of India: Buddhist, Hindu, Jain*, Harmondsworth, 1953, p. 164 e ss. O período gupta é usualmente datado de 320-600 d.C.

12. Cf. *Manasara, passim.*

13. *Manasara*, v, 82.

14. *Manasara*, vi, p. 23 e ss.

15. *Manasara*, xii, p. 153 e s.

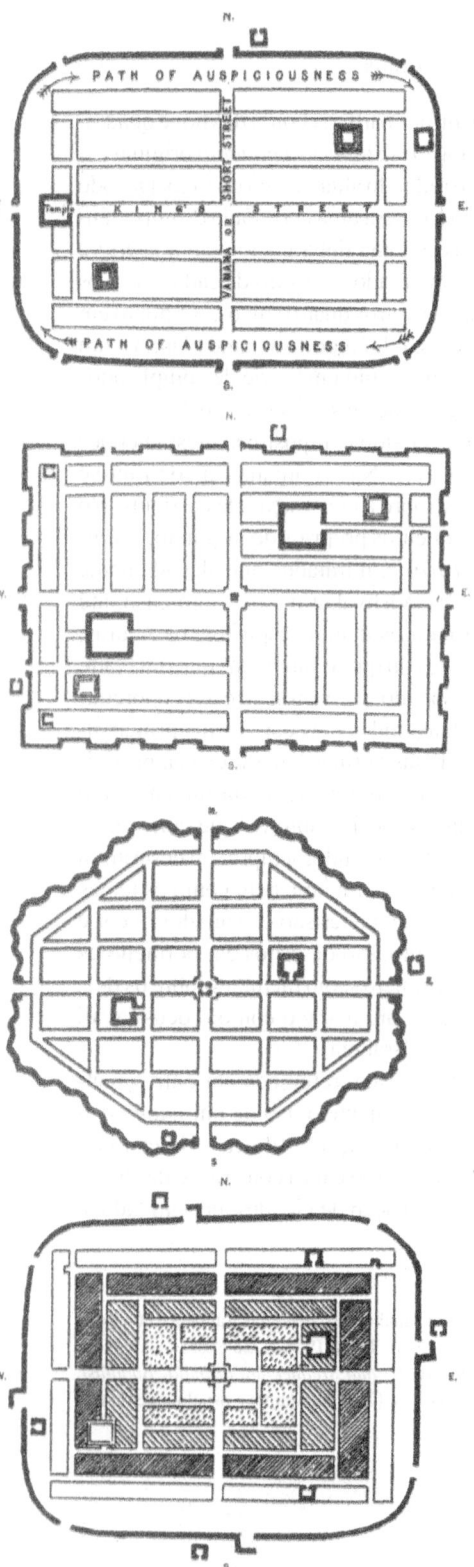

Quatro dos oito planos pro-totípicos de aldeias especificados pelo Manasara Silpasaštra. Se-gundo E. B. Havell.

147. *(a)* Dandaka, *a mais simples, apresenta as características essenciais do traçado cruciforme das ruas principais: de oeste a leste, a rua do rei, Rajapatha; de norte a sul, Mahakala-patha ou Vanapatha (rua larga ou rua do sul). Ao redor do perímetro interior há um amplo espaço livre, a Senda do Bom Augúrio (Mangalavithi), que os sacerdotes utilizavam diariamente para o rito de circundamento e que, em tempos de guerra, facilitava o trabalho das sentinelas. No cruzamento das ruas principais plantava-se uma figuei-ra-de-bengala ou um pipal, que representava a árvore celeste da mitologia indiana e dava sombra ao conselho da aldeia em suas reuniões.*

148. *(b)* O tipo de planta denominada Swastika.

149. *(c)* O tipo de planta denominada Padmaka *(folha de lótus).*

150. *(d)* O tipo de planta denominada Nandyavarta, *a moradia da felicidade. Aqui ela aparece dividida de acordo com as zonas de ocupação: a interior era assegurada aos brâmanes; a segunda, aos guerreiros; a terceira, aos artesãos; e a externa, aos camponeses. Todas as demais plantas prototípicas tinham normas similares acerca da forma em que deviam ser ocupadas as distintas zonas.* The Ancient and Medieval Architecture of India, *Londres, 1915, p. 9-17.*

Seria fácil, neste ponto, chegar à conclusão de que os usos romano e indiano – como talvez também o etrusco – derivam de um legado comum indo-europeu. Com certeza, os documentos mais antigos relacionados com ritos de delimitação e orientação são, inevitavelmente, pós-védicos. Entretanto, na Índia, muito antes da chegada dos invasores vedas, o trigo e a cevada já eram cultivados em terrenos arados e irrigados artificialmente, e a orientação era praticada em larga escala. Não creio que alguém se atreva a alegar que, na Índia da cultura de Harappa, tais práticas não se desenvolvessem conforme um esquema ritual, pois isso seria contrário às evidências referentes a todas as demais civilizações, uma vez que a Índia pré-védica parece responder ao modelo teocrático. Os ritos que conhecemos como indianos decididamente fazem parte da tradição hindu, porém isso não significa que possamos questionar se tinham ou não alguma relação com práticas anteriores.

Na tradição hindu, contudo, a complexidade do rito de fundação estendia-se inclusive à ocupação efetiva da cidade. O *vástupurušamandala*, que variava no que concerne à atribuição dos distintos quadrantes e "casas" aos diferentes deuses, servia também de norma para a utilização e delimitação de zonas, segundo as castas nas quais se dividiam a cidade ou a aldeia. Porém, mesmo na descrição do rito para a construção do altar do fogo, tal como estabelece o *Sataphata Brahmana*, há um nítido contraste entre o objeto construído e o mandala; este, com efeito, funciona da borda para o interior, mas a construção propriamente dita funciona do centro para fora, ou seja, do *gharbha griha*, "a câmara do útero", onde estava a estátua do culto do templo. O próprio *gharbha*, "o útero do templo", estava relacionado, como palavra e como objeto, com a câmara do útero; sua posição podia variar de acordo com fatores tais como a casta do fundador, mas o objeto em si era sempre o mesmo: um recipiente de bronze que continha as riquezas da terra: pedras preciosas, metal, terra, raízes e plantas, que eram as sementes da energia e do poder do edifício[16].

O guru que supervisionava a construção tinha que depositar o recipiente no edifício numa "noite de estrelas" propícia. O paralelismo entre o *gharbha* e o *mundus* parece suficientemente óbvio. A relação *templum* – labirinto – mandala, ainda que talvez menos evidente, é corroborada pelo fato de que o *templum*, assim como o mandala, transforma-se numa "profecia" do edifício ou da cidade e, ao mesmo tempo, garante a sua estabilidade, sua imobilidade num mundo cheio de incertezas. Um hindu pensativo, ainda que tenha apenas uma vaga consciência da terminologia da ioga, ao olhar para um templo, pode deduzir da sua contemplação o *vástupurušamandala* e identificar seu

16. Uma "semeadura" análoga, com metal e pedra, num ritual hitita; ver James B. Pritchard, Ritual for the Erection of a House, *Near Eastern Texts*, Princeton, 1955, p. 356. Cf. Rowland, op. cit., p. 171; *Viśwakarma Vatuśastram*, p. LXV e s.

próprio corpo, membro a membro, com as diferentes partes daquele e com a totalidade do universo, que o templo representa. De forma semelhante, um romano familiarizado apenas superficialmente com a cosmologia tradicional – decerto sem chegar às sutilezas discutidas pelos filósofos, seria capaz de inferir o *templum* a partir do traçado da cidade e, deste modo, situar-se com segurança no mundo[17].

Analisei o exemplo mais rarefeito e "espiritual" de um rito relacionado, ou pelo menos similar, ao *ritus etruscus*, como também outros mais elaborados que receberam as mais refinadas interpretações filosóficas e teológicas.

OS RITOS DOS MANDÊS

Há, contudo, outros ritos, mais sangrentos e bárbaros, conservados pelo menos na tradição popular, e que apenas conhecemos na forma tosca dos relatórios dos antropólogos. Em 1907-1909, enquanto visitava a África ocidental, Leo Frobenius conheceu um rito praticado por uma tribo chamada mandê[18]; essa informação lhe foi repetida várias vezes por nobres mandês. A cidade mandê, explicaram-lhe[19], costumava ser fundada por filhos de chefes que não recebiam uma parte da herança. Chegado o momento, abandonavam a cidade natal na companhia de representantes eleitos das três classes, guerreiros, bardos, ferreiros e outros acompanhantes de categoria inferior. Durante a primeira fase da lua, traçavam-se os contornos dos muros e os bastiões, e conduzia-se ao redor deles um touro, três vezes. Em seguida, o animal era levado para dentro do recinto, junto com quatro vacas. Depois de haver padreado três delas, era sacrificado. Seus órgãos genitais eram enterrados no centro da cidade e sobre eles erguido um altar fálico, junto ao qual escavava-se um fosso sacrificial. Sobre o altar eram sempre sacrificados três animais, e quatro no fosso. Era importantíssimo compreender, disseram os informantes a Frobenius, que o touro estava relacionado

17. Cf. *Viśwakarma Vatuśastram*, p. xxii e ss.; *Manasara*, vii, p. 254 e s.

18. Leo Frebenius, *Kulturgeschichte Afrikas*, Zurique, 1933, p. 177 e ss. Não está de todo claro a quem Frobenius se refere com estes mandês. Existe uma tribo com este nome em Serra Leoa, mas trata-se de imigrantes mandingas recentes, que ocupam este território apenas desde o século xviii (C. Fyfe, *A History of Sierra Leone*, Londres, 1962, p. 6, 399). Frobenius parece estar falando aqui dos povos mandingas em geral, que vivem no território do antigo império de Mali e além dos seus limites, especialmente em direção ao sul e ao oeste. Talvez Frobenius seja demasiado assertivo ao descrevê-los como descendentes ("Epigonen") dos garamantes da Antiguidade clássica; ver Charles Daniels, *The Garamantes of Southern Libya*, Staughton, Wisconsin e N. Harrow, Middlesex; mais particularmente, p. 36 e ss. sobre suas cidades.

19. Ver também W. Müller, *Die Heilige Stadt*, Stuttgart, 1961, p. 160 e ss.; C. G. Jung e K. Kerenyi, *Introduction to a Science of Mythology*, Londres, 1951; e M. Eliade, op. cit., p. 321.

com a lua, e que a forma da cidade (que podia ser quadrada ou circular) representava, de algum modo, o sol.

O próprio Frobenius já assinalara as analogias com a prática romana: Ver Sacrum, *pomoerium*, *mundus* aparecem aqui representados de forma rudimentar[20]. Noutra ocasião Frobenius recebeu uma explicação distinta do rito, mais circunstanciada e de tom épico[21]. O local era designado mediante os augúrios correspondentes; os guerreiros montados conduziam o touro três vezes ao redor da circunferência da cidade. Tanto os cavaleiros como o touro saltavam por cima do vão correspondente a cada um dos quatro portões que davam para os quatro pontos cardeais. A carne do touro era comida num banquete de comunhão para selar a aliança entre os novos habitantes da cidade. Os genitais ressecados do touro deveriam ser enterrados no fim da terceira fase lunar. Não se podia edificar casas e nem começar o trabalho até que outro sacrifício fosse celebrado sobre o altar e no fosso. Eram proibidos casamentos e comércio que envolvesse estrangeiros. Os caçadores não podiam sair, e nenhum touro era sacrificado. Esta situação deveria prolongar-se pelo menos durante três meses. Os informantes de Frobenius contaram-lhe também sobre uma segunda parte do rito, mas ele não acreditou que se tratasse de um conjunto de normas, e sim de um relato mítico acerca de uma fundação que ocorreu certa vez. O próprio Frobenius escreveu em outro lugar que na mitologia dos mandingas alude-se a uma cidade perfeita, com quatro portões e orientada nas quatro direções: a cidade de Wagadu, quatro vezes perdida, cantada pelos bardos mandingas[22], que se perdeu quatro vezes por causa da fraqueza humana, foi reconstruída outras quatro vezes, modificada quatro vezes de novo, e que algum dia ressurgirá[23]. Os nobres mandês explicaram a Frobenius que, possivelmente, a segunda parte dos ritos dos horros não era oficiada no curso de suas frequentes fundações de cidades, mas estava reservada – como suspeitou Frobenius – para aquela grande ocasião futura. Isso é o que lhe explicaram: três meses mais tarde, após a finalização da primeira série de cerimônias, um segundo touro fechado no recinto, irmão daquele que tinha sido sacrificado durante a primeira fundação e semelhante a ele em todos os pormenores, teria rompido suas amarras ao chegar o solstício da primavera e escapado do recinto para campo aberto, perambulando selvagem até o momento em

20. Georges Dumézil e seus seguidores acrescentariam um caso ainda mais surpreendente de empréstimo: a presença ritual das três classes que, segundo Dumézil, é o traço característico das sociedades indo-europeias arcaicas. De mais a mais, a divisão em guerreiros, bardos e trabalhadores sugere aquela atribuída por Dumézil aos indo-europeus.

21. Frobenius, op. cit., p. 177.

22. Vale a pena observar que a capital do antigo reino Mossi era chamada Wagadigu; atualmente, Ouagadougou é uma cidade importante do Alto Volta (atual República de Burkina Fasso).

23. Frobenius citado em W. Müller, op. cit., p. 160 e s., 256, nota 1 e s.

que se deteve em frente à cabana de uma virgem nobre e núbil. Ali foi encontrado pelos representantes das três classes, que entraram na choupana e tiraram a virgem; suas virtudes foram enaltecidas pelos bardos e os trabalhadores consagraram-na, derramando trigo sobre ela. Finalmente o touro, agora manso, regressou à cidade com a jovem sobre o lombo, rodeou a área cercada três vezes, seguindo o curso do sol e entrando no recinto pelo portão oriental.

Quando chegaram ao centro, o touro foi sacrificado no altar, e a virgem no fosso. Os bardos entoaram um hino sobre o matrimônio do sol e da lua. O corpo da virgem foi sepultado à esquerda do portão oriental, e o do touro, à direita. As ombreiras da porta foram colocadas sobre os dois corpos, e em seguida erguidos os demais portões. A partir daquele momento a cidade ficou aberta ao mundo. Como já tinha portões, as pessoas podiam entrar e sair tranquilamente. Este relato épico minucioso requer uma exegese própria. Para os meus propósitos, no entanto, será suficiente repetir o sucinto comentário de Frobenius: "Está claro que nessas cerimônias clássicas (e em outras semelhantes) que tiveram sua origem na Ásia ocidental, a imagem do mundo converte-se num cenário para os homens, e o templo transforma-se no espelho do universo"[24].

OS RITOS DOS BORORÓS

Existe um paralelo em outro povo ainda mais primitivo, os bororós de Mato Grosso, no Brasil. Nada sabemos acerca de seus ritos de fundação, mas contamos com dados abundantes sobre a configuração real de suas aldeias. Estas eram organizadas de modo a formar um círculo ao redor da casa dos homens e do espaço reservado para as danças, divididas em quatro partes por dois eixos, de norte a sul e de leste a oeste. Estas divisões regiam toda a vida social da aldeia, seus sistemas matrimoniais e de parentesco. Parece inclusive que, em tempos remotos, esta organização era ainda mais complexa em virtude de uma divisão da aldeia em oito tribos no sentido vertical, e em três classes no sentido horizontal.

Apesar desta complexa estrutura social, com sua correspondente religiosidade, os bororós eram um povo primitivo. Não utilizavam o metal e possuíam apenas noções muito rudimentares de agricultura; encontravam-se praticamente na Idade da Pedra. Uma expressão híbrida como "um povo da Idade da Pedra moderna" pode ser enganosa; seria melhor descrevê-los, segundo um sociólogo brasileiro[25], como um bando de "crianças crescidas, com uma cultura incipiente

---

24. Frobenius, op. cit., p. 181. Cf. C. Daniels, op. cit., p. 43 e ss.

25. Gilberto Freyre, *The Masters and the Slaves (Casa Grande & Senzala)*, Nova York, 1956, p. 82.

151. Construção no esquema de drome-non. *Kejara vista da aldeia. No centro, a casa dos homens e o terreno destinado às danças. Entre os bororós, a elaborada dança funerária, sujeita a normas estritas, contrasta acentuadamente com a aparente falta de forma de Kejara, aldeia nativa destes dançarinos. O que concilia entre ambas é a complexa estruturação, social e por clãs, do plano da aldeia (figs. 152 e 153). Segundo Lévi-Strauss.*

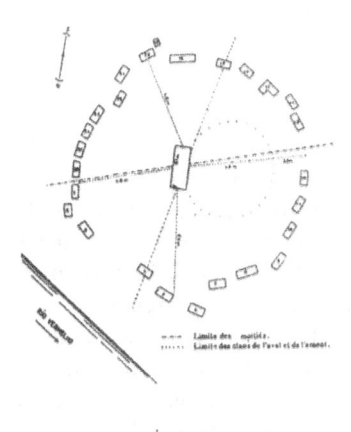

152. Plano esquemático de Kejara, *no qual estão indicadas as divisões das duas metades, bem como os clãs rio acima e rio abaixo. Segundo C. Lévi-Strauss.*

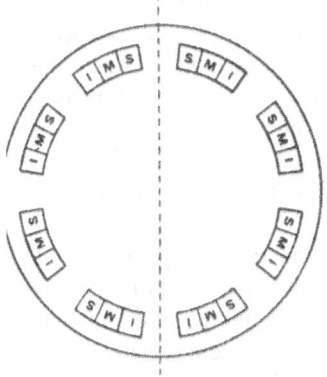

 schéma classique du village Bororo

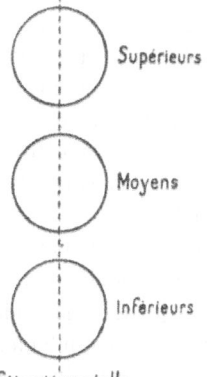

Supérieurs

Moyens

Inférieurs

Situation réelle

153. *As estruturas real e aparente da* aldeia dos bororós. *Segundo C. Lévi-Strauss*

154. UMA DANÇA FUNERÁRIA EM KEJARA. *Segundo C. Lévi-Strauss.*

e imatura ou, variando as imagens, uma cultura à qual ainda não saíram os dentes, sem a estrutura óssea, o desenvolvimento ou a capacidade de resistência das grandes semicivilizações americanas". Os missionários salesianos, que foram os primeiros a entrar em contato com os bororós, viram que o único modo de abordá-los era convencê-los a abandonarem sua aldeia tradicional e se assentarem numa nova aldeia de cabanas retangulares, dispostas em fileiras paralelas. Isso aniquilou totalmente o complexo sistema social dos bororós, tão intimamente vinculado ao traçado da aldeia, que não foi capaz de sobreviver ao ser transplantado para um ambiente diferente. No entanto, a mudança mais radical produziu-se pelo fato de que os bororós, não obstante seu modo de vida quase nômade, sentiram-se completamente desorientados no mundo, tão logo se desvincularam da cosmologia tradicional demonstrada no plano de suas aldeias. Por conseguinte, estavam dispostos a aceitar avidamente qualquer outra explicação plausível que lhes fosse oferecida, para ordenar o universo confuso no qual agora se encontravam[26].

As concepções dos bororós mostravam um certo grau de elaboração, enquanto suas aldeias eram construídas para durar muitos anos. Porém, mesmo quando suas aldeias mudavam de lugar por longos ou breves períodos, mantinham a ordem da aldeia organizada e sua disposição geométrica, ainda que se detivessem unicamente para

26. Citado por Claude Lévi-Strauss, *Tristes Tropiques*, Paris, 1955, p. 227-233.

acampar durante uma noite[27]. Tampouco se rompia a ordem quando as aldeias cresciam muito, como se diz que ocorreu no começo do século xx[28].

OS SIOUX

A organização social e geométrica da aldeia bororó possuía muitas analogias similares entre os índios americanos. Infelizmente, sabemos acerca da mitologia daqueles construtores muito mais do que sobre seus procedimentos rituais. No caso dos índios norte-americanos estamos melhor informados. A concepção de um espaço dividido e repartido de modo a unir a ordem do céu e da terra, a divisão do círculo em quatro partes como elemento essencial desta disposição, figura às vezes numa situação de nomadismo completo. Assim, por exemplo, Alce Negro, um xamã, ou santo homem dos sioux oglala, que fora discípulo do chefe Cavalo Louco, queixava-se que os colonos do meio-oeste haviam dispensado ao seu povo o mesmo tratamento que os salesianos deram aos bororós:

Fizemos estas pequenas casas cinzentas de madeira que você vê, e elas são quadradas. É uma forma ruim de viver, porque num quadrado não pode haver nenhuma força. Você já deve ter percebido que tudo o que os índios fazem ocorre em círculo, porque o Poder do Universo trabalha sempre em círculos, e tudo procura ser feito redondo. Os pássaros constróem seus ninhos em círculos, porque a religião deles é igual à nossa. Nossas tendas eram redondas como ninhos de pássaros, sempre dispostas em círculo, representando o anel da nação, um ninho feito de muitos ninhos, onde o Grande Espírito quer que criemos os nossos filhos. Mas os *wasichus*[29] nos colocaram nestas caixas quadradas. Nossa força desapareceu e estamos morrendo[30].

Alce Negro, todavia, ainda que demonstrasse seu desprezo pelas habitações de planta ortogonal, dividiu o círculo em quatro partes. Durante a grande dança do cavalo, executada pelos oglalas como resultado de uma visão de Alce Negro, a seguinte cerimônia desenvolve-se na tenda sagrada: "Exatamente no meio da tenda os Avós fizeram um círculo no solo com uma pequena vala e, atravessando-a, pintaram duas trilhas, uma vermelha de norte a sul e outra negra, de leste a oeste [...]"[31] e essa divisão em quatro partes define toda a cerimônia. Noutra ocasião, quando Alce Negro teve sua visão messiânica do cão, o solo para sua lamentação ritual, que deu origem à visão, foi preparado por outro xamã mais velho, Poucas Caudas: "Subimos até o ponto mais

27. Claude Lévi-Strauss, *Anthropologie Structurale*, Paris, 1958, p. 156 e s.
28. C. Lévi-Strauss, op. cit., p. 158 e 163.
29. *Wasichu* é geralmente traduzido como "cara-pálida".
30. John G. Neihardt (Flaming Rainbow), *Black Elk Speaks*, Lincoln, Nebraska, 1961, p. 198.
31. Idem, p. 169; cp. p. 24, 210.

alto da colina e consagramos o lugar espalhando sálvia sobre ele. Então Poucas Caudas fincou no meio um bastão florido e colocou oferendas a oeste, ao norte, ao leste e ao sul"[32].

Os seis poderes, que Alce Negro chama de Avós, representam os quatro pontos cardeais, o céu e a terra. Nos ritos e mitos dos sioux parece repetir-se obsessivamente o simbolismo das quatro partes. O universo "religioso" dos sioux, empregando as mesmas palavras de Alce Negro, é quadrado, "quadratus" e circular, muito semelhante ao dos áugures romanos.

OS TIWIS

O círculo é, naturalmente, uma figura universal na religiosidade dos povos "primitivos", anterior inclusive à capacidade de traçar círculos com ajuda de uma estaca e de corda, precedendo – apresso-me a acrescentar – conceitualmente sua realização temporal. J. P. Mountford, um antropólogo inglês, descreve o "terreno" ritual de uma "sociedade secreta" do inhame entre os tiwis da ilha Melville, a norte de Darwin, na Austrália:

> Os homens encaminharam-se para um clarão na selva e, proferindo gritos abafados, golpeavam o solo com paus enquanto o chefe arrancou um tufo de relva e o lançou ao ar. No lugar exato em que este caiu, os homens escavaram um pequeno círculo, que eles chamam de *tumaparari* ou o umbigo, no qual os inhames deveriam ser cozinhados; em seguida sentaram-se e os homens empurraram a grama para fora com seus pés, até que a área toda, de aproximadamente 4,6 metros de diâmetro, ficou rodeada por um montículo de terra e de relva. Fincaram-se estacas ao redor do umbigo – forno e dentro desse espaço ascenderam-se gravetos de madeira e os inhames foram cozinhados[33].

Comer estes inhames é uma espécie de "première communion du genre humain" anterior ao costume de comer aqueles "gâteaux" dos quais falava Rousseau[34]. O gesto de formar o montículo de terra e relva era um precedente do traçado de um *pomoerium*.

Numa operação específica, porém simples (cujo costume o *ritus etruscus* parece remotamente ecoar), enumeram-se as distintas fases de maneira tão tosca que temos a impressão de estar diante de uma caricatura do rito romano: a oposição entre centro e periferia, a forma geométrica, a conexão íntima entre a geometria do "objeto" (isto é, o

---

32. Idem, p. 186. As ilustrações de Urso-em-Pé para a história de Alce Negro são bastante fragmentárias. Mas a divisão do círculo em quatro partes é bela e amplamente ilustrada pelos desenhos de areia dos navajos. Ver Leland C. Wyman (ed.), *Bautway: A Navaho Ceremonial*, Nova York, 1957, *passim*; especificamente figs. IV, VI, IX, XI, XII, XIII e XIV.

33. J. P. Mountford, *The Tiwi*, Londres e Melbourne, 1958.

34. J. J. Rousseau, *Essai sur l'Origine des Langues*, Paris, 1969, p. 519.

155. Cópia de um desenho tiwi de uma cerimônia mítica Kulama. *a) O forno do inhame: os pontos representam as estacas fincadas no solo que rodeiam a fogueira. O círculo de traçado mais grosso é o montículo de terra que rodeia a área cerimonial. As figuras correspondem aos homens que entoam cânticos rituais. b) O líder do grupo dos homens. c) Iniciados que não tomam parte na cerimônia. d) Mulheres e crianças. Segundo J. P. Mountford, The Tiwi.*

"campo" ritual) e o corpo humano, são elementos mencionados explicitamente. Inclusive o *"mundus"* do centro – o forno do inhame – é um prenúncio das grandes cerimônias da Roma imperial.

SEPARAÇÃO, CULPA E RECONCILIAÇÃO

O rito dos inhames celebrado pelos tiwis leva-nos a considerar outro ponto que talvez não tenha sido adequadamente enfatizado: a separação entre o "campo" ritual e o secular, via de regra desconhecido, não registrado. A separação entre o conhecido e o desconhecido, entre o santo e o profano, entre o cultivado e o inculto recorda aqueles opostos binários que tanto agradam os antropólogos estruturalistas. No caso dos tiwis, a separação é temporária. Porém, para a maioria dos nossos contemporâneos, o ato da separação, o ato original da separação, que torna possível pensar *acerca* daquilo do qual nos separamos, está incorporado na história de nossa consciência, talvez formado na própria estrutura do cérebro: "A ascensão à consciência é o antinatural que há na natureza. A luta entre o especificamente humano e o universalmente natural constitui a história do desenvolvimento consciente do homem"[35].

Porém, apesar de tudo, essa separação é sempre vivenciada como uma perda. "A separação [...] é a queda, é incorrer na divisão, é a mentira

35. Erich Neumann, *The Origins and History of Consciousness*, Nova York, 1954, p. 16.

original"[36]. A separação, no entanto, é ao mesmo tempo um mal, uma queda e uma necessidade. Depreende-se, pois, que seja necessário punir a separação e realizar atos de expiação por ela. Alguns antropólogos postularam que o templo dos mortos é o edifício original, um templo dos mortos feito à imagem do corpo do antepassado, precisamente do antepassado morto:

> A deidade assassinada é a primeira a fazer a viagem dos mortos, e transforma-se no submundo, cuja imagem sobre a terra é a casa do culto. O Templo como imagem do mundo dos mortos e o assassinato primordial como origem da ordem cósmica estão, por conseguinte, estreitamente relacionados no mito. Não é de estranhar, pois, que sob diversas formas, a repetição mediante o culto do drama das origens recorda o assassinato original e também a construção de uma casa sagrada[37].

O certo é que construir – tudo o que significa construir – é necessariamente um ato realizado contra a natureza, um ato antinatural, no mesmo sentido empregado por Neumann quando este diz que o desenvolvimento da consciência não é natural. Quando alguém escolhe um sítio, ele o separa da natureza. Por mais frágil que seja a estrutura, o mero fato de selecionar um lugar para ela, de edificá-la, difere totalmente do que fazem os animais ao escolher um ninho ou um covil. O homem sabe o que faz, o animal, não. Por conseguinte, o estabelecimento de uma estrutura e a escolha do seu lugar são ações que exigem uma explicação por parte de quem as executa e que – uma vez que de certo modo trata-se de ações *contra* a natureza – deverá justificá-las.

Tudo isso faz parte deste mundo terrível em que sempre fazemos o que não deveríamos fazer e deixamos de fazer o que deveríamos. "Os primitivos consideram um ato sinistro e mortificante matar suas presas, mas não têm outra opção exceto fazê-lo, e por isso rodeiam-se de ritos expiatórios cuja finalidade é aplacar suas vítimas. Entretanto, nossa situação é inextricável"[38]. E construir, assim como possuir – pois de certo modo sempre se possui o lugar sobre o qual se edifica – faz parte dessa situação.

"Caim significa 'propriedade'. A propriedade originou a cidade terrena"[39]. Caim deriva da raiz *knh*, "possuir", que talvez tenha relação, como indica a Bíblia, com *kna*, "invejar". Caim, o possuidor, o primeiro fundador de uma cidade "e Caim tornou-se um construtor de cidade e deu à cidade o nome de seu filho Enoch"[40]. O primeiro fratricida é o primeiro fundador de cidades. As lendas rabínicas falam

36. Norman O. Brown, *Love's Body*, Nova York, 1966, p. 148 e s.

37. Ad. E. Jensen, *Mythos und Kult bei Naturvölkern*, Wiesbaden, 1960, p. 198; cf., por exemplo, M. Griaule, *Conversations with Ogotemêli*, Londres, 1965, p. 114 e ss.

38. G. de Santillana, *The Origins of Scientific Thought*, Londres, 1961, p. 8.

39. Aurélio Agostinho (Sto. Agostinho), *Da Cidade de Deus*, xv, 17; N. O. Brown, op. cit., p. 146.

40. *Gênesis* 4:17.

do infortúnio que o assassinato de Abel causou sobre toda a nature-za[41]. Propriedade e praga: a maldição do lavrador. À semelhança de Caim, Rômulo é o fundador fratricida, mas também há fundadores parricidas, como Teseu, e fundadores infanticidas. A fundação de uma cidade parece sempre carregar o ônus da culpa. Esta é outra das causas que explicam a estrutura ritual que descrevi antes. Uma vez mais, contamos com uma série assustadora de costumes análogos. O sacrifício infantil realizado pelos chineses na edificação de uma casa é um costume do qual subsistem somente referências nebulosas, mas as cabeças sacrificiais sob a soleira da porta ou sobre a empena eram tema conhecido[42]. O medo de fender o solo, de cortar o primeiro torrão de grama com o arado, era também muito forte: a primeira aradura da estação exigia o sacrifício de um casal[43]. Entretanto, numa escala mais ampla, nas origens das três primeiras dinastias chinesas figura o autossacrifício do antepassado dinástico pelo seu povo num lugar sagrado. O ancestral cria ademais uma dança, que se converte no emblema da dinastia. A dança, o lugar sagrado e o culto do antepassado convertem-se em símbolos do poder dinástico. "Mas as três coisas vêm a ser uma só, pois a dança do antepassado é o lugar sagrado que dança e que é dançado"[44]. Marcel Granet toma este tema e suas variações como fio condutor na sua obra *Danses et Légendes de la Chine Ancienne*, ao mesmo tempo em que assinala outra curiosa tradição: a divisão do corpo da vítima depois do sacrifício. Quando as virtudes dinásticas enfraqueciam, tais virtudes debilitadas eram expulsas do lugar sagrado, ou da cidade, pelo procedimento de lançar flechas nas quatro direções, ao mesmo tempo em que se esquartejava uma vítima sacrificial, carregando em seguida as quatro partes através dos quatro portões da cidade[45].

O CORPO ESQUARTEJADO COMO IMAGEM DO UNIVERSO

A execução e o esquartejamento das vítimas foram atribuídas ao próprio Confúcio por alguns historiadores antigos e suas biografias: Kong-Yang, Kou-Liang, Sin-You, Kia-Yu e Sseu-Ma Ts'ien[46]. Esta identificação da cidade com a imagem do mundo, e desta com a vítima, está implícita em numerosos sistemas divinatórios, como a aruspicação e a divinação pelas entranhas; é intrínseco ao *Enuma Elish*, pois o corpo do monstro (ou da vítima) transforma-se na matéria da qual é feito

41. Cf. Ralph Patia, *Man and Temple*, Nova York, 1967, p. 152.
42. M. Granet, *Danses et Légendes de la Chine Ancienne*, Paris, 1959, p. 548, nota 2.
43. Idem, p. 330, nota 1.
44. Idem, p. 50.
45. Idem, p. 238, 297.
46. Idem, p. 173 e ss.

o universo. Essa analogia chega a ser lugar-comum entre inúmeros povos africanos.

OS HAUÇÁS

Os hauçás, por exemplo, um povo forte e numeroso que vive no norte da Nigéria e no Níger meridional, apesar de sua islamização, preservaram uma "teologia" sacrificial muito explícita. A vítima é frequentemente dividida, ao longo da espinha dorsal, numa metade masculina e outra feminina, qualquer que seja o sexo a que pertença. Em outras ocasiões (num nascimento, por exemplo), é dividida em quatro partes: os quartos traseiros são dados ao Marabout e ao pai, e os quartos dianteiros, à mãe e à parteira. Este tipo de divisão estende-se também aos sacrifícios sem derramamento de sangue, como o do pão e o do sal, praticados por ocasião dos casamentos. Sobre estes sacrifícios, bem como sobre os demais, diz um autor moderno: "Os sacrifícios atuais, entretanto [...] são explicados pela substituição das vítimas humanas por animais. Tudo indica que a divisão das vítimas nos dias de hoje segue a concepção do corpo humano que guiava os sacerdotes nos velhos tempos, e ainda rege o conceito que as pessoas têm sobre seu próprio corpo"[47].

Os hauçás conservam um complexo sistema cosmológico e um tipo padronizado de planimetria urbana ortogonal, a ele relacionado[48]. Esta divisão do espaço acompanhada de muitos rituais[49], aplica-se, normalmente, à distribuição do solo. Sua identificação do corpo – humano ou da vítima substitutiva – com um universo dividido ortogonalmente em quatro quadrantes, não é tão estranha como poderia parecer à primeira vista, pois constitui a base de diversos ritos e práticas religiosas. Alguns – os relacionados com o mandala – já foram analisados, porém existem muitos outros, mais difundidos. Para dar um exemplo trivial, a prática cristã de fazer o sinal da cruz "sobre" o próprio corpo. O costume muito difundido de dar uma orientação definida aos enterros também se relaciona com essas concepções; algumas sepulturas do paleolítico tardio parecem ter sido orientadas conforme o eixo leste-oeste[50]; esse costume é mostrado, na sua mais elaborada forma ritual e descritiva, nos Textos das Pirâmides egípcios[51]. A identidade do corpo e de uma cidade dividida em quadrantes é estabelecida mediante suas divisões; independentemente de o contorno da cidade ser retangular ou circular.

47. G. Nicolas, Essai sur les Structures Fondamentales de l'Espace dans la Cosmologie Hausa, *Journal de la Societé des Africanistes*, XXXVI, 1966, fascículo 1, p. 101.

48. Idem, p. 69.

49. Ver infra, p. 215

50. Ver infra, p. 235-236

51. K. Sethe, *Die Altägyptischen Pyramidentexte*, Leipzig, 1908 e ss; cf. A. Piankoff e N. Ramborn, *The Shrines of Tut-Ankh-Amon*, Nova York, 1955, p. 22 e ss.

A mitologia dos hauçás tem outro aspecto interessante. O corpo humano é subdividido de vários modos numa direita masculina e numa esquerda feminina, numa frente masculina e num dorso feminino, que correspondem a uma divisão de cada pessoa conforme seu próprio sexo e, simultaneamente, a uma divisão do próprio corpo entre os clãs de seus pais, de modo que ela sabe que seu lado direito pertence ao clã paterno, e o esquerdo, ao materno[52]. Esta insistência em identificar o próprio corpo com as divisões dos clãs e, ao mesmo tempo, com a totalidade do assentamento, pode sugerir a ideia de origens andróginas, como as encontradas em outros lugares da África.

OS DOGONS

Os dogons, que vivem a oeste dos hauçás, oferecem-nos uma descrição elaborada do traçado padrão de suas aldeias, que pressupõe um conhecimento transmitido por meio de mitos e de rituais. "A aldeia", disse Ogotemêli, o venerável informante de Marcel Griaule, "deve estender-se de norte a sul, à semelhança do corpo de um homem deitado de costas. A aldeia chamada Ogol Baixo possui uma forma quase perfeita. A cabeça é a casa do conselho, construída sobre o quadrado principal, que é o símbolo do campo primevo".

Claramente, como em todos os casos semelhantes, existe um esquema familiar do qual o construtor talvez se veja obrigado a desviar-se por circunstâncias ou situações locais. Mas o esquema é bem conhecido e os desvios identificados.

Ogotemêli realmente explicara que se a aldeia fosse construída sobre um terreno plano, deveria ser quadrada, com suas ruas traçadas de norte a sul e de leste a oeste[53]. Mas isso era impossível no penhasco e no planalto em que viviam os dogons. No extremo norte da aldeia deveria ficar a forja, como lugar da criação da cultura. Nos extremos leste e oeste da aldeia encontravam-se as casas circulares, em formato de útero, para as mulheres menstruadas, que representavam as mãos. As habitações em geral constituíam o peito e o ventre da aldeia. Os altares comunais no extremo sul da aldeia eram os pés. O moinho para triturar o fruto do *sa*, a principal fonte para a obtenção da gordura, situava-se no centro da aldeia e representava os genitais femininos; "ao seu lado deveria ser erguido um altar referente à fundação, que é o órgão sexual masculino (da aldeia), mas por respeito às mulheres, este

---

52. M. Griaule, *Conversations with Ogotemêli*, Londres, 1965, p. 96 e ss.; cf. M. Palau Marti, *Les Dogon*, Paris, 1057, p. 57 e ss.

53. Os campos de cebola dos dogons ainda são divididos em quadrados; ademais, para determinadas finalidades, a aldeia e suas casas individuais são representadas como uma grelha. Geneviève Calame-Griaule, *La Parole chez les Dogon*, Paris, 1965, p. 518 e ss.

156. *O painel central de um* MANTO ALIADO VERMELHO, DOS DOGONS, *usado por um sacerdote totêmico durante as cerimônias de semeadura. O axadrezado maior representa a
disposição dos campos; os quadrados em diagonal, os diversos edifícios orientados. As
bordas estreitas e coloridas correspondem às distintas raças, e o axadrezado menor alude
aos mundos vegetal e animal. Há interpretações alternativas deste conjunto de símbolos.
Segundo G. Calame-Griaule,* La Parole chez les Dogon, *Paris, 1965.*

altar é edificado extramuros"[54]. Graças a Marcel Griaule é conhecido mais pormenorizadamente o simbolismo dos dogons, que chegou até nós com uma clareza superior ao que sabemos sobre a maior parte das sociedades africanas.

Não só o plano da aldeia é contemplado nesses termos orgânicos; também a casa de cada indivíduo é uma imagem andrógina:

> O vestíbulo, que pertence ao dono da casa, representa a parte masculina do casal, cujo órgão sexual é a porta exterior. O grande aposento central é domínio e símbolo da mulher; as despensas situadas de cada lado são seus braços e a porta de comunicação, seu órgão sexual. O aposento central e as despensas em conjunto representam uma mulher deitada de costas com os braços abertos; a porta aberta é a mulher pronta para a relação sexual[55].

"O aposento na parte de trás, no qual está a lareira e que dá para o telhado plano, representa a respiração da mulher, que está deitada no aposento central sob o teto, que simboliza o homem, cujas vigas representam seu esqueleto"[56]. Há muitas coisas mais, do mesmo teor[57]. Não só os elementos da casa são compreendidos deste modo, mas os comportamentos íntimos e as tarefas desenvolvidas no seu interior são também regidos por esta mesma perspectiva. Entre a fachada da casa, o plano da aldeia, o manto comumente utilizado e o esquema da máscara dogom estabelecem-se outros paralelismos, todos eles referentes ao mito das origens do mundo. Assim, quando o deus-criador Ammu fez o céu lançando sobre ele punhados de barro, uma parte deste mesmo barro espalhou-se para o norte; este barro

espalhou-se imediatamente para o sul, que é o fundo do mundo... A terra jaz no plano, mas o norte está no topo. Estende-se para o leste e para o oeste, com membros separados como um feto no ventre materno. É um corpo, isto é, com membros que se ramificam de uma massa central. Este corpo, deitado, com o rosto para cima, seguindo uma linha de norte a sul, é feminino. Seu órgão sexual é um formigueiro, e seu clitóris, um montículo de térmitas. Ammu, sentindo-se só e desejando manter relações sexuais com esta criatura, aproximou-se dela. Foi nesta ocasião que ocorreu a primeira ruptura da ordem no universo... Diante da aproximação do deus, o formigueiro elevou-se, obstruindo a passagem e exibindo sua masculinidade. Era tão forte como o órgão do estranho, e a cópula não pôde acontecer. Mas o deus é poderoso. Derrubou o formigueiro e teve uma relação sexual com a terra extirpada [...] dessa união defeituosa nasceu (um) chacal, símbolo das dificuldades de deus[58].

54. M. Griaule, idem.
55. Sobre a fundação da casa, cf. Calaume-Griaule, op. cit. A autora adverte que também é proibido manter relações sexuais fora da casa. Idem, p. 337.
56. Idem.
57. Cf. A. Ch. Lagopoulos, The semiological analysis of the traditional African Settlement, *Ekistics*, XXXIII, 195, fevereiro de 1972, p. 142 e ss.; também Fritz Morgenthaler, The Dogon People (2), em. C. Jencks e G. Baird (eds.), *Meaning and Architecture* Londres, 1969, p. 194 e ss.
58. M. Griaule, op. cit., p. 17.

O mito da criação oferece, entre outras coisas, uma etiologia da excisão do clitóris que os dogons praticam ampla, se bem que não generalizadamente, como ocorre com a circuncisão[59].

Há outro modelo do mundo representado por uma lenda da criação, que ocupa um lugar inferior na escala demiúrgica; trata-se do "terceiro mundo", que é um objeto curioso, circular na base e quadrado no alto, com quatro escadas, uma de cada lado. Este mundo aparece orientado na lenda e representa, indubitavelmente, o plano circular com uma cruz inscrita. De fato, os celeiros dos dogons são circulares e internamente divididos em quatro[60].

O MICROCOSMO COTIDIANO

Esta multiplicidade de projetos de mundo, cada qual explicado por seu próprio mito etiológico é, via de regra, desconcertante para o leitor ocidental moderno, que espera que uma das explicações seja preferível às demais. Isso nunca acontece. Do mesmo modo, os modelos de universo coexistem, completam-se e, às vezes – como ocorre entre os dogons com o modelo referente ao corpo ou ao do modelo da cesta orientada – são impostos um sobre o outro.

Sabemos que os bambaras, os hauçás e muitos outros povos africanos possuem explicações semelhantes do próprio corpo, do universo e de seus métodos de construção. O método hauçá de abrir uma clareira, desde a escolha do lugar, passando pela queima da vegetação desmatada até a semeadura, submete-se a esquemas rituais dessa natureza[61]. Suas cidades tinham forma quadrada, eram muradas com quatro portões orientados segundo os quatro pontos cardeais. Os métodos modernos de divisão fundiária são muitas vezes contaminados pelos velhos costumes[62]. Alguns desses ritos soam familiares. Quando a cidade de Maradi foi criada em 1946, por exemplo, foram enterrados, no centro e em seus quatro extremos, recipientes que continham vários "medicamentos", entre os quais incluíam-se as cabeças de quatro filhotes e de um cão negro, sacrificados pelo *durbi* – um notável não muçulmano local, que explicou a um antropólogo que os filhotes eram substitutos de seus próprios filhos. Acrescentou ainda que o *durbi* que fundara a cidade de Katsina havia edificado os portões da cidade sobre os ossos de seus filhos[63].

59. Marti, op. cit., p. 42; cf. Fritz Morgenthaler, *Die Weissen Denken Zwiel*, Zurique, 1963, p. 69 e s.

60. Griaule, op. cit., p. 30 e ss.; cf. Aldo van Eyck, Basket-House-Village-Universe, op. cit., Jencks e Baird (eds.), p. 190 e ss.

61. Nicolas, op. cit., p. 72.

62. Idem, p. 63.

63. Idem, p. 76; cf. I Reis, 16:34 e s.; "No seu tempo, Hiel de Betel reconstruiu Jericó; pelo preço de seu primogênito Abiram lançou-lhe os fundamentos e pelo preço

Os bambaras, cujas aldeias são planejadas simetricamente ao redor da casa do chefe, descrevem-nas em termos análogos aos empregados pelos hauçás e pelos dogons[64]. Os acãs da Costa do Marfim, que emigraram para seus assentamentos atuais antes do século xv, e cujas capitais foram destruídas durante os séculos xvii e xviii, conservam tradições referentes ao planejamento regular de suas cidades. Alguns falam de assentamentos divididos em sete distritos, outros de cidades divididas apropriadamente em quatro quadrantes; é conhecido um relato sobre uma cidade dividida em oito setores. Todos falam de uma rua maior orientada acuradamente de norte a sul – presumivelmente com a ajuda de um *gnomon* – "cruzando o percurso do sol". No centro havia, ao que parece, um bétilo e uma árvore sagrados, relacionados com a prosperidade da cidade. Estes dois símbolos sagrados estavam associados ao portão principal do palácio real. Uma filha da rainha-mãe e sobrinha do rei fundador foi sacrificada, vestida com ornamentos esplêndidos, e em seguida enterrada, envolta em pó de ouro, diante do portão do palácio real durante a cerimônia de fundação de Bono-Mansu e também em Bono-Takyiman; em Akwamu um filho e uma sobrinha do Omonahene foram sacrificados e enterrados, empalados nas banquetas sagradas. As informações que possuímos acerca dos ritos dos acãs, entretanto, são fragmentárias e os sítios de suas cidades ainda não foram escavados[65].

Os assentamentos, em particular nas terras do interior, são marcados por essas ideias, e a casa vernacular dos axantes que – pelo menos como um protótipo – consiste de um pátio quadrado para onde dão quatro câmaras rasas, reflete essas mesmas crenças *in parvo*; os santuários e os palácios dos axantes são, muitas vezes, aglomerados de unidades desse tipo, claramente individualizadas[66]. Infelizmente, nem os pesquisadores da arquitetura africana e nem os próprios antropólogos registravam sempre o que os moradores diziam a respeito de suas casas. Por exemplo, no estudo sobre as variantes das habitações em Camarões, desenvolvido em 1949-1950 por um grupo de arquitetos para os órgãos oficiais franceses, estudo este que é um modelo para a compilação rigorosa de todos pormenores, nenhuma palavra sequer é dita sobre a mitologia que envolve a construção, ou mesmo sobre

de seu último filho Segub assentou-lhe as portas, conforme a predição que o Senhor fizera por intermédio de Josué, filho de Nun". A profecia de Josué foi pronunciada por ocasião da destruição de Jericó, e é relatada em Josué 6:26: "Maldito seja, diante do Senhor, o homem que se levantar para reconstruir esta cidade (Jericó); Lançará seus fundamentos sobre o seu primogênito, e colocará as suas portas sobre o filho mais novo". Ver supra, p. 180.

64. V. Pâques, *Les Bambara*, Paris, 1954, p. 81, 99 e s.
65. Eva L. R. Meyerowitz, *The Sacred State of Akkan*, Londres, 1951, p. 184 e ss.
66. Cf. Andrew F. Rutter, Ashanti Vernacular Architecture, *Shelter in Africa*, Paul Olivier (ed.), Londres, 1971, p. 153 e ss.

as músicas que, segundos percebemos nas fotografias, entoavam os trabalhadores. Tampouco comentam acerca das plantas notoriamente "tipificadas", como as dos mundang, que possuem disposições muito peculiares e explicitamente caracterizadas para as casas dos homens e mulheres. O mesmo acontece no que concerne aos mofu do lago Chade, cujas habitações consistem de várias cabanas circulares interconectadas, de modo a configurar em planta a imagem do corpo humano[67]. O curioso é que um observador tão arguto como Frobenius nada comenta sobre esta mesma característica ao descrever uma casa subterrânea dos gurunshi (Sudão Ocidental)[68]. Por outro lado, Frobenius analisa com certo detalhismo o esquema de cruz inscrita num círculo, utilizado na divinação africana[69]. Estes são costumes de povos de fala camítica ou sudânica, que nunca passaram por uma fase de urbanização. É naturalmente concebível que tais povos tenham herdado ou imitado certos aspectos da imagem romano-etrusca do universo, pois muitos emigraram para o oeste em épocas relativamente recentes. Contudo, é mais difícil explicar por que razão povos que não tinham cidades, no sentido romano do termo, emulariam, ao que parece, o *ritus etruscus*.

O GRANDE PLANO

Encontramos costumes análogos no outro extremo do mundo antigo, especificamente na China. Já me referi ao esquartejamento da vítima sacrificial, humana em determinadas ocasiões, com referência à planta da cidade[70]. Este esquartejamento tinha sua etiologia num esquema cósmico diferente dos que foram analisados até agora. A forma deste esquema cósmico, o *Hung fan*, o "Grande Plano", aludia ao esqueleto e especificava os cinco elementos e os cinco números que o primeiro imperador dinástico (mítico) Yü recebeu do céu[71]. A redação atual do

67. J.-P. Beguin, M. Kalt, J.-L. Leroy, D. Louis, J. Macray, P. Pelloux e H.-N. Peronne, *L'Habitat au Cameroun*, Paris, 1952, p. 19 e 50.

68. L. Frobenius, *Kulturgeschichte Afrikas*, Zurique, 1933, p. 219 e s.

69. Idem, p. 232 e ss.

70. Ver supra, p. 213.

71. *Hung fan*, o Grande Diagrama, não é apenas o nome do diagrama, mas também do título do comentário sobre ele que, às vezes, é considerado (por Granet, por exemplo: *Il Pensiero Chinese*, op. cit., p. 122 e ss.) como a parte mais antiga do *Shu Ching* (título variadamente traduzido como "Livro de História", "Registros Antigos" etc.; ver James Legge, *The Sacred Books of China*, Oxford, 1879, v. III da série Sacred Books of the East, editada por F. Max Müller, p. XXIII, 137 e ss.). É igualmente importante no *I Ching* (traduzido para o inglês por Cary F. Baynes a partir da versão alemã de Richard Wilhelm, Londres, 1951, v. I, p. 331 e ss.; é a nona seção da primeira parte do *Ta Chuan*, O Grande Comentário). O Grande Diagrama, na sua forma ritual, identifica-se com o *Lo Shu*, um dos dois quadrados mágicos que o imperador Yü recebeu dos animais aquáticos: o *Lo Shu* da tartaruga, e o *Ho Thu* de um cavalo-dragão. Sobre a importância destes diagramas no pensamento matemático chinês e acerca de suas origens, ver também Joseph Needham, *Science and Civilization in China*, v. III, Cambridge,

texto literário, devida a Ssen-Ma Ts'ien, no Shih Chih (Han antigo, *c.* 100 a.C.) tem provavelmente uma relação com as crenças dos hsia – se é que realmente existiu um povo hsia[72] – análoga à que existiria entre as crenças que Plutarco atribui aos heróis homéricos e as que estes realmente possuíam.

Na redação posterior que conhecemos, o plano relaciona os cinco elementos e os cinco números com um quadrado dividido em nove partes. Yü havia medido o mundo, dividindo-o em nove regiões; ele canalizou as águas turbulentas e criou as artes do metal. Mas sua tarefa mítica primária consistiu em se fazer de agrimensor, e depois que ele dividiu o mundo, foi possível atravessar sem perigo nenhum os nove pântanos, os nove rios e as nove montanhas. Yü possuía nove tripés que eram uma imagem do mundo; o céu aumentou o seu poder fazendo com que uma tartaruga levasse a ele, sobre sua carapaça, os nove números que significavam a ordem universal[73].

A tartaruga é um animal misterioso. Como a parte inferior de sua carapaça é quadrada e a superior possui uma forma abobadada, ela é uma imagem do universo. Vive muitos anos porque, em virtude de sua forma anagógica, participa da vida do cosmos. Por esta razão, sua carapaça é um dos principais instrumentos do adivinho. Entre a grande quantidade de ossos oraculares que seguramente constituíam uma ou várias bibliotecas especializadas na literatura de presságios, análogas às encontradas na Mesopotâmia (e das quais os *Livros Sibilinos* são um eco muito mais tardio), havia muitas carapaças de tartaruga, algumas inclusive integralmente conservadas[74]. O diagrama que fornece a pista e que subjaz quase toda a divinação chinesa – todas as formas de geomancia, por exemplo – é o do quadrado dividido em nove partes, a cada uma das quais correspondiam todos os números de um a nove, de modo que a soma de qualquer linha de três dígitos é sempre quinze, do seguinte modo:

1959, p. 55 e ss. O Grande Diagrama foi também transcrito e comentado pelo grande historiador Han, Sseu-ma Ts'ien, em sua obra *Memórias Históricas*; ver E. Chavennes, *Les Mémoirs Historiques de Se-ma Ts'ien*, Paris, 1895-1905, v. I, p. 101 e ss, II, p. 219 e ss.

72. William Watson, *China*, Londres, 1961, p. 16 e ss.; cf. C. P. Fitzgerald, *China*, Londres, 1954, p. 26 e s.; também Herlee G. Creel, *Studies in Early Chinese Culture*, 1ª série, Baltimore, 1937, p. 97 e ss.

73. Granet, loc. cit.

74. Bibliografia crítica sobre este material em Creel, op. cit., p. 1-16; William G. White, *Bone Culture of Ancient China*, Toronto, 1945, p. 19 e ss., 51, 87 e ss. Pode ser que o *Ya-hing*, que aparece com frequência nos ossos oraculares, esteja relacionado com a ideia do modelo cruciforme do universo, ou até mesmo com o "Grande Plano". Cf. Carl Hentze e Ch. Kim, *Göttergestalten der Ältesten Chinesischen Schrift*, Antuérpia, 1943, p. 39 e s. Jean Gagé chamou atenção para os estranhos cultos italiotas da tartaruga, op. cit., p. 64 e s., 93 e s., 224 e ss., relacionados com o ferreiro Vulcano. Neste contexto, é de especial interesse a carapaça da tartaruga, análoga ao escudo feito por Vulcano para Eneias, que era um modelo do universo.

4	9	2
3	5	7
8	1	6

Vários imperadores chineses construíram casas do calendário nas suas capitais. A casa do calendário, *Ming t'ang*, baseava-se no esquema do Grande Plano, mas também correspondia em sua configuração ao formato da carapaça da tartaruga e, por conseguinte, à do universo, com uma base quadrada e um teto circular coberto de palha. Os imperadores que, em oposição a Yü o Grande, não podiam medir e circundar o mundo ou sequer – como era sua obrigação – o próprio império, que era a sua essência – contentavam-se em cumprir uma viagem ritual avançando através do *Ming t'ang*, ocupando sucessivamente, ao longo do ano, as suas várias partes e oficiando, com os paramentos adequados, as cerimônias prescritas[75].

A casa do calendário, bem como todos os edifícios chineses construídos para tal propósito, ajustava-se a complexas combinações numéricas e regras de proporcionalidade nas quais a oposição 9/6 e 8/7 (um quinto e um tom) servia para relacionar edifícios à antítese microcósmica masculino-feminino, *Ying-Yang*, mediante a qual o universo foi constituído (e em virtude da qual a venerável tartaruga cósmica podia converter-se num símbolo de falta de pureza)[76]. Os chineses de fato entendiam que o espaço era feito de sua oposição, ao passo que o tempo desenvolvia-se conforme a sua alternância[77]. A divisão do quadrado em nove partes permanece o elemento principal da agrimensura chinesa, é sua figura privilegiada e constitui a base de muitos projetos urbanos ortogonais que foram construídos naquele país desde os tempos préhistóricos. Como era de se esperar, os ritos que envolvem a escolha de um lugar e a fundação de uma nova cidade são elaborados de forma compatível. Não existia na China uma cidade que não tivesse o seu senhor, e todo habitante desta cidade era seu vassalo. Em função do domínio de seu senhor, sua virtude, o habitante da cidade distinguia sua própria condição como diversa do aldeão, com suas formas peculiares de subsistência e seu viver irreflexivo. No entanto, o plano ortogonal da cidade dependia do método arcaico de distribuir os campos, o sistema de poços e campos descrito por Mêncio, e que pode remontar à dinastia

---

75. Granet, op. cit., p. 77 e ss., 238 e s.; cf. B. Vuilleumier, *Symbolism of Chinese Imperial Ritual Robes*, Londres, 1939.

76. R. Wilhelm, op. cit., p. 81.

77. M. Granet, *La Religion Chinoise*, Paris, 1951, p. 17.

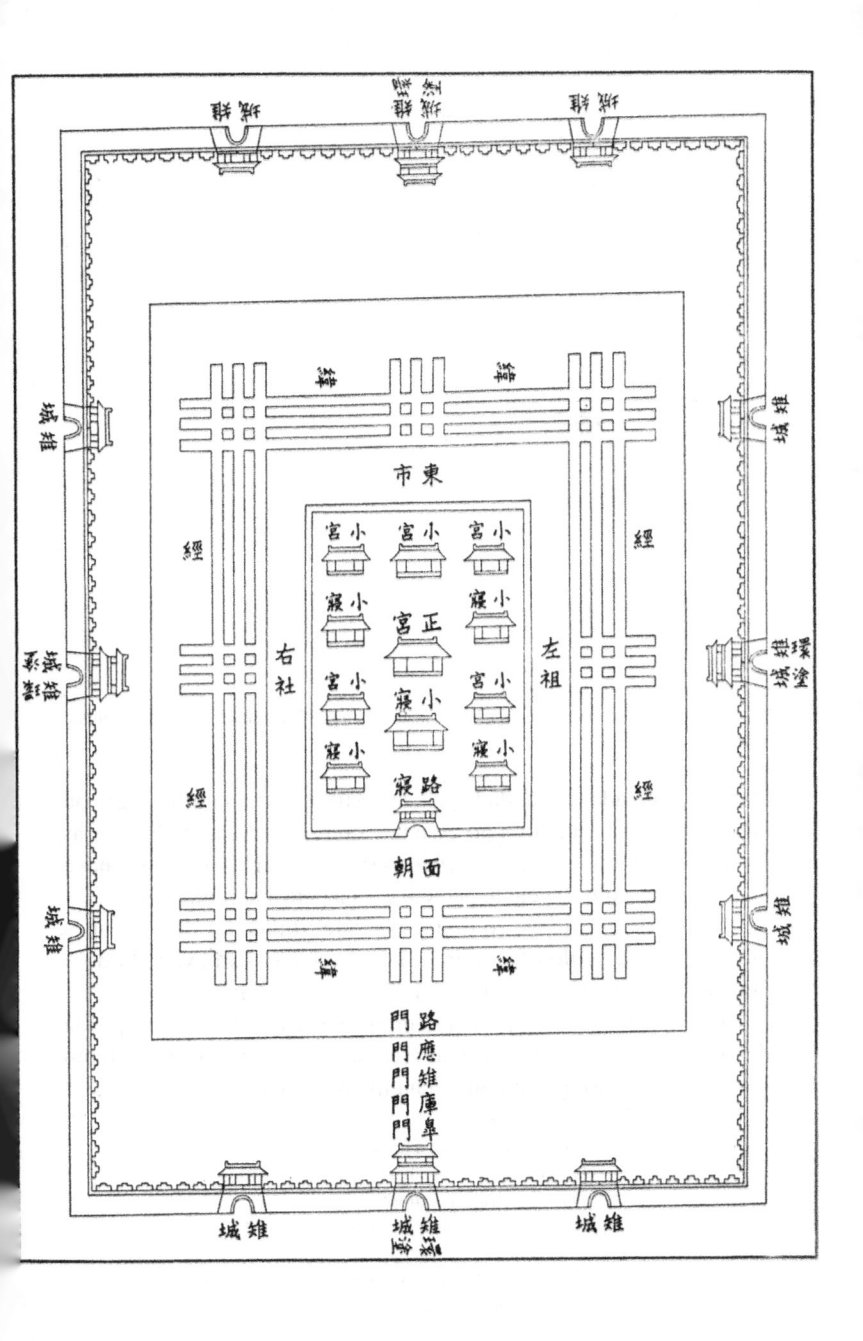

157. WANG CH'ENG. *A planta da cidade representada conforme as normas canônicas. Reproduzido a partir do Yung lo Ta-tien, redigido em 1407 d.C. Segundo Wheatley.*

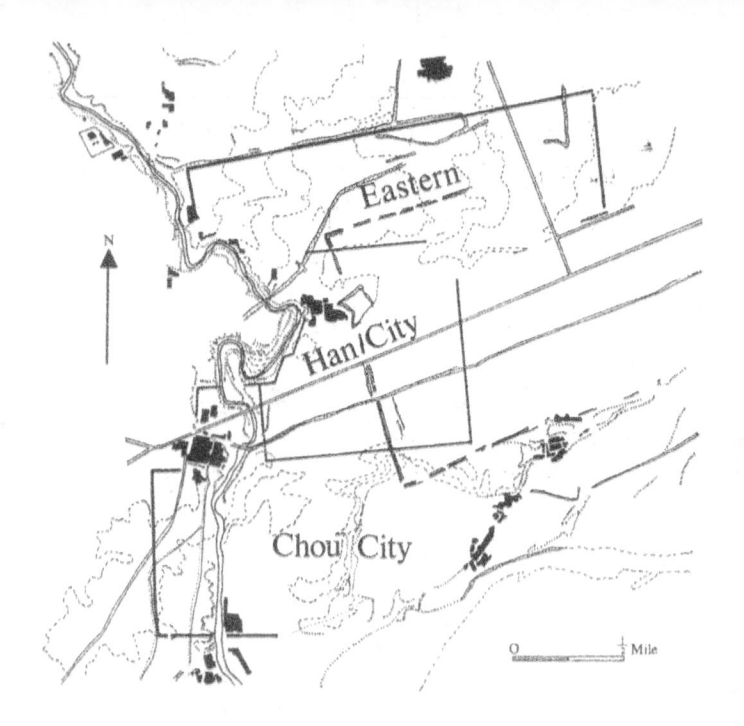

158. Wang Ch'eng, *a capital real do Chus oriental. Planta de escavação. Segundo Wheatley.*

Shang[78]. A cidade era fundada pelo ancestral de uma família nobre ou de uma dinastia, que do topo de uma colina observava as luzes e as sombras do terreno, seu *ying* e *yang*, os rios e as colinas. Ele costumava geralmente escolher o cume de uma colina para sua fundação.

"No terceiro dia ele (o duque de Chou, fundador de Lo-Yang) interpretou o oráculo (da tartaruga) para o lugar. Uma vez obtido o oráculo, ele planejou e assentou os alicerces da cidade"[79].

O plano da cidade consistia, sempre que possível, de um esquema de ruas ortogonais com uma área reservada para o palácio no extremo norte; os muros formavam um retângulo orientado:

> A estrela Ting estava no seu zênite
> Ele começou a trabalhar no palácio de Ch'u
> Quando o traçou conforme o sol,
> Começou a trabalhar na mansão Ch'u [...]
> [...]
> Era favorável o oráculo da carapaça da tartaruga,
> Era real e absolutamente bom[80].

78. Paul Wheatley, *The Pivot of the Four Quarters*, Edimburgo, 1971, lâmina 32; cf. E. A. Gutkind, *Revolution of Environment*, Londres, 1946, p. 246 e ss.

79. *Shu-Ching* (*Livro de História*), trad. de Karlgren em Wheatley, op. cit., p. 421.

80. *Shih Chi* (*Livro de Odes*, Mao Ode 50), trad. de A. Waley (modificada); cf. Wheatley, op. cit., p. 426.

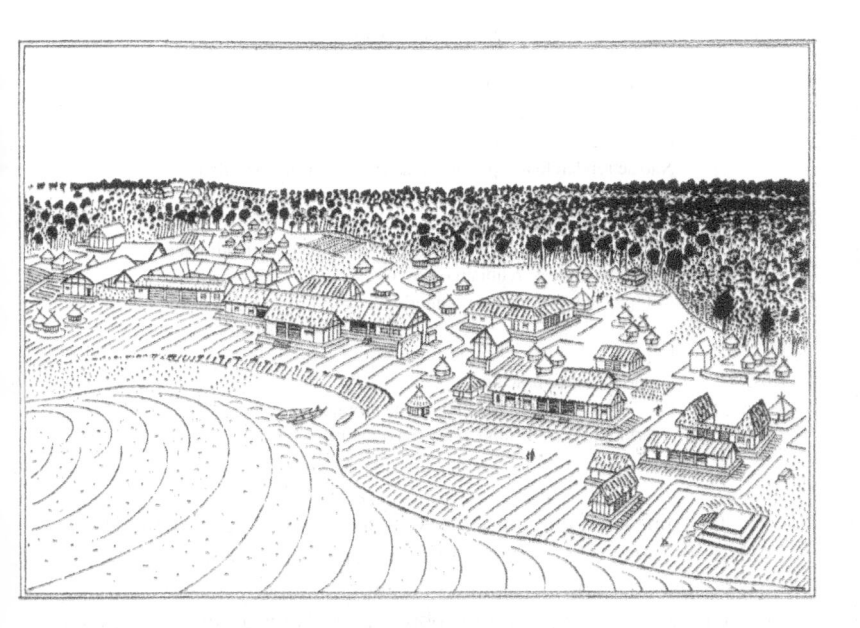

159. O ENCLAVE CERIMONIAL DOS CHANG EM HSIAO-T'UN, visto do nordeste. Os edifícios principais, orientados e erguidos sobre as fundações hang-t'u, são os escavados; as habitações e oficinas são mostradas nesta mesma conjuntura. Segundo Wheatley.

O *Chou-Li* (o livro Chou dos ritos) prescreve o método de orientação que utiliza um *gnomon* e um fio de prumo, e consiste em traçar um círculo ao redor do *gnomon* e medir as sombras quando essas cortam a circunferência. É um método análogo ao romano e ao indiano[81].

Este livro de ritos prescreve igualmente a forma pela qual um funcionário especial deverá "encontrar" o centro do universo, ou seja, o lugar em que o céu e a terra se encontram, para o qual convergem as quatro estações, onde o *ying* e o *yang* estão em harmonia. Supunha-se que um *gnomon* erguido naquele ponto não daria sombra no solstício de verão[82]. O *Chou-Li* aparentemente exige que o *gnomon* fique situado num ponto determinado sobre a superfície plana da terra, mas sabemos que vários povos, inclusive algumas civilizações altamente desenvolvidas, procuraram reiteradas vezes este centro, e o encontraram em lugares muito distintos. *Stat crux dum revolvitur mundus* reverbera em mais de uma *obscure espérance*. A China era, em particular, o "reino do meio", mas dentro de suas fronteiras o centro movia-se toda vez que uma nova capital imperial era fundada, e houve mais de uma. Está claro que, apesar dos cálculos elaborados e das pesquisas astronômicas, o que se procurava era o centro de um espaço "ocasional"; aquilo que foi definido como um espaço "existencial", não meramente geométrico, e cuja procura visava à concretização de uma tradição imemorial:

81. P. Wheatley, idem; ver supra, p. 36 e 199-201.
82. P. Wheatley, op. cit., p. 428.

Ele fez sua capital em Feng. Salve, rei Wên!
Construiu o muro com um fosso,
Ergueu Feng sobre o modelo
Não se rendendo a caprichos, mas em conformidade, filial,
                                    Salve, soberano, rei!
Gloriosa foi a obra do rei
Os muros de Feng assentados onde convergiam os quadrantes
Os muros onde se reuniam os povos
Refúgio seguro foi nosso senhor e rei.
                                    Salve, soberano, rei!
[...]
Nosso rei lança oráculos
Para construir Hao, a capital de sua moradia
A tartaruga o confirmou, o rei Wu o realizou
                                    Salve, rei Wu[83].

Os chineses e, por conseguinte, todo o mundo, dependiam da virtude imperial, e esta se revela mediante a execução correta e sazonal das cerimônias. Entre as grandes cerimônias imperiais estavam os sacrifícios de primavera e verão sobre o altar da terra, juntamente com o culto dos antepassados imperiais. O altar da terra era uma colina quadrada formada por camadas de terra das cinco cores do grande plano. As doações feudais dos chineses eram feitas mediante a entrega de um punhado de terra desta colina, da cor correspondente ao distrito em que se encontrava situado o território concedido[84]. Qualquer perigo que ameaçasse o espaço sagrado era sinal para reunir-se ao redor daquele altar, "a fim de restaurar o espaço em todas as suas dimensões (até chegar inclusive à esfera das estrelas) pela força única da correta disposição dos emblemas no lugar sagrado da reunião federal"[85].

Do mesmo modo que o altar da terra representa a totalidade do espaço ordenado, também o templo dos ancestrais é garantia da recorrente função ordenadora ao longo do tempo. A ordem do espaço dependia de sua renovação periódica, de modo que tudo tinha o seu próprio lugar litúrgico: a sucessão das estações, das gerações, das virtudes dinásticas. A planta da cidade, por outro lado, dizia respeito à relação existente entre o espaço ordenado no "Grande Plano" do altar da terra e à renovação do tempo garantida pelo templo dos ancestrais. Entre ambos, na casa do calendário, que constituía o centro do palácio e, portanto, do império e, por conseguinte, do universo, ao trânsito do imperador ao longo dos distintos pavilhões, garantia harmonia entre o império e a

83. Wen Wang yu sheng (Mao, Ode 244). Utilizei, na medida do possível, a tradução de Ezra Pound, modificando-a ao cotejá-la com as versões de Wheatley e de Karlgren.
84. Ver supra, p. 18; P. Wheatley, op. cit., p. 431, 435 e s. Sobre o Altar da Terra – e outras plataformas com função de altares – em épocas recentes, cf. O. Siren, The History of Early Chinese Art, Londres, 1930, IV, p. 7 e s.
85. Marcel Granet, op. cit., p. 69.

160 A, B. A FACE POSTERIOR DE DOIS ESPELHOS CHINESES. *A partir do período Han, a face posterior dos espelhos circulares era utilizada para ilustrar ideias cosmológicas. Por outro lado, o espelho tinha, particularmente na prática mágica taoísta, uma função apotropaica. British Museum, Londres.*

ordem celestial. Nas fronteiras do império, no Camboja ou na Birmânia, os rituais e os circundamentos eram executados de modo ainda mais elaborado. Sobretudo no Camboja, aquelas cerimônias receberam a mais completa encarnação arquitetônica nas construções do Khmer em Angkor Vat e em Angkor Thom, onde o grande rei Jayavarman VI tentou concentrar todo o complexo universal de forças para harmonizá-las e, deste modo, controlá-las[86].

No entanto, essa estabilidade aparente estava em conflito constante com a necessidade de mudanças. Cada príncipe queria ter sua própria capital e os rituais impunham, em muitas ocasiões, uma mudança. Inclusive dentro de cada cidade, o filho não podia ocupar a mesma casa que seu pai. O culto dos ancestrais era interrompido – como norma geral – na quarta geração. Por outro lado, mudanças no leito dos rios; nas fortunas que trazem consigo guerras e rebeliões; alteração na sucessão dinástica ou na configuração das estrelas visíveis impunham a mudança de lugar[87]. Nenhum dos povos da Antiguidade, talvez à exceção dos egípcios, praticou estas mudanças com tanta frequência. O indício da força que possuía o Grande Plano no esquema conceitual

86. Cf. B. P. Groslier, *Angkor, Hommes et Pierres*, Paris, 1956, *passim*; cf. L. Frederic (pseudônimo), *The Temples and Sculptures of South East Asia*, Londres, 1965, especialmente p. 279 e ss.

87. M. Granet, *La Civilization Chinoise*, Paris, 1929, p. 284 e ss.; cf. P. Wheatley, op. cit., p. 189 e ss.

dos chineses é o fato de que este podia ser aplicado com tanta facilidade a uma variedade tão grande de lugares.

Segundo a tradição, o Grande Plano foi outorgado pelos céus ao imperador Yü, entre os anos 2.200 e 1.990 a.C. Yü é o primeiro ferreiro, o que o situa no início do período calcolítico. Entretanto, em termos cronológicos absolutos, seu reinado corresponderia ao começo da monarquia babilônica em Ur, às dinastias XI ou XII egípcias, aos primórdios do período minoico médio em Creta e à passagem de Harappa II a Harappa III na Índia. Isso significa que as noções de orientação, inclusive com relação à planta ortogonal, já eram conhecidas no Mediterrâneo oriental há um milênio. Mas, se comparamos o traçado revelado pelas escavações em An-Yang com seus equivalentes ocidentais, ele se assemelha mais ao de um centro do tipo de Hallstatt do que aos traçados de um assentamento hitita ou minoico. A técnica das fortificações, dos terraplenos reforçados com caixões de madeira, é recordatória de obras semelhantes protocélticas, ou inclusive da construção de *Terramare*. O *Livro das Odes* descreve uma fundação:

> [...] Nosso povo
> que vivia em cavernas de pedra, em colmeias de pedra,
> antes de possuir casas com calhas
>
> O velho príncipe Tan Fu galopou seus cavalos
> [...] até os declives do monte K'i.
> Fértil era o vale do Chou
> [...] Ali T'an começou a traçar seus planos,
> a entalhar a carapaça da tartaruga divinatória.
> "Tempo: agora; lugar: aqui. Tudo vai bem",
> disse a carapaça: "construí vossas casas".
>
> Assim, pois, ele descansou, assim assentou-se.
> Foi para a esquerda, foi para a direita,
> fixou limites, dividiu lotes,
> mediu com uma vara, do leste a oeste.
>
> Chamou o mestre de obras,
> chamou o mestre das terras[88],
> para construir as casas.
> Seu fio de prumo caiu ereto,
> as tábuas encaixaram-se nos seus marcos
> e erigiu o templo dos Ancestrais
> sobre a ordem cósmica.
>
> Em fila puseram-se para cavoucar a terra,
> mediram-na,
> pisotearam-na,
> juntaram-na e golpearam-na
> até que se ergueu um muro de cem cúbitos,
> e avançavam mais rápido que o toque do tambor.

88. Isso é, para organizar a corveia.

Ele construiu o portão exterior:
Forte era o portão exterior.
Ele construiu o portão interior:
esplêndido era o portão interior.
Erigiu o monte do altar da terra,
do qual marchariam os exércitos.

O rei Wen civilizou
os senhores de Yü e de Ju-i;
ensinou-lhes a fazer reverências e a afastar-se,
a dizer: "passai primeiro", e: "com vossa licença",
e: "não há lugar para barbaridades"[89].

O rei Wen, fundador da dinastia Chou, era filho do príncipe Tan; a descrição refere-se à fundação da capital Chou[90].

Conhecemos por meio de outras fontes como se desenvolvia o rito correspondente: o fundador, que no caso da ode seria o príncipe Tan, "ornamentando-se com todas as suas joias, seus jades, cingindo uma espada maravilhosa, inspeciona o lugar. Ele fixa o eixo norte-sul (com um *gnomon*?), observa os lugares sombreados e os iluminados pelo sol, a fim de equilibrar o *ying* e o *yang*, e observa os cursos d'água. Finalmente, consulta a carapaça da tartaruga para conhecer a vontade divina"[91].

É dada então a ordem para começar a construir e iniciam-se os trabalhos no momento propício, que coincide com o recesso dos trabalhos agrícolas. A sequência das tarefas é determinada. Primeiro, como indica a ode, serão erguidos os baluartes; em seguida, o templo dos ancestrais; árvores são plantadas para as oferendas aos ancestrais (aveleira e castanheira) bem como as que servirão para confeccionar ataúdes e instrumentos musicais, como a paulóvnia[92]. Finalmente, são construídas as casas.

É possível que o altar da terra tivesse sido virtualmente erigido no momento em que o lugar era escolhido, antes que qualquer outro edifício fosse construído. Continha – infelizmente, as normas rituais não são muito explícitas a respeito – o punhado de terra original que o fundador recebera para dar-lhe a entender que, como sinal de sua vassalagem, fora-lhe concedido aquele território. Constituem este santuário rústico e elementar[93],

89. *Livro das Odes* (Mao, Ode 237). Minha tradução é, novamente, uma combinação de Pound, Waley e Karlgren, utilizando o comentário de Wheatley (op. cit., p. 34 e s.). O último verso é exatamente igual ao de Pound.

90. Herlee Glessner Creel, *The Birth of China*, Nova York, 1967, p. 227 e ss., 251 e ss.

91. Todos os conhecimentos acerca da inspeção do lugar foram posteriormente formulados (c. 1.000 d.C.) sob o título pelo qual são conhecidos atualmente, *Feng Shui*. Cf. um relato, talvez antiquado porém muito agradável, Ernest J. Eitel, *Feng Shui, or the Rudiments of Natural Science in China*, Hong Kong, 1873.

92. Sobre esta analogia, ver M. Granet, *Danses et Légendes*, p. 428 e ss.

93. A cerimônia é descrita por M. Granet, *La Civilisation Chinoise*, p. 274 e ss., seguindo os anais da primavera e do verão, bem como o comentário ritual, o Tse Chuan; cf. P. Wheatley, op. cit., p. 435.

o punhado de terra da cor adequada, junto com um tablete, uma estela da madeira adequada (ou de pedra), que deveria servir para consagrar os troféus, humanos e animais. Seu caráter feminino, vinculado à terra, e sua posição "central" sugerem que se trata de algo muito similar ao *mundus* romano, algo que alude à mãe-terra[94].

O altar da terra e o templo dos ancestrais, feito de madeira, faziam parte do palácio do senhor. O *Tse Chouan* classifica as cidades e os assentamentos de acordo com a forma em que tinham sido edificados. Nenhuma capital merece tal nome se não tiver um *Ming t'ang*[95]. Se a cidade tem muros de terra mas carece de um templo dos ancestrais imperiais, não é realmente uma cidade, *Tsong*, mas um burgo, *Yi*. Uma cidade importante tem muros de alvenaria, e pode dar-se a ela o nome de *Tou*, a capital[96]. O prestígio do senhor depende do nível de sua cidade e do esplendor dos seus portões; ele a possui não só em virtude de uma outorga feudal, mas também devido a uma espécie de pacto de união com seus moradores, que especifica a classificação dos distintos quartéis[97].

Tudo isso foi determinado muito depois do desaparecimento das primeiras "cidades" Shang. Via de regra, quando lemos as fontes documentais e as comparamos com as evidências arqueológicas, o conflito é estridente. Qualificativos como "grande" e "esplêndido" dificilmente se enquadrariam aos rudimentares agrupamentos de edifícios, se bem que corretamente orientados, da capital Shang – se dela realmente se trata – descobertos em An-Yang. Os autores modernos esquecem ou ignoram com frequência o enorme esforço envolvido nas primeiras tentativas de urbanização.

Há pouca dúvida que a urbanização na China, assim como na Mesopotâmia e no Egito (e possivelmente também na Mesoamérica) tenha sido uma obra pioneira. Tampouco é possível imaginá-la como uma melhoria suave e gradual: a ode sobre o príncipe Tan[98] fala claramente de uma revolução. O príncipe Tan pretende imitar os governantes Shang, mas num determinado momento, talvez durante o mandato de um senhor hsia, possivelmente nos primórdios da dinastia Shang, a sociedade chinesa passou por uma mudança radical, a mesma mudança que ocorreria com os povos da Itália central, pouco depois do ano 1.000 a.C. Em An-Yang, a orientação dos edifícios que constituem

---

94. "Um orador chinês, ao dirigir-se a uma audiência formada por seus conterrâneos, usará às vezes a expressão 'irmãos (nascidos) da mesma mãe'". William C. White, *Bone Culture of Ancient China*, p. 5.

95. Ver supra, p. 220; M. Granet, *Danses et Légendes*, p. 116; *Il Pensiero Cinese*, p. 77 e s.

96. M. Granet, *La Civilisation Chinoise*, p. 279.

97. Idem, p. 285 e s.

98. Ver supra, p. 226. Uma escavação recente revelou que An-Yang é um, talvez o último, de uma série de centros Shang. Ver Chêng tê-k'un, "New Light on Shang China", *Antiquity*, XLIX, 1975, p. 25 e ss.

o "centro cerimonial" de Hsia-T'un é explícita; as grandes tumbas em Hsi Pei Kang também são notoriamente orientadas, ainda que a orientação exata seja bastante desconcertante. Os principais edifícios da cidade, como pode ser visto na cuidadosa distribuição da "Cidade Proibida" de Pequim, dão para o sul e estão situados ao longo de uma avenida principal. O palácio mais importante ecoa através do edifício do portão, a sucessão de espaços (como num pergaminho pintado, diz Paul Wheatley)[99], análoga ao modelo do universo. A avenida central, o cardo – se me é permitido utilizar o termo latino que expressa um conceito idêntico, sem forçar o paralelismo – que se dirige para o sul a partir do palácio, sempre foi (se bem que não estivesse invariavelmente orientado de forma correta) a imagem do meridiano e, portanto, era considerado mais importante que qualquer via orientada de leste a oeste. Essas formas construtivas eram análogas ao cerimonial: o senhor sempre se dirigia a seus súditos voltado para o sul e, por conseguinte, o imperador voltava-se unicamente para o norte quando invocava os poderes divinos ou seus ancestrais.

99. P. Wheatley, op. cit., p. 425, 435.

6. A Cidade como uma Doença Curável: Ritual e Histeria

A preocupação com a sacralidade do espaço, a identificação do espaço delimitado com o próprio ambiente urbano, assim como o comportamento pessoal e a estrutura íntima do próprio corpo, podem sugerir ao leitor moderno a impressão de um peso esmagador imposto sobre o morador da cidade sob a forma de algumas observâncias. Sigmund Freud interpretou este problema como um paradigma da histeria em suas cinco conferências sobre a psicanálise pronunciadas na Universidade de Clerk, Worcester, Massachussets, em 1909.

Nossos pacientes histéricos sofrem de reminiscências. Seus sintomas são resíduos e símbolos mnemônicos de determinadas experiências traumáticas. Uma comparação com outros símbolos mnemônicos de gênero diferente talvez nos permita compreender melhor esse simbolismo. Os monumentos com que ornamos nossas cidades são também símbolos desta ordem. Quem passear pelas ruas de Londres encontrará, diante de um dos maiores terminais ferroviários, uma coluna gótica ricamente ornamentada: Charing Cross. No século XIII, um dos velhos reis plantagenetas fez transportar para Westminster os restos mortais de sua querida esposa e rainha Eleanor, e em cada um dos pontos nos quais o esquife se deteve, mandou erguer uma cruz gótica. Em outro ponto da cidade, não muito longe da Ponte de Londres, encontra-se uma coluna alta e imponente, conhecida simplesmente como O Monumento. Foi projetada como um marco do grande incêndio que irrompeu naquelas redondezas no ano de 1666. Esses monumentos, portanto, assemelham-se aos sintomas histéricos pelo fato de serem também símbolos mnemônicos. O que pensaríamos do londrino que hoje se detivesse, profundamente compungido, diante do monumento comemorativo dos funerais da rainha Eleanor, em vez de tratar de sua própria vida ou de pensar satisfeito na rainha do seu coração? E de outro que chorasse diante do monumento que comemora o dia em que sua amada metrópole foi reduzida a cinzas, apesar de ter ressurgido em seguida com maior esplendor? Os histéricos e neuróticos procedem como esses londrinos pouco práticos. Não só recordam experiências dolorosas do passado remoto, como ainda se prendem a elas emocionalmente.

Mais tarde, nesta mesma conferência, Freud exemplifica a natureza da "cura" psicanalítica:

> Tinha-se de admitir que a doença se instalava porque os efeitos gerados na situação patogênica tinha sua exteriorização bloqueada, porque "o paciente [...] foi obrigado a *suprimir* uma forte emoção em vez de permitir sua descarga por sinais apropriados de emoção, palavras ou ações. Consequentemente, a essência da moléstia consiste na atual utilização anormal das emoções "estranguladas"[1].

Nesta exposição tão simplificada – e bastante inicial – do método psicanalítico, Freud trata o conhecimento que tem o cidadão do caráter mnemônico específico dos monumentos de sua cidade como algo análogo a uma condição patológica. Dir-se-ia que ele advoga uma espécie de indiferença com relação ao ambiente.

A intenção deste livro parece ser completamente oposta. De fato, preocupei-me em mostrar a cidade como um símbolo mnemônico total ou, em todo caso, como uma estrutura de símbolos na qual o cidadão, por meio de certas experiências corpóreas, como procissões, festas sazonais e sacrifícios, identifica-se com sua cidade, seu passado e seus fundadores. Mas todo esse complexo de práticas não era repressivo. Ao contrário, parece até certo ponto conciliador e integrativo, equivalente à relação que Freud apresenta como "normal" nesta situação. Ou seja, o apego que alguém sente por seu ambiente permite a descarga das emoções "nos sinais adequados: [...] palavras e ações".

Freud, porém, nunca deixa de ser um patologista: "Existe um dita-do na patologia geral" – diz ele na quarta de suas conferências – "que afirma que todo processo evolutivo leva consigo a semente de uma disposição patológica"[2]. É, por conseguinte, muito sintomático o fato de que Freud, um burguês e típico habitante da cidade, nunca chegasse a ter a visão da continuidade do esquema urbano, nem sequer na Paris que tanto apreciava. Para ele, toda a magnificência da Acrópole reduzia-se à cor âmbar de suas colunas e às suas associações[3]. A Londres que ele descreve no trecho citado é um complexo de episódios históricos. Inclusive para o inveterado e infatigável visitante de museus que foi Freud, a cidade apenas proporciona experiências "estéticas" isoladas ou se reduz a um quebra-cabeças fascinante e obscuro que, se levado adiante, atrapalharia o indivíduo a "cuidar de sua própria vida[4] frente às prementes demandas das modernas condições do trabalho", ou expe-

1. Sigmund Freud, *Works*, Londres, 1953-1966, xi, p. 16 e ss.
2. Idem, p. 45.
3. Ernest Jones, *Sigmund Freud*, Londres, 1953, ii, p. 26 e ss.
4. Freud, op. cit., xi, p. 17.

rimentar as emoções particulares. Vale a pena reconsiderar este trecho no qual o patologista sensível deixa a desnudo o sintoma essencial da doença. A tessitura do modelo urbano desintegrou-se, e a cidade, tal como se mostra ao visitante ou ao seu morador, é apenas um tecido grotesco que impede que um indivíduo se ocupe devidamente de seus deveres, ou que perturba o seu desenvolvimento pessoal. Uma narrativa sem uma estrutura conceitual que a transcenda. A cidade de Freud é a cidade segundo Haussmann, a Viena cercada pelo Reno. "O aglomerado urbano tinha que ser transformado" – escreve Françoise Choay – "num instrumento eficaz de produção e consumo", e neste mesmo contexto, cita as próprias palavras de Haussmann: "Que vínculos municipais unem os dois milhões de habitantes que se apinham em Paris? Para eles, Paris é um grande mercado de consumidores, uma enorme fábrica, a arena de todas as ambições"[5].

A ideia que movia Haussmann não era simplesmente o desejo de aumentar o fluxo regular do tráfego, nem o de abrir amplas avenidas pelas quais se dissiparia a fumaça expelida, como chegaram a sugerir em certas ocasiões seus inimigos[6]. Nem sequer o preocupava melhorar os padrões habitacionais, às vezes espantosamente baixos, ou a formação de grandes espaços. Além dessas considerações, Haussmann via-se sobretudo como um artista. Independentemente de suas observações negativas sobre os edifícios como mero *décor de la vie*, ele era completamente dedicado ao *culte de l'axe*. As artérias que abriu não eram simplesmente os caminhos mais curtos para ir de um ponto a outro. Ele também exigiu que, quando possível, tivessem "grandes perspectivas", e dispôs o traçado das ruas a fim de criar pontos de articulação dos grandes bulevares.

No entanto, não levou em consideração o modelo urbano, nem sequer metaforicamente. E mesmo que mais tarde alguns poetas identificassem a Ile de la Cité com os órgãos sexuais de uma personagem feminina e a Tour St. Jacques com os masculinos[7], estas seriam identificações fáceis, mas inevitavelmente fragmentárias, pois a obra de Haussmann realmente foi conclusiva. Uma compreensão metafórica da cidade tornou-se impossível. Não só porque o cidadão se nega a refletir sobre os grandes episódios (traumáticos?) do passado da cidade, mas ao percorrer de carro um bulevar, não é natural que reflita sobre a origem do termo e do traçado desta estrada nas fortificações medievais ou do século XVII.

Ainda que o fizesse, isso não poderia remediar a situação patológica que Freud revelou no trecho antes citado. O alívio dos sintomas é uma terapia respeitável, mas de aplicação limitada. O problema subsiste. A

---

5. E. Haussmann, discurso de 1864, em Françoise Choay, *Espacements*, Paris, 1969, p. 82.

6. Se bem que estivesse perfeitamente ciente desta consideração. E. Haussmann, *Mémoires*, Paris, 1890-3, III, p. 55.

7. A. Breton, *Nadja*, Paris, 1949, p. 105 e ss.

estrutura monumental da cidade, na medida que exerce impacto sobre seus habitantes, é tida como uma analogia de uma condição patológica, pois a cidade deveria ter como objetivo facilitar a circulação de bens e pessoas na busca da riqueza, do cumprimento de seus deveres e da satisfação de suas ambições. E de sua gratificação pessoal, certamente Freud gostaria de acrescentar. Não haveria por que negar as exigências legítimas da libido, caso contrário, tanto o indivíduo como o organismo social sofreriam um colapso[8]. Contudo, a questão que agora proponho, como problema geral e como caso singular, tem maior alcance. Eles me fazem retornar ao rito etrusco e às cerimônias e monumentos análogos que invoquei.

Começarei pelas analogias, que foram tiradas deliberadamente de um panorama muito amplo, se bem que selecionadas de uma impressionante massa de material. As analogias hindus e chinesas revelam uma cosmologia e uma condição social muito complexas, que se materializaram na configuração urbana, enquanto os mandês desenvolvem uma pantomima intensamente dramática destas mesmas crenças, à semelhança dos sioux. Estes e os bororós mostram até que ponto o homem depende da configuração de sua casa e do seu ambiente tangível. Estes exemplos pertencem a distintos continentes e a culturas muito diversificadas. Alguns leitores indubitavelmente desejarão explicar certas semelhanças (como as atraentes analogias entre os costumes dos mandês e dos romanos) por uma mera difusão, mas esses paralelos estendem-se até abarcar o velho mundo chinês[9], a Mesoamérica e mesmo a selva amazônica. Atrevo-me inclusive a acrescentar que se quiséssemos abranger o mundo inteiro, poderíamos encontrar exemplos adequados desde os bantos da África do Sul aos territórios do noroeste do Canadá. Também a amplitude temporal parece inconcebível, pois os conceitos de ortogonalidade e orientação persistem desde os tempos do paleolítico.

OS PRIMEIROS CONSTRUTORES

O descobrimento das pinturas rupestres inspirou certas teorias acerca das origens da arte, das origens de toda figuração e, junto a ela, de planificação como mera "imitação" figurativa. Porém recen-

---

8. Embora em outro lugar Freud tivesse visto a cidade "morta" de Pompeia como uma imagem, quase como um meio de integração. Assim o expressou em seu comentário sobre *Gradiva*, romance da autoria de Wilhelm Jensen. Cf. *Delusion and Dream: An Interpretation in the light of Psychoanalysis of Gradiva, a novel by Wilhelm Jensen*, Nova York, 1917; uma tradução mais recente do comentário somente em S. Freud, *Complete Works*, op. cit., v. IX. Em outros trechos, no entanto, Pompeia ressurge como uma imagem de repressão (como no caso do homem-rato), S. Freud, op. cit., v. X, p. 176 e ss.

9. Sobre o surgimento das sociedades urbanas, ver Robert McC. Adams, *The Evolution of Urban Society*, Chicago, 1966.

temente ficou claro que as mais velhas "marcas humanas conhecidas são a expressão pura e simples de valores rítmicos"[10]. Estes primeiros sinais surgem aproximadamente ao mesmo tempo que as primeiras habitações humanas conhecidas, entre os anos 50.000 e 30.000 a.c. Os dois fenômenos não são independentes. "O fundamento da segurança física e moral do ser humano é a percepção, absolutamente animal, do perímetro perfeitamente resguardado, de um refúgio fechado ou dos ritmos da socialização"[11]. Tudo isso pertence ao aspecto animal do comportamento humano. É a faculdade de conceitualizar, análoga à habilidade linguística e, talvez, ao desenvolvimento das técnicas materiais. Porém, ao passo que é relativamente fácil seguir o desenvolvimento das técnicas baseadas sobre utensílios de pedra cortante, o problema das origens do abrigo é muito mais obscuro, já que às vezes é difícil distinguir entre determinados abrigos utilizados pelos animais e os que presumivelmente pertenceram aos hominídeos primitivos. Pressupôs-se que este tipo de passagem tenha ocorrido quando surgiram os primeiros indícios de um tipo humano relacionado com o *Homo sapiens*, e que estes coincidem com o reconhecimento dos ritmos da mudança sazonal, da recorrência das fases lunares, da sucessão de noite e dia, e também quando surgiram os simples traçados geométricos, primeiro à base de estacas e depois com a ajuda de estacas e cordas, que permitiram àqueles seres humanos realizar suas construções. Os aborígines de quase todas as tribos australianas conhecem a força de tais abstrações, e identificam-nas com seu próprio corpo. São igualmente capazes de conceber imagens figurativas, e também abstratas, sobre o plano; ocasionalmente, trata-se de imagens de grande porte, que envolvem assentamentos inteiros.

Os homens de Neanderthal usaram certamente as bocas das cavernas como habitações, mas há provas "estatisticamente esmagadoras"[12] de que os primeiros homens construíram suas moradias. Construíram-nas dispondo, ao redor do espaço habitado, as carcaças dos grandes herbívoros cujos dentes caninos aparentemente sempre cumpriam a função de guardiãs ou suportes daquelas casas. Desde o princípio percebe-se a associação com o corpo do animal, poderosa imagem da casa, que ressurgiria em tantas cerimônias funerárias ou de iniciação, e sobreviveria nas altas civilizações, como na cerimônia de coroação dos faraós.

No ano 30.000 a.C., em Arcy (França central) e nos níveis inferiores dos sítios da Ucrânia e da Monróvia, surge um novo fator: o amontoado de lixo e a lareira[13]. O transcurso de 20.000 anos, até o final

---

10. A. Leroi-Gourhan, *Le Geste et la Parole*, Paris, 1965, I, p. 270.
11. Idem, II, p. 139 e ss.
12. Idem, II, p. 148.
13. G. Clark e S. Piggot, *Prehistoric Societies*, Londres, 1965, p. 69 e ss.

do paleolítico, não revela grandes avanços, mas nos assentamentos mesolíticos, no final da última glaciação, percebemos características revolucionárias: elaborações de costumes funerários e práticas religiosas cerimoniais relacionadas com restos humanos e de animais, especialmente com caveiras.

Até recentemente, pouco sabíamos acerca das construções dos povos paleolíticos, mas as descobertas em Haçilar, em Çatal Hüyuk, em Jericó e em outros lugares do Mediterrâneo ocidental indicam que certos povos que ainda desconheciam as técnicas da cerâmica e que talvez nem sequer praticassem uma agricultura sedentária, eram capazes de construir edifícios importantes, com plantas preestabelecidas, cercados por algum tipo de defesa, que podiam ser os muros externos de algumas casas, como em Çatal Hüyuk, ou uma muralha propriamente dita, como em Jericó. Datações recentes atribuem estas construções ao sétimo milênio a.C. Eram obras, é claro, de povos que desconheciam a escrita. Por ora (é provável que no futuro mais evidências venham à luz) seria inútil qualquer tentativa de fazer um catálogo objetivo destas edificações ou de formular hipóteses convincentes sobre as lealdades culturais de seus construtores, se bem que estes povos certamente já haviam alcançado uma divisão de trabalho bastante desenvolvida.

Os assentamentos urbanos, por menores que sejam, são inconcebíveis sem uma certa estabilidade, e a estabilidade exige continuidade de cultivo que, por sua vez, requer a preservação das sementes, sobretudo em tempos de fome, o que por sua vez exige a sanção que só uma autoridade estabelecida, individual ou coletiva, é capaz de manter, mesmo no caso de a referida autoridade ser outorgada ou tirada por consenso comum[14].

A delegação de autoridade pertence à própria essência da divisão do trabalho, assim como a elevação da tribo acima do nível da produção de alimentos para a mera subsistência. Este nível certamente deve ter sido alcançado muito antes de terem sido iniciados os assentamentos urbanos que mencionei. Aquelas construções eram feitas de barro, às vezes de tijolos, e tinham telhados de madeira. O interior era emboçado e pintado, e tudo isso pressupõe uma evolução muito mais longa, que talvez se estenda até a Era Glacial.

Em 1965-1968, no entanto, surgiram novas evidências em Lepenski Vir, um promontório circundado pelo Danúbio, a leste de Belgrado[15].

Lepenski Vir era habitado, há sete milênios, por um povo que, aparentemente, pertencia à conhecida cultura do paleolítico tardio de Starcevo. Seu assentamento mostra uma configuração totalmente des-

14. Uma descrição fundamentada deste processo em R. McC. Adams, op. cit., p. 40 e ss.

15. As escavações foram descritas por D. Srejovic, *Lepenski Vir: Europe's First Monumental Sculpture*, Londres, 1972.

conhecida até agora, com casas de planta trapezoidal simétrica, que apresenta o lado mais largo em forma absidal ou, dito de outro modo, são as sextas partes (truncadas) de um círculo. No contexto dessa planta, independentemente de seu tamanho, que pode variar muito de uma habitação para outra, as casas são construídas segundo um esquema geométrico estranho e complicado. Ademais, parece que a aldeia teve, ao longo das distintas etapas de sua evolução, uma praça pública que dava para o rio e cuja forma se assemelhava à planta das habitações[16].

Ainda é muito cedo para dizer se aquele assentamento é um fato isolado ou se pertence a uma cultura mais ampla e talvez mais antiga. Porém, por ora, pode-se afirmar que os homens do final do paleolítico eram capazes de conceitualizar uma planificação ritmicamente articulada. Por mais rudimentares que nos pareçam suas técnicas de construção, temos que conceder-lhes o mérito de uma capacidade muito elevada de refletir sobre elas.

O SIGNO DA CIDADE

A configuração geométrica de Lepenski Vir pressupõe o uso de uma vara ou talvez de uma corda de medir, assim como uma concepção de quantidade relacionada a ritmo. Naquelas construções já está implícita a noção de um círculo, talvez a de uma confluência ortogonal, assim como a capacidade de projetar por módulos. Quando, três ou quatro mil anos depois, o conceito de habitação coletiva foi traduzido por escrito, foi necessário recorrer a esta mesma técnica. O hieróglifo egípcio ⊕ : *nywt* reproduz o conhecido desenho da cruz inscrita num círculo, signo que já foi analisado anteriormente com relação ao *templum*[17]. Esse signo, porém, pode ser também grafado de modo distinto, na forma de um quadriculado, sem as "ruas principais". Chama a atenção a semelhança com o signo da rede que aparece no selo cilíndrico pré-dinástico encontrado em Naga-el-Der, mas isso não é de admirar. De fato, os conceitos de corda e rede estão intimamente associados no pensamento egípcio com a ortogonalidade e com o planejamento em geral: o rei havia estendido a sua rede, o rei lançou sua rede, são eufemismos habituais para o planejamento, a criação de um assentamento ou de uma fortaleza[18].

Este mesmo conceito pode subjazer o signo cuneiforme sumério ⬨, *er, ur*, cidade. Qualquer que seja sua raiz etimológica (e sua conexão com a raiz semítica *ir*), os termos usados para designar as mais antigas "cidades" parecem estar associados à ideia de orientação e ortogonalidade[19].

16. Srejovic, op. cit., p. 62 e ss.

17. A. Badawy, Le Dessin Architectural chez les Anciens Egyptiens, *Annales du Service d'Antiquité de l'Egypte*, Cairo, 1948, p. 57 e ss; ver supra, p. 31-32.

18. A. Badawy, *History of Egyptian Architecture*, Giza, 1954, Berkeley, 1966.

19. S. Langdon, *Sumerian Grammar*, Paris, 1911, p. 22, 301.

O signo *Ya-hing* dos ossos oraculares chineses deve ser posterior em 400 a 500 anos aos signos dos egípcios e dos sumérios[20]. Apesar disso, parece associar-se a uma configuração conceitual similar. A cruz dentro de um recinto parece uma alusão abreviada a todo um universo de ideias, explícito mais claramente nas formas e monumentos das primitivas cidades chinesas, e em sua poesia.

Essa noção, de raízes profundas e de venerável antiguidade, não se associa unicamente ao sistema romano de colonização; tampouco pode ser tomado como uma mera evidência que revela influências europeias ou mediterrânico-orientais.

Trata-se de um tema por demais arraigado na experiência humana para ser reduzido a uma mera questão de difusão cultural. Mesmo quando a explicação parece plausível (como no caso da influência romana sobre os hauçás ou os mandês), o que chama a atenção não é a pressão da cosmologia de um povo mais desenvolvido sobre seus vizinhos mais atrasados, mas a disposição destes em aceitar aquela influência, a ponto de nela basear toda a sua concepção de espaço e conservar seus ritos ao longo de dois milênios, não obstante as mudanças de lugar e de religião.

Contudo, a redução da experiência urbana a um simples diagrama, a um plano cósmico que é universalmente, ou quase universalmente, conhecido por todos os planejadores, é por si só perigosa.

20. Ver supra, p. 219-220.

Conclusão

Se o plano cósmico é tão universal, porque as cidades são diferentes? E se são diferentes, que importância tem a forma daquele remoto e simples diagrama orientador? Para responder a estas questões, devo retornar ao caso específico do rito etrusco. Em algum momento anterior ao ano 800 a.C., alguns povos villanovianos da Itália central, e certos grupos apenínicos vizinhos adotaram ou permitiram que entre eles se enxertasse aquele povo que se autodenominava "etrusco". A partir de então assumiram – ou importaram, ou deixaram que lhes fosse imposta – uma cultura orientalizante de que são testemunho suas obras artísticas. Também os gregos mostraram-se então muito receptivos aos produtos e temas orientais. Não sabemos muito acerca do mundo religioso dos etruscos, mas ele não parece próximo ao dos gregos e, em determinadas ocasiões, dir-se-ia que está mais relacionado com o dos semitas ocidentais, em particular com o dos fenícios. Contudo, não é fácil desemaranhar esta meada. O certo é que já nos primórdios do século VI a.C., ou talvez mesmo antes, quase contemporaneamente às colonias gregas da Sicília e da Itália meridional, os etruscos começaram a adotar a planta ortogonal para seus assentamentos. É possível que seus assentamentos anteriores, que um observador moderno julgaria caóticos, fossem demarcados por divisões baseadas na casta, na tribo ou na família, de modo tão estrito como a aldeia dos bororós, e que o traçado verdadeiramente ortogonal fosse uma evolução posterior, como muito provavelmente aconteceu no Egito.

Há certos indícios fragmentários da passagem de uma configuração para outra. De fato, a cidade murada de El Kab, de traçado estritamente ortogonal, foi disposta, durante a terceira dinastia, sobre outro assentamento também murado, mas de planta aproximadamente oval, muito anterior. Apareceram, contudo, verdadeiras necrópoles formadas por mastabas ainda mais antigas, sobre lotes retangulares, sendo que em alguns relevos são visíveis fortalezas de planta ortogonal[1]. Na Itália evidências semelhantes são muito escassas. A única planta verdadeiramente ortogonal que pode ser atribuída com segurança aos etruscos é a de Marzabotto[2], e ainda assim apesar de existir sob a cidade mais recente, destruída pelos gauleses, um assentamento anterior de traçado não ortogonal. A respeito desta planta sabemos muito pouco.

Todavia, é possível que inclusive aquele assentamento primitivo, que aparentemente nada mais era que uma aldeia, tivesse sido fundado, à semelhança de todos os demais assentamentos etruscos, conforme o procedimento que estes e os romanos compartilhavam, provavelmente com todo o mundo antigo, e que era caracterizado pelos seguintes elementos: 1. a encenação, no momento da fundação de qualquer assentamento (ou ainda da edificação de um templo ou mesmo de uma simples residência), de uma representação dramática da criação do mundo; 2. a encarnação daquele drama no traçado do assentamento, bem como na sua instituição social e religiosa; 3. a consecução deste segundo objetivo mediante o paralelismo entre os eixos da planta urbana e aqueles do universo; 4. finalmente, a repetição da cosmogonia da fundação em celebrações periódicas e sua materialização comemorativa nos monumentos da cidade. Este complexo vital deveria, necessariamente, ter suas raízes na estrutura biológica do ser humano, recebendo suporte no movimento formal da periodicidade natural: dia e noite, as fases lunares, as estações do ano, as mudanças no firmamento à noite.

Em cada civilização, este elemento aparentemente atômico da organização humana teve que ser assimilado, enxertado (estou ciente do caráter inevitavelmente equívoco de qualquer analogia neste contexto, mas a utilizo porque a fraseologia usual carece da força necessária). Tentei descrever como se produziu tal coisa no caso dos costumes etrusco-romanos, recorrendo a materiais comparativos para esclarecer a natureza do fenômeno, traçar seus limites e aludir aos problemas que, em certo sentido – ou seja, tal como o entende Freud – estavam relacionados com a necessidade obsessiva que sentiam os romanos de harmonizar suas ações com a vontade dos deuses, por meio dos augúrios. Mas este é apenas o inevitável aspecto negativo do fenômeno, uma indicação de que, depois de tudo, ele é propriamente humano. Pois sua essência era, como sempre foi, conciliar o homem e seu destino, por

---

1. A. Badaway, *Le Dessin Architectural chez les Anciens Egyptiens*, II, p. 39 e ss.
2. Ver supra, p. 81.

intermédio do monumento e da ação ritual. O esquema é um constructo deduzido do exemplo específico que aduzi e não pretendo reivindicar para este diagrama simplificado uma validade universal.

Desde um certo ponto de vista, como já sugeri, a vida urbana é uma forma parasitária de existência, uma certa doença social. Esta forma particular que assume a condição humana geral foi resumida por um psiquiatra francês de forma um tanto rapsódica[3]:

> No princípio, o ambiente era um oceano que se movia. Era o devir. A personalidade humana separa-se deste devir para afirmar-se diante dele. A pessoa o faz como pode, ou seja, modelando o ambiente à sua imagem, de acordo com características individuais e generalizadas. Mas, por esta mesma razão, realiza sua obra quase que com arrependimento, alimentando no âmago do seu ser a nostalgia da união, da fusão íntima com o devir que a envolvia. A personalidade humana, atraída constantemente por estas duas forças – a necessidade de afirmar-se e a necessidade de negar-se – sempre se vê desejando algo quando se confronta com a inteireza do devir.

O homem urbano está exposto não apenas ao seu predicamento pessoal, mas também ao de sua personalidade social, da sociedade à qual pertence como pessoa, e esta personalidade se encarna de modo andrógino no fundador da cidade e na sua desconhecida divindade protetora. Precisamente esta personalidade é defendida contra os perigos inerentes à situação urbana, pelas poderosas defesas que já mencionei. Nos tempos pré-históricos, o indivíduo sentia-se ainda mais poderosamente protegido contra aqueles riscos, em virtude do modelo regenerador e conciliador da própria cidade. Ao longo dos rituais descritos aparece insistentemente o tema da conciliação: masculino e feminino; deuses supernos e deuses infernais; cidade e campo; povo e terra, como acontecia quando as comunidades que se reuniam para fundar a cidade misturavam a terra de seus respectivos lares no *mundus*, para criar uma pátria comum. Talvez o rito etrusco não passasse de um saco de trapos no qual conjugavam-se usos nativos e importados, mas foi bastante forte para sobreviver durante séculos à desinstituição do paganismo. Ressurge em forma de vestígios num "Índice de superstições e paganismos" compilado em meados do século VIII[4]. Em determinadas regiões da Europa ainda subsistem costumes residuais que reverberam aquele rito[5].

Muitos príncipes medievais, ou pelo menos seus assessores literários, conheciam as antigas tradições sobre a fundação e o planejamento de cidades. Os príncipes cristãos espanhóis fundaram um considerável número de cidades, de dimensões diversas, que seguiam um plano

---

3. E. Minkowski, *Vers une Cosmologie, Fragments Philosophiques*, Paris, 1967, p. 191.

4. C. Clemen, *Fontes Historiae Religionis Germanicae*, Berlim, 1928, p. 43: "Indiculus Superstitionum et Paganiarum", ca. 743 (?), confectus.

5. P. Sartori, *Zeitschrift für Ethnologie*, 1898, *passim*.

161. A ORIGEM LENDÁRIA DA CIDADE DO MÉXICO, *a Tenochtitlán dos astecas. O lugar escolhido para o assentamento foi aquele no qual uma águia, ave emblemática do deus Huitzilipochtili, pousou sobre um cacto em meio aos canaviais de um lago de água salgada que rodeava a cidade. A figura à esquerda do presságio representa Tenoch, herói fundador de Tenochtitlán. Codex Mendoza, Folio 2 recto. Este manuscrito foi preparado atendendo à exigência de Luiz de Mendoza, vice-rei do México, com o objetivo de informar Carlos v. Foi arrebatado dos espanhóis durante a viagem pelo mar e repassado para André Thevot, geógrafo francês a serviço de Henrique II como historiógrafo, cuja assinatura aparece no canto superior esquerdo.* Bodleian Library, Oxford.

162. A CIDADE DO MÉXICO. *Gravura baseada na descrição de viajantes. De G. Braun e F. Hogenberg,* Civitates Orbis Terrarum, *Bruxelas, 1598, v. I, p. 58.*

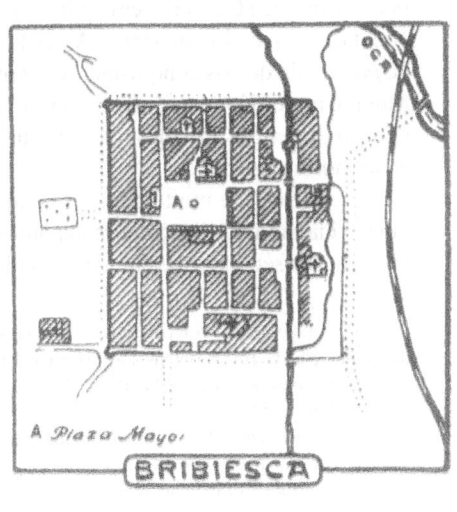

163. BRIVIESCA, *próxima de Burgos. Traçado urbano típico de Castela, em formato de tabuleiro de xadrez do século XIV. Segundo E. A. Gutkind,* Urban Development in Southern Europe: Spain and Portugal, *The Free Press, Nova York, 1967.*

164. A NEVADA LENDÁRIA DE 14 DE AGOSTO, *que indicou ao papa Libério o lugar e o contorno da nova basílica de S. Maria (S. Maria Maggiore), que ele deveria construir. Atribuído a Fillippino Lippi. Cortesia do National Trust, Londres.*

ortogonal, primeiro no sul e mais tarde, a começar por Briviesca, perto de Burgos, também no norte. Tais cidades eram exemplos do poder e da ordem garantidos pelo príncipe[6]. A própria Briviesca era uma fundação romana repovoada no ano de 1208 e replanejada novamente em 1315. Fernando e Isabel seguiram a mesma tradição e, com os primeiros assentamentos do Novo Mundo, aquela política ampliou-se para os vastos e ainda desconhecidos territórios. Mesmo Santo Domingo, o primeiro assentamento urbano implantado no Atlântico por Bartolomeu Colombo em 1496, foi planejado ortogonalmente por Nicolás de Ovando em 1502[7]. A partir de então, a política constante de *población* que os conquistadores eram obrigados a seguir no Novo Mundo, por ordem do governo central, apoiava-se na rápida e extensa criação de centros urbanos, para os quais eram estabelecidas e publicadas normas gerais[8].

Como se sabe muito bem, os conquistadores encontraram já estabelecida uma civilização urbana autônoma, ou talvez mesmo duas civilizações separadas, e em ambas o planejamento era perfeitamente

6. Ver George M. Foster, *Culture and Conquest*, Chicago, 1969, p. 40 e ss., citando amplamente L. Torres Balbas, L. Cervera, F. Chueca e P. Bidagor, *Resumen Histórico del Urbanismo en España*, Madrid, 1954, ao qual não tive acesso.

7. Idem, p. 47.

8. F. A. Kirpatrick, *The Spanish Conquistadores*, Londres, 1963, p. 214 e s. Sobre as New Laws of the Indies, idem, p. 256 e ss. Cf. Também P. Lavedan, *Histoire de l'Urbanisme*, Paris, 1959, v. III, p. 469 e ss.

165. Giorgio Vasari, A Fundação de Florença. *Detalhe de uma pintura no teto do Salone del Cinquecento, Palazzo Vecchio, Florença.*

conhecido, inclusive o de traçado ortogonal rigoroso. La Venta, o grande centro cerimonial olmeca, com um eixo que se desvia apenas oito graus da direção norte-sul exata, pode ter sido concebida como uma grande figura no plano, que representava a máscara de um jaguar. La Venta deve ter sido fundada aproximadamente no mesmo tempo que a cidade de Roma. Teotihuacán, o grande centro propriamente urbano, capital de uma civilização cujas características ainda não puderam ser definidas com exatidão, tinha não só uma planta ortogonal perfeitamente orientada, mas seguia uma distribuição geral em forma de grelha. Tenochtitlán, a capital asteca, foi fundada em 1344-1345 numa ilha situada no meio de um lago, para cumprir uma profecia lendária, justamente no lugar em que uma águia com uma serpente em suas garras pousaria sobre um cacto[9]. Exatamente naquele ponto edificou-se o recinto sagrado orientado de Tenochtitlán; quando Cortez o destruiu em 1521, foi construída sobre as suas ruínas a nova cidade do México, com suas ruas paralelas às da capital asteca, e sua catedral elevando-se no lugar da pirâmide-templo de Xipe Totec, o deus esfolado.

A miniatura que ilustra o mito da fundação de Tenochtitlán no *Codex Mendoza* (uma relação de tributos feita na época da conquista) mostra

---

9. Foi o cacto, *tenochtli*, que deu o nome à cidade. Os detalhes sanguinários do mito foram relatados inúmeras vezes.

166. Coluna de Pórfiro de Constantino, *conhecida como "a coluna queimada" ou (em turco),* Chemberli Tash, *"a pedra anelada". Fotografia tirada por volta de 1900. Segundo Aldenham.*

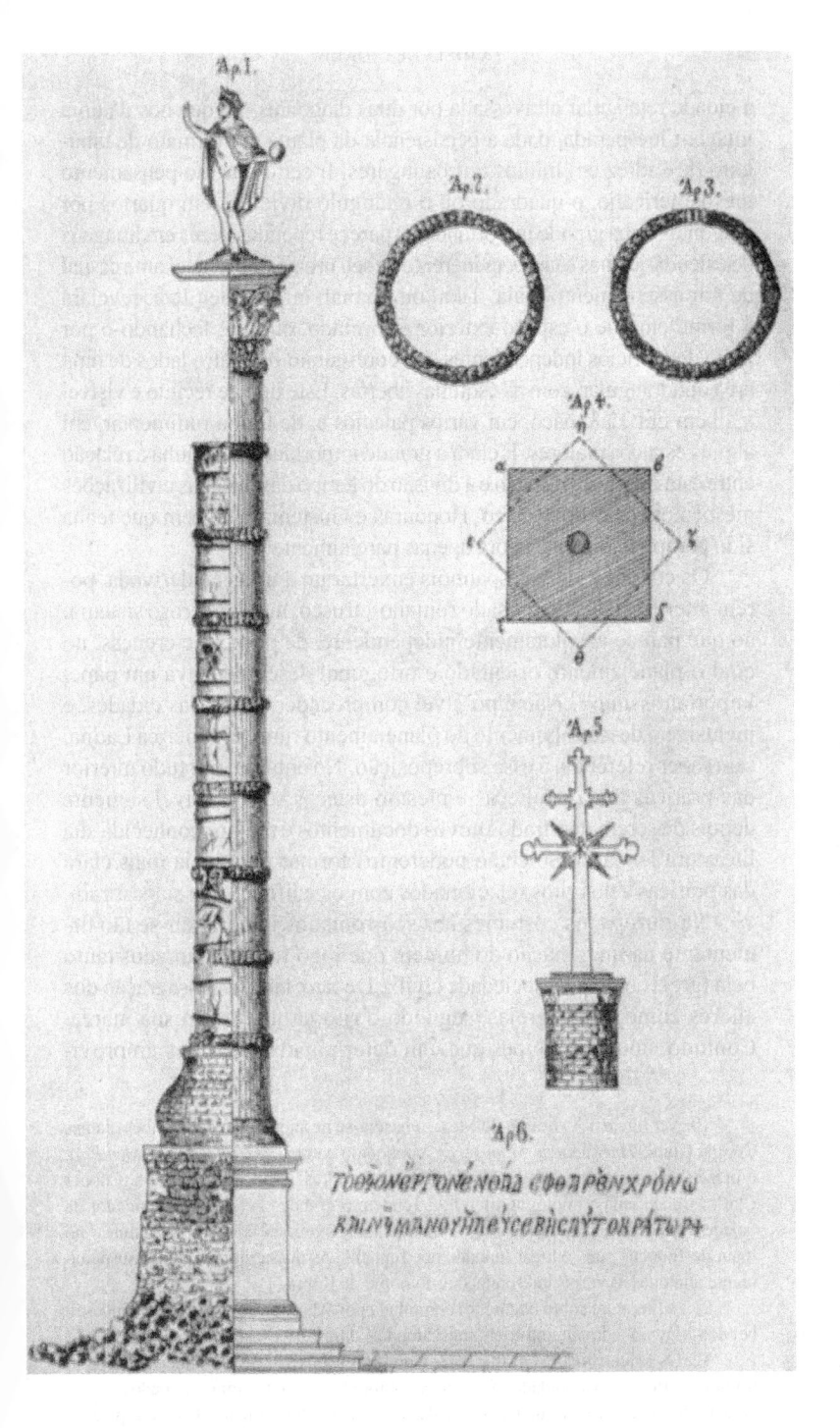

167. Restauração da Coluna de Pórfiro, *com a estátua de Constantino, removida em 1105. À esquerda, a restauração realizada por Manuel II e sua inscrição. Segundo Aldenham.*

a cidade retangular atravessada por duas diagonais[10], o que nos dá uma imagem inesperada, dada a persistência da planta em formato de tabuleiro de xadrez em muitos outros lugares. É certo que, no pensamento mesoamericano, o quadrado ou o retângulo divididos em quartos por diagonais tinha grande importância. Aparece repetidas vezes em imagens de calendário, mas é também inerente ao seu urbanismo. Um exame casual de um assentamento maia, Tikal ou Uxmal, ou Chichen Itza, revelará a forma em que o espaço exterior é formado, ou seja, fechando-o por meio de edifícios independentes que configuram os quatro lados de uma área quadrangular, com as esquinas abertas. Este tipo de recinto é visível também em Tiahunaco, em vários palácios e, de forma rudimentar, em alguns espaços maiores. É clara a grande importância que tinha a relação entre esta divisão do espaço e a divisão do tempo das distintas civilizações mesoamericanas do México, Honduras e Guatemala, se bem que tenha sido compreendida até agora apenas parcialmente[11].

Os conquistadores espanhóis enxertaram a tradição derivada, porém intermediada, do passado romano-etrusco, num poderoso sistema, ao que parece absolutamente independente, de práticas e crenças, no qual o planejamento orientado e ortogonal desempenhava um papel importantíssimo[12]. Não é possível compreender a vida das cidades, e inclusive o desenvolvimento do planejamento rural da América Latina, sem fazer referência a essa sobreposição. No entanto, o estudo ulterior das práticas maias, toltecas e mesmo astecas será possível somente depois de serem decifrados novos documentos e melhor conhecida sua literatura lendária. Só então poderemos formar uma ideia mais clara das práticas e dos ritos relacionados com os edifícios que subsistiram.

Na Europa, os costumes etrusco-romanos integraram-se tão firmemente na imaginação do homem que logo foram adaptados tanto pela Igreja como pela sociedade civil[13]. De fato, tanto a consagração dos altares como a das igrejas, segundo o rito latino, levam sua marca. Contudo, houve príncipes que, em determinadas ocasiões, improvi-

10. Ver fig. 161. O brasão do México baseia-se nesta imagem. Cf. também James Cooper Clark, *The Mexican Manuscript*, conhecido como *The Collection of Mendoza*, e preservado na Bodleian Library em Oxford; Londres, 1938, v. II, p. 1 e s. Cooper Clark fornece uma etimologia diferente: Tenoch, o grande chefe e herói fundador da cidade; *titlan*, "em", "perto de". O nome da cidade significaria, por conseguinte, "no lugar de Tenoch", ou "o lugar fundado por Tenoch". As duas etimologias são suspeitamente análogas às várias interpretações do nome de Roma.

11. A literatura sobre o tema foi compilada por Werner Müller em Raum und Zeit bei den Maya. Stadtplan und Richtungskalendar, *Antaios*, VI, 1964, p. 339 e ss.

12. Os conquistadores mostraram-se muito responsivos ao esplendor que encontraram. Cortez e seus soldados ficaram assombrados e muito impressionados ao ver pela primeira vez Tenochtitlán, embora, de acordo com Diaz, este não fosse o esplendor da Antiguidade, mas os encantos do que tinham lido em *Amadis de Gaule*, que a grande cidade evocava.

13. *Handbuch des Deutschen Aberglaubens*, 1922 e ss., s. v. Pflug, v. I, 1718 e ss.

saram ritos mais elaborados de fundação. Na Itália, durante os séculos XV e XVI, fizeram-se tentativas para restaurar aquelas práticas antigas. Antonio Averlino, denominado o Filarete, descreve com muitos pormenores as cerimônias de fundação de uma cidade ideal, Sforzinda. A pedra fundamental da cidade deveria ser acompanhada de um livro de bronze e figuras alegóricas, assim como por recipientes que contivessem vários grãos (painço e trigo) juntamente com azeite, água, vinho e leite. Uma vez depositado tudo isso e feitas as bênçãos, o proprietário da terra começaria pessoalmente a cavar as fundações, seguido de seus filhos e das principais pessoas do seu séquito[14]. O dia em que este rito deveria ser oficiado era previamente assinalado por um astrólogo como o mais propício. Esses cálculos eram coisa de rotina. Quando Alessandro de Médici edificou a Fortezza da Basso em Florença, tão odiada pelos florentinos (e que talvez tenha sido indiretamente a causa de sua morte), tanto a elaborada cerimônia de colocação da pedra fundamental como sua entrega foram realizadas no momento preciso calculado pelos astrólogos. Quando foi colocada a primeira pedra, o altar portátil no qual o bispo oficiante acabara de celebrar a missa foi baixado ao fosso da fundação, sendo necessário esperar o sinal dado por dois astrólogos (que, acidentalmente não haviam sincronizado seus instrumentos), para colocar a pedra[15].

Naturalmente, quando se procurava ilustrar a história antiga, os detalhes do rito eram observados de forma mais rigorosa. O teto pintado do Salone del Cinquecento, obra executada por Giorgio Vasari em 1563-1565 por ordem de Cosimo de Médici, representa a fundação da colônia pelos triúnviros, e mostra o líder da colônia oficiando o rito etrusco segundo o descrito nos textos; esta obra talvez se baseasse numa pintura anterior, pertencente ao ciclo pictórico que celebrava o passado etrusco de Florença, executada para comemorar a confirmação da cidadania romana outorgada a Giuliano de Médici em 1513[16]. Por outro lado, os textos antigos foram ilustrados por numerosos gravadores de antiguidades[17].

14. Antonio Averlino detto el Filarete, *Trattato di Architettura, a cura di Anna Maria Finoli e Liliana Grassi*, Milão, 1972, p. 100 e ss.
15. J. R. Hale, The End of Florentine Liberty: The Fortezza da Basso, *Florentine Studies*, N. Rubinstein (ed.), Londres, 1968, p. 518 e s., 525.
16. N. Rubinstein, Vasari's Painting of *The Foundation of Florence* in the Palazzo Vecchio, em *Essays in the History of Architecture presented to Rusdolf Wittkower*, op. cit., p. 64 e ss.
17. Outro afresco que apresenta a *Aradura dos Limites de Roma por Rômulo* foi pintado por Annibale Caracci para o friso do salão principal do Palazzo Magnani-Salem de Bolonha, por volta de 1590. O friso consiste de oito cenas que representam a fundação de Roma segundo Lívio e Plutarco. Sobre este friso e os problemas de atribuição que ele propõe, ver D. Posner, *Annibale Caracci*, Londres, 1971, p. 59 e ss., e cat. N. 52.

168. O Acampamento de Assurbanipal. *Relevo sobre um ortostato procedente da sala do trono do palácio de Assurbanipal, em Nimrud. Neo-assírio, c. 900 a.C. O acampamento é representado como dois caminhos que se cruzam dentro de um círculo fortificado; em cada um dos quartos, cozinheiros e serventes fazem preparativos para o retorno do exército. British Museum, Londres.*

Inclusive mais tarde, quando as tropas pontifíciais sitiaram e destruíram Castro, feudo dos Farnesio, por ordem de Inocêncio X, em setembro de 1649, foi "passado" um arado sobre a cidade e o solo semeado com sal; em seguida, foi edificada, ali mesmo, uma coluna com a inscrição "Qui fú Castro" (que desapareceu posteriormente)[18].

Entretanto, muito antes dessas restaurações, o rito etrusco teve um final esplêndido, grandioso e sincrético, quando Constantino tentou reviver o passado troiano e helênico da cidade de Roma e estabelecer uma nova capital ao lado da Tumba de Ajax, no lugar em que os aqueus sitiantes haviam ancorado seus navios e acampado, se bem que um sonho o tivesse advertido que escolhesse outro lugar, no sítio de Bizâncio[19]. Zózimo utiliza uma expressão prolífica e afirma que decidiu transferir o paládio de Roma para Bizâncio, outro eco da nova Troia. Constantino consagrou, "fundou" sua cidade no ano 326 ou 328 d.C. Embora tivesse se aproximado do cristianismo, a cerimônia de fundação teve lugar no primeiro ano da 276ª olimpíada, quando o sol encontrava-se na constelação de Sagitário e numa hora dominada por Câncer. É muito provável que a cidade tivesse três nomes, como acontecera com Roma, e que Constantinopla recebesse a mesma divindade protetora secreta[20]. A lenda nos fala também de Constantino caminhando, à semelhança de Rômulo (ele não foi um fratricida, mas não teria sido culpado do sangue do seu próprio filho?), com o arado; é dito que ele se afastou do ponto previamente assinalado com estacas. Quando seus seguidores tentaram induzi-lo a que retornasse ao caminho mais curto, respondeu: "Prosseguirei até que se detenha aquele que caminha à minha frente"[21]. Quem Constantino alegava ver à sua frente? A Cristo ou a algum anjo (como afirmaram os historiadores cristãos Sozomeno e Eusébio)? Seu gênio? Ou a Tyche da nova cidade? Talvez o próprio Apolo, o deus do sol, cuja encarnação Constantino acreditava às vezes ser? Tudo isso ficou resumido num monumento do qual ainda há alguns resquícios, a grande coluna de pórfiro erigida no foro da nova cidade, sobre uma elevada base de mármore branco, coroada por uma estátua de Constantino, sob a qual – como num *mundus* – foi sepultado o *Palladium* original de Troia, enquanto o globo na mão da estátua continha um fragmento da verdadeira cruz[22]. O rito conservava

18. Cf. L. von Pastor, *The History of the Popes*, v. xxx (Inocêncio x), Londres, 1940, p. 370 e s., em especial p. 371, nota 6.

19. A lenda é contada por vários historiadores eclesiásticos, bem como por autores pagãos posteriores. Este material foi coletado e interpretado por D. Lathaud, em *Echos d'Orient*, xxiii, 1924, p. 289 e ss., e xxiv, 1925, p. 180 e ss.; também em John Holland Smith, *Constantine the Great*, p. 217 e ss.

20. Filostorgio, *História Eclesiástica*, I. M., 2, ix (em Fócio, *Biblioteca*, ii, 9); cf. Hermias Sozomeno, *História Eclesiástica*, ii, 3.

21. Cf. D. Lathoud, op. cit.

22. Ver E. Freshfield, *A Letter to the Rt Hon. Lord Aldenham, upon the Subject of a Byzantine Evangelion*, Londres, 1900, p. 9 e ss.

força suficiente para ser absorvido na nova fé, e seus ecos ressoariam até os nossos dias.

É difícil imaginar uma situação em que a ordem formal do universo pudesse ser reduzida a um diagrama de duas coordenadas que se cortam num plano. Mas foi exatamente isso que aconteceu na Antiguidade. O romano que caminhava ao longo do cardo sabia perfeitamente que aquela via era o eixo em torno do qual girava o sol, e se ele seguia o *decumanus*, tinha consciência de seguir o curso do sol. Em suas instituições cívicas podia soletrar a totalidade do universo e seu significado, de modo que se encontrava perfeitamente à vontade. Perdemos todas as belas certezas sobre o modo como o universo funciona, e nem sequer sabemos se está em expansão ou em contração, se foi produzido por uma catástrofe ou se renova-se continuamente. Isso não nos exime de procurar algum fundamento para a certeza em nossos esforços de dar forma ao ambiente humano. Não é mais verossímil que encontremos este fundamento no mundo, no qual os entendidos em cosmologia estão remodelando constantemente ao nosso redor. Isso nos obrigará a buscar sentido dentro de nós mesmos, na constituição e na estrutura do ser humano.

Índice Remissivo*

*. Os números de página grafados em *itálico* referem-se às ilustrações e suas legendas.

Este livro foi impresso na cidade de Cotia,
nas oficinas da Meta Brasil, para a Editora Perspectiva.